中国轻工业“十四五”规划立项教材
智慧零售系列教材

智能财务共享服务项目化应用教程

主　编　田荣梅　李　玲　李志良
副主编　周小苑　程　竹　徐　怡
参　编　林楚梦　朱小芳　程帮国

電子工業出版社
Publishing House of Electronics Industry
北京 · BEIJING

内 容 简 介

本书包括 8 个项目，分别为财务共享服务中心运营准备、财务共享服务规划设计、费用共享业务处理、采购应付管理共享、销售应收共享、固定资产管理、其他业务共享、财务共享服务中心及战略财务与业务财务。全书通过对企业财务共享服务中心案例的剖析、对财务共享服务中心各岗位的业务操作进行分析，系统地讲解了财务共享服务中心的建设要点和工作方法，让学生了解财务共享服务中心从无到有的全过程，掌握财务共享服务中心的工作方法，以及财务会计和管理会计的数据分析支撑服务内容。在每个实操任务中，又按照“企业诉求—规划设计—案例实操—拓展练习”的思路设计，符合企业项目化思维逻辑。

本书适合高等职业院校财经类专业学生使用，同时可以辅助“1+X 财务数字化应用”证书培训，还可供广大财务工作者用于智能财务转型的学习与提升。

图书在版编目（CIP）数据

智能财务共享服务项目化应用教程 / 田荣梅，李玲，李志良主编. —北京：电子工业出版社，2023.6

ISBN 978-7-121-45874-3

Ⅰ. ①智… Ⅱ. ①田… ②李… ③李… Ⅲ. ①财务管理－管理信息系统－高等职业教育－教材 Ⅳ. ①F275-39

中国国家版本馆 CIP 数据核字（2023）第 119530 号

责任编辑：张云怡
印　　刷：天津画中画印刷有限公司
装　　订：天津画中画印刷有限公司
出版发行：电子工业出版社
　　　　　北京市海淀区万寿路 173 信箱　　　邮编 100036
开　　本：787×1 092　1/16　印张：14.75　字数：387 千字
版　　次：2023 年 6 月第 1 版
印　　次：2023 年 6 月第 1 次印刷
定　　价：53.00 元

凡所购买电子工业出版社图书有缺损问题，请向购买书店调换。若书店售缺，请与本社发行部联系，联系及邮购电话：（010）88254888，88258888。

质量投诉请发邮件至 zlts@phei.com.cn，盗版侵权举报请发邮件至 dbqq@phei.com.cn。

本书咨询联系方式：（010）88254573，zyy@phei.com.cn。

前言

财务共享服务是企业尤其是集团企业集中式管理模式在财务管理上的最新应用，其目的在于通过一种有效的运作模式来消除公司财务职能建设中重复投入和效率低下的弊端。为深入贯彻习近平新时代中国特色社会主义思想和党的二十大精神，培养适应市场需求的新型会计人才，我们编写了这本《智能财务共享服务项目化应用教程》。

本书具有如下五大主要特色。

一、教材开发双元化

本书由重庆城市职业学院、山东日照职业技术学院的骨干教师与新道科技股份有限公司联合开发，配套新道科技股份有限公司真实共享服务应用平台，高度还原财务共享服务中心的工作场景，增强学生的过程性体验感。

二、智能财务转型集成化

本书以新道科技股份有限公司真实共享服务应用平台和仿真企业案例为依托，让学生体验大数据、人工智能、云计算等新技术在财务共享模式下的应用，是智能财务转型的集中体现。

三、课程学习项目化

本书遵循项目化教学设计原理，实操内容均以共享前的企业现状为出发点，按照“企业诉求—规划设计—案例实操—拓展练习”的思路设计，符合企业项目化思维逻辑，采用项目化内容活页式设计，每个项目支持独立使用，便于教师灵活教学。

四、教学资源数字化

本书建设有数字化教学资源，扫码便可以查看操作指导、获取案例信息、做线上测试，既方便、快捷，又节省资源空间。

五、课程思政一体化

本书结合每部分内容，以“小警示”“小启示”等形式适时融入思政元素，课程、思政一体化，自然而又醒目。

本书由具有丰富经验的职业院校骨干教师和企业专家共同编写而成，重庆城市职业学院的田荣梅、山东日照职业技术学院的李玲和新道科技股份有限公司的李志良担任主编，重庆城市职业学院的周小苑、程竹、徐怡担任副主编，新道科技股份有限公司的林楚梦、朱小芳、程帮国协助处理书中的图片。具体编写分工如下：田荣梅编写项目 4、项目 8 的任务 8.1～任务 8.3；李志良编写项目 2 的任务 2.1～任务 2.3；李玲编写项目 2 的任务 2.4、项目 7 的任务 7.2～任务 7.4；周小苑编写项目 5、项目 6；程竹编写项目 1、项目 3；徐怡编写项目 7 的任务 7.1、项目 8 的任务 8.4。全书由田荣梅和李志良进行全面规划、修改和统稿，由李玲带领林楚梦、朱小芳、程帮国进行图片美化处理。

本书建议学时为 48～56 学时。

由于编者的水平有限，书中难免存在错漏之处，敬请广大教师和读者提出宝贵建议及意见。

编　者

目录

项目 1

财务共享服务中心运营准备

目标要求

知识目标：

掌握财务共享服务的概念

熟悉财务共享服务中心的模式

熟悉财务共享服务中心常用的 IT 技术与信息系统

能力目标：

能够阐述流程引擎平台、影像管理、作业平台、移动报账等财务共享服务中心常用信息系统的含义和作用

能够辨别不同的财务共享服务中心模式

能够绘制出企业实施财务共享模式前销售与收款业务的流程图

育人目标：

培养学生团结与协作的从业素质

熟悉岗位职责，增强工作责任心

思维导图

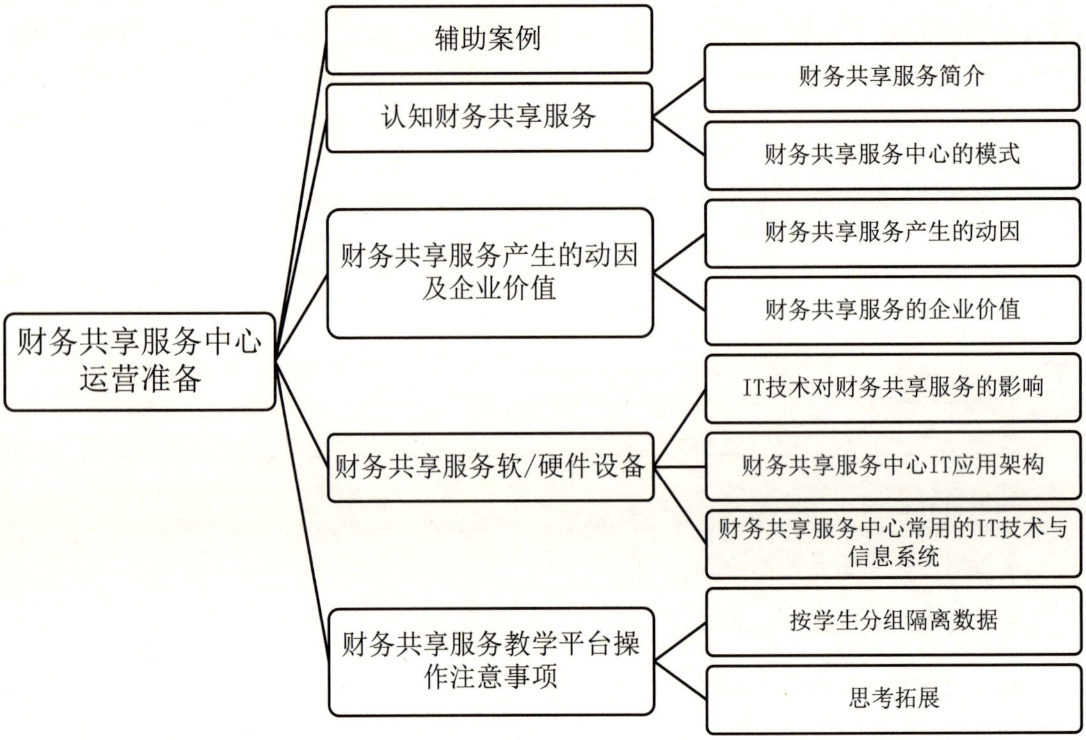

辅助案例

ACCA（特许公认会计师公会）中国总监梁淑屏谈到，自 2000 年以来，ACCA 关注全球共享服务领域的发展，携手共享服务领域的标杆代表与业内专家，已经先后发布了 10 余份全球报告和 5 份中国共享服务领域的研究报告。2020 年，在加快构建以国内大循环为主体、国内国际双循环相互促进的新发展格局下，越来越多的中国企业通过组建共享服务中心，进而推动流程和组织再造及管理理念创新，为企业实现高质量发展提供保障。在此之际，ACCA 联合中兴新云和厦门国家会计学院进行广泛的问卷和调研，与近 30 家国内领先的财务共享服务中心进行深入对话，探索共享服务中心的运营成熟度和数字智能化未来等颇受关注的议题。在此，我想特别感谢为此次报告贡献了真知灼见的共享领域专家，我们期望通过报告为正在探索共享服务之路的中国企业提供切实的借鉴和前瞻性的思考。ACCA 很荣幸能够和合作伙伴携手，汇聚专家声音，凝结行业智慧，展望行业未来，培养面向未来的共享服务中心人才梯队，驾驭共享服务领域的成功之路。

中兴新云的总裁陈虎说，当下，技术的不断突破和创新驱动着数字化加速前行，带来了企业数据的全面苏醒、计算能力的持续提升、模型算法的不断革新，塑造了崭新的发展机遇和竞争优势。在这场变革中，财务将通过全面采集经营管理过程中的内外部数据，帮助企业制定经营的算法，实现运营管理的“自动驾驶”，完成财务数字化转型。因此，未来的财务是经营算法的天下。财务共享服务是财务数字化的基础和重要一步。在实现了“从 0 到 1”的突破后，财务共享服务中心需要在外部挑战与内部需求的双核驱动下持续优化，建立财务与业务的广泛链接，助力全价值链数据脉络的打通，转变为企业数据中心，赋能财务并释放强大的数字力量，使自身逐步成熟，走向卓越。中兴新云一直深耕于财务共享和财务数字化领域，始终密切关注财务前沿发展，并已连续多年主持中国共享服务领域调研活动。2023 年，中兴新云联合 ACCA、厦门国家会计学院共探中国共享服务领域的最新动态，切实推动共享服务高质量发展，探索数字化建设的全新局面，与更多中国企业一起开拓财务数字化新未来。

厦门国家会计学院院长黄世忠教授说，21 世纪以来，随着互联网和世界通信水平的快速发展，数字经济逐渐走入人们的视野。2019 年我国数字经济增加值规模达到 35.8 万亿元，占 GDP 的比重达到 36.2%，成为拉动经济增长的新引擎。在人工智能、大数据等新兴技术的驱动下，新经济正在颠覆传统商业运行逻辑，财务人员需要应用新思维、新方法解决会计所面临的新问题，以适应新时代的新要求。财务共享服务以信息技术处理财务业务，它可以优化财务部门的组织架构，有效地将财务流程细化，并且能够提升效率、降低企业的运营成本，是推动财务创新转型的重要力量。由厦门国家会计学院和 ACCA、中兴新云携手开展的“2020 年中国共享服务领域”调研活动，结合问卷调研、线上圆桌和线下研讨等多种形式，深度探讨共享服务领域的最新发展趋势。此次活动不仅关注当前已经实施财务共享服务企业的运营成熟度和成功运营的关键因素，也关注财务共享服务在数字化下的“新发展”，可以为企业打造卓越的财务共享服务中心提供实践借鉴，也可以为财务共享服务相关教学和理论研究提供案例素材和实务视角。未来已来，财务需要借助新技术的赋能，在共享服务模式的支持下，赋予这一古老职业新使命。

1.1　认知财务共享服务

一、财务共享服务概述

（一）财务共享服务课程简介

财务共享服务课程以培养学生专通结合的综合实践能力、研究思维、前瞻与创新思维为主要目标，让学生认知财务共享服务的前沿趋势、理论与技术，深度理解“财务数字转型”的方法论与价值，了解财务共享服务中心的规划与运营过程，掌握电子发票、电子影像、电子档案、共享作业等与会计相关的技术应用，能够开展基于共享服务的财务信息化的分析、优化设计与价值创新，从而培养学生在财务共享服务中心的规划、业务财务流程设计与优化、业务处理、运营管理等方面的核心能力。财务共享服务课程体系编排流程如图 1-1 所示，财务共享服务课程简介如图 1-2 所示。

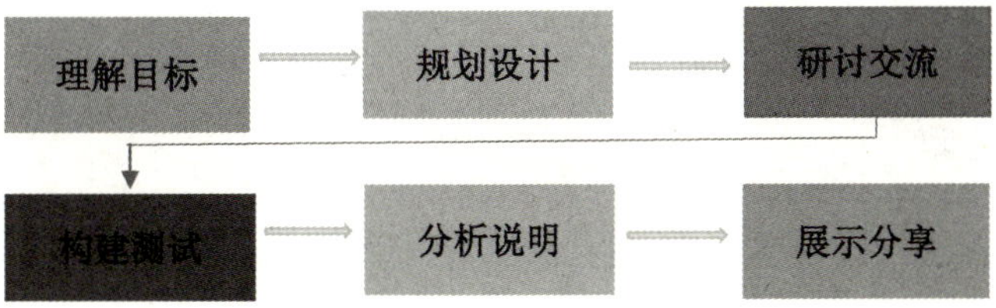

图 1-1　财务共享服务课程体系编排流程

图 1-2 财务共享服务课程简介

（二）财务共享服务的概念

共享服务是一种创新的管理模式：新的管理理念和新的组织架构。财务共享服务，即企业集团将分散在各成员单位的同质化、重复性和易于标准化的财务工作剥离出来进行集中处理，这个进行集中处理财务工作的组织叫作财务共享服务中心（Financial Shared Service Center，FSSC）。简单讲，财务共享服务中心的作用就是把成员单位的部分财务工作抽取出来集中处理，为成员单位提供财务相关服务。

财务共享服务中心是企业集团的财务服务平台，是各成员单位的会计业务运作中心、财务管理中心和服务中心。财务共享服务中心至少从财务复核、会计核算和资金支付 3 个方面向分/子公司业务部门、分/子公司本地财务部门及集团财务部提供服务，其定位如图 1-3 所示。

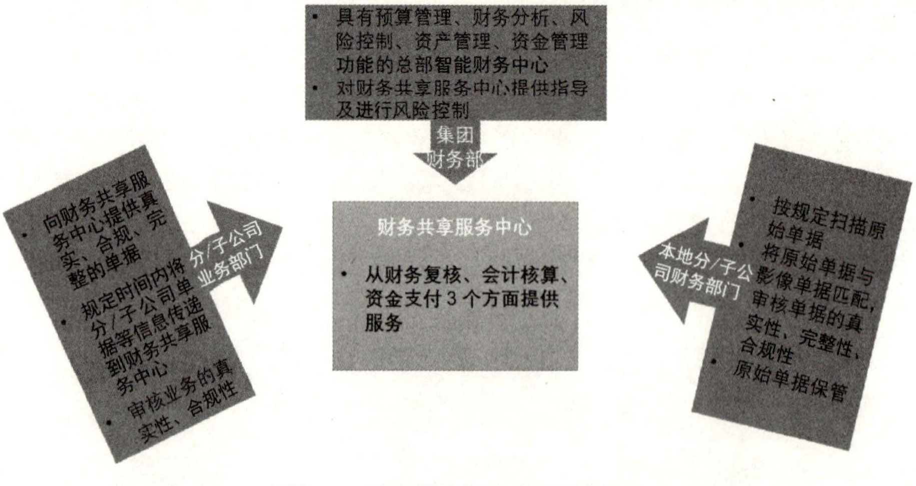

图 1-3 财务共享服务中心的定位

（三）财务共享对组织和职责的影响

财务共享依托信息技术，以财务业务流程处理为基础，以优化组织架构、规范工作流程、提升管理效率、降低运营成本和创造服务价值为目的，将不同地域、不同法人、同一时间范围内的会计业务拿到一个平台来统一报账、统一核算和报告，从而保证会计记录和报告的标准规范及结构统一。财务共享将财务数据采集、数据处理、数据应用的责任清晰区分并归属到业务数据采集组织、财务数据处理组织和财务数据应用组织中，如图 1-4 所示。

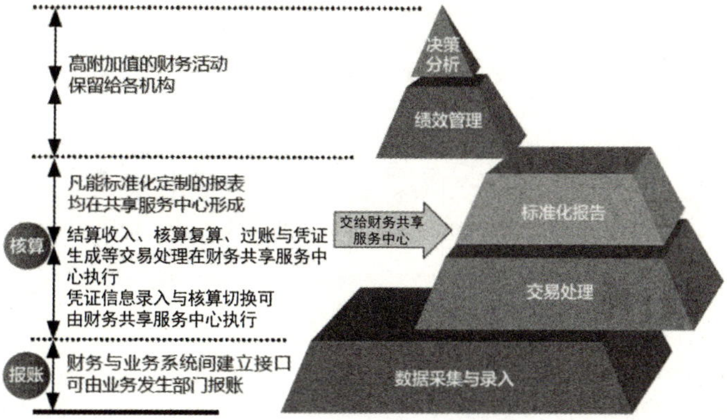

图 1-4　财务共享对组织和职责的划分

（1）业务数据采集组织，通过业务财务系统集成与报账实现数据采集与录入，而源数据的质量责任属于采集它的业务发生部门。

（2）财务数据处理组织，即财务共享服务中心，负责记账、审核、形成定制财务报告，并对这些财务数据的质量负责。

（3）财务数据应用组织，即财务管理岗位，负责在财务决策分析中调用各类数据（包括财务共享服务中心提供的数据），并对其分析结论负责。

二、财务共享服务中心的模式

财务共享服务中心的模式又称财务共享服务中心的构建模式，是指企业集团在构建财务共享服务中心时的一种决策。综观我国多家现存财务共享服务中心的构建模式，总体上可以分为单中心模式和多中心模式两种。单中心模式是指企业集团只建立一个财务共享服务中心，可细分为标准模式、业态模式和区域模式等；多中心模式是指企业集团建立多个财务共享服务中心，包括分散模式、联邦模式、专业化中心模式等。

（一）单中心模式

单中心模式是指企业集团只建立一个财务共享服务中心，采用统一的信息系统，企业集团可实时访问所有业务单元的数据，并进一步实现实时合并报表。这是财务共享服务中心的理想模式。

1. 标准模式

标准模式是指企业集团通过财务共享服务中心，向所有纳入财务共享服务范围的业务单元提供无差别的标准化服务。该模式下的财务组织架构如图 1-5 所示。

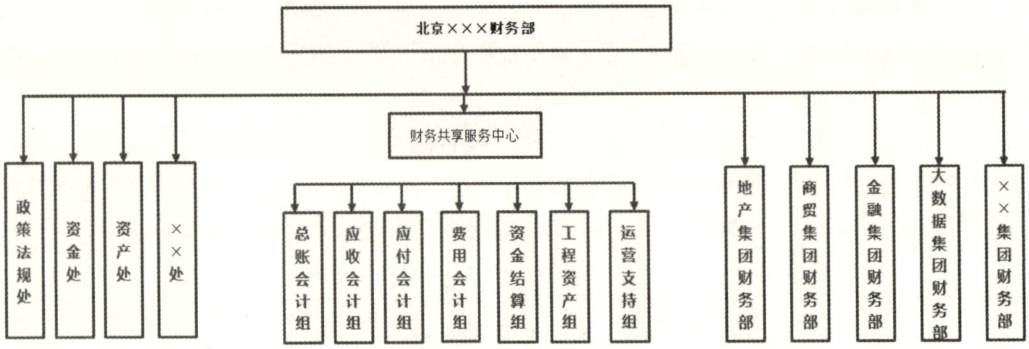

图 1-5　单中心——标准模式下的财务组织架构

这种模式适用于业务单元没有差异化需求的企业，以及希望在较小范围内进行财务共享服务试点的企业。

2. 业态模式

业态模式是指集团设立一个财务共享服务中心，但是将纳入财务共享服务范围的业务单元按照业态进行分类，分别由单一财务共享服务中心中的不同分组（或分中心）提供与业态相关的特色化财务共享服务。该模式下的财务组织架构如图 1-6 所示。

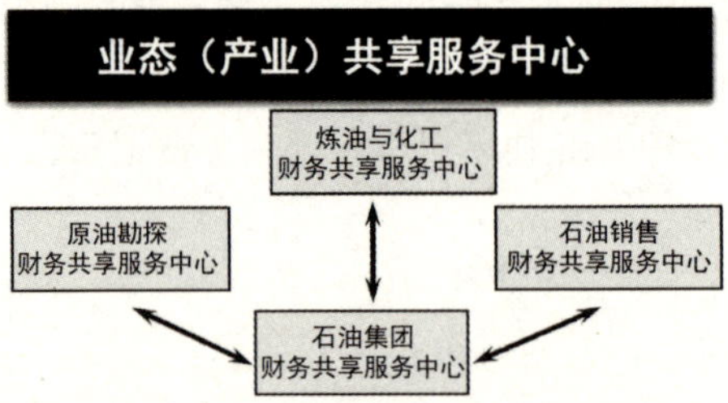

图 1-6　单中心——业态模式下的财务组织架构

这种模式适用于多业态并存且每种业态内的业务单元数量众多的大型企业集团。

3. 区域模式

区域模式是指集团设立一个财务共享服务中心，但是将纳入财务共享服务范围的业务单元按照区域进行分类，分别由单一财务共享服务中心中的不同分组（或分中心）提供与区域相关的本地化财务共享服务。该模式下的财务组织架构如图 1-7 所示。

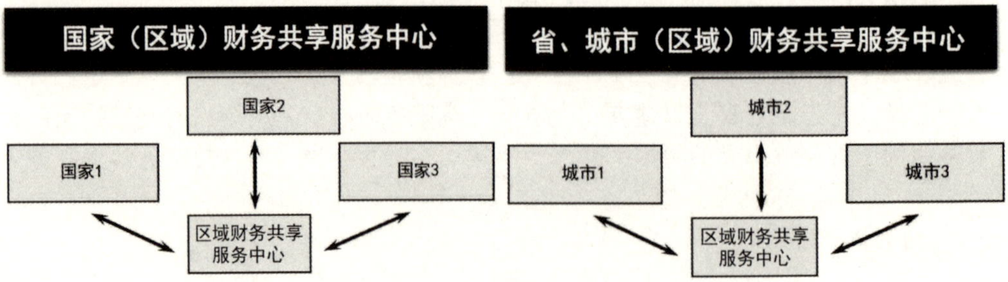

图 1-7　单中心——区域模式下的财务组织架构

这种模式适用于集团业务单元区域分布广泛、每个区域内的业务单元数量较多，或者因语言或文化等原因，本地化服务需求比较高的大型企业集团。例如，平安保险、碧桂园、中石化等企业集团采用的就是这种模式。

（二）多中心模式

多中心模式是指集团出于不同目的或由于不同原因设立一个以上的财务共享服务中心，每个财务共享服务中心的数据不在同一账套管理系统或同一套数据内，因此集团财务部层面无法实时查看所有业务单元的汇总数据。

这种模式与财务共享的理想模式存在差距，但在实务中又不乏这样的企业案例。造成这种现象的原因有很多，如历史遗留原因造成不同的业务单元使用不同的信息系统，而其替代成本比较高，或者企业因业务复杂度非常高、业务量非常大而不得设立用多个财务共享服务中心等。

1. 分散模式

在此模式中，多个财务共享服务中心各自使用独立的管理信息系统，或者共用一套管理信息系统但相互间没有关联及协作关系。该模式下的财务组织架构如图 1-8 所示。

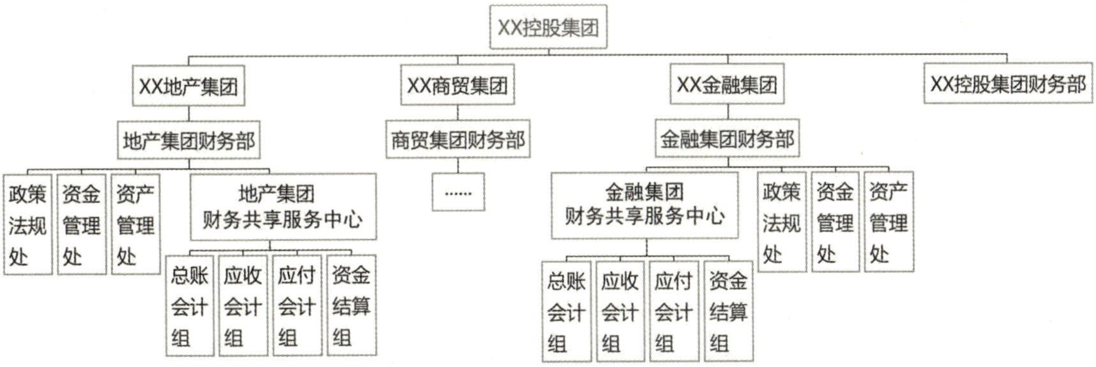

图 1-8　多中心——分散模式下的财务组织架构

这种模式多应用于对分/子公司采取战略管控或财务管控的超大型企业集团。这类企业集团对分/子公司的业务经营采用分权化管理，分/子公司的经营自主权比较高，对于母公司来说更多是通过合并财务报表来体现投资控股关系。例如，中国铝业、中国移动等企业集团都采取了这种模式。

2. 联邦模式

在此模式中，企业集团按业态或区域建立多个财务共享服务中心，但是共用一套管理信息系统，且日常还存在一定的业务或数据协同，企业集团财务部享有对所有财务共享服务中心的管理权限。该模式下的财务组织架构如图 1-9 所示。

这种模式多在考虑实际情况后采用过渡性财务共享服务中心建设方案，将来一般会合并为一个。

3. 专业化中心模式

在财务共享服务领域，“专业”指服务的内容，如“应收共享”“应付共享”“资金结算共享”“税务共享”等。专业化中心模式，是指按照服务的内容构建财务共享服务中心，每个财务共享服务中心提供一种或几种不同的专业服务。这种模式适用于某些专业服务的工作量巨大或有独立管理需求的企业集团。

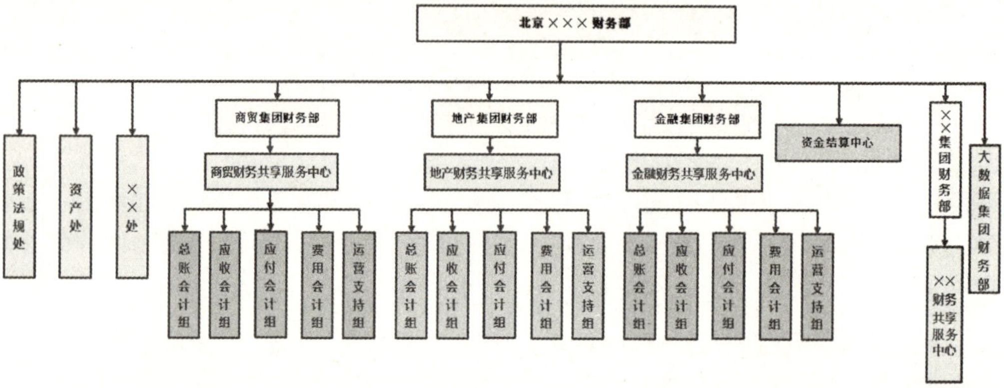

图 1-9 多中心——联邦模式下的财务组织架构

1.2 财务共享服务产生的动因及企业价值

一、财务共享服务产生的动因

（一）集团财务管理变革的内因

企业集团化经营面临的内生困境和新兴技术应用引发的新外因，促使集团财务管理面临新挑战。集团财务管理变革的内因如图 1-10 所示。

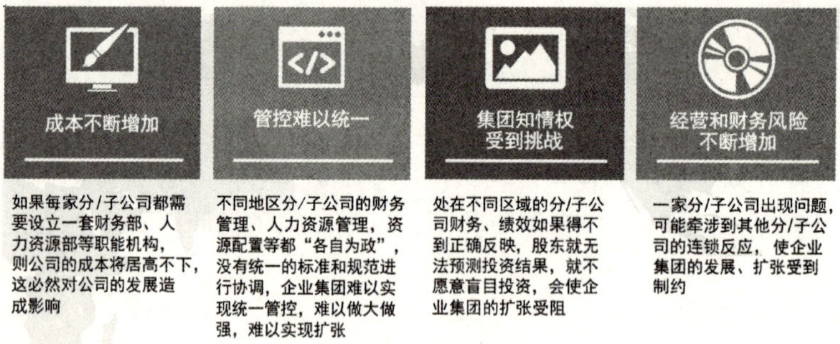

图 1-10 集团财务管理变革的内因

为在跨区域范围内获得长期的竞争优势，企业集团不断探索新的管理模式。在此背景下，财务共享服务应运而生。财务共享服务模式可保障企业集团在全球范围内运用各种能力，使整个企业集团的运作比各分散部门独立运作更加有效。

（二）集团财务管理变革的外因

1. 经济全球化

自 20 世纪末以来，经济全球化对我国的影响与日俱增。经济资源在全球范围内追求高效率重新配置，既给我国企业带来了巨大的机会，也带来了很大的挑战。企业集团往往不得不面对全球的竞争，财务人员也必须尽快从维持企业价值的角色向创造企业价值的角色转变。要想完成这一转变，首先就要将耗费传统财务人员 80%的时间和精力的基础财务工作进行剥离，逐步实现标准化、集中化，财务共享服务应运而生。

2. 企业全球化

2013 年 9 月和 10 月，习近平总书记提出建设好“丝绸之路经济带”和“21 世纪海上丝绸之路”（“一带一路”）的重大倡议，加速了我国企业“走出去”的步伐。我国企业要想在世界经济竞争格局中生存下来并谋求发展，必须采取灵活的战略调整策略，以快速响应环境的变化。为此，集团财务组织必须具备全球化运营管理专业技能，加强企业集团的管控能力。而财务共享服务中心有助于我国企业将成熟的基础财务工作能力快速复制到海外新的业务单元，并将海外业务单元本地化服务的财务人员解放出来，全力支持海外业务的发展。

3. 管理思想与模式转变

从政府监管的思想与模式看，政府监管方式产生了巨大的变化。例如，国家税务总局的金税三期和电子税务局建设、中国人民银行的电票系统建设和推广、电子发票和电子合同的普及应用、电子会计档案法律依据的逐步建立与完善等，使得企业信息系统同政府监管与服务系统之间无接触式互联网连接愈发便捷，传统意义上必须由业务发生地财务人员完成的财务工作，也可以纳入远程财务共享服务的范围，从而为财务共享服务中心的构建创造良好的外部环境。

从企业集团财务管理趋势看，社会化实时电子商务交易、银企直联的网银服务、基于移动互联网和集团全体员工的业务数据多端接入，使业务和财务的边界不再是一份一份、手把手传递的物理原始凭证，而变成了可以全球即时交换的二进制数据。企业集团必须基于一个集中的数据中心进行统一财务管理，财务共享服务就是实现数据处理中心统一财务管理的一种机制。

4. 科技发展

移动互联、云计算、大数据等技术快速发展，正影响企业经济活动的方方面面，企业众多的业务场景正在经历向数字化转变的过程。企业集团的业务范围分布广泛、业务与财务协同向来比较困难，而业务场景的数字化转变及全球互联技术的成熟，使得采用财务共享服务的方式、集中向全球范围的业务单元提供业务财务融合的财务服务成为可能。

集团财务管理变革的外因如图 1-11 所示。

图 1-11　集团财务管理变革的外因

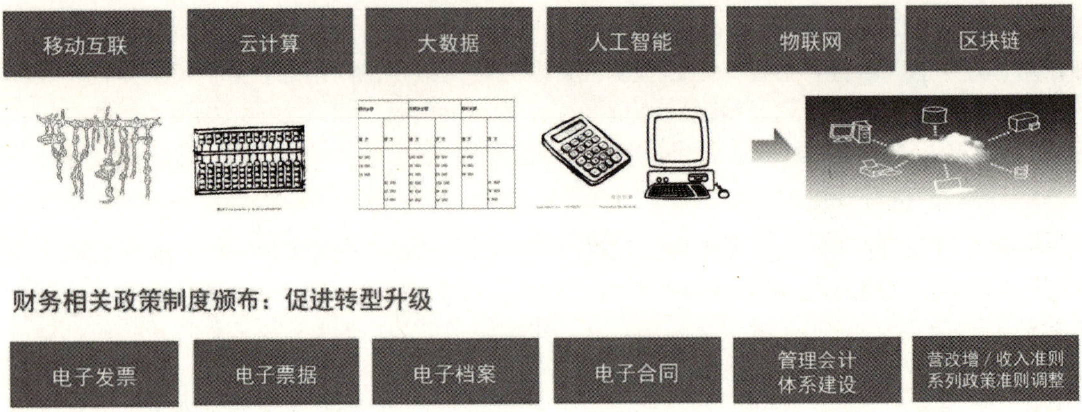

图 1-11　集团财务管理变革的外因（续）

二、财务共享服务的企业价值

财务共享服务中心的构建使得企业分散的活动和资源得到整合，从而可以推动业务流程标准化，提高会计处理标准化、规范化程度和会计工作质量。各业务单元的业务财务一体化、流程统一，并固化在共享服务信息系统中，可以显著降低业务单元的舞弊风险；降低财务数据采集过程中的人为干涉，使财务数据更加可靠。集团总部可随时查询和追溯各业务单元的财务和业务数据。将企业的财务部门从传统的财务事务性管理工作中解脱出来，专注于财务共享服务，全力做好企业生产经营预算、分析、管控、资本投资项目和资产运作效率的监控等价值管理工作，从而更好地支持企业决策，支持企业改革和发展。通过内部资源整合、业务流程的优化，可以有效降低财务运营成本、提高工作效率。财务共享服务的企业价值如图 1-12 所示。

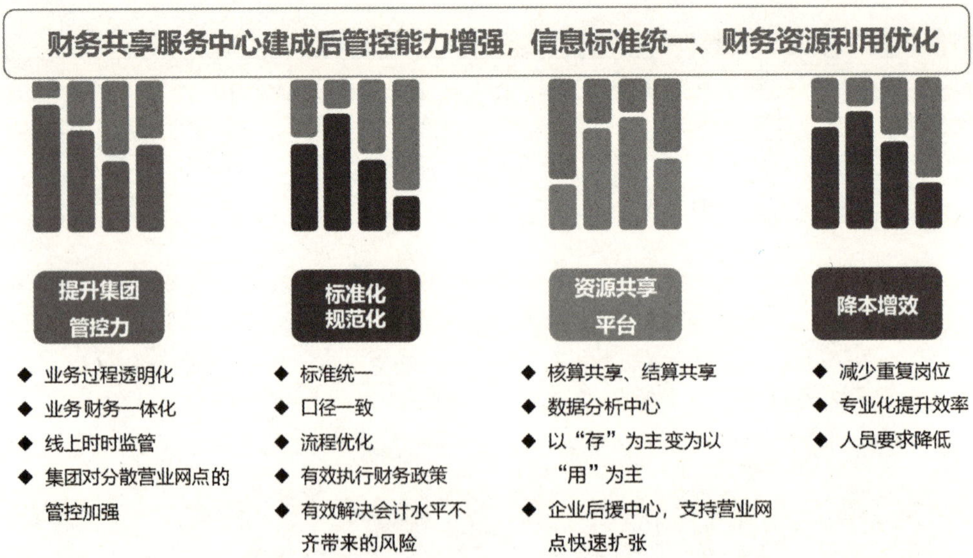

图 1-12　财务共享服务的企业价值

1.3　财务共享服务软/硬件设备

一、IT 技术对财务共享服务的影响

会计是商业的语言，随着商业环境和科技革命的变化，财会行业也发生了革命性的变化，财务共享服务中心便是其中之一。相应地，未来的财务工作和财务运作模式也将发生革命性的变化，IT 技术影响财务共享服务的过程如图 1-13 所示。

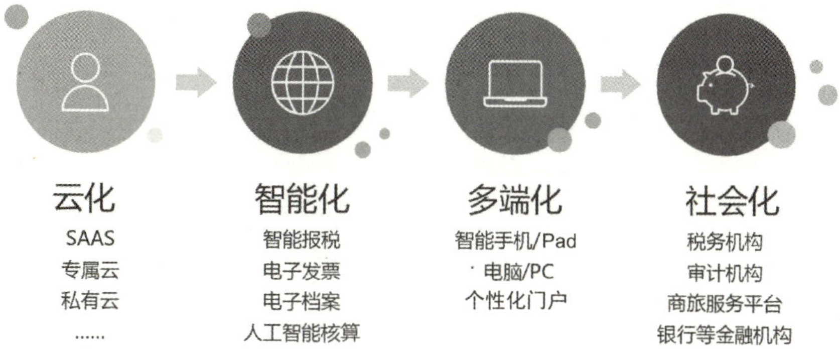

图 1-13　IT 技术影响财务共享服务的过程

二、财务共享服务中心 IT 应用架构

财务共享服务中心 IT 应用架构示意图如图 1-14 所示。

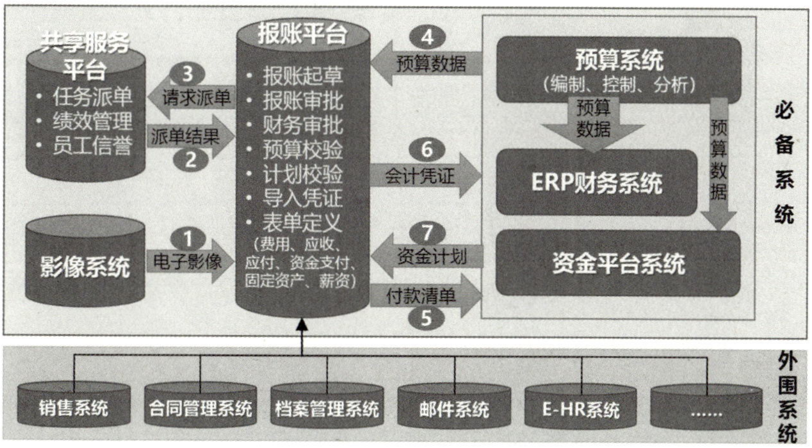

图 1-14　财务共享服务中心 IT 应用架构示意图

三、财务共享服务中心常用的 IT 技术与信息系统

1. 自助服务

系统根据流程对事件进行自助消息发送，对应的岗位收到通知。自助服务的流程如图 1-15 所示。

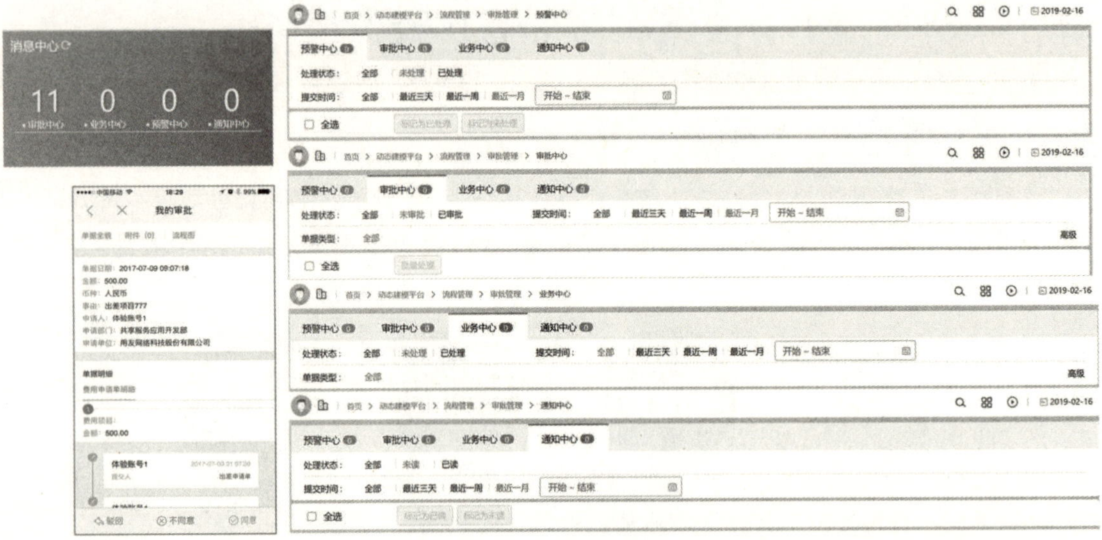

图 1-15 自助服务的流程

2. 流程引擎平台

流程引擎平台如图 1-16 所示。

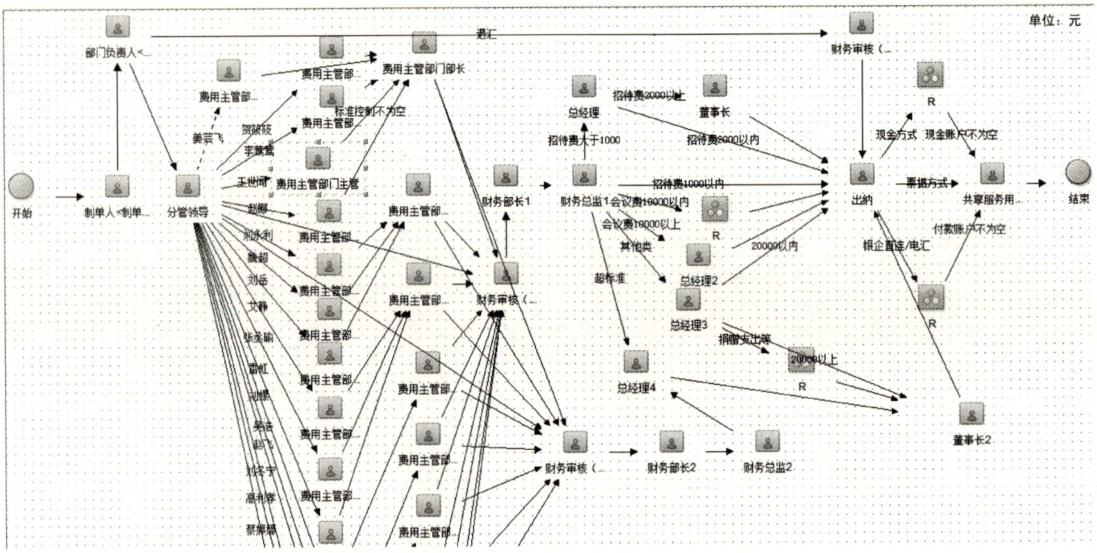

图 1-16 流程引擎平台

3. 动态组织建模

动态组织建模示意图如图 1-17 所示。

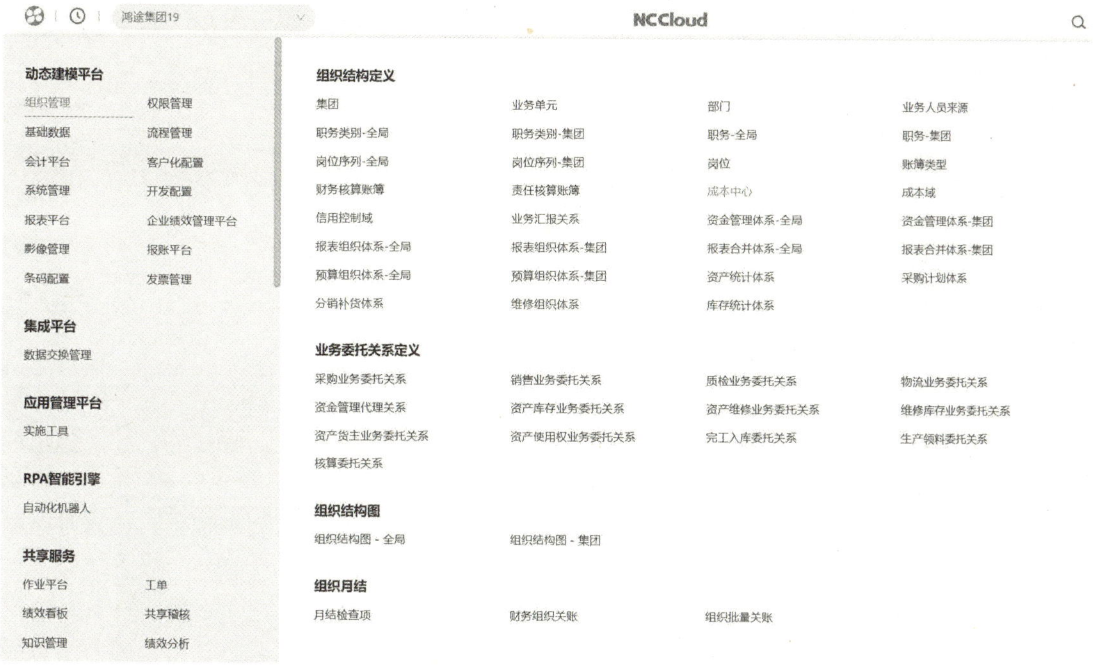

图 1-17　动态组织建模示意图

4. 影像管理

影像管理示意图如图 1-18 所示。

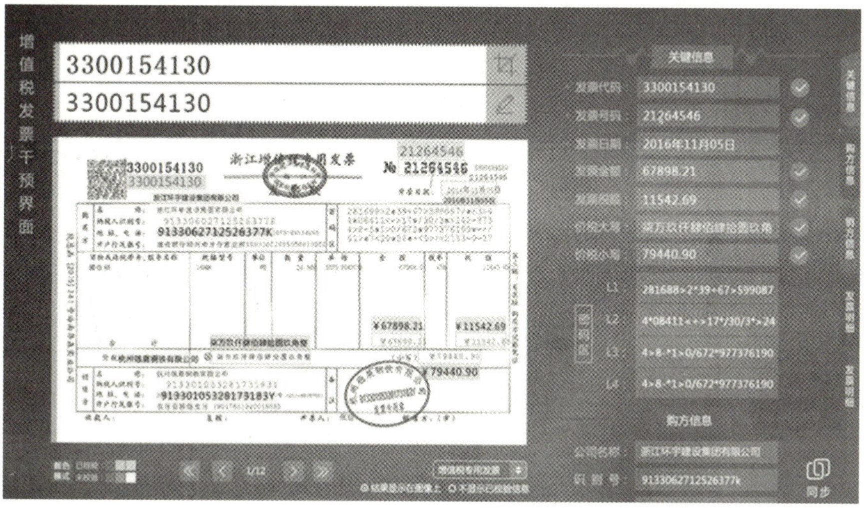

图 1-18　影像管理示意图

所有纸质原始单据存放在业务单位处，财务共享服务中心人员可查看原始单据影像，解决了原始单据流转问题、原始凭证调阅问题、离岸处理问题、业务处理的分工和效率问题。影像管理系统进行扫描设备的管理，统一分辨率设置及扫描规范，进行影像缓存及分时上传管理，可提供与专业影像系统集成（见图 1-19），以及手机拍照/扫描+附件管理（见图 1-20）两种方案。

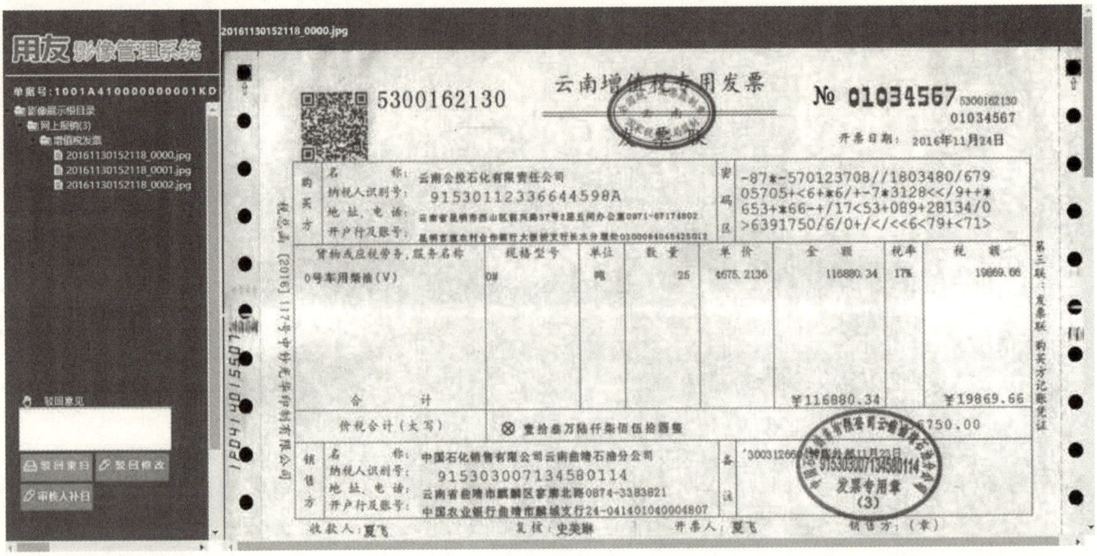

图 1-19　与专业影像系统集成图

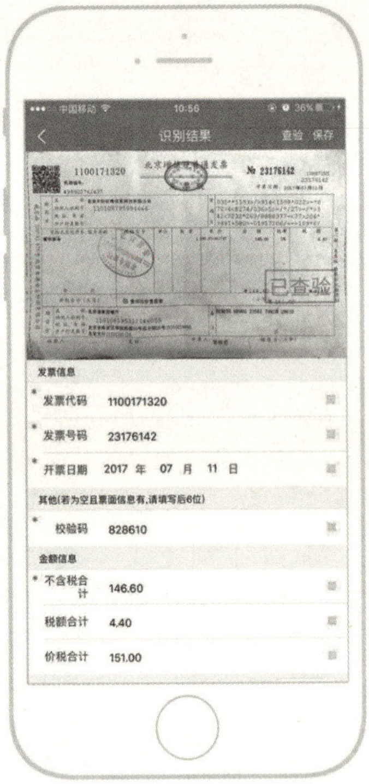

图 1-20　扫描+附件管理

5. 二维码/条码

粘贴单打印时带有二维码，有利于混乱单据的批量扫描及分拣提醒。单据归档时借助二维码/条码能够快速实现凭证及审批流程打印。通过二维码/条码识别还可离线快速获知报销人、金额、原始单据数量等信息，如图 1-21 所示。

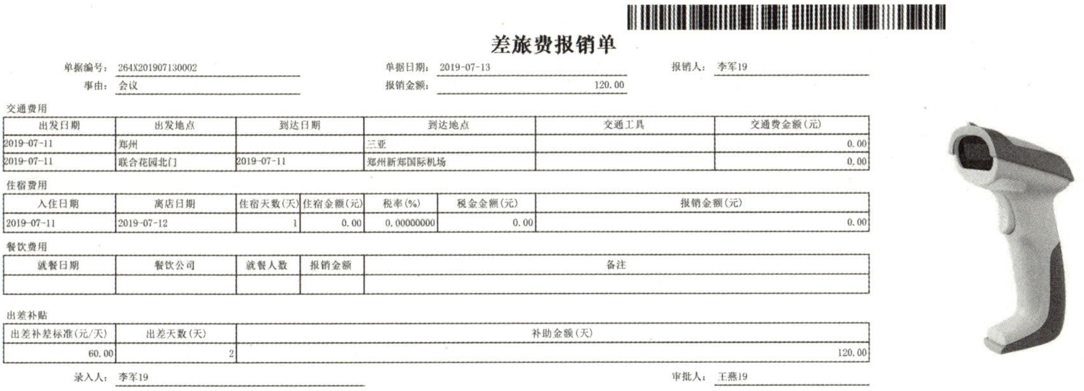

差旅费报销单

单据编号：264X201907130002　单据日期：2019-07-13　报销人：李军19

事由：会议　报销金额：120.00

交通费用

出发日期	出发地点	到达日期	到达地点	交通工具	交通费金额(元)
2019-07-11	郑州		三亚		0.00
2019-07-11	联合花园北门	2019-07-11	郑州新郑国际机场		0.00

住宿费用

入住日期	离店日期	住宿天数(天)	住宿金额(元)	税率(%)	税金金额(元)	报销金额(元)
2019-07-11	2019-07-12	1	0.00	0.00000000	0.00	0.00

餐饮费用

就餐日期	餐饮公司	就餐人数	报销金额	备注

出差补贴

出差补差标准(元/天)	出差天数(天)	补助金额(天)
60.00	2	120.00

录入人：李军19　审批人：王燕19

图 1-21　二维码/条码

6. 作业平台

作业平台的功能是审核是否符合财务制度、生成凭证的业务数据是否完整、影像文件是否完整；复核是否符合会计制证要求、是否符合内审要求；确认付款信息是否完整、是否符合企业当期资金计划（见图 1-22）。

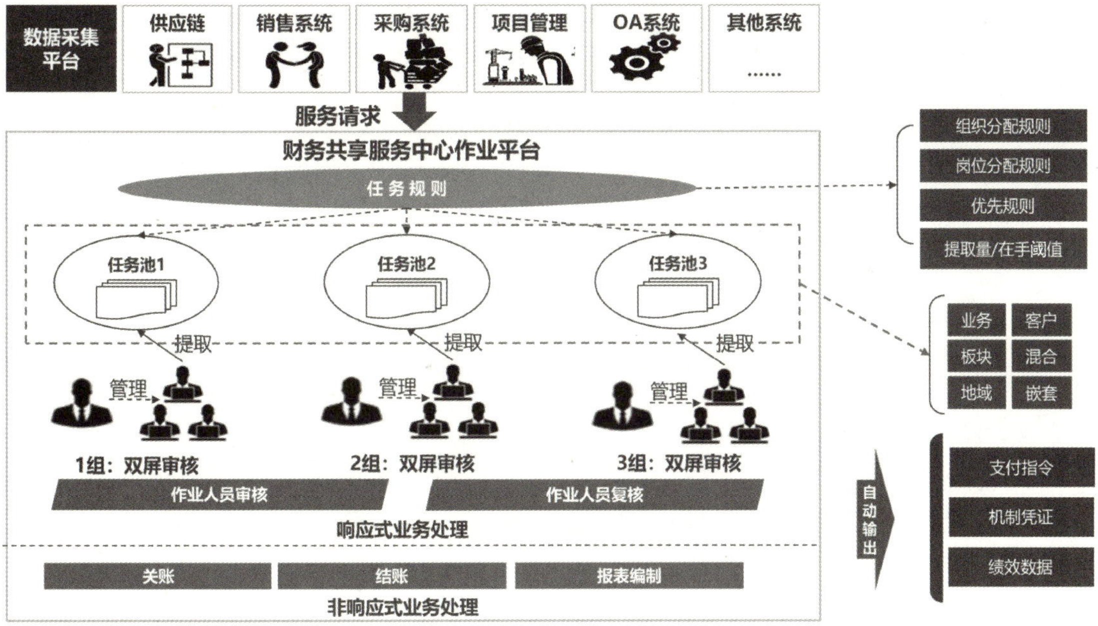

图 1-22　作业平台

7. 移动报账

移动报账的流程如图 1-23 所示。

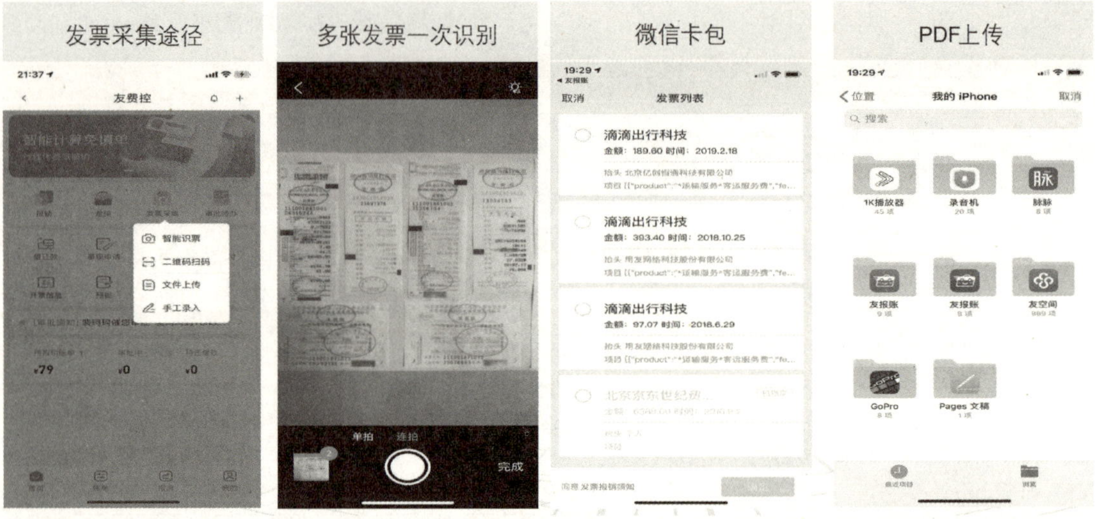

(a) (b) (c) (d)

图 1-23 移动报账的流程

1.4 财务共享服务教学平台操作注意事项

一、按学生分组隔离数据

该课程采用分组角色扮演的方式进行学习，并按学生分组隔离数据。每组的学习数据，是用系统中一个独立的数据空间来存放的。为了让不同组的学生能够以互不影响的方式操作教学平台，对于一些可能会产生冲突的数据，根据以下这些规则进行区隔。

在实训过程中，如果需要编制或录入企业名称、客户供应商名称、员工姓名，以及合同编号、供应商编码等信息，不同组别的学生需要在原始凭证或实训资料中所给出的数据后面加上组别标识，如下所述。

（1）非固定长度的数据，除第一组学生外，其余各组学生需要在系统教学资源中给定的数据后面分别增加组号 2,3,…,10,11,…，如“鸿途集团”（属于第一组）、“鸿途集团 2”（属于第二组）。

（2）固定长度的数据（如“发票号码”固定为 8 位），则各组（含第一组）学生将系统教学资源中给定的数据后 2 位分别替换为组号 01,02,…,10,11,…，如“08239701”（属于第一组）、“08239715”（属于第十五组）。

二、思考拓展

（一）团队组建

组长的主要义务：

- 分配组员，完成本团队的课内、课外任务；

- 帮助组员进步，解决组员在学习过程中遇到的问题；
- 协助教师组织课堂上的研讨和分享活动。

组长的主要权利：

- 招聘心仪的组员；
- 有额外加分（例如，如果没有被弹劾，结课时 80 分起评）。

团结协作，携手共进！

众人团结紧，百事能成功！

（二）课后分小组任务

在相关预习项目的资料中，构建财务共享服务中心的案例企业有什么特征和共同点（如在企业规模方面、企业所属行业方面等）？学生需要分组进行讨论，并形成一个文档（如 Word 或 PPT），教师通过教学系统上传。

项目 2

财务共享服务规划设计

目标要求

知识目标：

理解并阐述财务共享服务中心的战略定位

学习财务共享服务中心组织规划

学习财务共享服务中心流程设计方法，进行流程梳理规划

能力目标：

运用财务共享服务中心建设路径和方法，完成案例企业财务共享服务中心建设高阶方案规划设计

依托财务共享中财务管理模式转型，实现自我思维及能力的转变与塑造

参照教学视频，基本能在财务共享信息系统中完成财务共享服务中心的建模工作

育人目标：

培养学生热爱会计工作、忠于职守的敬业精神

培养学生严肃认真、严谨细致的工作作风

思维导图

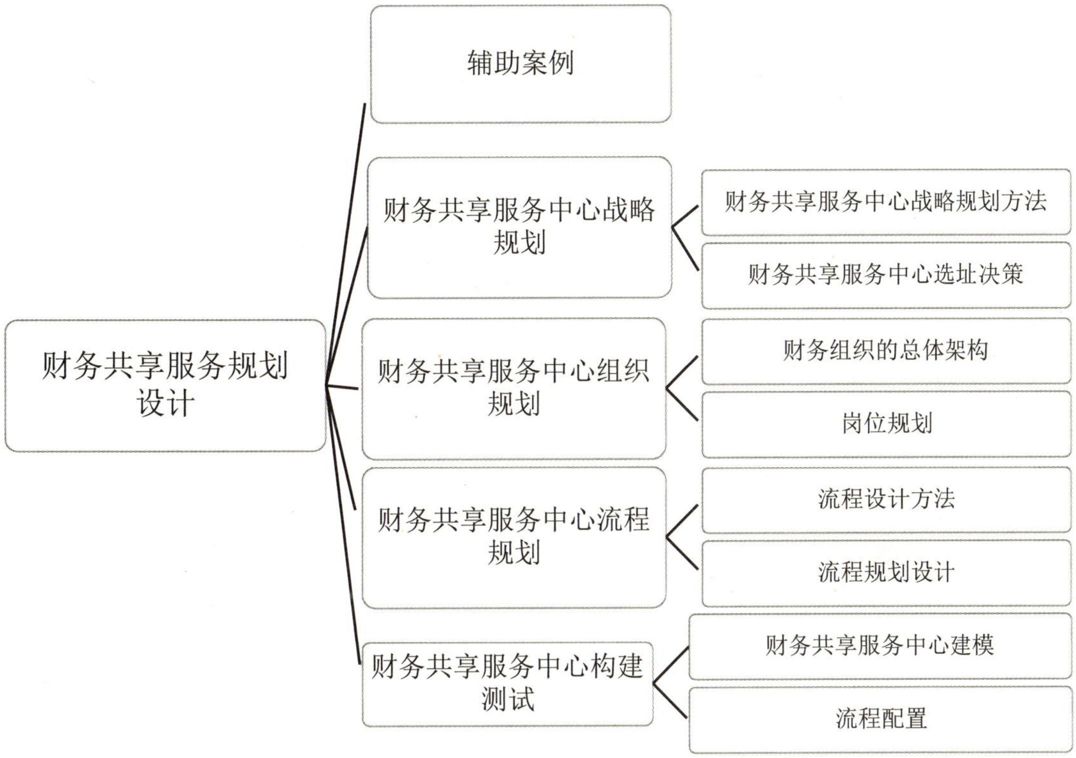

辅助案例

一、案例企业的背景

鸿途集团股份有限公司（简称鸿途集团）始创于 1987 年，经过 30 余年的发展，已成为集水泥、旅游、铸造为主体的多元化股份制企业。

鸿途集团水泥有限公司（简称鸿途水泥），是鸿途集团的子公司。鸿途水泥旗下公司遍布河南、辽宁、山东、安徽、山西、内蒙古、新疆、天津等省市。

鸿途集团紧跟国家及行业政策的变化，通过先进的技术装备、合理的区域布局、充足的资源储备、规范的管理及品牌优势，致力于环境保护及可持续发展。

二、案例企业的组织架构

鸿途集团的组织架构如图 2-1 所示。

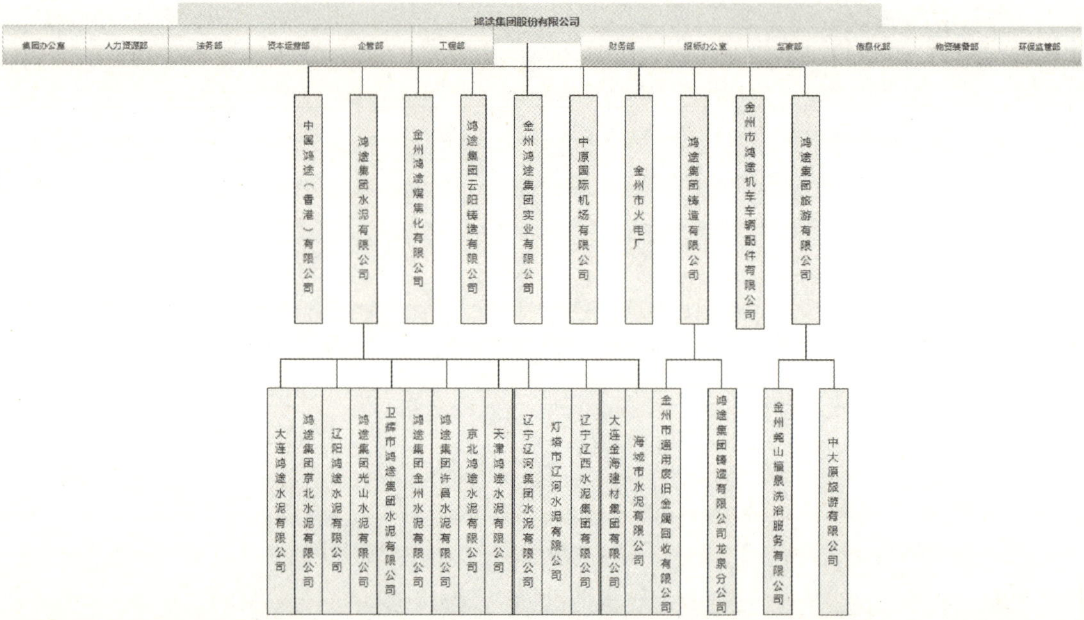

图 2-1　鸿途集团的组织架构

1. 企业信息化现状

鸿途集团重视信息化建设，2013 年开始全面实施信息化，先后投入使用了多个业务系统。集团及各分/子公司进行了不同程度的信息化建设，所涉应用系统如图 2-2 所示。

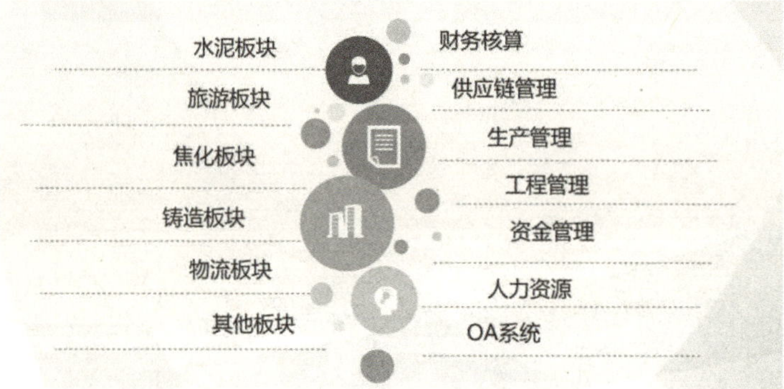

图 2-2　鸿途集团信息化应用系统

集团及各分/子公司的信息系统没有完全实现互联互通，数据标准不一致导致信息多口录入。

2. 企业财务管理现状

2013 年，鸿途集团实现全面信息化后，ERP（企业资源计划）使用用友的 NC Cloud（NCC），在多年使用过程中给企业带来了管理效益。鸿途集团希望通过财务共享使企业的财务管理再上一个新台阶，降低企业的财务管理成本，同时希望在收购、兼并其他企业时财务能够快速运转。

3. 企业诉求

（1）企业战略目标。

鸿途集团坚持“产业多元化、产品专业化、管理现代化、市场国际化”的总体发展战略，借助现代化、信息化手段，全力打造“数字鸿途”。目前，鸿途集团在水泥板块已在国内率先实现“物流自动化、生产可视化、资产标准化、成本精细化、客商电商化、办公移动化、财务一体化、决策可视化”的“数字水泥”，并进一步延伸到数字铸造、数字焦化及数字旅游等其他板块。

（2）企业财务战略目标。

鸿途集团秉承“数字鸿途”的总体信息化发展方向，探索适合鸿途集团的新型财务管理模式。秉承“数字鸿途”的总体信息化战略，鸿途集团提出了“一个中心，两个基本点”的财务共享服务中心建设战略定位，希望通过财务共享服务探索新型的财务管理模式，同时确定了“统一规划、分段建设”的分阶段建设路径，共享一期先就水泥板块进行试点建设，上线成功后逐步推广至其他板块。

三、案例企业的业务流程现状

1. 集团/分（子）公司差旅费报销业务流程现状

集团/分（子）公司差旅费报销业务流程现状如图 2-3 所示。

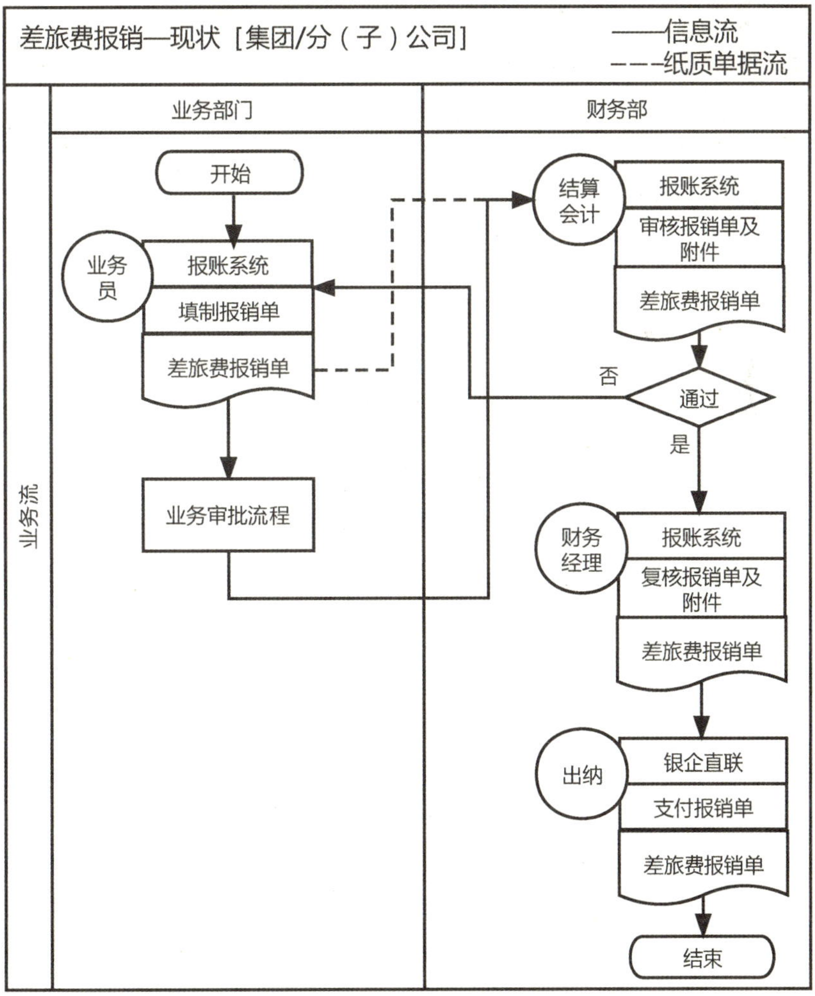

图 2-3 集团/分（子）公司差旅费报销业务流程现状

2. 集团/分（子）公司差旅费报销业务审批流程现状

集团/分（子）公司差旅费报销业务审批流程现状如图 2-4 所示。

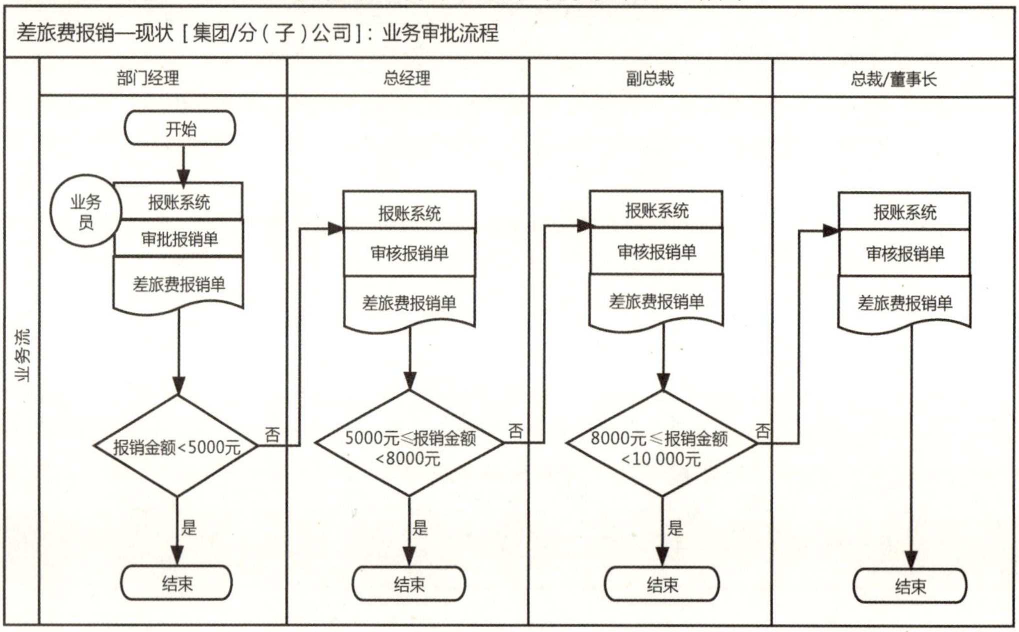

图 2-4 集团/分（子）公司差旅费报销业务审批流程现状

3. 部分分/子公司差旅费报销业务流程现状

部分分/子公司差旅费报销业务流程现状如图 2-5 所示。

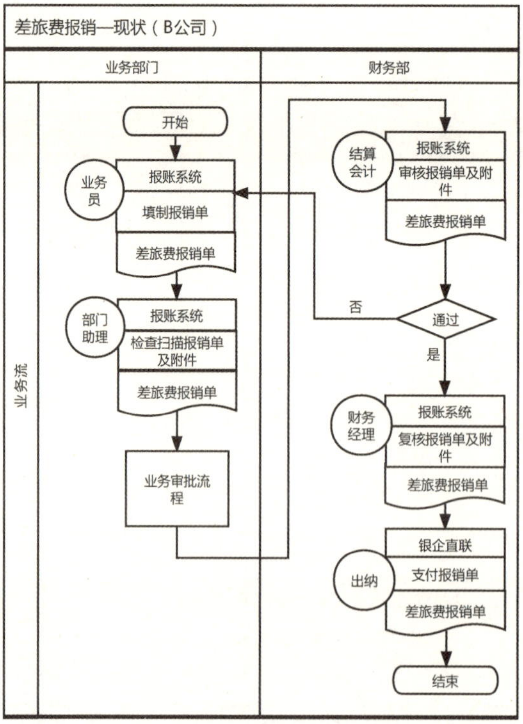

图 2-5 部分分/子公司差旅费报销业务流程现状

4. 部分分/子公司差旅费报销业务审批流程现状

部分分/子公司差旅费报销业务审批流程现状如图 2-6 所示。

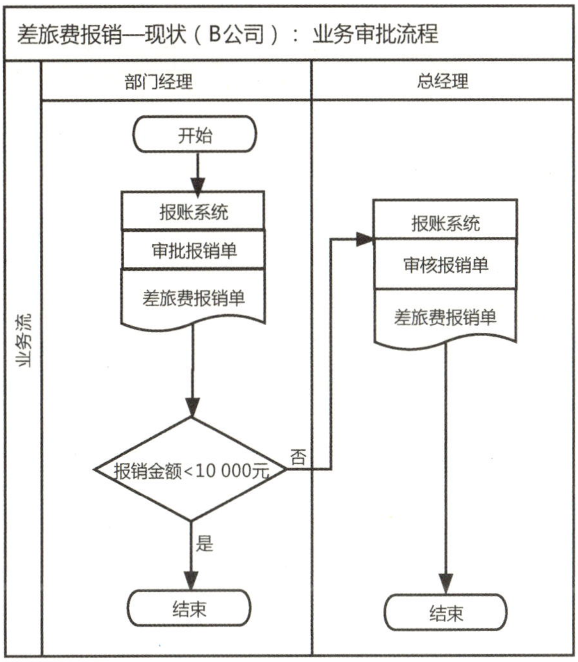

图 2-6　部分分/子公司差旅费报销业务审批流程现状

规划设计

2.1　财务共享服务中心战略规划

一、财务共享服务中心战略规划方法

（一）确定财务共享服务中心的战略定位

财务共享服务中心的战略定位包括以下几个方面，企业集团需要根据自己的企业战略来进行优先级排序和选择。

（1）加强企业集团的管控力度。采用此战略定位的财务共享服务中心更侧重于其管理职能，通过制定统一的流程制度、建设统一的管理信息系统，形成集中化和标准化的管理模式，整合财务管理和风险控制资源，对集团下属公司实施财务全程化、实时性监控，提高企业集团的综合掌控能力、支撑企业集团的发展战略。

（2）降低财务成本。通过对基础性、事务性工作的集中处理，一个财务人员可以处理几个公司的相同岗位的业务，从而在业务量不变的情况下减少人力，使得原来成百上千人在不同的分/子公司完成的工作由一个财务共享服务中心完成，提高了财务核算的效率，降低了原分散在各单位工作量的处理费用，节约了人工成本。

（3）支持企业发展。企业集团在新的地区建立分/子公司或收购其他公司，财务共享服务中心能马上为这些新建的分/子公司提供服务。同时，企业集团的管理人员能将更多的精力集中于企业集团的核心业务，而将其他的辅助功能通过财务共享服务中心提供的服务来完成，使更多财务人员从会计核算中解脱出来，为企业集团业务部门的经营管理和高层领导的战略决策提供高质量的财务决策支持，促进核心业务发展。

（4）挖掘数据价值。随着企业体量的增大、层级的增多，管理决策的复杂度也越来越高，因此，财务部门需要发挥更多的管理职能，为决策层提供具有参考价值的决策分析数据和报表。财务核算也必须更加细致化和专业化，为企业提供更加具有管理价值的财务分析数据，而财务共享服务中心是企业集团集聚数据资源的最佳平台。

（二）确定财务共享服务中心的建设目标

财务共享服务中心建设首先应该立足财务本身，与企业财务战略规划保持一致，纵向服务于企业发展战略，横向匹配企业 IT 信息规划，在此基础上明确财务共享服务中心的战略定位，定义财务共享服务中心建设的短期、中期和长期目标，如表 2-1 所示。

表 2-1 企业的短期、中期和长期目标

类　别	1～2 年短期目标	3～5 年中期目标	6～10 年长期目标
企业发展战略	向平台化管理转型，提升效率	并购扩张，全球化	持续盈利，稳健增长
财务战略规划	从核算监督向管理型财务转型	搭建财务共享服务平台，支持业务扩张、并购整合	从管理型向价值提升型转变
企业 IT 信息规划	达到企业级应用水平，业务、财务、税务系统贯通	实现集团集成性应用，业务、财务、税务系统一体化	升级到社会级应用，实现企业内外系统互联互通
财务共享服务中心的战略定位	实现集团管控	实现集团管控和财务服务	财务服务兼集团管控
财务共享服务中心的建设目标	标准化建设，推动企业财务转型（责任中心）	财务内包服务，降本增效（成本中心）	协议收费，提供“财务内包+外包服务”（利润中心）

（三）选择财务共享服务中心的推进路径

由于财务共享服务的引入是一次“财务革命”，不同企业会采用不同的财务共享服务中心推进路径：先试点后推广，即从单业务或单组织试点，逐步推广到全业务或全组织；一次性建设，即一次性在全业务、全组织范围内构建财务共享服务中心。两种推进路径的比较及选择建议如表 2-2 所示。

表 2-2 财务共享服务中心两种推进路径的比较及选择建议

推进路径	先试点后推广	一次性建设
适用客户群	管控力度较弱，执行力适中的企业集团；业务类型多样的企业集团；业态较多、核算相对比较复杂的企业集团；地域分布比较广的企业集团；处于稳定期的企业集团	管控力度较强，执行力比较高的企业集团；业务类型不是很多样、不是很复杂的企业集团；业态较少、核算相对比较简单的企业集团；信息系统相对单一，不存在太多异构系统对接问题的企业集团

续表

推进路径	先试点后推广	一次性建设
优点	逐步推广，先点后面、易于控制风险；试点期变动较小，不会造成大的震荡，有益于变革推进；试点成功后可大规模快速复制	一鼓作气，能够造成大的声势引起高层高度重视，对项目推进有帮助；不会产生多次实施、人员疲惫厌倦的负面情绪；一次性建设完成共享信息系统，应用价值高
缺点	对于试点机构的选择要慎重，既要考虑业务的全面性，也要考虑执行力、机构分布、管理现状、信息化现状等实际问题；业务在发展过程中存在未知的可能性，试点完成推广时业务可能发生变化	需要做好全面可行的规划，制定科学、严谨的项目计划和管理制度；对于项目管理的要求高；对于信息化基础要求高；沟通面广，需要加强财务共享服务中心的内部管理、建立呼叫中心等沟通渠道
选择建议	选择推进路径时，最好做项目可研分析；结合企业现状，进行必要性、可行性分析；选择最具有代表性的机构进行试点，并制订好相应的推进计划	

（四）选择财务共享服务中心的模式

选择财务共享服务中心的模式应考虑的因素如图 2-7 所示。

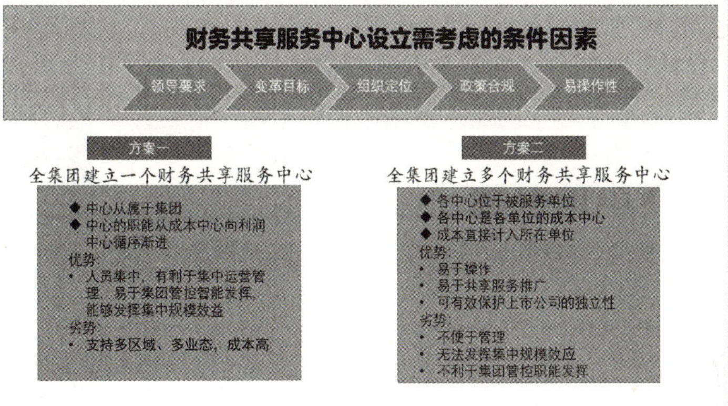

图 2-7　选择财务共享服务中心的模式应考虑的因素

（五）定位财务共享服务中心的组织职能

从组织职能维度来看，财务共享服务中心可以经历 3 个阶段的发展，如图 2-8 所示。

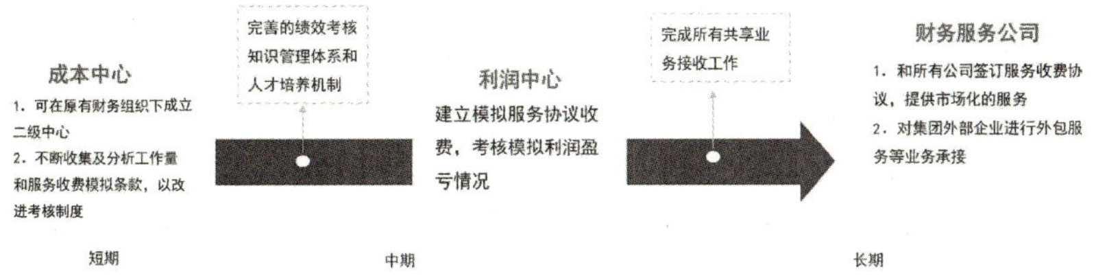

职能定位	组织特点	考虑因素
成本中心	集团内部职能部门，只对集团内部业务单元提供跨组织、跨地域的财务专业支持服务，无额外收益	1. 集团的性质：是否上市、是否有上市意向或准备、是否属于金融公司； 2. 战略发展：财务共享服务中心长期战略发展规划是否考虑成为利润中心或财务服务公司
利润中心	作为虚拟经营单位，依据市场机制独立运营、服务收费；既可对集团内部提供服务，也可对外部提供部分服务，获得收益	
财务服务公司	作为独立经营的公司，承接外部企业服务业务，创造价值	

图 2-8　财务共享服务中心组织职能定位的发展阶段

（1）成本中心：隶属于财务组织，完成财务核算工作，不进行独立考核。

（2）利润中心：建立内部模拟考核机制，和被服务组织之间需要进行内部结算。

（3）财务服务公司：提供市场化服务，不仅服务于集团内部，也对外承接业务，提供市场化的服务。

（六）确定财务共享服务中心的业务范围

纳入财务共享服务中心的服务范围可参照《2018 年中国共享服务领域调研报告》的相关内容。权威机构的调查数据显示，80%的核算业务都能够纳入财务共享服务中心的业务范围。财务共享服务中心覆盖的业务流程如图 2-9 所示。

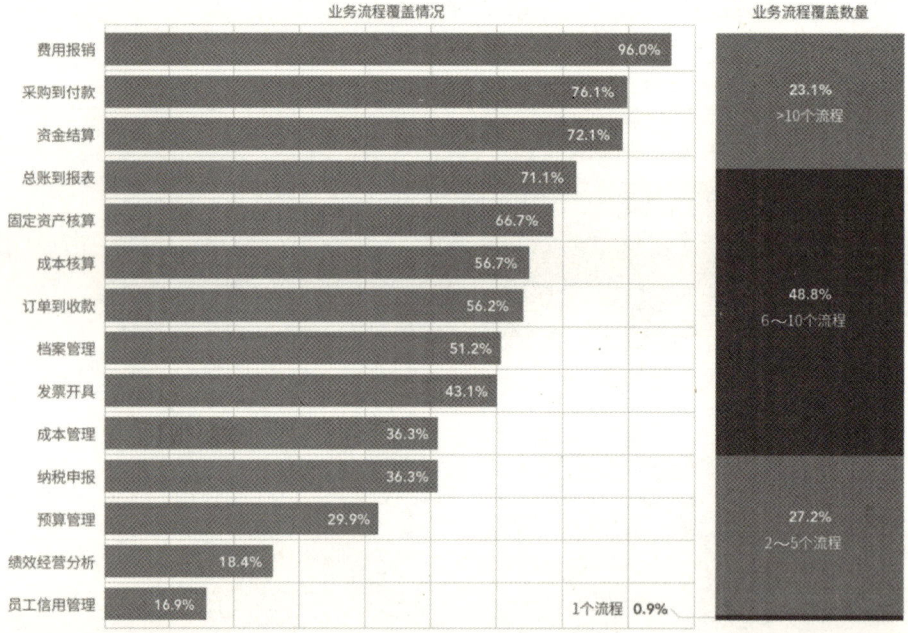

图 2-9 财务共享服务中心覆盖的业务流程

纳入财务共享服务中心业务范围的业务筛选原则如下所述。

1. 从集中管控的维度

（1）集中管控的必要性。

（2）集中管控力度的要求。

（3）业务的重要程度。

（4）异地处理的业务。

2. 从减少财务工作的维度

（1）占财务工作时间最长的业务。

（2）财务工作量最大的业务。

3. 从成本效益提高的维度

（1）考虑管理成本的增幅。

（2）对管理水平的提高。

二、财务共享服务中心选址决策

（一）财务共享服务中心选址的规划方法

确定财务共享服务中心所在地时，需要考虑地区经济水平、企业运营模式等。从国际经验来看，财务共享服务中心的办公地址选择，需要兼顾地区的政治、经济及企业战略等因素，选址的结果将直接影响投产比和能否充分共享，且影响业务执行情况。这些选择从总体来看，受制于中心定位、运营模式、长远战略、企业规模大小等多个因素，具体包括投入产出分析、高效益的人力数量、薪酬待遇、网络资源等基础设施，以及优惠政策等因素。

以上具体因素由总体因素决定，总体因素根据财务共享服务的战略定位确定。

若战略定位主要是控制成本，将更多考虑选址的成本因素，如人力成本等。其中，对于人力资源的成本要求也很低，不会过多投入。

若战略定位主要是加强集团管控或提升业务服务质量，则人力成本可能就不是最重要的考量因素。

事实上，能够兼顾所有标准的办公地址基本不存在，故而在决策时应进行排序，选择其中最适合的即可。另外，地震、飓风、洪水等自然灾害都有可能导致业务中断，因此在选址时也必须加以考虑。

在实际操作时可以先确定几个备选城市，然后按照五因素模型因子（见表 2-3）对每个备选城市进行数据资料收集、分项评分、加权汇总得到综合评分，以综合评分作为最终选址决策的重要依据。而因素的选取、权重的设计，均受到财务共享服务中心战略定位的重大影响。

表 2-3　财务共享服务中心选址的五因素模型因子

<table>
<tr><th>因素</th><th>方向</th><th>影响因子</th><th>评分（百分制）</th><th>权重</th><th>得分</th><th>小计</th></tr>
<tr><td rowspan="6">成本</td><td rowspan="2">人力成本</td><td>薪酬</td><td></td><td>7%</td><td></td><td rowspan="17"></td></tr>
<tr><td>房价</td><td></td><td>5%</td><td></td></tr>
<tr><td rowspan="3">交通成本</td><td>铁路</td><td></td><td>2%</td><td></td></tr>
<tr><td>公路</td><td></td><td>2%</td><td></td></tr>
<tr><td>机场</td><td></td><td>2%</td><td></td></tr>
<tr><td>办公成本</td><td>房价或房租</td><td></td><td>7%</td><td></td></tr>
<tr><td rowspan="3">人力资源</td><td>人员技能与知识水平</td><td>财务培训机构数量</td><td></td><td>3%</td><td></td></tr>
<tr><td>人才供给</td><td>财经类院校数量</td><td></td><td>10%</td><td></td></tr>
<tr><td>人才流动性</td><td>城市人口</td><td></td><td>2%</td><td></td></tr>
<tr><td rowspan="6">基础设施</td><td>IT、通信设备的可靠性</td><td>5G 试点城市</td><td></td><td>8%</td><td></td></tr>
<tr><td>通信成本</td><td>信息化试点城市</td><td></td><td>2%</td><td></td></tr>
<tr><td rowspan="2">国际便利度</td><td>世界 500 强在所在城市设立机构的数量</td><td></td><td>2%</td><td></td></tr>
<tr><td>吸引外商投资的额度</td><td></td><td>1%</td><td></td></tr>
<tr><td rowspan="2">基础设施质量</td><td>配套的教育资源</td><td></td><td>1%</td><td></td></tr>
<tr><td>配套的医疗资源</td><td></td><td>1%</td><td></td></tr>
</table>

续表

因素	方向	影响因子	评分（百分制）	权重	得分	小计
环境	政府政策	税收及优惠政策		4%		
		所在城市政府政策是否支持金融、生产服务业务发展		4%		
	发展能力	城市发展能力		4%		
	客户群体集中度	面向客户服务		3%		
集团管控力度	与总部（或区域总部）的沟通便利程度	选址在总部所在地		20%		
	总部（或区域总部）的影响	选址在主管单位所在地/创始人祖籍所在地/客户所在地		10%		

（二）财务共享服务中心选址的方式

财务共享服务中心选址方式依企业是全球化企业还是本土化企业而有所不同，具体如图 2-10 所示。

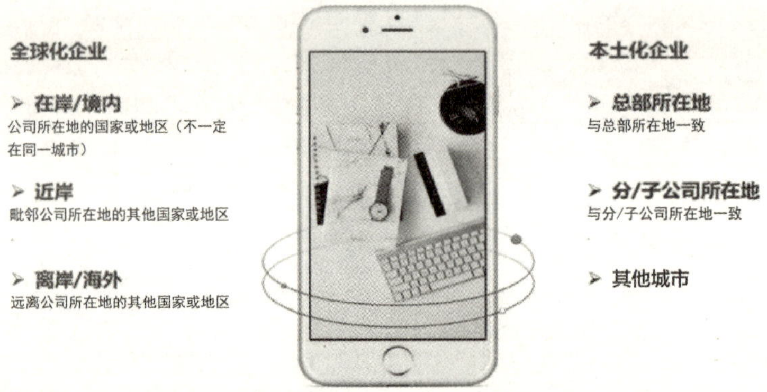

图 2-10　财务共享服务中心选址示意图

（三）财务共享服务中心选址的考虑因素

财务共享服务中心的选址可以从城市环境和公司内部两个角度考虑，其五因素模型如图 2-11 所示。

图 2-11　财务共享服务中心选址的五因素模型

经调研，鸿途水泥财务共享服务中心的候选城市为郑州、大连、天津，如图 2-12 所示。

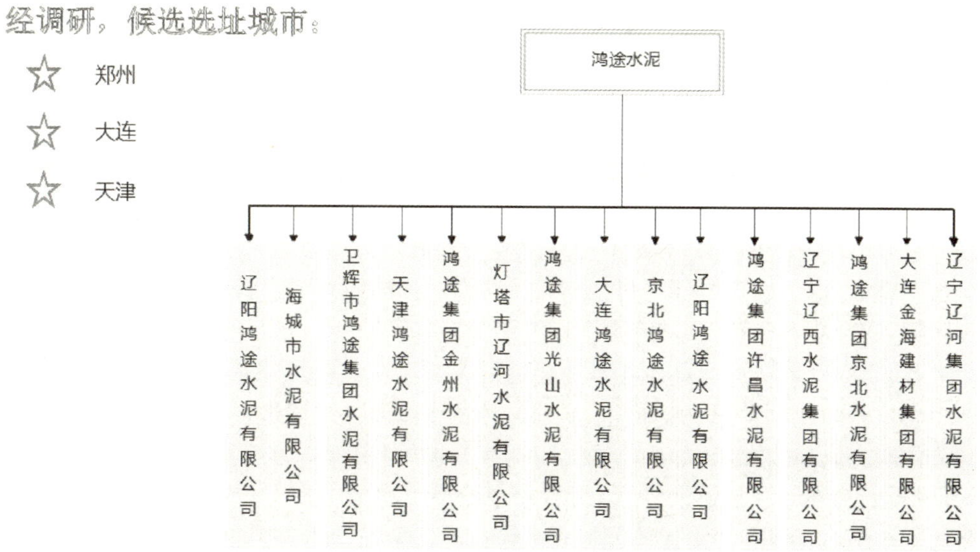

图 2-12　鸿途水泥财务共享服务中心选址

2.2　财务共享服务中心组织规划

一、财务组织的总体架构

大型企业集团基于财务共享服务中心的财务管理体系建设蓝图，如图 2-13 所示。

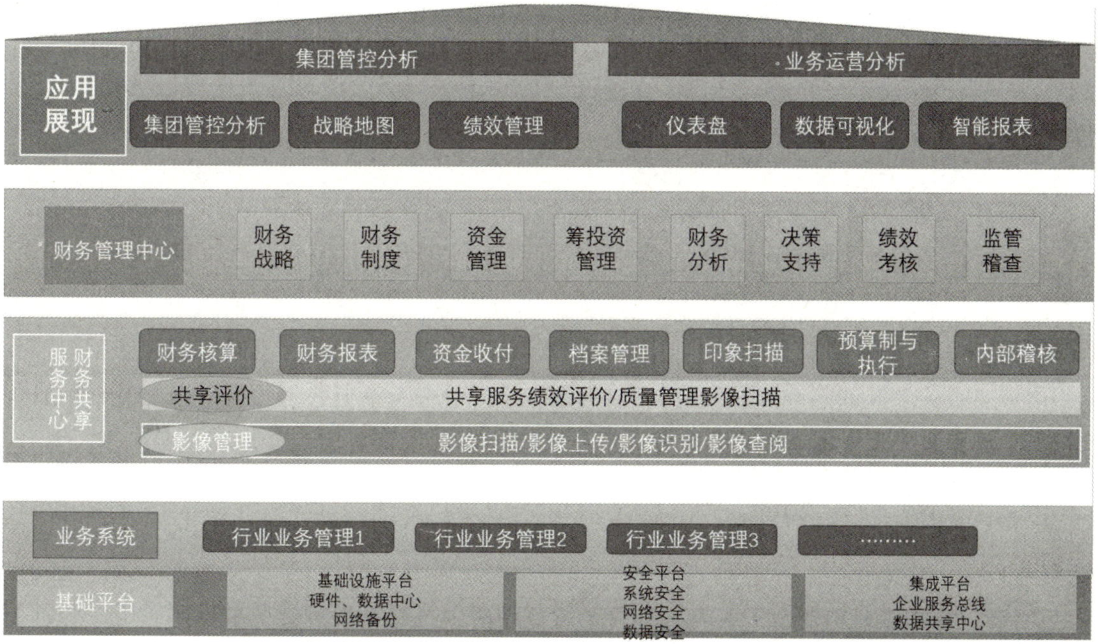

图 2-13　大型企业集团基于财务共享服务中心的财务管理体系建设蓝图

（一）职责调整

当基于财务共享的财务组织向三角财务组织转换后，势必要对相关岗位和职责进行调整，即依据三角财务组织转型，明确划分战略财务、业务财务与共享财务职能的边界。

总体上的做法是通过适当的财务工作专业分层、分工，形成三角财务组织：战略财务、业务财务、共享财务。

（1）战略财务。集团财务部作为战略财务负责集团运营监控和决策支持，行使对下属企业的财务管理职能，包括制定和监督财务会计政策、支撑集团投资决策、进行风险控制，以及对集团税务筹划、全面预算、成本进行统筹管理等管控型、专家型财务工作。

（2）业务财务。各业务板块或业务单元的财务部门作为业务财务参与到业务全过程，作为业务前端合作伙伴及时发现经营问题，基于财务角度对业务过程进行支持和控制，承担业务与财务融合的职责。其中，总部财务部受集团财务部领导，负责本公司及下属分支机构一般财务监督、成本费用审核、总部纳税筹划、经营财务分析与决策支持；分支机构财务部负责财务业务监督控制、决策支撑和高附加值的运营等管控型、现场型财务工作。

（3）共享财务。财务共享服务中心负责集团各公司及分支机构的会计基础核算、费用、资金结算等规模型、重复性、可标准化处理的财务工作。共享财务要做到专业化、标准化、流程化、集约化。

（二）组织规划的出发点

构建财务共享服务中心，涉及组织机构调整和人员重新配置，要立足于业务，服务于管控需求，需从以下两个方面来考虑。

（1）重新构建财务部门的组织架构，确立财务共享服务中心在财务架构中的位置与定位。

（2）有效解决新架构中的协作关系。

组织规划的出发点具体如图 2-14 所示。

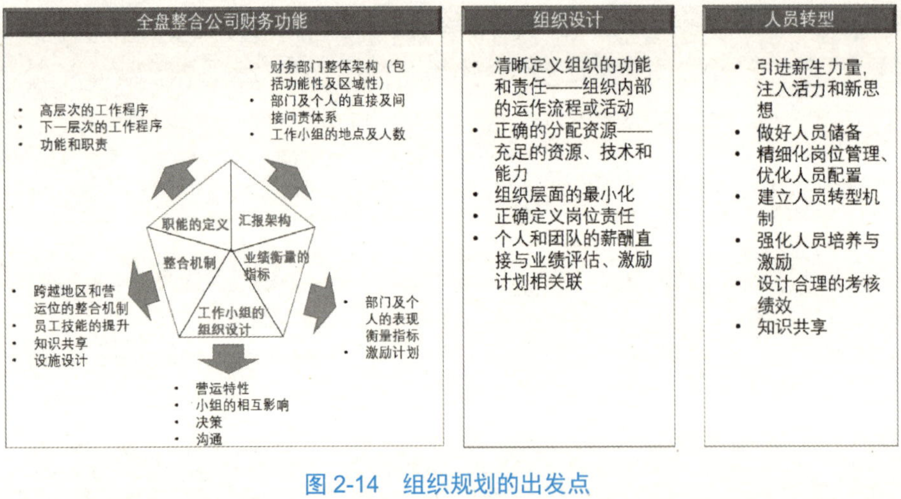

图 2-14 组织规划的出发点

（三）组织架构规划

结合财务共享服务中心的模式，规划财务共享服务中心的定位与结构。

（1）组织定位：结合财务共享服务中心的模式，将其定位为二级中心、独立中心或独立法人，如表 2-4 所示。

表 2-4　组织定位

组织定位		优势	劣势	案例
二级中心	财务部下成立的二级中心	有利于统一协调及沟通	缺乏独立性与客观性	万科
独立中心	直属董事局管理的独立中心，不受经营班子管理	财务共享的独立性和公正性更强，有利于为经营班子提供更符合董事局要求的标准、规范、中立的数据，经营数据和管理数据更客观	与集团前台财务统一、协调性上比较差，沟通成本相对较高；不利于从成本中心向利润中心转型；不利于向集团外部提供服务；市场化程度相对较弱	合生集团
独立法人	财务共享服务中心作为第三方公司，和所有分/子公司签订服务协议	直接从成本中心向利润中心转化；如果发展得好，可以直接商业化和市场化，有利于集团创造新的利润增长点	从成本和费用考虑，提供的服务质量有所限制，服务提供不够灵活	珠江投资

（2）组织架构如图 2-15 所示。

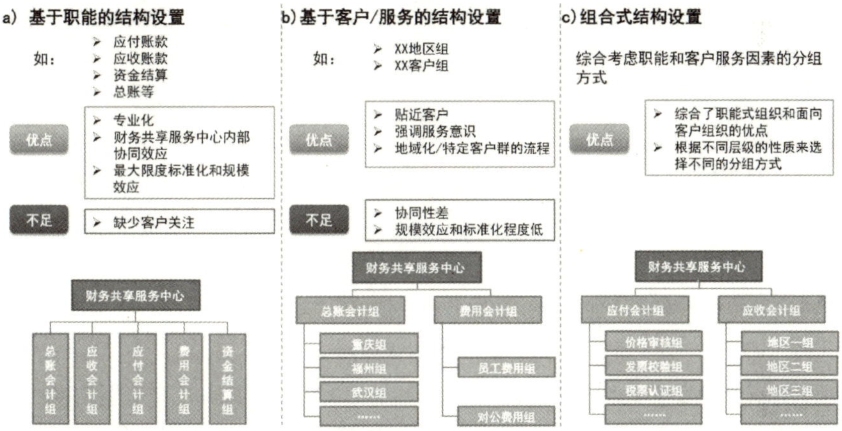

图 2-15　组织架构

（3）组织规划示例如图 2-16 所示。

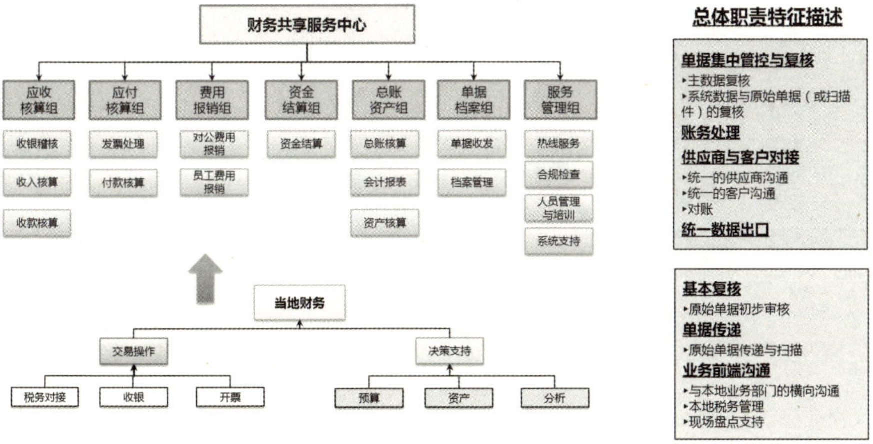

图 2-16　组织规划示例

二、岗位规划

（一）岗位配置规划

财务共享服务中心在不同发展阶段对人员有不同的要求，应结合具体实际情况，根据财务共享服务中心的不同发展阶段逐步进行财务共享服务中心人员的组建。

1. 财务共享服务中心建立初期

在此阶段，可以征调较多的试点单位人员和抽取项目组人员到财务共享服务中心。因为试点单位人员对本企业的实际情况及业务情形比较了解，而项目组人员参与了未来财务共享服务中心流程设计与系统实施的全部过程，所以他们可以灵活处理实际操作过程中遇到的各种问题。

2. 财务共享服务中心进入成长期

在此阶段，可以逐渐增加外聘人员的比例，这将成为未来财务共享服务中心人员扩充的主要来源。外部招聘人员不用一步到位，随着财务共享服务中心业务上收范围的逐步扩大及服务水平的持续提升，逐步扩大外聘人员的比例，最终实现财务共享服务中心的人数 80%为外部招聘这一最终目标。

（二）人员三定

所谓人员三定，是指构建财务共享服务中心后，全集团财务人员的定责、定岗、定编。

1. 定责

将从事标准化工作的会计核算人员分离出来，调整到财务共享服务中心，将财务核算工作和财务管理工作分开，使会计核算工作集中后按专业岗位进行分工作业，实现由财务共享服务中心集中处理基础性核算业务，有效控制成本与风险。

财务共享服务中心的职责如图 2-17 所示。

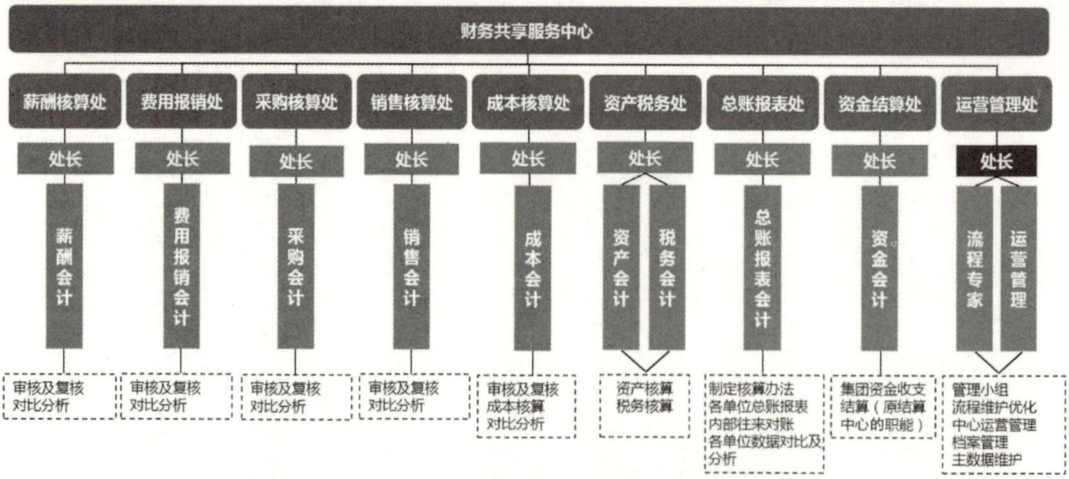

图 2-17 财务共享服务中心的职责

2. 定岗

在集团财务部原板块及业务单位财务部的岗位中，如果职责保留则岗位保留，否则将取消相应岗位、人员待转岗。

3. 定编

财务共享服务中心岗位人员配置测算方法有 3 种：业务分析法、对标评测法与数据测算法。

（1）业务分析法：基于业务性质的特点，并结合现有管理人员及业务人员的经验，进行分析评估，最终确定人员需求数量。

（2）对标评测法：对于原先没有岗位设置、无经验值参考、无法进行数据测算的业务，选取相近口径其他单位的业务进行对标，并在此基础上进行估测。

（3）数据测算法（又称工时法）：在业务量和工作效率（人均业务量）确定的基础上，确定人员需求数量。此方法适用于能够提取到可靠业务量，并能够对单笔业务量所用时间进行测量的项目。

小警示

财务共享会优化一些基础核算岗位，我们需要与人力资源部门协同处理好被辞退人员的经济补偿

2.3　财务共享服务中心流程规划

一、流程设计方法

（一）流程优化路径

所谓流程优化路径，是指企业采取怎样的计划，将财务共享的业务范围和组织范围逐步扩大。流程优化路径的选择主要考虑以下因素。

（1）对现有业务、组织和人员的影响。

（2）人力资源和技能的就绪度。

（3）财务共享的实施周期。

（4）项目推进难度。

（5）系统和基础设施的就绪度。

假设：

“1”代表单一业务、单一组织实施共享；

“2”代表单一业务、全组织实施共享；

“3”代表全业务、单一组织实施共享；

“4”代表全业务、全组织实施共享。

常见的流程优化路径如表 2-5 所示。

表 2-5　流程优化路径

不同优化路径	概要描述
3—4	从单一公司开始试点，将全部业务纳入财务共享服务中心进行试点； 等试点公司的全部业务稳定运行后，再扩展到全部公司
2—4	先将全部公司的某一业务纳入财务共享服务中心进行试点； 等试点业务稳定运行后，再逐步将其他业务纳入财务共享服务中心
1—3—4	先将单一公司的某一业务纳入财务共享服务中心进行试点； 等试点业务稳定运行后，再将试点公司的所有业务纳入财务共享服务中心，然后扩大范围将其他分/子公司纳入财务共享服务中心
1—2—4	先将单一公司的某一业务纳入财务共享服务中心进行试点； 等试点业务稳定运行后，再将这项试点业务推广到所有分/子公司，然后逐步将其他业务纳入财务共享服务中心

（二）业务职责划分

财务共享服务中心流程梳理和优化的核心是对财务共享服务中心产生业务交互的流程进行重新评估与再造。借助财务共享服务中心所带来的组织和业务交互模式变革，改善企业的成本、质量服务与响应速度。

1. 职责划分工作步骤

（1）流程梳理分类。基于各成员单位的业务模式，对财务核算流程进行梳理分类，整理会计核算流程并逐级细分。

（2）流程节点拆分。拆分至每个流程节点，对不同组织同质流程的每个节点的业务规则进行对比分析。

（3）属地分析。对每个流程节点的归属地、岗位和职责进行识别，分析其属地、岗位和职责的合理性，以及将其纳入共享的可行性。

（4）关键问题分析。结合财务共享需要，平衡流程效率和风险，根据流程清单梳理结果，对差异和问题进行总结分析，识别影响流程的关键因素和影响共享实施的关键问题。

（5）信息系统分析。根据流程中的信息传递分析每个流程环节的系统支撑是否到位和合理，结合财务共享服务项目目标，识别系统功能的改进方向。

2. 可纳入财务共享服务中心的业务选择

通过“复杂、风险及专业程度”“规模经济收益”“与业务的紧密程度”“技术可行性”“经济可行性”一系列特质分析，可以确定组织内适合建立共享服务的财务工作流程，如图 2-18 所示。

企业现有的流程通过滤镜的层层过滤，可以找出适合共享的流程。

财务共享流程设计，需要结合财务共享业务范围（如费用共享、核算共享、资金共享、报表共享等）进行梳理，建议需要重点设计的流程如图 2-19 所示。

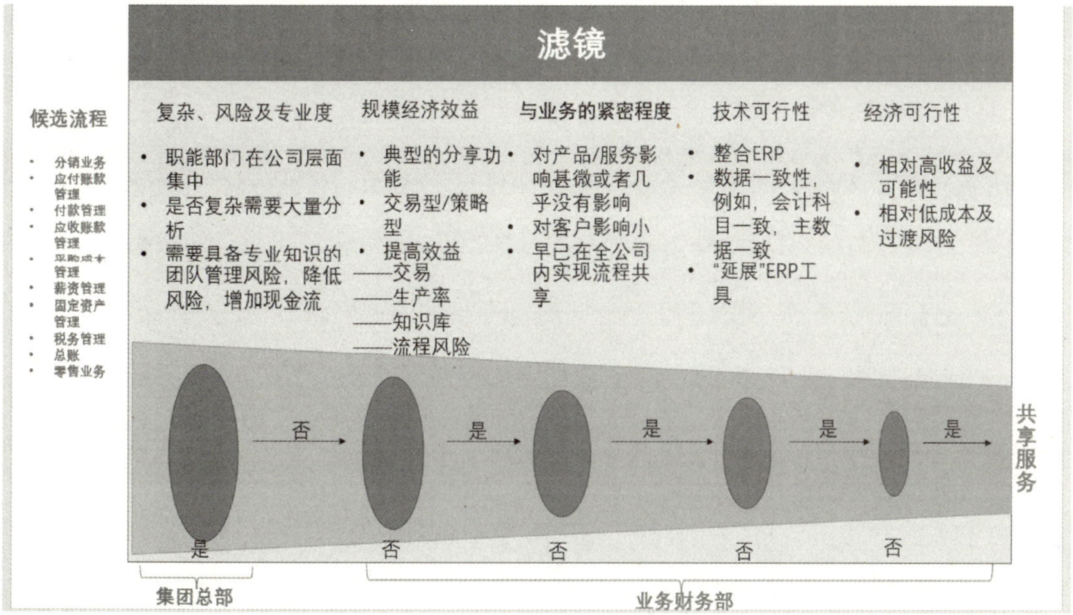

图 2-18　工作流程过滤

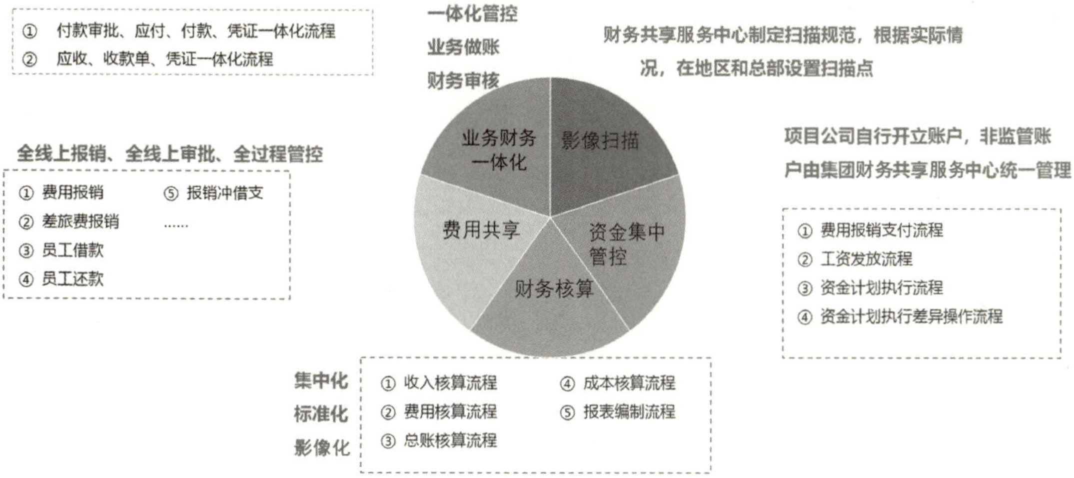

图 2-19　财务共享流程设计

（三）端到端业务流程的设计原则

“端”指企业外部的输入或输出点，这些外部的输出或输入点包括客户、市场、外部政府或机构，以及企业的利益相关者。“端到端流程”指以客户、市场、外部政府或机构，以及企业的利益相关者为输入或输出点的，一系列连贯、有序的活动的组合。

（1）业务组织与财务组织地域分离原则。

- 原始单据的传递：需要对影像扫描进行设计，包括制单人扫描、专岗扫描。
- 原始单据的归档：需要对档案管理进行设计，包括本地归档、财务共享服务中心归档、电子档案、纸质档案等。

- 内控的管理要求：由于地域分离带来的对内控的管理设计。

（2）跨业务组织流程的标准化原则：业务形态不同、信息系统差异、审批流程差异、业务环节差异、主数据差异等的标准化。

（3）信息系统的现状与集成原则：业务系统与财务共享服务中心系统的一体化与异构化。

（4）新技术应用原则：共享服务模式是在信息技术支持下的管理变革，实现业务财务、流程财务的有效协同，推动财务管理向更高价值领域迈进。

二、流程规划设计

（一）定义流程

流程是利用资源和管理，将输入转化为输出的一系列活动。

（1）流程是一组为客户创造价值的相关活动。

（2）流程是对业务运作的规划，可以不断地总结和固化优秀经验。

（3）企业的所有活动都可以看作流程。

（4）为企业提供增值的不是个人，而是流程。

（5）流程六要素：输入、活动、过程、输出、客户、价值。

（二）流程设计方法

1. 财务流程设计与再造

财务流程设计与再造如图 2-20 所示。

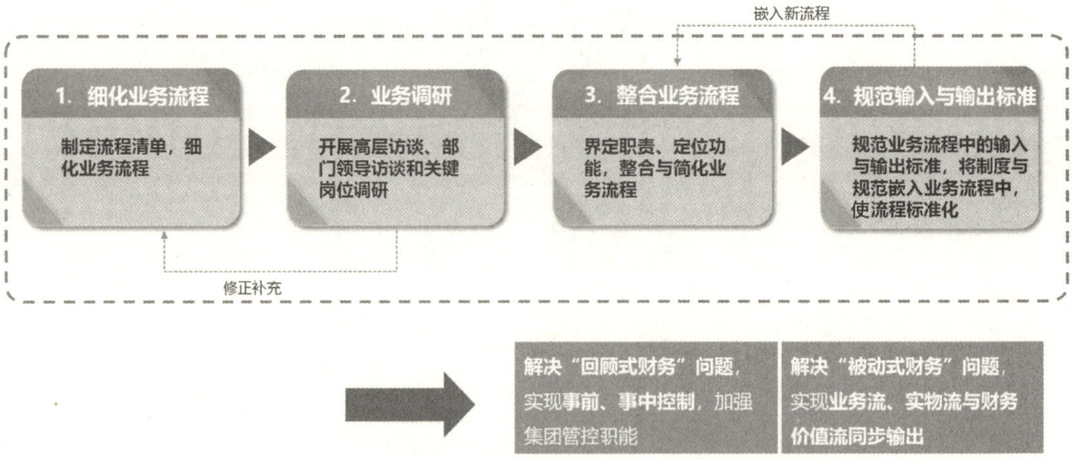

图 2-20 财务流程设计与再造

2. 业务流程调研

调研会伴随流程设计与再造的全过程，应遵循“调研计划—调研记录—调研整理—调研分析—调研汇报—调研修正”的过程进行，如图 2-21、图 2-22 所示。

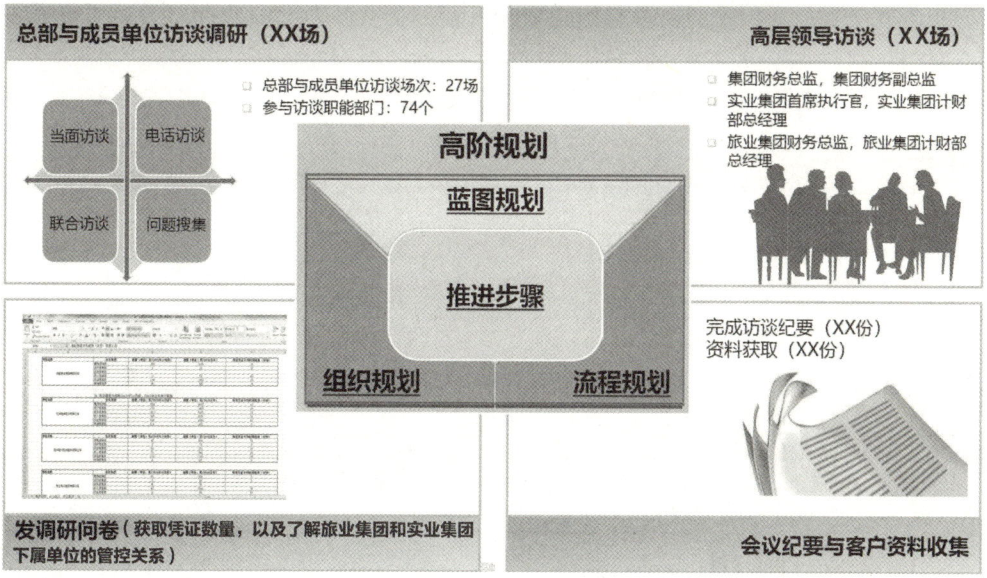

图 2-21 业务流程调研过程 1

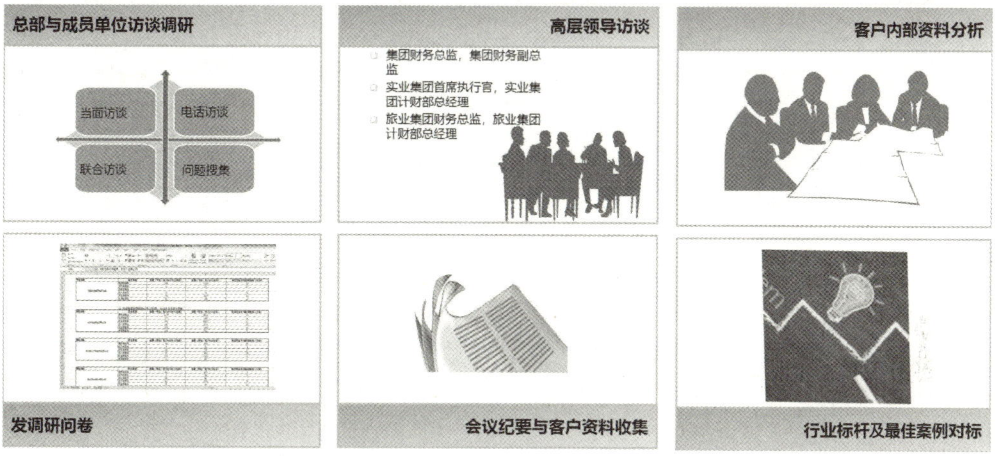

图 2-22 业务流程调研过程 2

以领先实践为导引，以需求调研为基础，以分析评价系统为工具，以打造符合战略管控思路的财务共享服务中心为核心思想。

业务流程体系分类梳理的关键点如下所述。

（1）流程分析的前提是对流程进行清晰的体系分类。

（2）搞清楚流程的动作环节，在哪里做，谁做，用什么系统做，怎么做。

（3）流程中隐藏着大量的待优化问题，能否发掘出这些问题是对流程能力的考验。

（4）需要分析哪些是流程设计本身的问题，哪些是制度的问题，哪些是系统的问题，哪些是人为的问题。

（5）流程的有效分析方法是进行穿行测试，走一遍，充分暴露问题。

（三）基于财务共享服务中心的端到端业务流程

（1）财务共享服务中心的工作模式如图 2-23 所示。

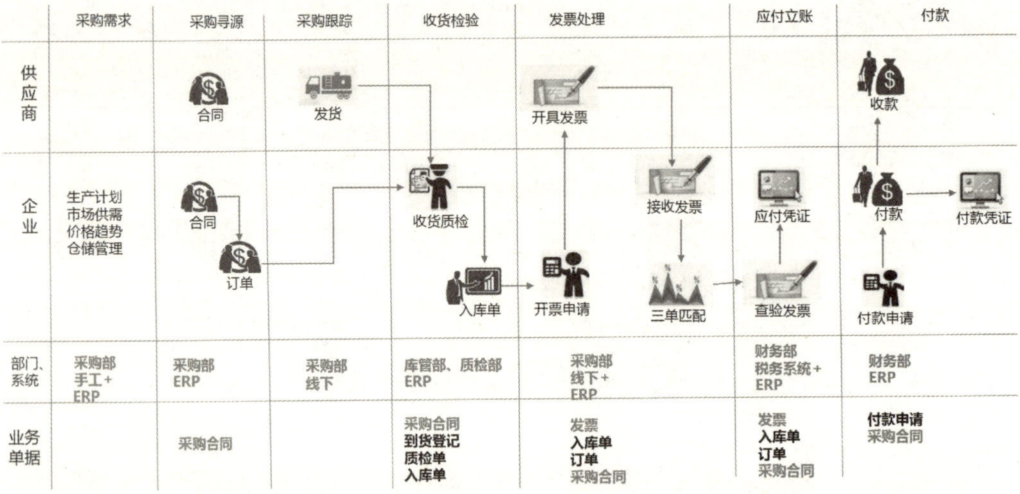

图 2-23 财务共享服务中心的工作模式

（2）财务共享业务流程的设计原则如图 2-24、图 2-25 所示。

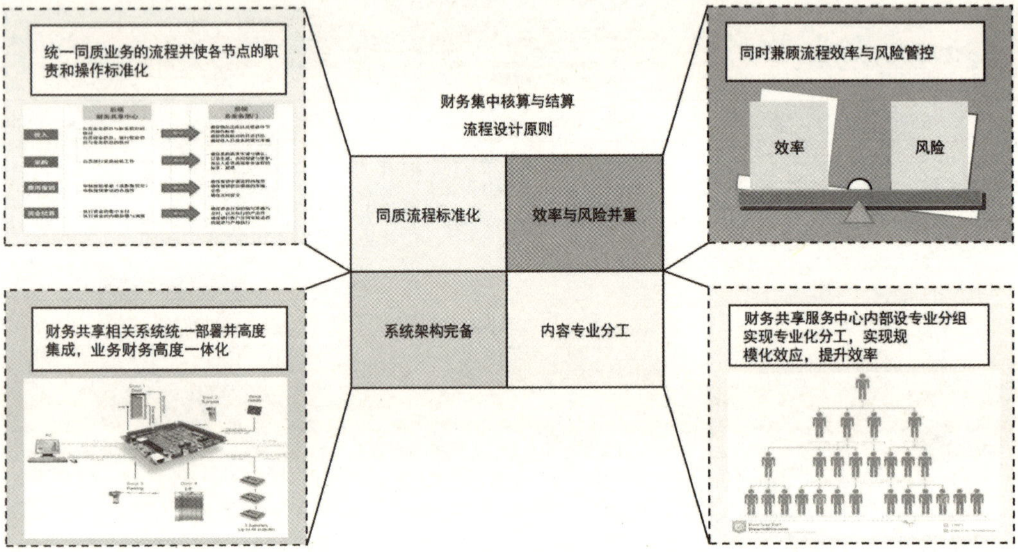

图 2-24 财务共享业务流程的设计原则 1

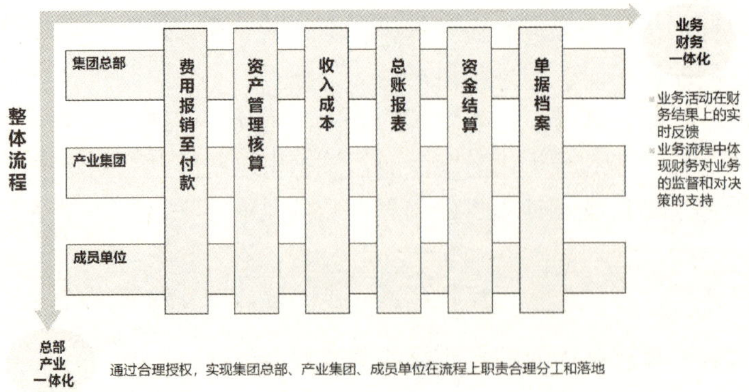

图 2-25 财务共享业务流程的设计原则 2

（3）业务组织与财务组织地域分离，如图 2-26 所示。

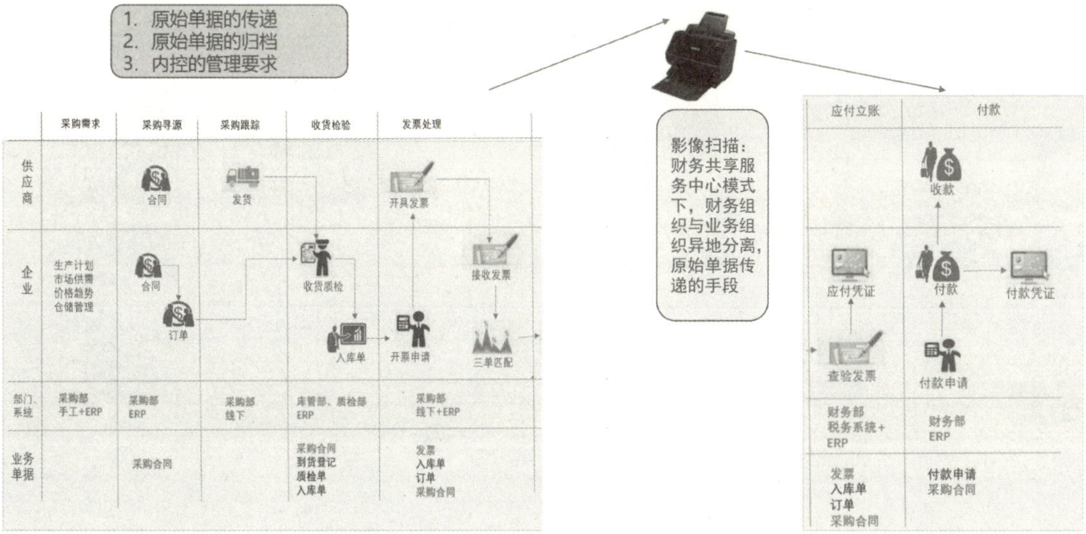

图 2-26 业务组织与财务组织地域分离

（4）跨业务组织流程的标准化，如表 2-6 所示。

表 2-6 跨业务组织流程的标准化

差异原因	组织一	组织二	是否统一
业务形态不同	线上销售	线下销售	不必统一
信息系统差异	SAP	NCC	考虑成本，可在单据层面统一
审批流程	5 步审批	3 步审批	消除冗余流程
业务环节	费用需要申请	费用不需要申请	可统一
单据模板不同			同质业务统一
单据附件不同			根据业务实质区分可能不同，依据单据或事项区分是否统一

（四）财务共享服务中心模式下跨组织处理的要求

新技术的应用，如图 2-27 所示。

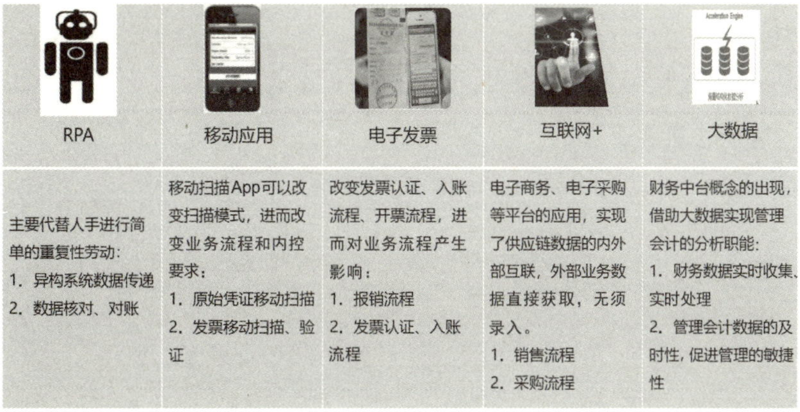

图 2-27 新技术的应用

课堂练习

某财务共享服务中心费用报销的现行流程如图 2-28 所示，该流程形成于几年前，请结合新的技术对该流程进行优化、改进。

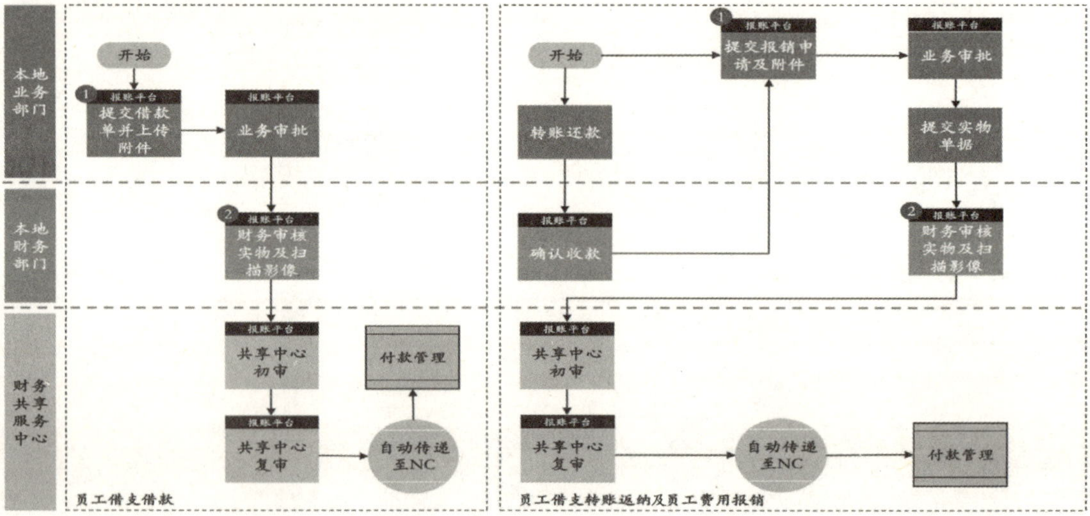

图 2-28　某财务共享服务中心费用报销的现行流程

案例实操

2.4　财务共享服务中心构建测试

一、财务共享服务中心建模

（一）实操要求

根据规划设计，完成财务共享服务中心建模。

（二）具体操作

通过财务共享服务中心建模任务登录财务共享服务中心。

1. 创建财务共享服务中心

（1）单击“创建共享中心”模块，如图 2-29 所示。

（2）单击“新增”按钮，如图 2-30 所示。

（3）设置编码、名称、业务单元，然后单击“保存”按钮，如图 2-31 所示。

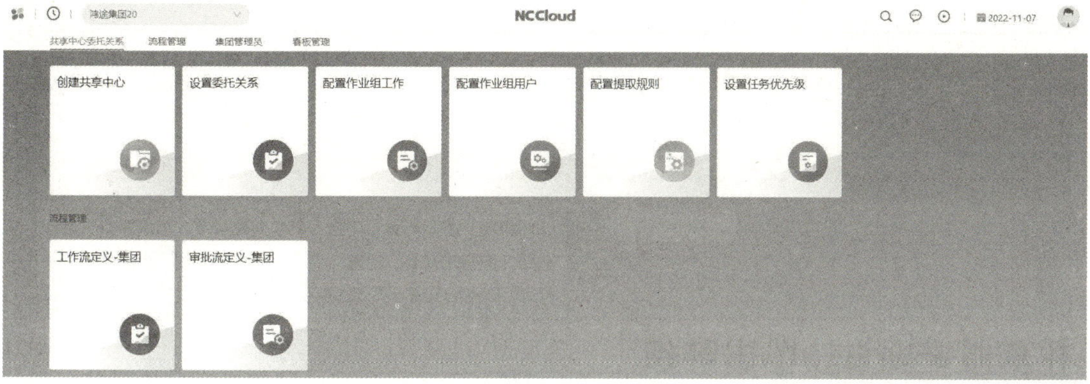

图 2-29 “共享中心”主界面

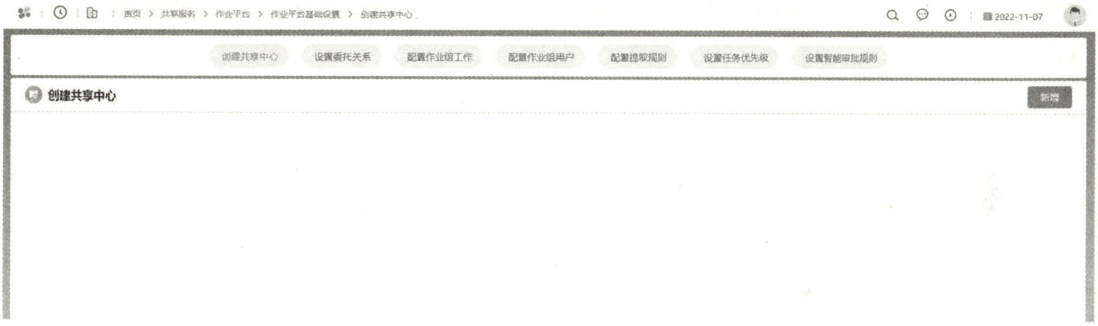

图 2-30 新增共享中心

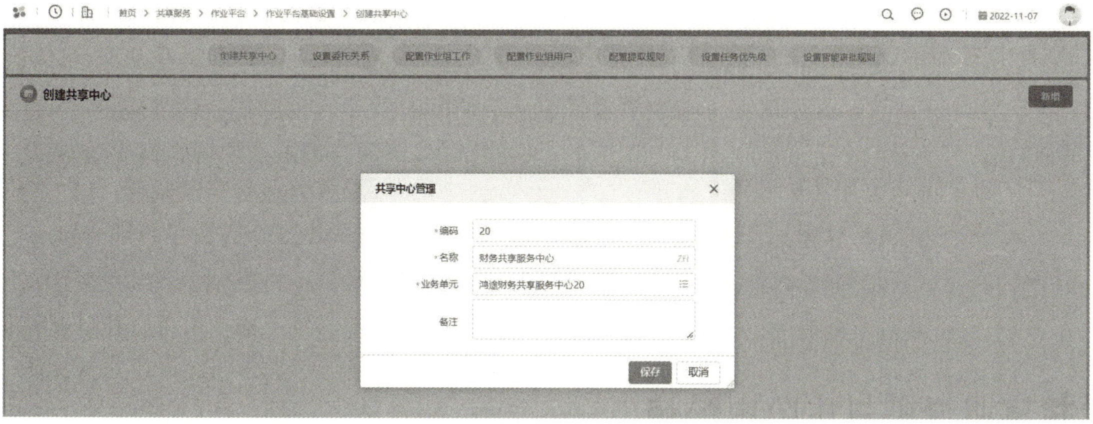

图 2-31 设置“编码”“名称”“业务单元”

2. 设置委托关系

（1）选择对应的“财务共享服务中心”，如图 2-32 所示。

（2）单击“新增”按钮，如图 2-33 所示。

（3）“新增共享委托关系”，如图 2-34 所示。

选择服务单位为鸿途水泥旗下的 17 家分/子公司，如图 2-35 所示。

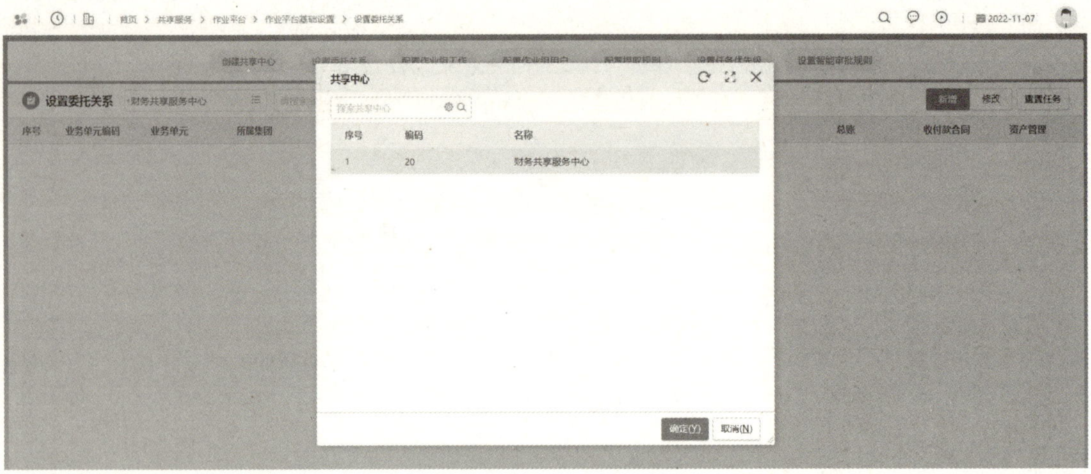

图 2-32　选择对应的“财务共享服务中心”

图 2-33　“设置委托关系”页面

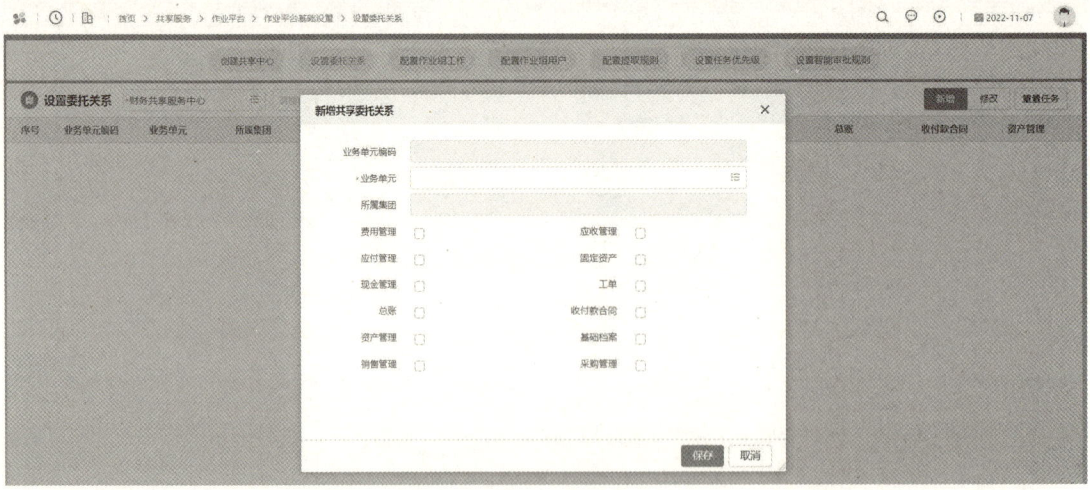

图 2-34　“新增共享委托关系”页面

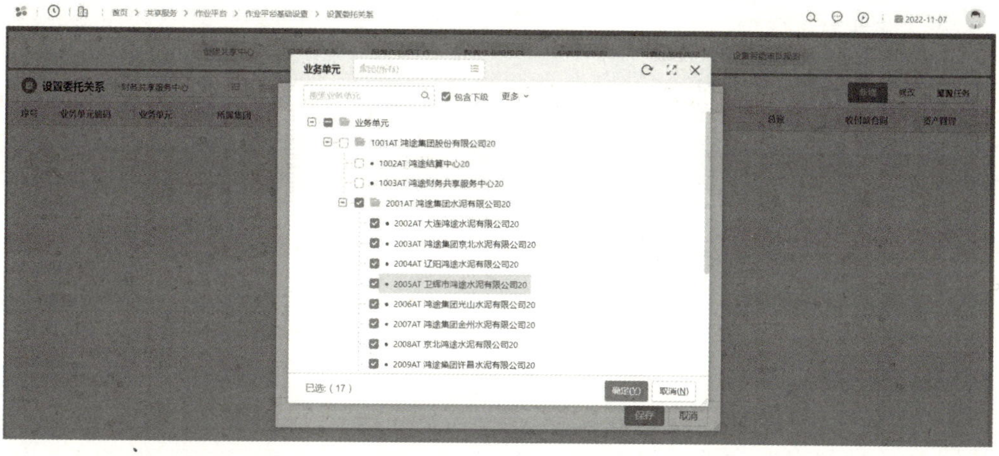

图 2-35　选择服务单位

（4）选择服务内容，如图 2-36 所示。

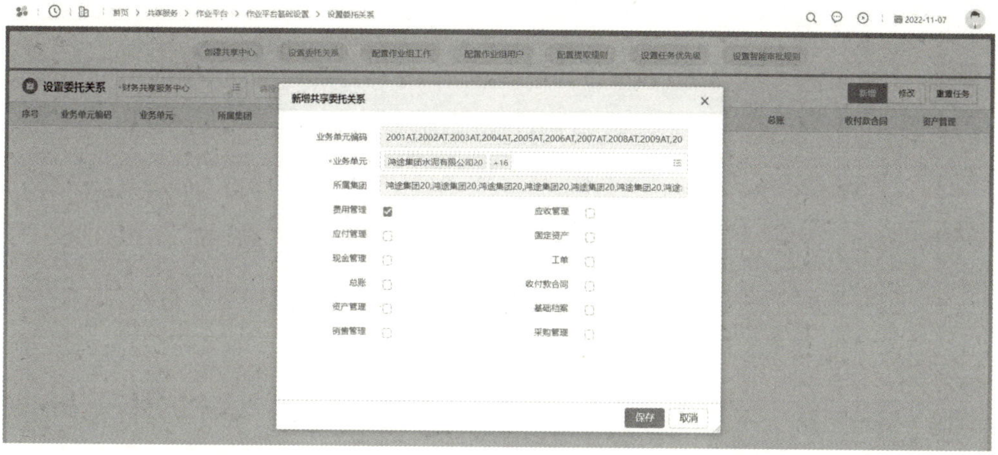

图 2-36　选择服务内容

注意，不要勾选“采购管理”和“销售管理”复选框，如图 2-37 所示。

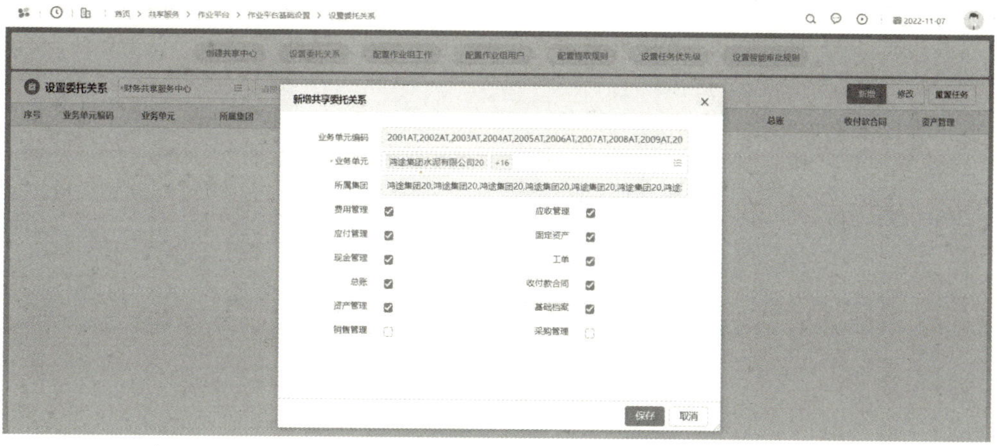

图 2-37　“采购管理”和“销售管理”为空

3. 配置作业组工作

（1）增加作业组，如图 2-38 所示。

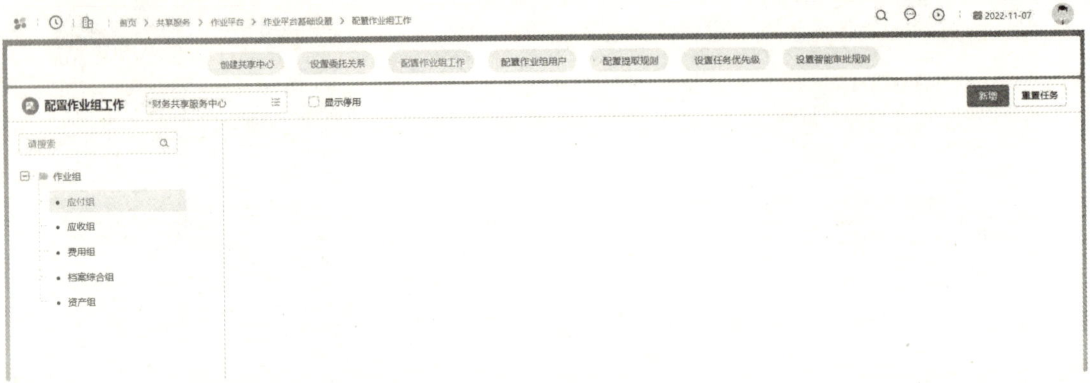

图 2-38 “配置作业组工作”页面

（2）新增作业组规则，具体“单据类型”如图 2-39 所示。

1/1页

业务	单据类型	单据用途说明
档案综合类业务	供应商申请单	新增供应商申请，审批通过后系统中即会增加该供应商信息
	供应商银行账号申请单	新增供应商银行账号，以供后续向该供应商支付款项使用
	付款合同	根据合同事项生成的记录付款相关信息的合同内容
	收款合同	根据合同事项生成的记录收款相关信息的合同内容
付款类业务	付款申请	付款前的申请，一般用于专项款项支付的事前申请
	应付单	一般采购发票到了以后会形成企业对外部的应付义务，该单据审批通过后一般会生成应付账款的会计分录
	付款单	一般支付应付的款项或预付供应商的款项时，使用该单据进行审批
费用类业务	费用申请单	对费用的事前申请，一般用于专项费用的申请，专款专用
	费用预提单	对预提类费用的申请与审批
	主借款单	一般用于员工借款或对公业务借款
	主报销单	一般用于费用报销的填报与审批
结算类业务	划账结算	一般用于一个单位不同账户之前的转账
	主收款结算单	对于主营业务外的收款业务填报与审批
	主付款结算单	对于主营业务外的付款业务填报与审批
资产类业务	资产变动	固定资产变动事项记录与审批
	资产报废	固定资产报废事项记录与审批
	资产减少	固定资产减少业务的填报与审批
	新增资产审批单	固定资产新增业务的记录与审批，审批通过后，可根据该单据进行固定资产卡片的新增
销售收款类业务	应收单	销售商品后，形成企业对外部的应收的权利，该单据审批通过后一般会生成应收账款和收入相关的会计分录
	收款单	一般收到应收的款项或预收客户的款项时，使用该单据进行审批
总账类业务	通用凭证单	该单据一般用于总账共享转账类或其他特殊事项的凭证
其他	自定义单据	其他没有枚举的业务单据，可通过该单据进行审批并纳入共享审核

注：交易类型不选默认为单据类型下的全部交易类型

图 2-39 作业组中的“单据类型”

4. 配置作业组用户

“配置作业组用户”页面如图 2-40 所示。

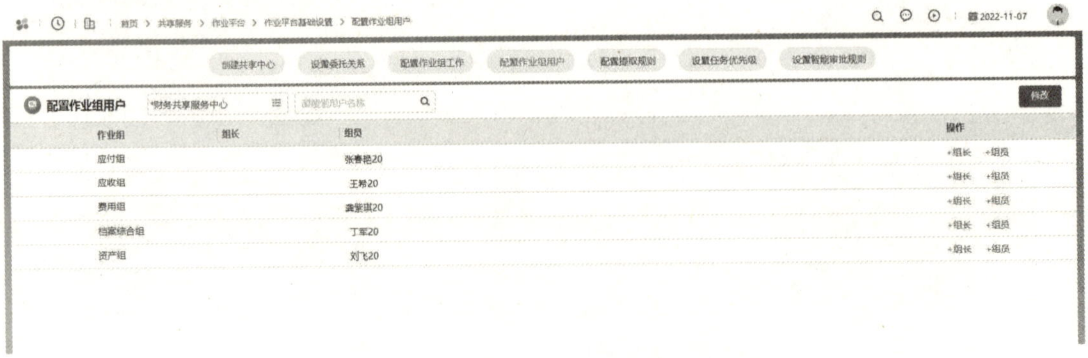

图 2-40 “配置作业组用户”页面

5．配置提取规则

配置提取规则，“提取方式”为“处理完毕后提取”、“管理层级”为“共享中心”，如图 2-41 所示。

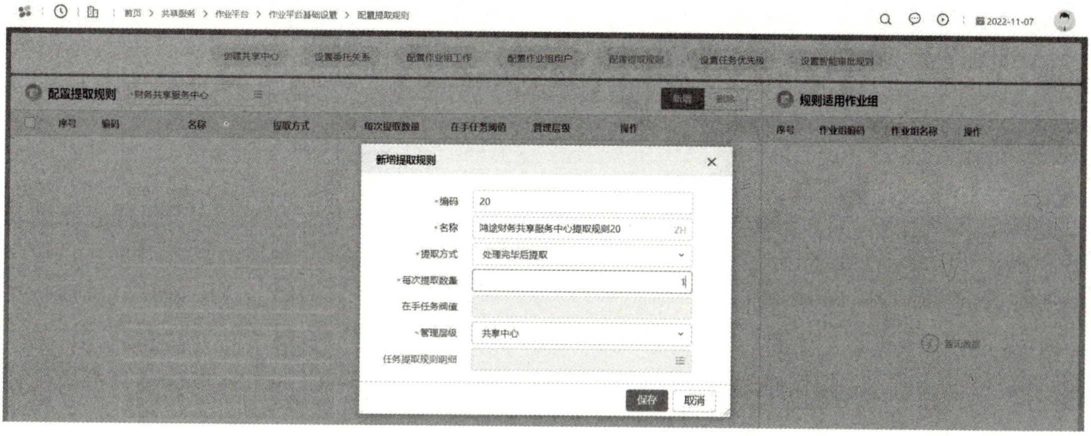

图 2-41　“配置提取规则”页面

二、流程配置

此处完成财务共享服务中心工作流与审批流的启用，后续流程配置任务不再重复配置，直接跳过即可。

（1）打开财务共享服务中心，在“流程管理”主界面单击“工作流定义—集团”模块，如图 2-42 所示。

（2）单击“ ”按钮，搜索“工作流程”，然后启用所有流程，如图 2-43 所示（注意：工作流还有第二页）。

（3）再次打开财务共享服务中心。

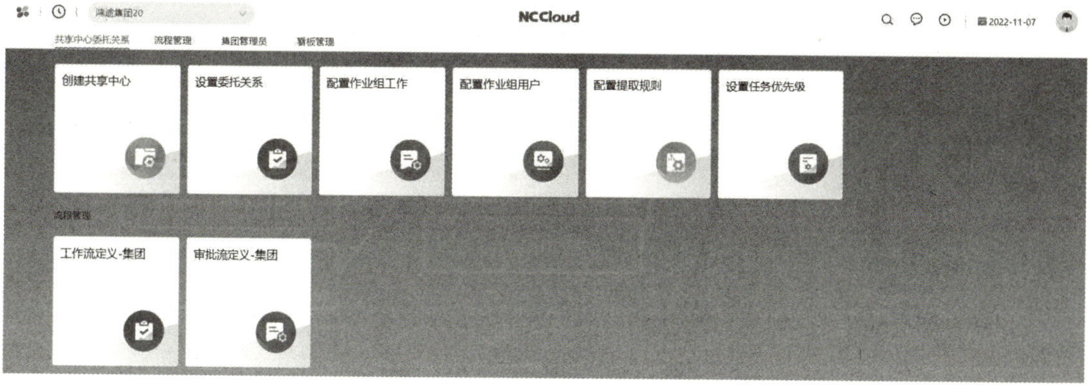

图 2-42　“共享服务中心”主界面

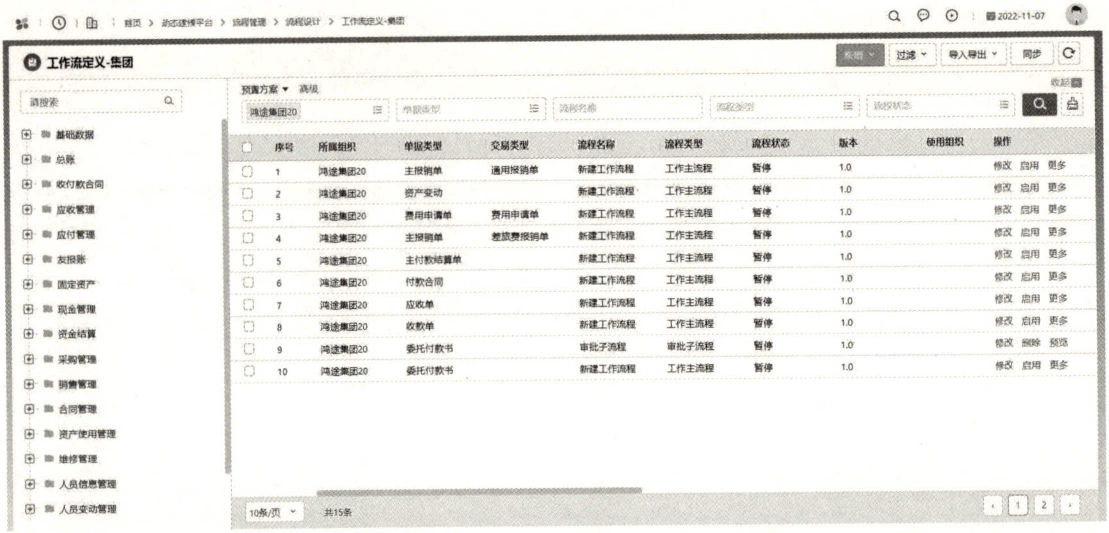

图 2-43 启用流程

在“流程管理”主界面单击“审批流定义—集团”模块，如图 2-44 所示。

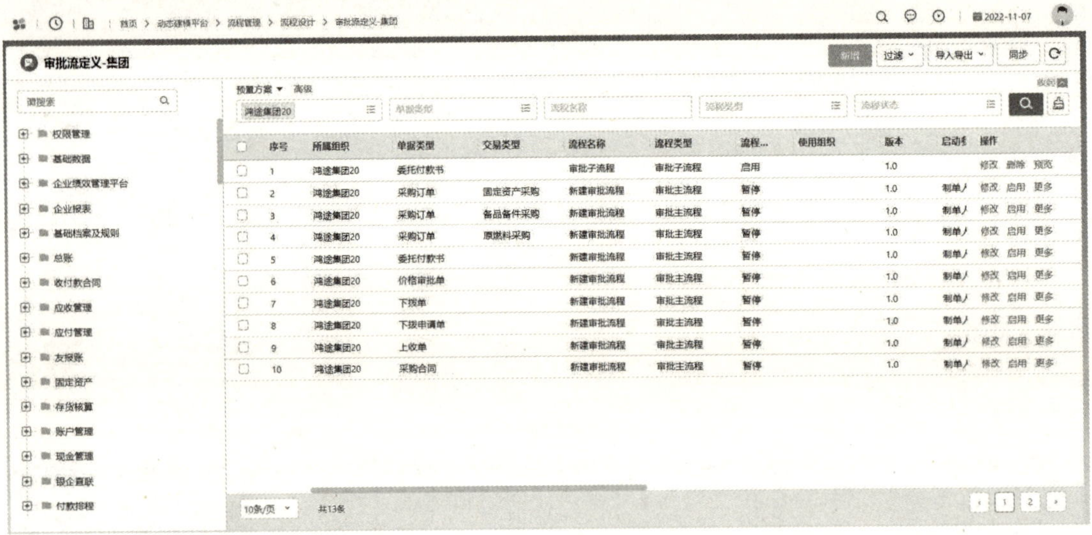

图 2-44 启用/修改“审批流”

（4）单击“🔍”按钮，搜索“审批流程”，然后启用所有流程（注意：审批流还有第二页）。

项目 3

费用共享业务处理

目标要求

知识目标：

熟悉费用报销的内容、总体过程和场景

理解智能商旅的模式和价值

理解专项费用报销和跨组织费用分摊的应用场景

技能目标：

能够处理员工先垫资后报销及先申请后报销的业务，并生成记账凭证

能够对记账凭证进行审核

能够设置跨组织费用分摊规则

参照教学视频，能够初步在财务共享信息系统中配置共享后的费用报销流程

育人目标：

培养学生在工作中遵守会计准则、法律法规及企业规章

培养学生团队协作、互助意识

培养学生熟悉企业费用管理制度、严格实施会计监督的职业操守

思维导图

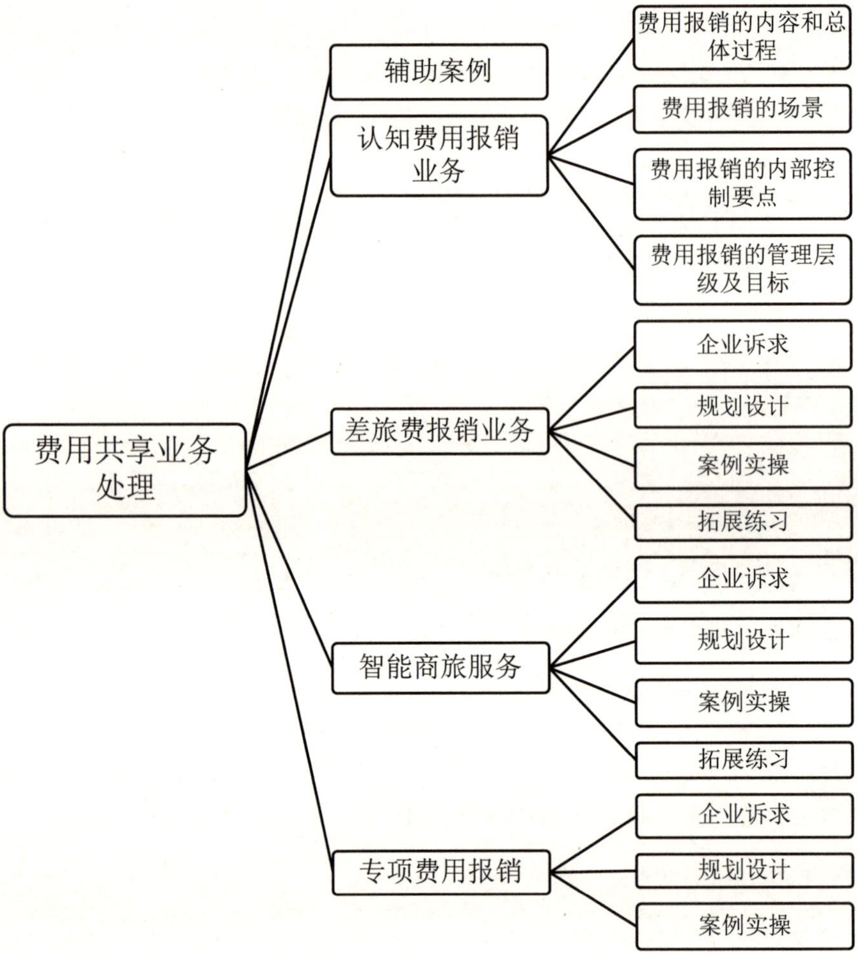

辅助案例

《费用管理制度》适用于企业集团及其分/子公司，包含规范员工借款、报销及还款等的财务原则、流程与标准。各部门负责人为本部门预算管理的责任人，以实际工作需要为主导，在年度预算范围内，对各项业务的真实性、合理性负责，并对本部门的费用进行合理管控。财务部对各项费用票据的合法性及费用的预算、控制、管理负责。

一、借款报销原则

（1）总原则：开源节流。以实际需要为主导，在年度预算范围内严格管理各类支出。

（2）服务原则：流程清晰、及时便利。

（3）执行原则：

- 借款、报销按照先业务后财务，逐级审批。审批人对有异议的费用报销项可要求上一级领导审核批准。
- 借款仅限业务所需借款。
- 标准内的费用，如一人多职，只能报销一个职位对应的费用，标准从高。
- 企业内各业务部门只能发生与本部门业务相关的直接费用。
- 借款、报销经办人应为费用发生本人，不得以他人名义借款及报销和委托他人代办。
- 归口管理费用未经相关管理部门审批，业务部门不得支出。
- 单次发生额在 2000 元（含）以上的个人支付费用，原则上在报销时需要提供刷卡流水单、网银支付截图等相应的付款凭据（差旅费除外）。
- 超过 1 万元（含）的市场活动、培训等所有的费用必须事前进行专项预算审批。
- 单笔业务费用金额超过 1 万元（含）的，原则上要求签订合同，并在申请付款时提供合同复印件；1 万元以下采购业务申请付款时需要提供供应商签章的结算单。

二、借款报销审批权限及一般要求

（1）企业的各类经营支出必须按照权限逐级审批，不能越级或超权限审批。

（2）企业的各类经营支出包括备用金、保证金、日常费用、专项费用、外购商品、服务成本等的借款和报销。

- 日常费用包括：交通费、通信费、招待费、差旅费等。
- 专项费用包括：会务费、咨询费、标书费、制作费、中标服务费，以及其他专项费用等。
- 服务成本包括：项目开发成本、项目实施成本、项目培训成本等。
- 总经理、副总裁、总裁等兼任部门负责人的，审批权限按照最高审批权限执行。

（3）各部门经营支出审批权限（含借款）如表 3-1 所示。

表 3-1　各部门经营支出审批权限

业务审批人	财务审批人	交通费/通信费（元）	招待费（元）	差旅费（元）	其他支出/借款（元）
部门经理	分管财务会计——财务经理	0.04 万（不含）以下	0.1 万（不含）以下	0.5 万（不含）以下	1 万（不含）以下
总经理		0.04 万～0.06 万(不含)	0.1 万～0.2 万（不含）	0.5 万～0.8 万(不含)	1 万～3 万（不含）
副总裁		0.06 完～0.1 万（不含）	0.2 万～0.3 万（不含）	0.8 万～1 万（不含）	3 万～5 万（不含）
公司总裁/董事长		≥0.1 万	≥0.3 万	≥1 万	≥5 万

3.1　认知费用报销业务

一、费用报销的内容和总体过程

企业的费用报销业务流程，是指费用采购类业务从申请、财务核算到费用支付结算的端到端业务流程。费用报销可能由任意员工发起。

(一)费用报销的内容

根据费用采购的产品或服务是用于特定的个人（员工）还是用于单位组织，费用报销可以分为人员费用的报销和办公费用的报销。

（1）员工费用主要包含差旅费、业务招待费、日常费用、福利费等，费用结算的收款人一般是员工个人。

（2）办公费用主要包含会务费、会议培训费、咨询费等，费用结算的收款人一般是供应商企业。

企业的费用采购，一般都要受费用预算的约束。根据费用预算的项目，费用报销又可以分为差旅费报销、通信费用报销、专项费用报销等。

（二）费用报销的总体过程

费用报销的总体过程如图 3-1 所示，其中业务部门和人员称作“业务前台”、财务部门和人员称作“财务后台”

图 3-1　费用报销的总体过程

（1）员工发起报销申请，可能需要报销助理的帮助（如填单、贴票等）。

（2）员工的业务主管进行业务审批，主要是从业务上审核该报销人是否符合企业的制度要求。

（3）财务人员进行财务审批时，主要审核单据是否属实、合法，以及报销是否符合企业的财务制度要求。

二、费用报销的场景

传统的费用报销有员工直接报销、员工借款报销、跨组织报销、先申请再报销 4 个主要业务场景。

（一）员工直接报销

当费用发生时，先由员工垫资，费用发生后，由员工自己登录网上报销系统、录入报销单据。报销完成后，企业将报销款支付给员工。

（二）员工借款报销

在费用发生前，员工申请从企业借款；费用发生后，员工登录网上报销系统，在录入单据时选择是否冲借款。报销完成后，如果员工选择了冲借款，则企业先用报销款来冲借款，将报销款余额（若有的话）支付给员工。典型的员工报销流程如图 3-2 所示。

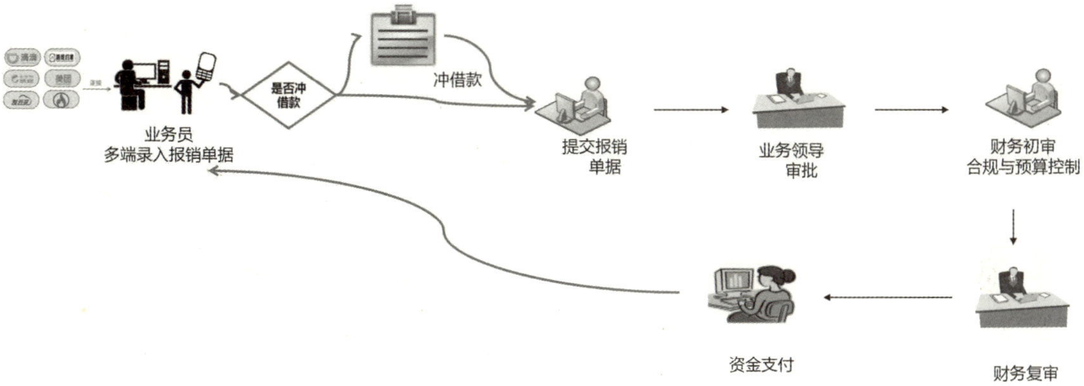

图 3-2　典型的员工借款报销流程

（三）员工跨组织报销

跨组织报销是报销人单位与费用承担单位不同时的一种报销业务。例如，员工在甲单位报销，由甲单位向其支付报销款项，但费用却由乙单位来承担。存在先借款、后报销时，报销流程与员工直接报销或员工借款报销流程类似，但往往会增加一个费用承担单位业务主管的审批环节。跨组织报销中有一种情况是需要多个组织来承担（分摊）同一笔费用。例如，费用归口管理部门（如集团市场部）的张三报销会议费 1500 元，但按照分摊协议要由 A 公司 A1 部门和 B 公司 B1 部门分别承担 1000 元和 500 元，如图 3-3 所示。

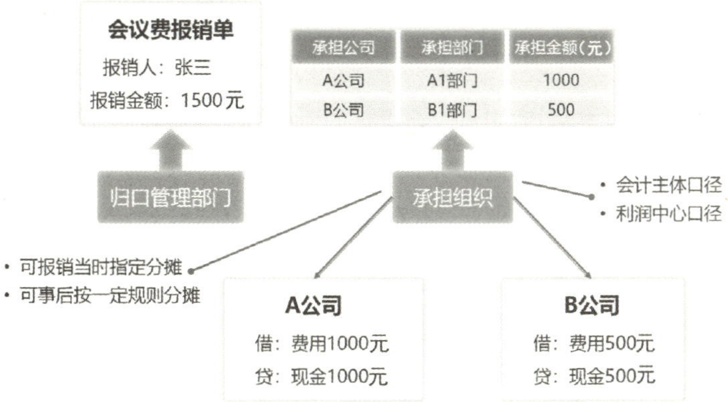

图 3-3　费用分摊的跨组织报销示例

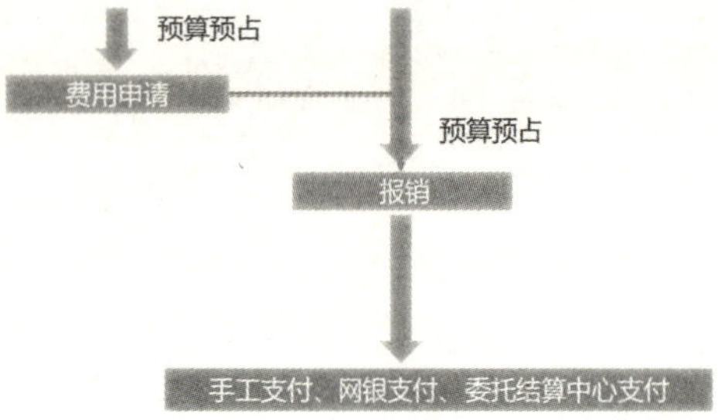

图 3-4　先申请再报销的过程

（四）先申请再报销

先申请再报销，是指企业为达到费用事前控制的目的，要求在办理某些业务（如出差、营销活动）报销之前需要先申请才能办理。企业在年初做了全面预算，在具体业务发生时需要每次申请有明细的费用额度。如果需要支出企业做的全面预算或费用预算中未包括的费用，则需要另行申请，申请获批后才可以支出。先申请再报销的过程如图 3-4 所示。

三、费用报销的内部控制要点

费用报销的内部控制要点，如图 3-5 所示。

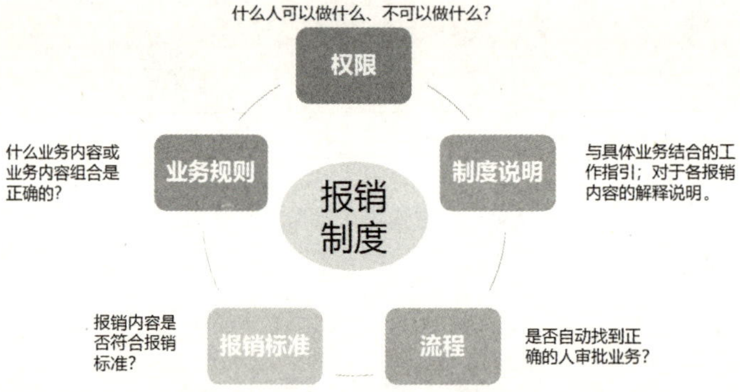

图 3-5　费用报销的内部控制要点

四、费用报销的管理层级及目标

费用报销的几个不同管理层级及目标如下。

（一）优化报销过程

此层级的目标是提高财务报销工作效率和员工满意度。这是见效最快的层级，管理程度浅。

（二）强化费用管理

此层级的目标是实现费用预算管控，按受益对象进行费用分摊，从而满足企业内部管理和考核的需要，强化费用管理。

（三）实现费用共享服务

此层级的目标是提高企业集团的整体运行效率与服务水平，降低企业集团的整体运营成本。这是最难的层级，也是管理程度最深的层级，且仅适用于集团管控力度大、专业化的大型企业集团。

3.2　差旅费报销业务

一、企业诉求

（一）鸿途集团差旅费报销流程现状

鸿途集团差旅费报销现状为业务方面审批环节多，财务要求多，返单修改耽误时间；财务方面单据流和信息流不统一；管理方面财务信息不及时，管控流程不统一，集团内部各公司的差旅费报销与核算的整体流程各有不同。如图 3-6 所示。

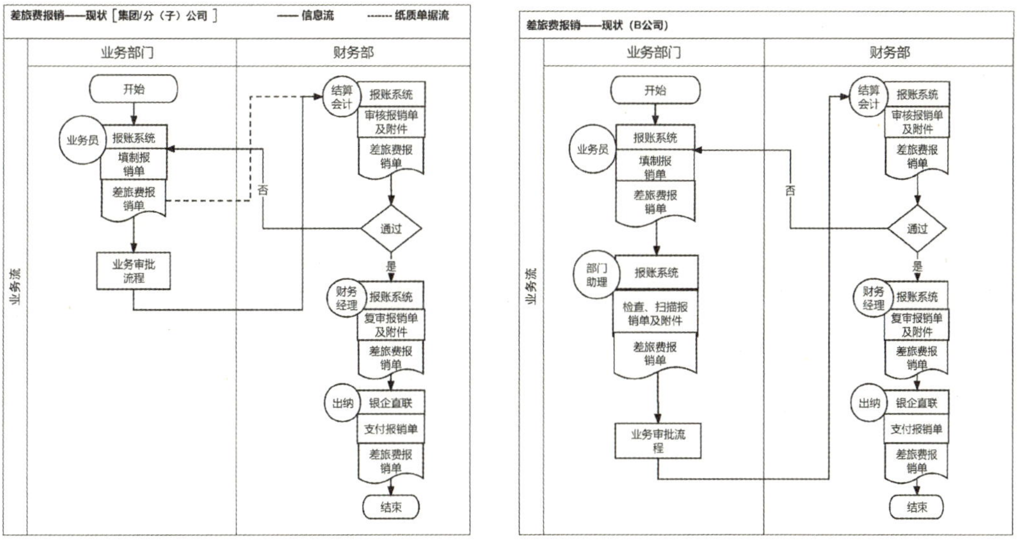

（a）　　（b）

图 3-6　差旅费报销流程

集团内部各分/子公司的差旅费报销标准各有不同，如图 3-7 所示。

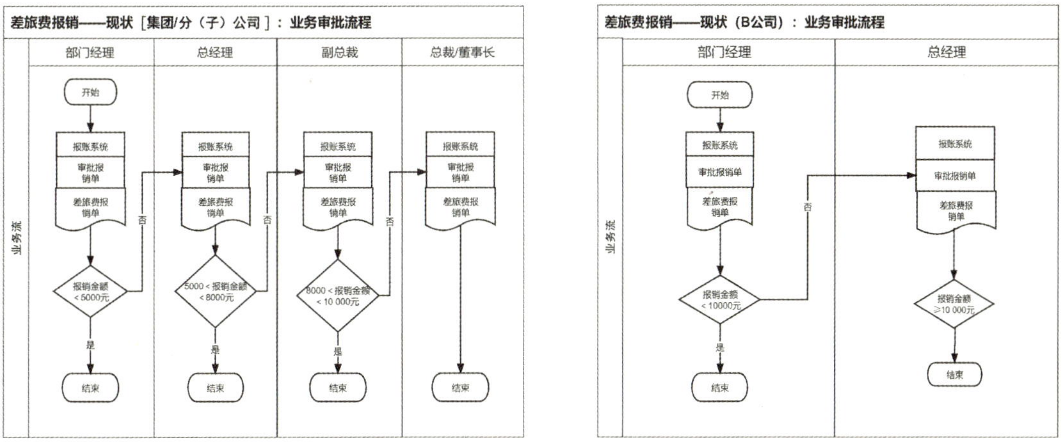

（a）　　（b）

图 3-7　差旅费报销标准

（二）共享前差旅费报销的典型问题

由以上流程图可知，共享前鸿途集团差旅费报销主要存在以下有待解决的问题。

（1）各公司的报销标准不统一，“各自为政”。

（2）整个业务审批与财务处理环节的信息共享水平低。

（3）手工处理核算量大，差错频出，耗用大量精力，核算质量有待提升。

（4）核算由人工进行处理，自动化程度低，核算标准化水平有待提高。

（5）同一业务因不同人员、不同时间，可能出现处理方式不一致的情况。

以上种种问题越来越困扰着企业集团和集团财务管理人员，实现采购费用申请、报销单、原始凭证的共享，以及提高企业费用报销管理水平是其亟待解决的问题。

二、规划设计

（一）需求假设

构建财务共享服务中心后，应尽量保持现状业务流程的稳定性。根据传递到财务共享服务中心的业务单据，确定流程中业务单位与财务共享服务中心的边界，这些业务单据都需要经过财务共享服务中心的审核或初审。财务共享服务中心接收业务单据所随附的原始凭证后，均由制单人在制单后立即扫描上传；此后需要审核该业务单据的环节，均同时审核该业务单据的原始单据影像。保留在业务单位的工作、流程和职责不变，但原业务单位财务部的工作除财务经理职责外均由财务共享服务中心承担。

（1）鸿途集团的所有收/付款，均以网银（银企直联）方式完成。

（2）鸿途集团最终选择的是单中心模式。

（3）为了让财务共享服务中心审核有据，所有进入财务共享服务中心审核的业务单据，必须随附外部原始凭证的影像。

（4）走作业组的业务单据，用影像上传的方法随附影像；不走作业组而走重量端的业务单据，用拍照后添加附件的方法随附影像。

（5）为了简化学生的构建测试工作，共享后差旅费报销流程中审批环节最高只设计到分/子公司总经理。

（二）共享后差旅费报销流程所用到的业务单据

共享后差旅费报销流程所需业务单据如表 3-2 所示。

表 3-2　共享后差旅费报销流程所需业务单据

序号	名称	是否进入财务共享服务中心	是否属于作业组工作	流程设计工具
1	差旅费报销单	Y	Y	工作流

（1）“是否进入财务共享服务中心”表示该业务单据的处理过程是否需要财务共享服务中心参与。Y 表示需要，N 表示不需要。

（2）“是否属于作业组工作”表示该业务单据是否需要分配到某个财务共享服务中心作业组，必须由该组成员从作业平台上提取业务单据后进行处理。Y 表示属于，N 表示不属于（只有进入财务共享服务中心的业务单据才需要考虑这个问题）。

（3）“流程设计工具”，是指用 NCC 的哪一个流程平台来对该业务单据进行流程建模。NCC 中有“业务流”“工作流”“审批流” 3 种流程建模平台，在本课程实训环节，业务流部分已经预置到教学平台中，学生需要进行工作流或审批流的建模。

（三）共享后差旅费报销流程设计

教师通过演示案例，得出共享后差旅费报销流程设计。

【例 3-1】 鸿途水泥销售服务办公室的销售员李军于 2021 年 7 月 8—9 日从郑州到北京，事前已报备，出差回来后于 7 月 10 日报销差旅费。员工报销的“结算方式”为网银支付，“单位银行账号”选账号编码较大的账号（支出户），其差旅费发生情况如表 3-3 所示。

表 3-3　李军差旅费发生情况

项目	金额
去程火车票 G1564 （不含税额：283.49 元；税额：25.51 元；税率：9%）	309 元
返程火车票 G505 （不含税额：283.49 元；税额：25.51 元；税率：9%）	309 元
目的地交通	36+42=78 元
北京住宿费 北京铂涛酒店，增值税专用发票税率 6% （不含税额：259.43 元；税额：15.57 元）	275×1=275 元

（1）根据《财政部 税务总局 海关总署关于深化增值税改革有关政策的公告》，取得注明旅客身份信息的航空运输电子客票行程单的，按照下列公式计算进项税额：

航空旅客运输进项税额=（票价+燃油附加费）/（1+9%）×9%

（2）原始单据。

本课程所使用的原始单据，可以直接从教学平台资源下载处下载，查找到对应单据后上传，作为随附原始凭证进行流程测试。

通过演示，将共享后企业集团差旅费报销流程设计总结如图 3-8 所示。

差旅费用报销

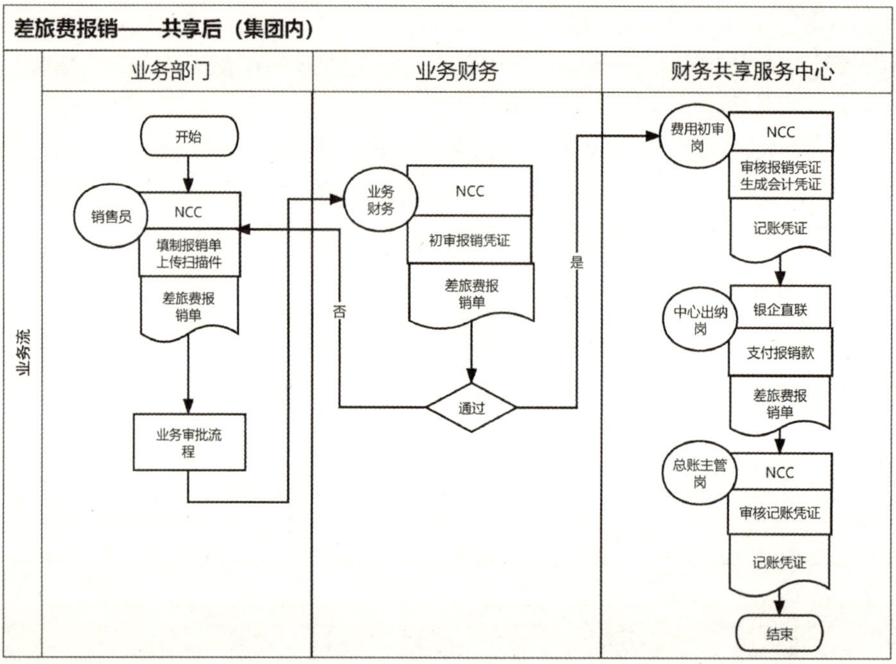

图 3-8　共享后企业集团差旅费报销流程设计

其中，业务审批流程如图 3-9 所示。

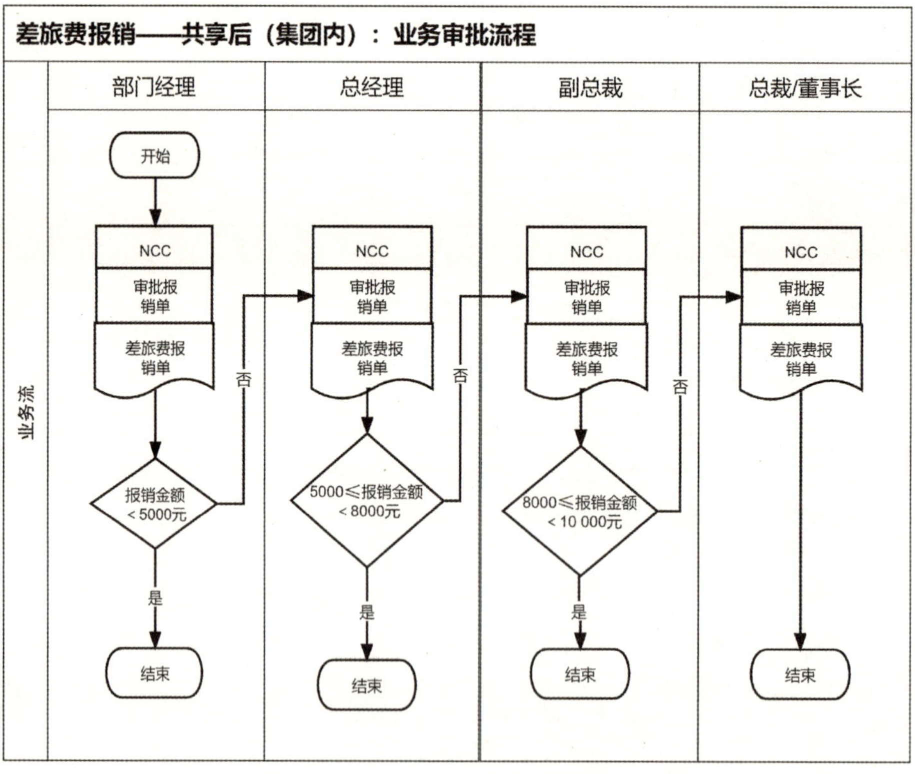

图 3-9　共享后企业集团差旅费报销业务审批流程

三、案例实操

看视频完成实操训练：完成鸿途水泥的差旅费报销业务。

（一）实操要求

根据规划设计流程，完成例 3-1 的全流程操作。

（二）具体操作

1. 填制报销单

登录财务共享服务中心，进入学习任务“3.费用共享>3.2 差旅费报销业务>构建测试>差旅报销系统操作——任务 1”。在教学平台上单击“任务上岗”按钮，用“销售员”角色上岗，单击“开始任务”按钮，在“费用管理”主界面的“报销单”栏中单击“差旅费报销单”模块，进入“差旅费报销单”页面，按照测试用例数据进行填报，填报完毕后单击右上方的“保存”按钮，如图 3-10 所示。

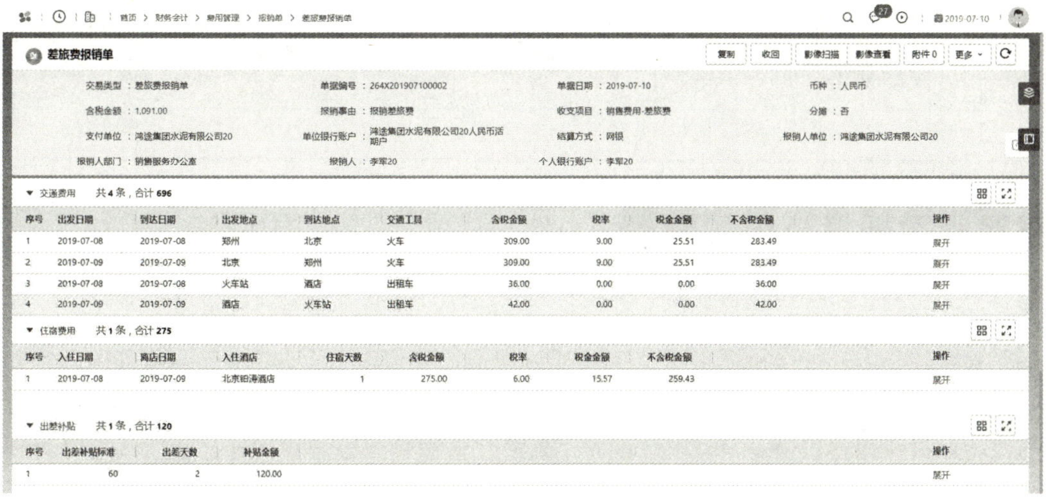

图 3-10　“差旅费报销单”页面

单击“影像扫描”按钮，根据提示下载并安装“影像扫描系统”，如图 3-11 所示。

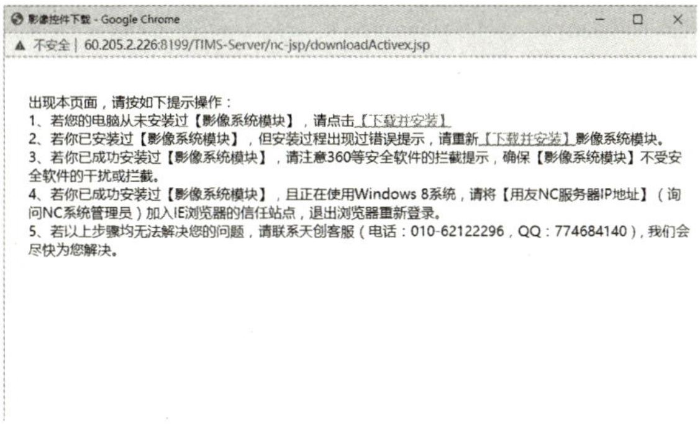

图 3-11　“影像扫描系统”安装提示

使用“扫描仪”扫描原始凭证，或者单击“导入”按钮导入原始凭证，依次单击“保存” “提交”按钮，之后会出现“完成任务”按钮，单击“完成任务”按钮，如图 3-12 所示。

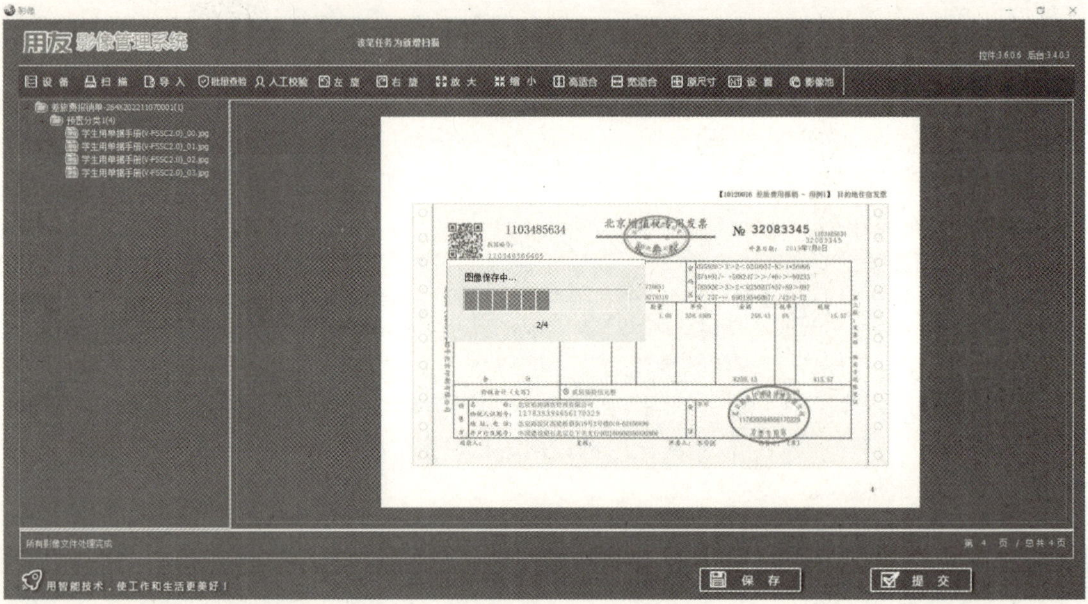

图 3-12　原始凭证“扫描”或“导入”

2. 销售经理审批

在教学平台上单击“任务上岗”按钮，将“销售员”下岗、“销售经理”上岗；单击“开始任务”按钮，在“审批管理”主界面的“审批中心”模块中单击“未处理”按钮，进入“待提取任务”页面，打开单据，单击“影像查看”按钮，检查单据信息和影像是否正确；单击“销售经理角色<批准>”按钮，完成差旅费报销单的销售经理审批工作，如图 3-13 所示。

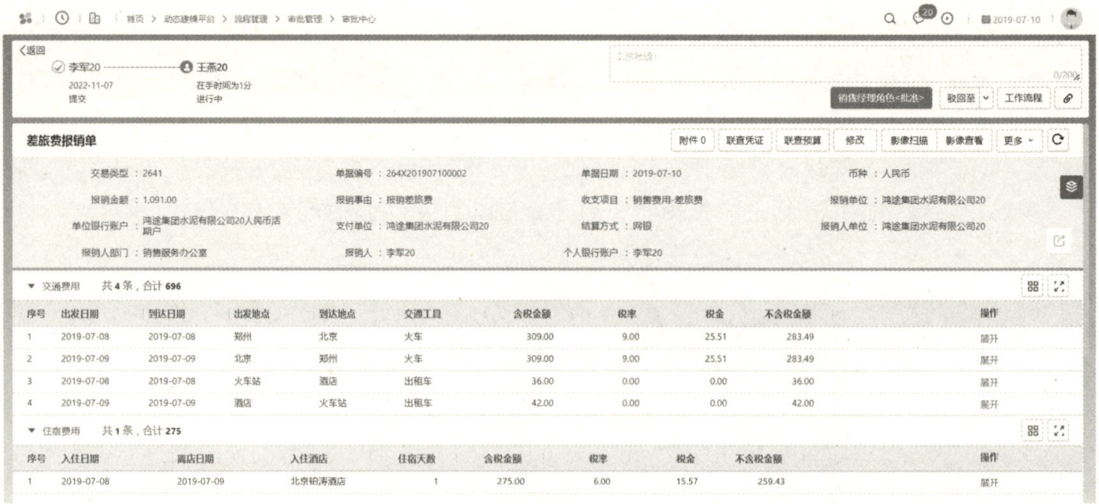

图 3-13　“销售经理”审批差旅费报销单

3. 总经理审批

当差旅费总金额超过 5000 元时，需要总经理审批。此时单击“任务上岗”按钮，将“销售经理”下岗、“总经理”上岗；单击“开始任务”按钮，在“审批管理”主界面的“审批中心”模块中单击“未处理”按钮，进入“待提取任务”页面，打开单据，单击“影像查看”按钮，检查单据信息和影像是否正确，单击“总经理角色<批准>”按钮，完成差旅费报销单的总经理审批工作（本例金额未超过 5000 元。）

4. 业务财务初审

单击“任务上岗”按钮，将“总经理”下岗、“业务财务”上岗；单击“开始任务”按钮，在“审批管理”主界面的“审批中心”模块中单击“未处理”按钮，打开单据，单击“影像查看”按钮，检查单据信息和影像是否正确；单击“业务财务角色<批准>”按钮，完成差旅费报销单的业务财务初审工作，如图 3-14 所示。

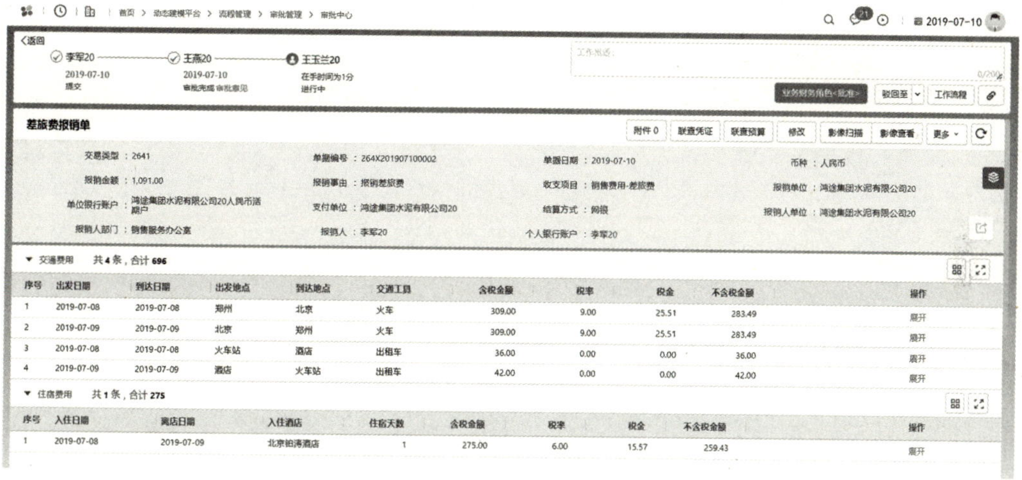

图 3-14　“业务财务岗”初审差旅费报销单

5. 共享审核

单击“任务上岗”按钮，将“业务财务”下岗、“费用初审”上岗；单击“开始任务”按钮，在“作业平台”主界面的“我的作业”模块中单击“待提取”按钮，进入“待提取任务”页面，单击“任务提取”按钮，打开单据，单击“ 影像查看”按钮，检查单据信息和影像是否正确；单击“批准”按钮，完成差旅费报销单的共享审核工作，如图 3-15 所示。

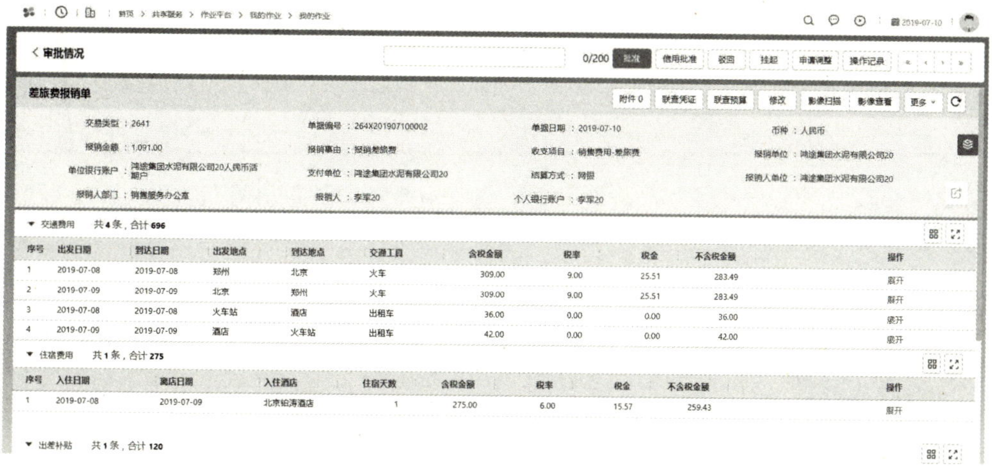

图 3-15　“费用初审岗”共享审核差旅费报销单

6. 共享复核

单击“任务上岗”按钮，将“费用初审”下岗、“费用复核”上岗；单击“开始任务”按钮，在“作业平台”主界面的“我的作业”模块中单击“待提取”按钮，进入“待提取任务”页面，单击“任务提取”按钮，打开单据，单击“影像查看”按钮，检查单据信息和影像是否正确；单击“批准”按钮，完成差旅费报销单的共享复核工作，如图 3-16 所示。

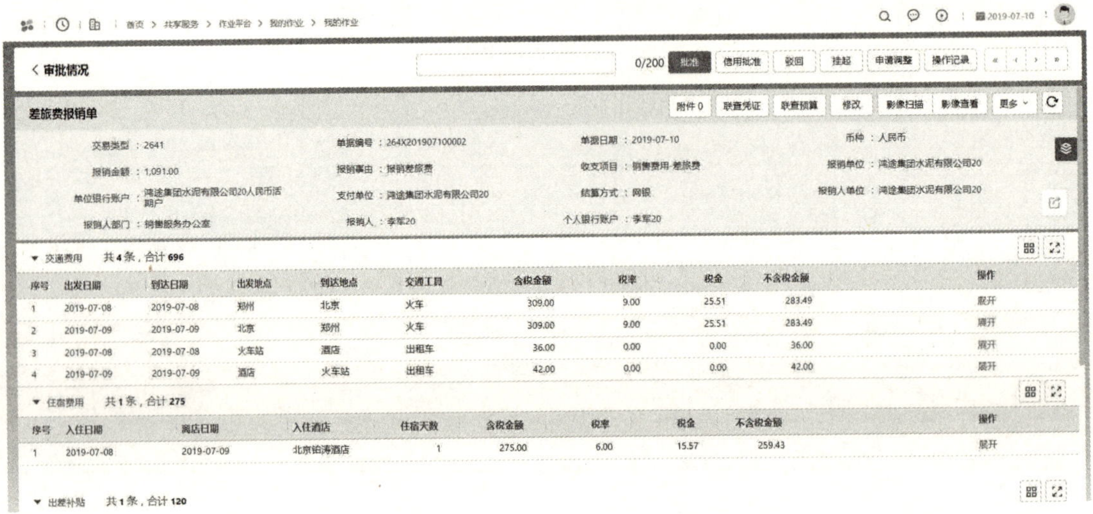

图 3-16 “费用复核岗”共享复核差旅费报销单

7. 出纳付款

单击“任务上岗”按钮，将“费用复核”下岗、“中心出纳”上岗；单击“开始任务”按钮，在“现金管理”主界面的“结算处理”模块中单击“结算”按钮，进入“结算”页面，选择公司名称和期间进行查询；单击“待结算”按钮，打开单据，勾选相应凭证，在“支付”下拉列表中选择“网上转账”选项；单击“确定”按钮，完成差旅费报销单的结算工作，如图 3-17 所示。

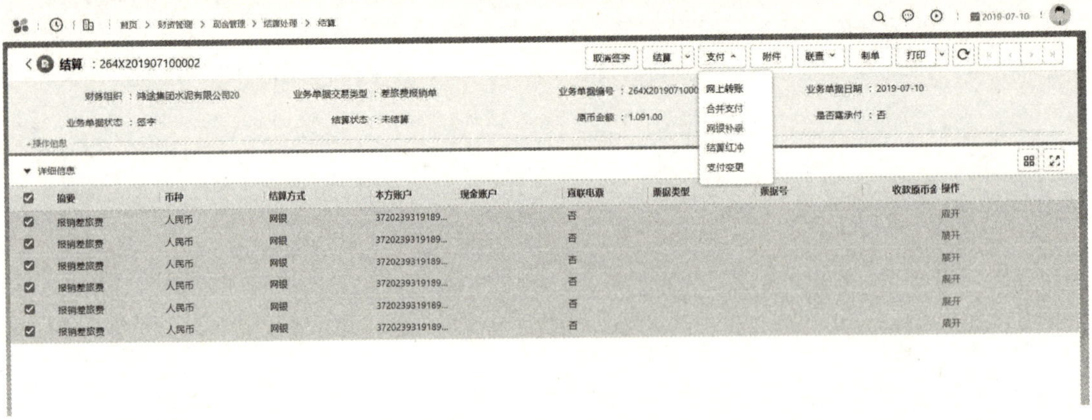

图 3-17 差旅费报销单的“结算”页面

8. 审核记账凭证

单击“任务上岗”按钮，将“中心出纳”下岗、“总账主管”上岗；单击“开始任务”按钮，在“凭证管理”主界面单击“凭证审核”模块，选择账簿类型和期间进行查询；勾选相应凭证，单击“审核”按钮，完成差旅费报销单的“凭证审核”工作，如图 3-18 所示。

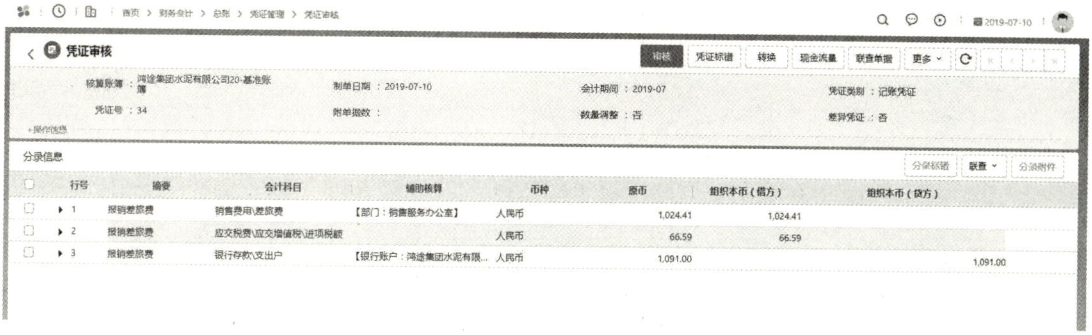

图 3-18　差旅费报销单的“凭证审核”页面

四、拓展练习

【例 3-2】鸿途水泥销售服务办公室的销售员李军于 2019 年 7 月 16—20 日，从郑州出差到广州，事前已报备，出差回来后于 7 月 21 日报销。当时恰逢广交会，住宿紧张，导致超标准。员工报销的“结算方式”为网银支付，“单位银行账号”选账号编码较大的账号（支出户）。李军 2019 年 7 月 16—20 日差旅费发生情况如表 3-4 所示。

表 3-4　李军 2019 年 7 月 16—20 日差旅费发生情况

项目	金额
去程机票 （不含税额：1086.70 元；含机场建设费 50 元；税额：93.30 元）	1180 元
返程机票 （不含税额：958.26 元；含机场建设费 50 元；税额：81.74 元）	1040 元
目的地交通	48+51+43+55+56+43+46=342 元
广州住宿费 广州白云宾馆，增值税专用发票税率 6% （不含税额：2320.75 元；税额：139.25 元）	615×4=2460 元

（1）根据《财政部 税务总局 海关总署关于深化增值税改革有关政策的公告》，取得注明旅客身份信息的航空 运输电子客票行程单的，应按照下列公式计算进项税额：

航空旅客运输进项税额=（票价+燃油附加费）/（1+9%）×9%

（2）原始单据。

本课程所使用的原始单据，可以直接从教学平台资源下载处下载，查找到对应单据后上传，作为随附原始凭证进行流程测试。

作业要求：根据例 3-1 完成例 3-2。

3.3 智能商旅服务

一、企业诉求

（一）智能商旅服务简介

1. 企业内生资金管理的变革

企业内部资金变革和外部新技术带动商旅管理模式的创新。员工出差前预借现金（借款）的场景在很多企业越来越少，而员工出差垫资问题在很多企业非常普遍。员工垫资向企业垫资转化，企业垫资又有进一步向服务商垫资转化的趋势，催生了很多由第三方平台提供智能商旅服务的模式。

2. 智能商旅服务的模式

差旅管理，又称商旅管理。TMC 是 Travel Management Company（商旅管理公司）的简写。智能商旅服务的模式有如下模式。

（1）个人预订+报销：个人预订、事后报销。

（2）TMC 线下模式：单一 TMC，电话预订、统一结算。

（3）TMC 线上模式：单一 TMC，TMC App 预订、统一结算。

（4）自建商旅平台：自建、外购第三方平台，整合多方资源，与内部系统打通，实现全流程商旅管理与服务。

（二）智能商旅的服务价值分析

1. 智能商旅服务与报账服务对传统模式的颠覆

智能商旅服务被采用前和采用后对企业及不同层级员工的影响，如表 3-5 所示。

表 3-5　智能商旅服务被采用前和采用后对企业及不同层级员工的影响

	采用前	采用后
企业	企业差旅费居高不下，费用管控力度弱，企业的差旅报销制度不能很好地落实； 企业的报销流程烦琐，员工满意度低	移动互联网时代的智能商旅及报账服务连接社会化服务资源，企业可以自行设置差旅规则，对差旅申请、审批、预订、支付和报销等差旅全流程进行自动化管理
员工	报销差旅费时，每次都要填写厚厚的一沓报销单据； 完成一次费用报销，需要拿着单据逐个找领导审批，审批领导经常出差、在会议中； 个人垫付资金，报销不及时	员工管理个人商务旅行，随时随地进行出差申请、商旅及出行预订、差旅费报销等全线上应用，提高工作效率；员工免除垫付资金，不需要贴票报销，智能商旅报账方便、快捷，提高员工满意度
部门经理	不能及时了解费用预算执行情况及剩余额度，审核待付财务费用时，不能及时获得合法数据或相关材料支持	及时审批员工差旅申请，实时掌握费用预算达成情况；提升管理水平，提高部门管理满意度，实现管理升级
财务人员	员工单据填写不规范，报销审核工作占用大量时间，票据审核困难，无法掌控各项目、各部门及异地分/子公司的费用发生情况，企业财务制度难以落实，员工出差时的商旅预订五花八门，缺少费用报销制度的监管	简化财务核算，极大提升财务效率，有效管理员工差旅行为和差旅费，帮助企业优化差旅管理规范和流程，将差旅管理规范化、信息化，提高企业的专业形象；提高差旅透明度和合规性，更好地进行预算规划、费用管控

2. 智能商旅服务的建设方向

智能商旅服务的建设方向为打通企业商旅报账全流程、实现费用可视可控，如图 3-19 所示。

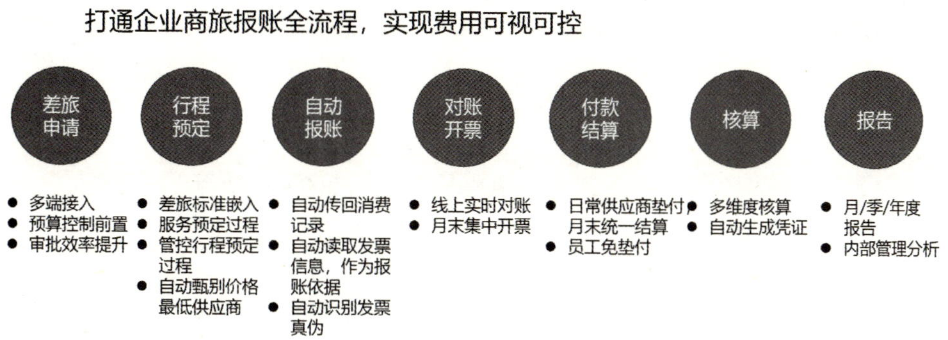

图 3-19　智能商旅服务的建设方向

（三）传统模式下的费用管控业务现状

1. 传统模式下的费用管控业务流程

在传统报销系统模式下，费用管控在员工满意度、财务处理和分析等方面已无法满足管理需求。传统模式下的费用管控业务流程如图 3-20 所示。

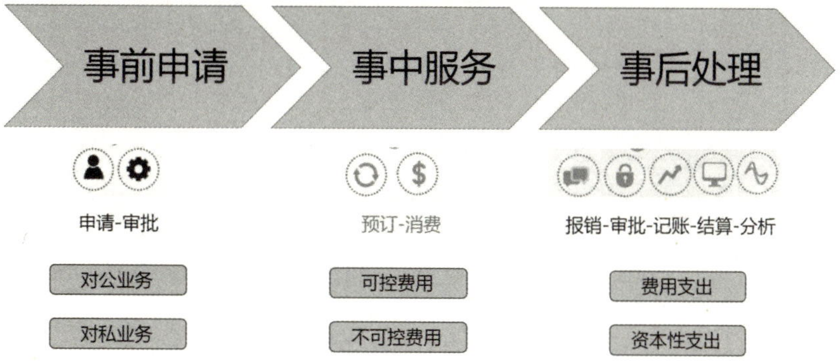

图 3-20　传统模式下的费用管控业务流程

2. 传统模式下企业费用管控存在的问题

传统报销系统模式下，企业费用管控存在的问题包括费用报销慢、效率低，主要体现在填报不规范、报销不及时；审批环节多、审批周期长；审批责任不明确；单据人工校验，手工填写凭证。费用管控落后，管控弱，费用管控依靠人工 ，预算无法实现事前管控。数据信息不对称，风险高，业务数据真实性难以验证，增加财务风险，报表数据不及时、不准确，增加管理风险。信息不完整，难及时管理，无法及时、准确地了解费用具体支出细节，难以对费用发生过程进行管控。

3. 传统企业差旅管理存在的问题

（1）差旅申请：重事项，轻管控。员工差旅申请只看重事项的审批，不太看重费用预算及费用标准的管控。

（2）商旅预订：重结果，轻过程。商旅部分预订大部分由员工完成，在报账后才审核结果，对差旅预订过程无管控。

（3）差旅报账：重控制，轻服务。差旅费报销单缺项，单据驳回；开票信息不准确，单据驳回；报销单填写不规范，单据驳回。

二、规划设计

教师通过演示案例，得出共享后智能商旅和差旅费报销流程设计与 NCC 配置。

智能商旅服务

【例 3-3】鸿途水泥销售服务办公室的销售员李军于 2021 年 7 月 11—12 日，从郑州出差到三亚，11 日 13 时与客户洽谈，12 日支持当地水泥市场推介活动，活动 17 时结束。根据《费用管理制度》，他只能选用经济舱，住宿酒店标准为 300 元/日/人。鸿途水泥使用的商旅预订服务均为对公结算。9 日李军通过智能商旅平台完成机票、酒店预订业务，入住酒店为三亚凤凰岛酒店，该酒店提供免费接送机服务；同时，他通过滴滴完成住所（联合花园北门）到郑州新郑国际机场的往返交通出行；13 日李军出差结束，通过智能商旅平台完成差旅费报销。

注意，鸿途水泥使用的智能商旅平台为公对公结算，因此通过智能商旅平台报销差旅费时无须提供外部原始凭证（机票行程单、滴滴打车票、住宿费发票等）。

通过演示，将共享后企业集团智能商旅和差旅费报销流程设计总结如图 3-21、图 3-22 所示。

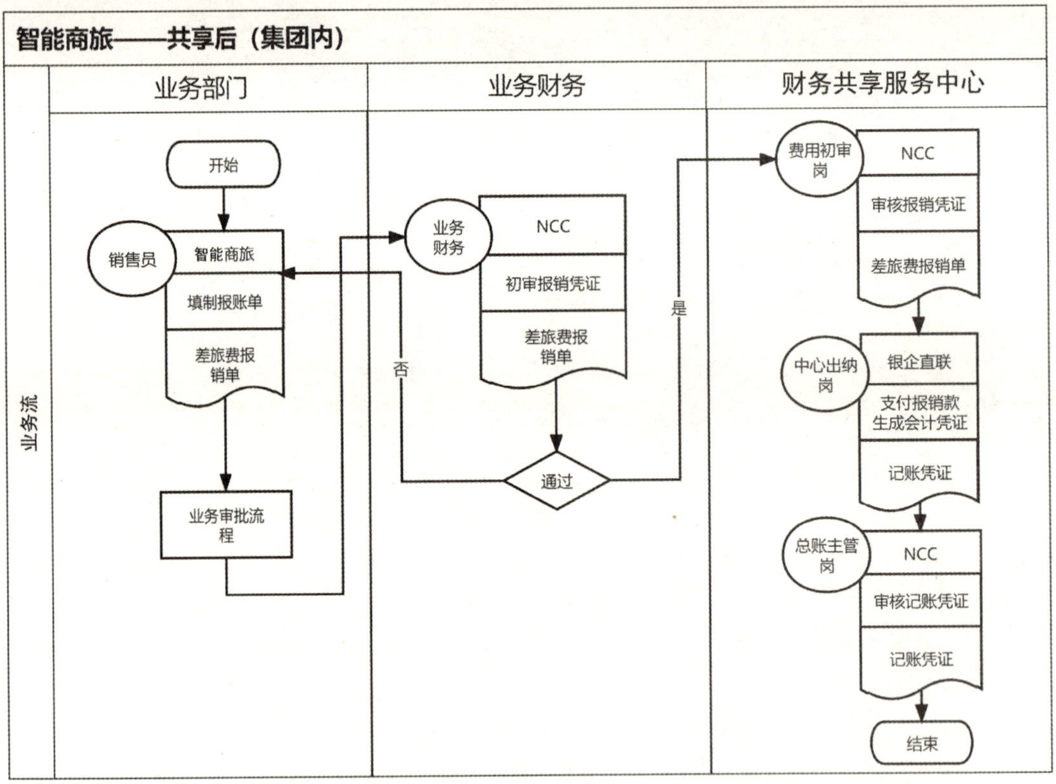

图 3-21 共享后企业集团智能商旅流程设计

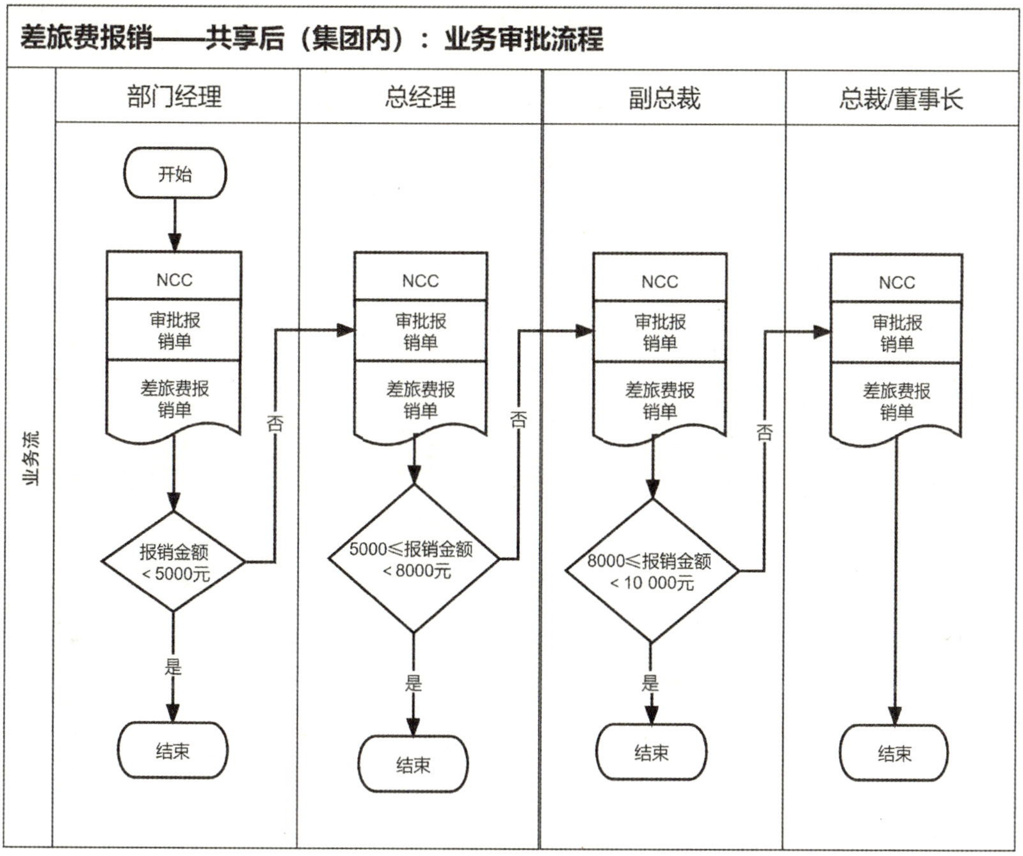

图 3-22 共享后企业集团差旅费报销流程设计

三、案例实操

看视频完成实操训练：完成鸿途水泥的智能商旅任务。

（一）实操要求

根据规划设计流程，完成例 3-3 的全流程操作。

（二）具体操作

1. 智能商旅任务

智能商旅平台订票。登录财务共享服务中心，进入学习任务“3.费用共享>3.3 智能商旅服务>构建测试>智能商旅任务”，单击“任务上岗”按钮，用“销售员”角色上岗，单击“开始任务”按钮，单击“订购机票”按钮，进入“订购机票”页面，按照测试用例填写相应信息。在“去支付”下拉列表中选择“企业支付”选项，进入支付页面，完成订购机票任务。单击“滴滴”图标，按照测试用例填写相应起点与终点，单击“确认呼叫”按钮，完成订车任务。单击“预订酒店”按钮，按照测试用例选择相应酒店，在“去支付”下拉列表中选择“企业支付”选项，完成酒店预订任务。打开“差旅费报账 ”菜单，选择相应原始单据，单击“确定”按钮，按照测试用例填写相应信息，单击“提交”按钮，单击“完成任务”按钮，如图 3-23 所示。

图 3-23　智能商旅平台订票

2. 智能商旅系统操作

（1）销售经理审批。单击“任务上岗”按钮，用“销售经理”角色上岗；单击“开始任务”按钮，在“审批管理”主界面的“审批中心”模块中单击“未处理”按钮，打开单据，检查单据信息是否正确；单击“销售经理角色<批准>”按钮，完成审批工作，如图 3-24 所示。

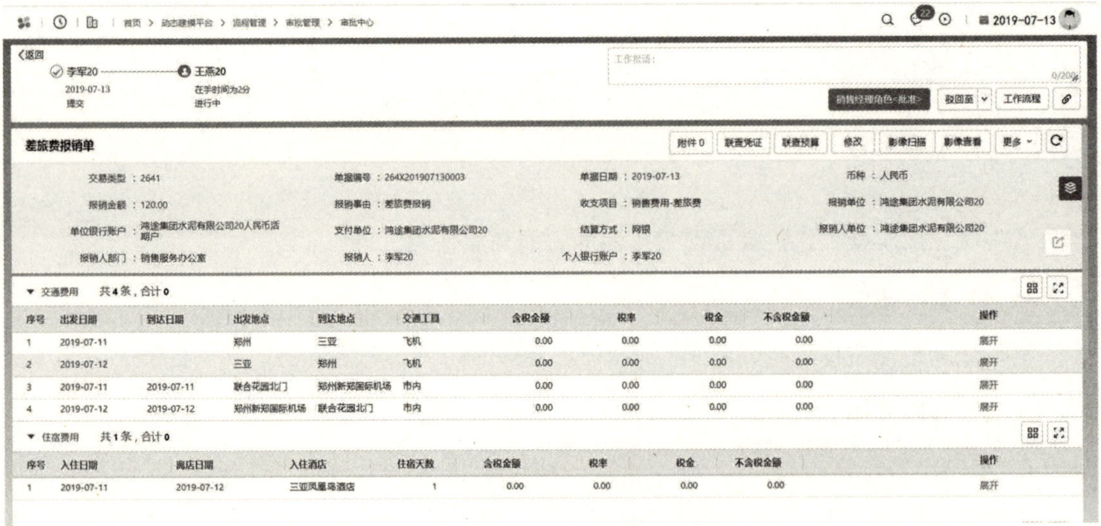

图 3-24　智能商旅系统——销售经理审批

（2）业务财务初审。单击“任务上岗”按钮，将“销售经理”下岗、“业务财务”上岗，单击“开始任务”按钮，在“审批管理”主界面的“审批中心”模块中单击“未处理”按钮，打开单据，检查单据信息是否正确；单击“业务财务角色<批准>”按钮，完成审批工作，如图 3-25 所示。

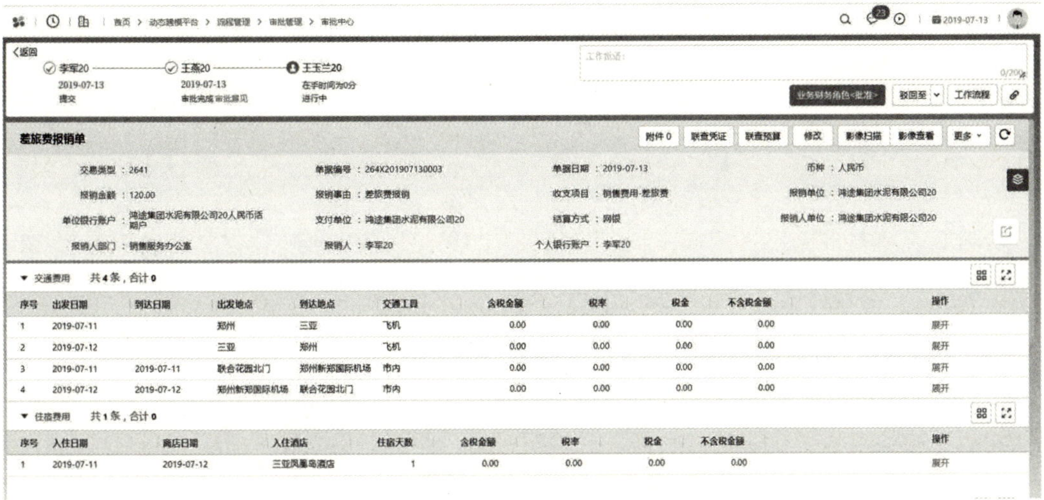

图 3-25　智能商旅系统——业务财务初审

（3）共享审核。单击“任务上岗”按钮，将“业务财务”下岗、“费用初审”上岗；单击“开始任务”按钮，在“作业平台”主界面的“我的作业”模块中单击“待提取”按钮，进入“待提取任务”页面，单击“任务提取”按钮，打开单据，检查单据信息是否正确；单击“批准”按钮，完成审批工作，如图 3-26 所示。

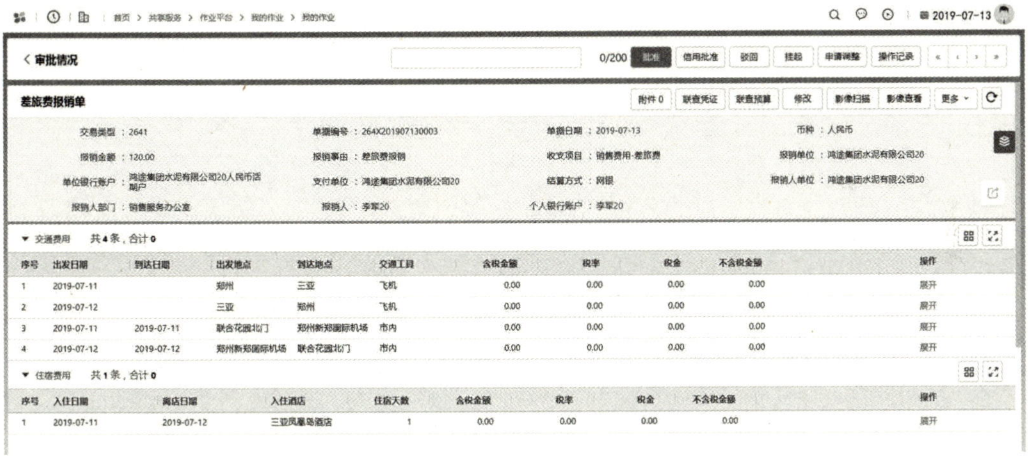

图 3-26　智能商旅系统——费用初审

（4）共享复核。单击“任务上岗”按钮，将“费用初审”下岗、“费用复核”上岗；单击“开始任务”按钮，在“作业平台”主界面的“我的作业”模块中单击“待提取”按钮，进入“待提取任务”页面，单击“任务提取”按钮，打开单据，检查单据信息是否正确；单击“批准”按钮，完成审批工作，如图 3-27 所示。

（5）出纳付款。单击“任务上岗”按钮，将“费用复核”下岗、“中心出纳”上岗；单击“开始任务”按钮，在“现金管理”主界面的“结算处理”模块中单击“结算”按钮，进入“结算”页面，选择公司名称和期间进行查询，单击“待结算”按钮，打开单据，勾选相应凭证；在 “支付”下拉列表中选择“网上转账”选项，单击“确定”按钮，完成差旅费报销单的结算工作，如图 3-28 所示。

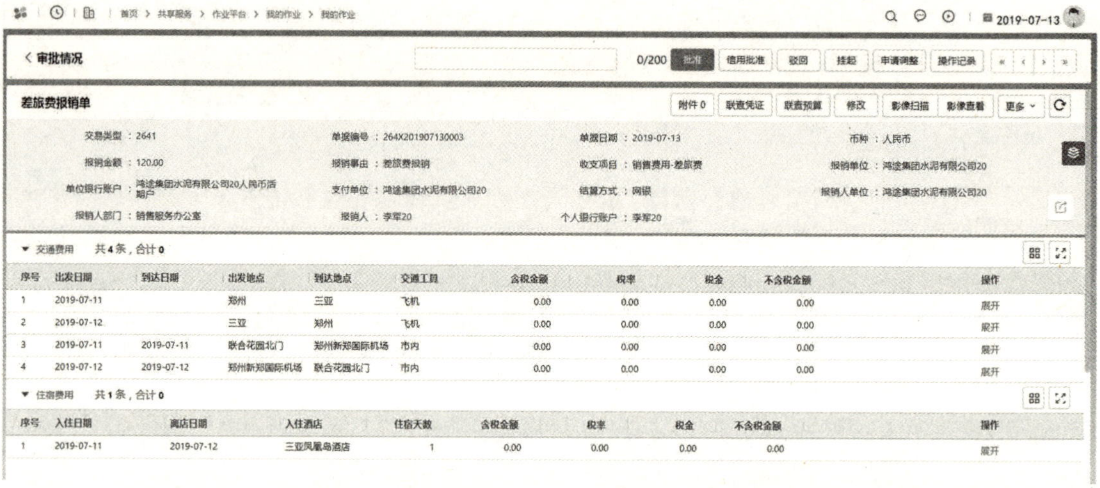

图 3-27　智能商旅系统——费用复核

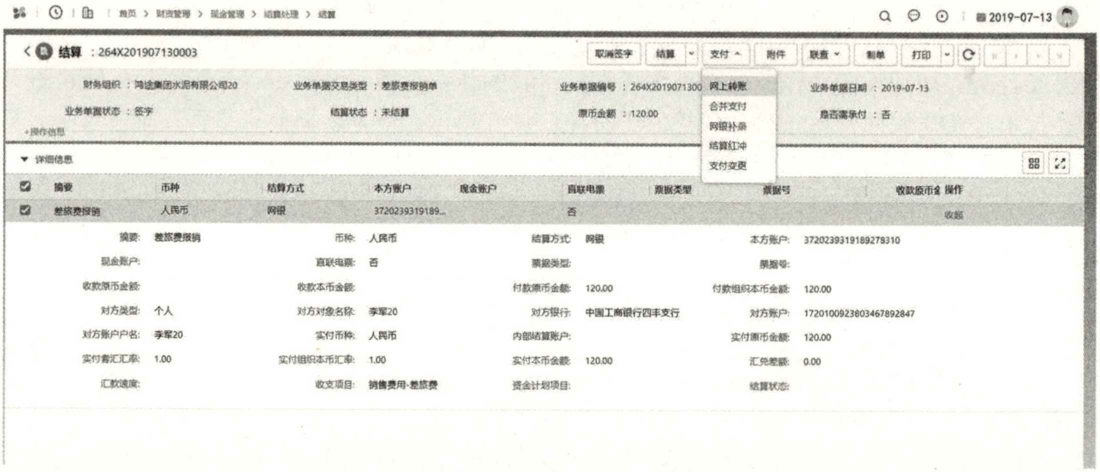

图 3-28　智能商旅系统——网上转账结算

（6）凭证审核。单击“任务上岗”按钮，将“中心出纳”下岗、“总账主管”上岗；单击“开始任务”按钮，在“凭证管理”主界面单击“凭证审核”模块，选择账簿类型和期间进行查询，勾选相应凭证；单击“审核”按钮，完成差旅费报销单的凭证审核工作，如图 3-29 所示。

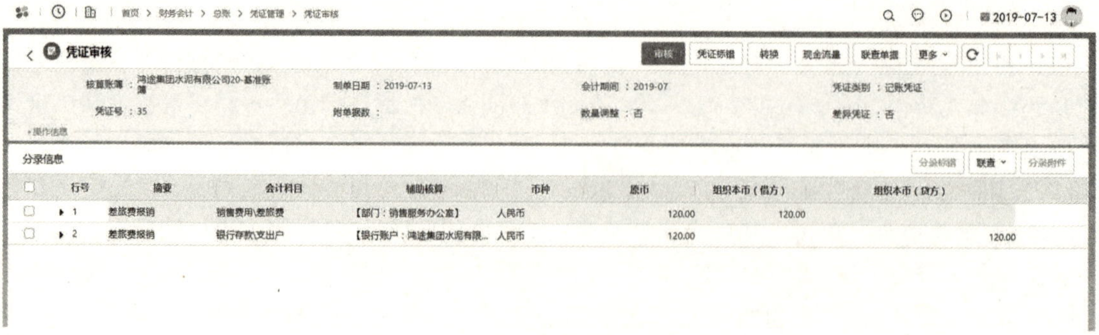

图 3-29　智能商旅系统——凭证审核

四、拓展练习

社会化服务项目选题参考

（一）已有商旅服务提供商

商旅服务有携程商旅、中国航空服务有限公司、途家商旅路途等；出行服务有滴滴企业版、首汽约车、神州专车；商宴服务有红火台、订餐小秘书；通信服务有中国移动、中国联通；快递物流有圆通速递；自由服务有美团、途牛、艺龙、友金所等。

（二）社会化服务项目选型方向参考

以下给出了学生社会化服务项目选型方向选择的一点参考意见，如图 3-30 所示。

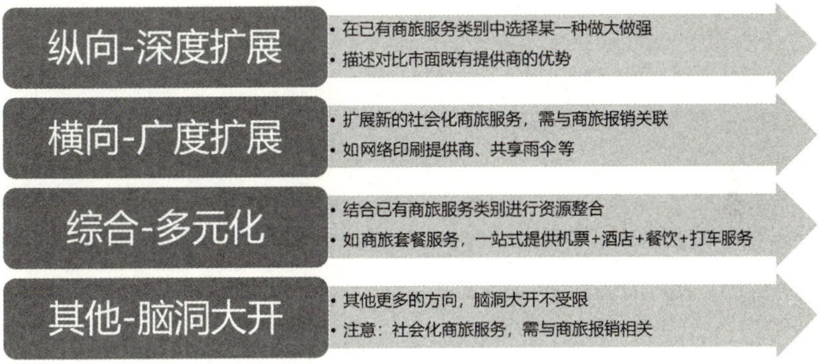

图 3-30　社会化服务项目选型方向

（三）社会化服务商业策划方案模板

商业策划方案

——××社会化服务

1. 项目概述

1.1　产品或服务的介绍

1.2　项目的产业背景和市场竞争环境

1.2.1　项目的产业背景

1.2.2　市场竞争环境

1.3　项目的市场机会和有效的市场需求

1.3.1　市场机会

1.3.2　有效的市场需求

1.4　目标客户群体

2. 发展战略

2.1　项目的商业模式

（要求：指出产品或服务目前的技术水平及领先程度，如何满足用户需求，是否适应市场的需求，能否实现产业化）

2.1.1　客户细分

2.1.2　价值主张

2.1.3　渠道通路
2.1.4　客户关系
2.1.5　收入来源
2.1.6　关键业务
2.1.7　核心资源
2.1.8　重要合作伙伴
2.1.9　成本结构
2.2　市场发展策略
2.2.1　市场定位
2.2.2　市场进入策略
2.2.3　市场开发策略
2.3　主要合作伙伴与竞争对手分析
2.3.1　主要合作伙伴
2.3.2　竞争对手分析

3.4　专项费用报销

一、企业诉求

（一）认知市场会议费用报销业务——鸿途集团专项费用的管理

专项费用适用于因工作需要发生的广告、宣传、印刷、咨询、会议、培训等费用。专项费用实行的是预算单项控制，报销时必须对应正确的预算项目。超过 1 万元（含）的市场活动、培训等所有的费用必须事前进行专项预算审批（《费用管理制度》第三条）。鸿途集团的专项费用标准如表 3-6 所示。

表 3-6　鸿途集团的专项费用标准

业务审批人	财务审批人	交通费/通信费（元）	招待费（元）	差旅费（元）	其他支出/借款（元）
部门经理	分管财务会计——财务经理	0.04 万（不含）以下	0.1 万（不含）以下	0.5 万（不含）以下	1 万（不含）以下
总经理		0.04 万～0.06 万（不含）	0.1 万～0.2 万（不含）	0.5 万～0.8 万（不含）	1 万～3 万（不含）
副总裁		0.06 万～0.1 万（不含）	0.2 万～0.3 万（不含）	0.8 万～1 万（不含）	3 万～5 万（不含）
公司总裁/董事长		0.1 万	≥0.3 万	≥1 万	≥5 万

（二）企业集团专项费用报销现状

企业集团为达到费用事前控制的目的，要求在办理某些业务（如会议、广告）报销之前需要申请才能办理。企业集团在年初做了全面预算，在具体业务发生时，需要每次申请明细的费用额度。企业集团做的全面预算或费用预算中未包括的费用，需要另行申请。费用申请单可填写多个费用承担单位和费用承担部门，占用多个组织/部门的预算。专项费用报销流程如

图 3-31 所示。

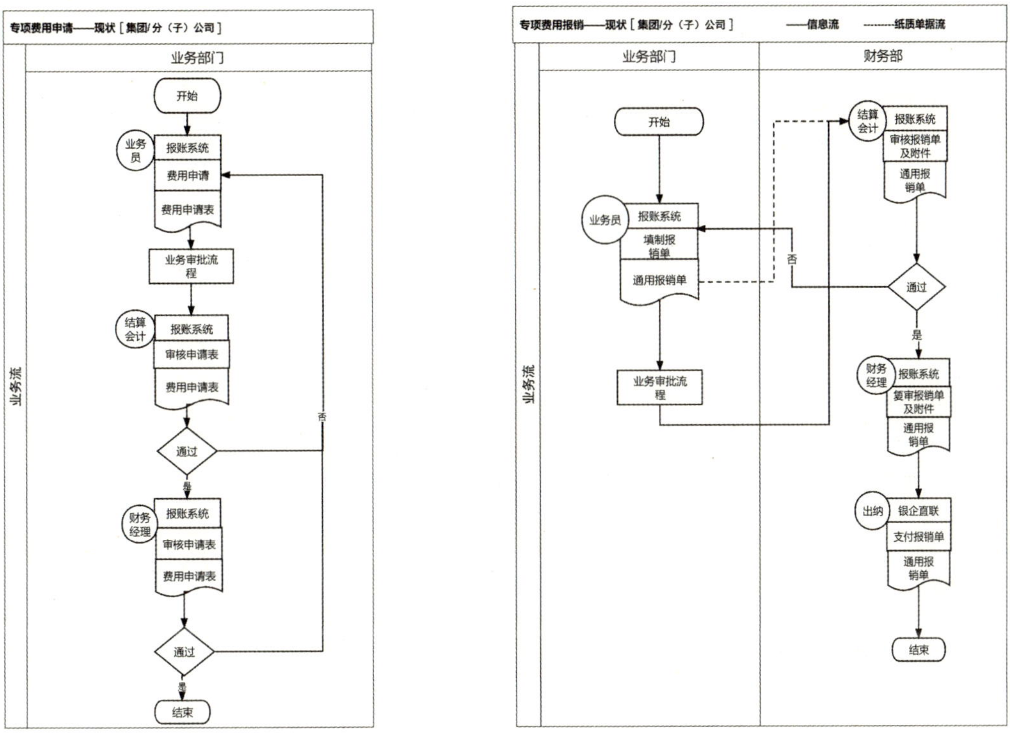

（a）　　　　　　　　（b）

图 3-31　专项费用报销流程

费用申请单支持审批流配置，按审批流规范进行操作，使费用申请单通过审批生效。专项费用审批流程如图 3-32 所示。

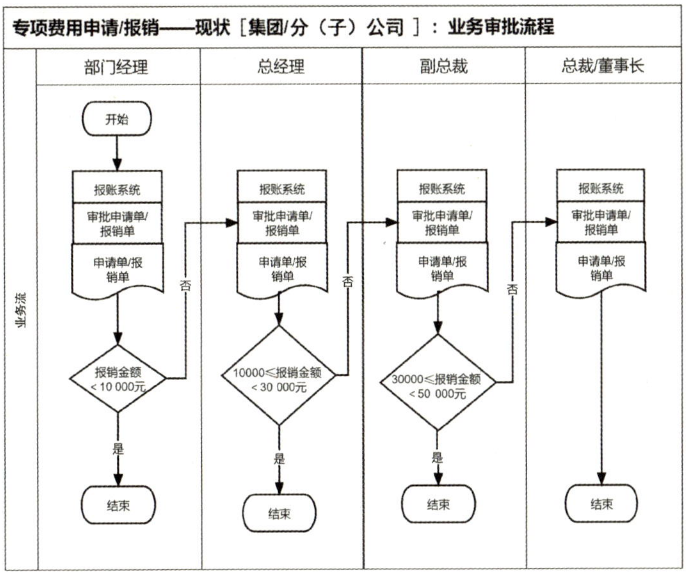

图 3-32　专项费用审批流程

（三）传统企业专项费用报销的典型问题

由以上流程图可知，共享前鸿途集团专项费用报销主要存在以下有待解决的问题。

（1）各公司的报销标准不统一，“各自为政”。

（2）整个业务审批与财务处理环节的信息共享水平低。

（3）手工处理核算量大，差错频出，耗用大量精力，核算质量有待提升。

（4）核算由人工进行处理，自动化程度低，核算标准化水平有待提高。

（5）同一业务由于不同人员、不同时间，可能出现处理方式不一致的情况。

以上种种问题越来越困扰着企业集团和集团财务管理人员，实现专项费用申请、报销单、原始凭证的共享，以及提高企业费用报销管理水平是其亟待解决的问题。

二、规划设计

（一）需求假设

除与3.2节“二、规划设计”中“（一）需求假设”相同的假设外，还有如下几条假设。

（1）专项费用发生前需要进行申请审批。

（2）为了简化学生的构建测试工作，共享后流程中的审批环节最高只设计到分/子公司总经理。

（3）专项费用属于集团强控项目，原则上是集团统筹管理，按照“谁受益谁承担”的原则承担费用。

（二）共享后专项费用报销流程所用到的业务单据

共享后专项费用报销流程所需业务单据如表3-7所示。

表3-7　共享后专项费用报销流程所需业务单据

序号	名称	是否进入财务共享服务中心	是否属于作业组工作	流程设计工具
1	费用申请单	N	—	工作流
2	通用报销单	Y	Y	工作流

（1）“是否进入财务共享服务中心”表示该业务单据的处理过程是否需要财务共享服务中心参与。Y表示需要，N表示不需要。

（2）“是否属于作业组工作”表示该业务单据是否需要分配到某个财务共享服务中心作业组，必须由该组成员从作业平台上提取业务单据后进行处理。Y表示属于，N表示不属于（只有进入财务共享服务中心的业务单据才需要考虑这个问题）。

（3）“流程设计工具”，是指用NCC的哪一个流程平台来对该业务单据进行流程建模。NCC中有“业务流”“工作流”“审批流”3种流程建模平台，各种流程均已在项目2中启用，此处无须建模。

三、案例实操

看视频完成实操训练：完成鸿途水泥的专项费用报销业务。

（一）实操要求

根据规划设计流程，完成例 3-4 的全流程操作。

【例 3-4】水泥协会于 2021 年 7 月 15 日在大连举办 2021 年水泥技术及装备展览会，鸿途水泥组织大连属地的子公司参加。会务费为 2 万元，由鸿途水泥统一支付，但具体由大连鸿途水泥有限公司等 5 家子公司承担，具体分摊比例如表 3-8 所示。

表 3-8　鸿途水泥专项费用分摊比例

公司	分摊比例
大连鸿途水泥有限公司	30%
鸿途集团京北水泥有限公司	15%
鸿途集团金州水泥有限公司	46%
大连金海建材集团有限公司	3%
海城市水泥有限公司	6%

2021 年 7 月 5 日，鸿途水泥综合办公室专员发起费用申请，费用承担部门是各单位的销售服务办公室，经鸿途水泥综合办公室经理、总经理和业务财务审批，通过后生效。

2021 年 7 月 16 日，鸿途水泥综合办公室专员发起会务费支付，支付给会展承办方：白云国际会议中心，由上述 5 家公司的销售服务办公室承担各家公司的会务费。

注意，外部原始凭证（会议费分摊表、会议费发票等）作为本课程的教辅资源，在上课时以物理单证的形式发放给学生。

（二）具体操作

1. 填制费用申请单

登录财务共享服务中心，进入学习任务“3.费用共享>3.4 专项费用报销业务>构建测试>填制费用申请单”，单击“任务上岗”按钮，将“综合办公室专员”上岗，选择“开始任务”按钮，在“费用管理”主界面单击“费用申请单”模块，进入“费用申请单”页面，按照测试用例数据进行填报，填报完毕后单击右上方的“保存”按钮，再单击“保存提交”按钮进行正式提交，单击“完成任务”按钮，如图 3-33 所示。

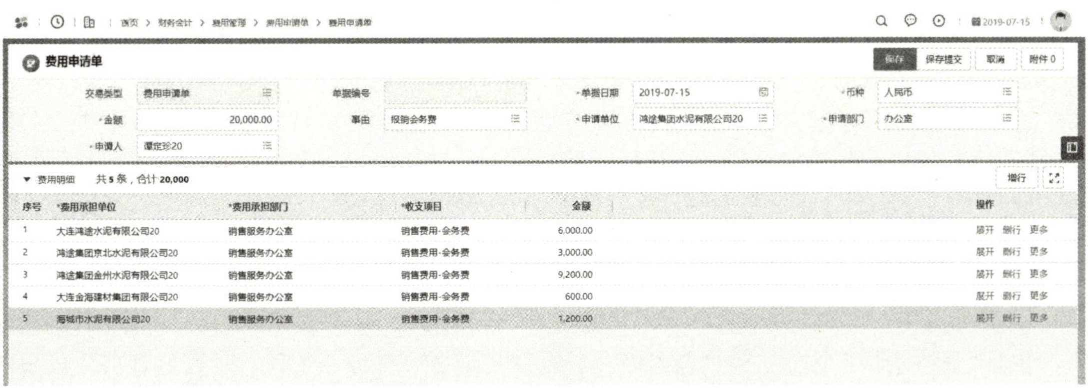

图 3-33　专项费用申请系统——“费用申请单”页面

2. 综合办公室经理审批

单击“任务上岗”按钮，将“综合办公室专员”下岗、“综合办公室经理”上岗；单击“开始任务”按钮，在“审批管理”主界面的“审批中心”模块中单击“未处理”按钮，检查单据信息是否正确；单击“综合办公室经理角色<批准>”按钮，完成审批工作，如图 3-34 所示。

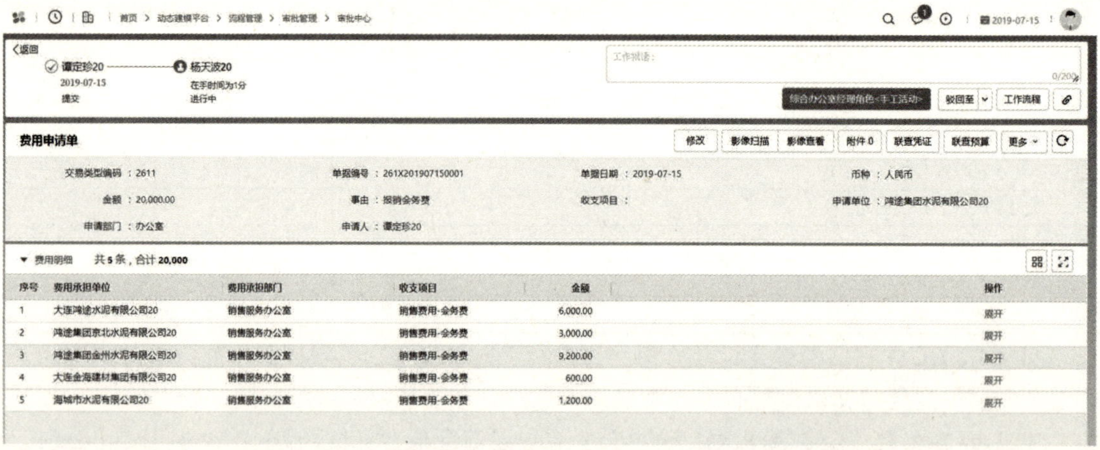

图 3-34 专项费用申请系统——综合办公室经理审批

3. 总经理审批

单击“任务上岗”按钮，将“综合办公室经理”下岗、“总经理”上岗；单击“开始任务”按钮，在“审批管理”主界面的“审批中心”模块中单击“未处理”按钮，打开单据，检查单据信息是否正确；单击“总经理角色<批准>”按钮，完成审批工作，如图 3-35 所示。

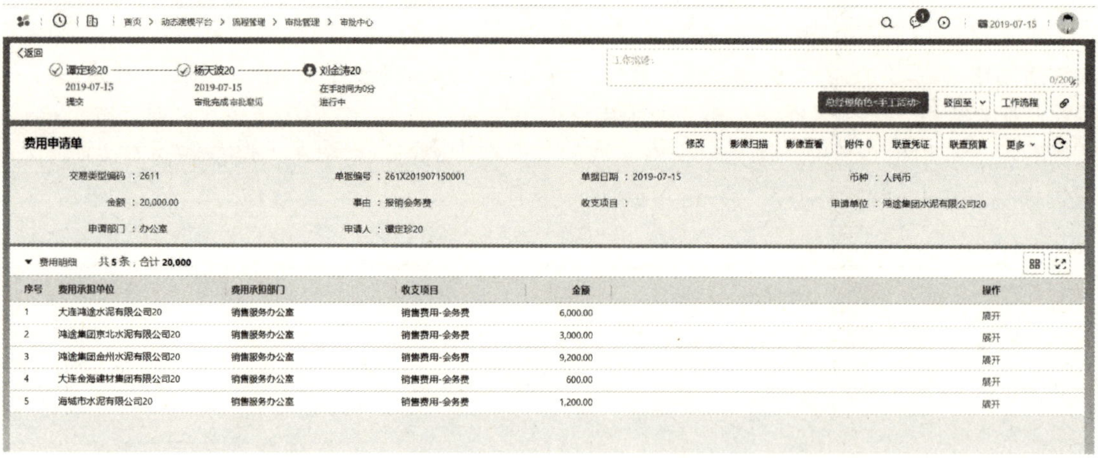

图 3-35 专项费用申请系统——总经理审批

4. 业务财务初审

单击“任务上岗”按钮，将“总经理”下岗、“业务财务”上岗；选择“开始任务”按钮，在“审批管理”主界面的“审批中心”模块中单击“未处理”选项，打开单据，检查单据信息是否正确；单击“业务财务角色<批准>”按钮，完成审批工作，如图 3-36 所示。

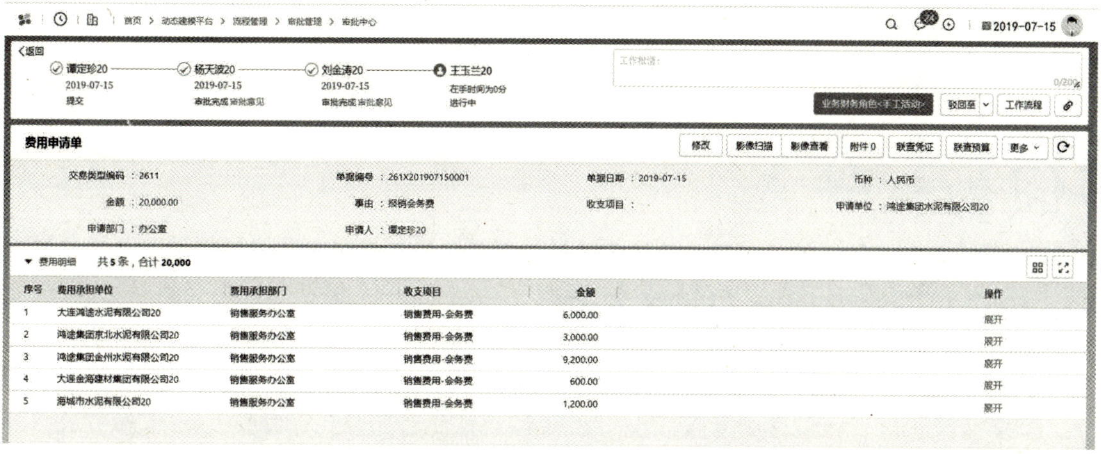

图 3-36 专项费用申请系统——业务财务初审

项目 4

采购应付管理共享

目标要求

知识目标：

掌握采购的概念

熟悉采购到付款业务的一般概念和典型流程

理解生产制造业的不同采购场景

能力目标：

能在财务共享信息系统中完成采购发票信息登记工作

能在财务共享信息系统中完成采购到付款流程中业务单据的审核工作并生成记账凭证

能够绘制出企业实施财务共享模式后的采购到付款业务流程图

参照教学视频，能够初步在财务共享信息系统中配置共享后的采购到付款流程

育人目标：

培养学生热爱会计工作、忠于职守的敬业精神

培养学生严肃认真、严谨细致的工作作风

培养学生熟悉企业采购管理制度、严格实施会计监督的职业操守

思维导图

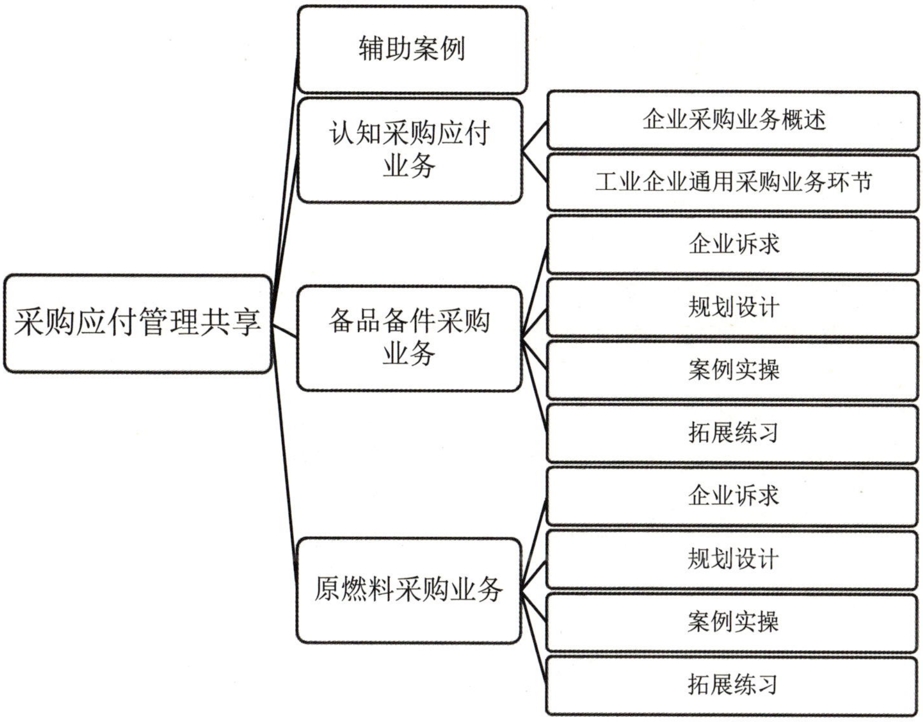

辅助案例

一、采购业务现状

1. 鸿途集团的物资类别及其特征

（1）大宗原材料类物资：一般种类少、采购数量大、金额较高，通常按合同采购。

（2）备品备件类物资：数量少，品类多，易产生库存。

（3）消耗性物资：办公、劳保等低值易耗品，通常计入企业经营或管理费用。

（4）设备资产类物资：单件价值高，全生命周期管理。

2. 集团统管的采购业务

（1）原煤的采购由物资装备部统一管理，由公司物资部通过询价、比价进行采购。

（2）统管物资包括天然石膏、水泥包装袋、耐火砖、火浇注料、铸钢高铬球钢锻、耐热钢件（含锚固钉）、收尘滤袋、喷码机油墨清洗剂、破碎机锤头、输送胶带、斜槽帆布、球磨机衬板、复合耐磨板、链条、料斗、皮带机托辊、余热发电水处理药剂、润滑油脂、轴承、工作服等，由公司物资部通过招标进行采购。

（3）工程装备部统管一部分物资目录：维修、小型电器等，由工程装备部直接招标购买。

（4）集团采购合同与分/子公司自采，采购合同没有使用 NCC 进行控制与管理，手工操作，因此不能对合同条款、合同执行、合同监控等各方面进行有效管理与控制。

3. 分/子公司的采购业务

（1）供应商管理制度：在招标的过程中对供应商的资质进行审查，审核标准参照准入规则和管理办法；对供应商的考核指标包括价格、质量、信誉度、售后服务、交货能力；统管的供应商考核需要打分，自采的供应商不需要进行考核打分，只进行评价。

（2）采购日常业务：总部与分/子公司之间无法实现采购数据、供应商、采购价格的共享。

采购一般都设经济批量，采购数量的控制比较严格，不允许超计划采购。

采购计划的跟踪，只关注库存数量，不关注采购计划执行后是否使用，长时间不使用的物资计划不进行考核。

（3）采购效率现状：采购计划平衡分配到多个部门，流程烦琐、效率不高；采购过程通过比质比价、优质优价的原则；平均每个月的采购资金为4000万元，在大修的情况下，采购资金会更高。

4. 物资统管分类

（1）A类物资：原煤、熟料（只针对粉磨站）、石膏、粉煤灰、其他混合材、水泥助磨剂、水泥包装袋、耐火材料、耐磨材料。

（2）B类物资：汽油、柴油、电器材料、轴承、螺栓、篷布、橡胶制品、油脂化工、钢材、木材、量刃工具、建筑五金、水暖等。

（3）C类物资：低值易耗品、劳动保护用品、办公用品等。

（4）D类物资：大型通用设备备品备件。

二、采购付款现状

1. 备品备件结算

（1）包括购进的经仓库验收、发放的备品备件、机物料消耗、办公用品等。

（2）备品备件需使用部门派人质检后才能验收入库，如立磨配件、铲车配件、挖掘机配件、减速机配件、轴承、电机、电极、抛丸磨光片等，供应商开具增值税专用发票，按供应处领导签批意见入账，同时进行冲预付款、扣除质保金的流程。

2. 原燃料结算

（1）每月根据上月供应商应付账款余额，由供应处领导拟定本月付款金额，供应商开具收据，公司领导签批付款的流程。

（2）采购付款周期较长，在一定程度上影响了供应商的供货积极性，增加了采购成本；采购付款周期长的原因是历史形成的，任何采购付款都需要有采购发票、合同、到货验收单，三者缺一不可。

三、采购业务现状总结

原煤的采购由物资装备部统一管理，由公司物资部通过询价、比价进行采购。天然石膏、水泥包装袋、耐火砖、火浇注料、铸钢高铬球钢锻、耐热钢件（含锚固钉）、收尘滤袋、喷码机油墨清洗剂、破碎机锤头、输送胶带、斜槽帆布、球磨机衬板、复合耐磨板、链条、料斗、皮带机托辊、余热发电水处理药剂、润滑油脂、轴承、工作服等都通过招标采购模式执行。

上述物资分类之外的物资目录，由分/子公司组织自采。

4.1 认知采购应付业务

一、企业采购业务概述

（一）采购的概念

采购是指企业购买原材料、商品、工程物资、固定资产等物资（或接受劳务）及支付款项等相关活动。

（二）常见采购物资分类

采购物资的类别不同，业务特征不同，采购业务控制的关键点也有所不同。

工业企业的物资，一般分为生产用原料及主要材料、辅助材料、设备、备品备件与工具、办公劳保等低值易耗品；商业企业的物资一般是指企业购销的商品；服务型企业的物资可以分为资产设备、项目物资、运维物资等。

二、工业企业通用采购业务环节

工业企业通用采购业务环节主要包括签订购销合同、下达采购订单、采购到货、验收入库、收到发票并确认应付账款、付款结算与核销，如图 4-1 所示。

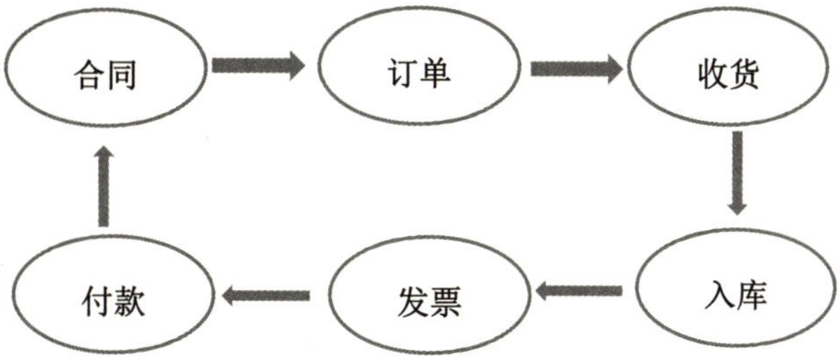

图 4-1 工业企业通用采购业务环节

小警示

莫伸手，伸手必被抓！
收受采购回扣是犯罪！

4.2　备品备件采购业务

一、企业诉求

（一）共享前备品备件采购现状

在企业集团实现共享前，一般将备品备件采购作为分/子公司自主采购对待，其采购现状流程如图 4-2～图 4-5 所示。

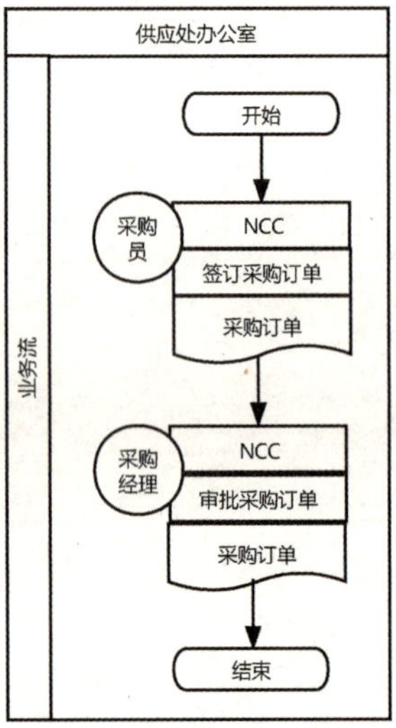

图 4-2　采购订货流程

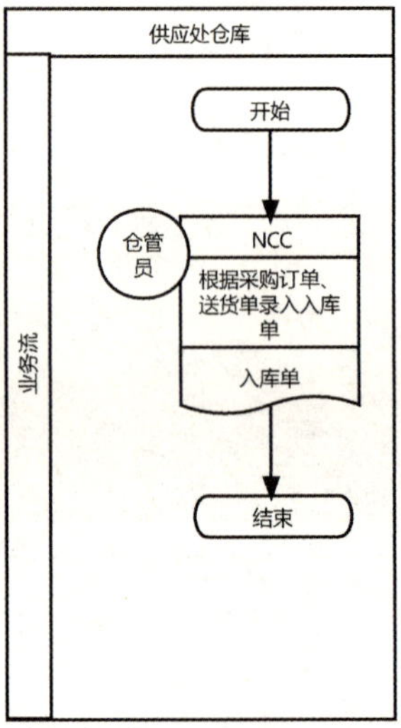

图 4-3　订货入库流程

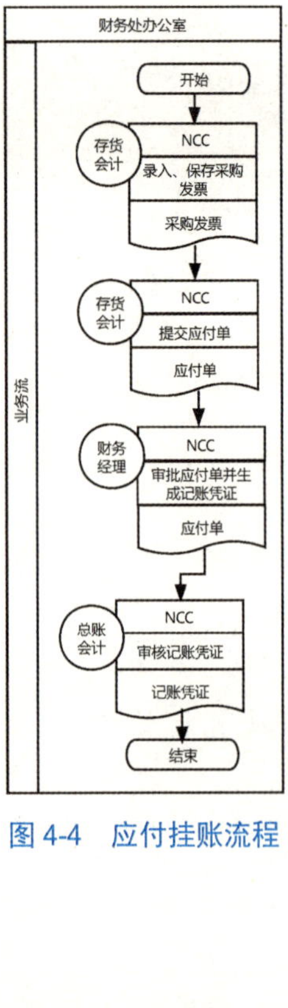

图 4-4　应付挂账流程

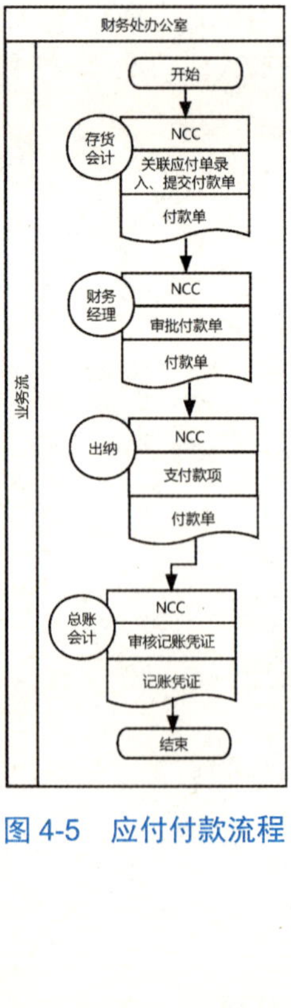

图 4-5　应付付款流程

（二）共享前备品备件采购的典型问题

由以上流程图可知，共享前鸿途集团备品备件采购主要存在以下有待解决的问题。

（1）总部与分/子公司之间无法实现采购数据、供应商、采购价格的共享。

（2）采购数量的控制比较严格，需要依据采购计划采购，一般不按经济批量采购。

（3）采购计划的跟踪，只关注库存数量，不关注采购计划执行后备品备件是否使用。

（4）采购计划分配到多个部门，流程烦琐、效率不高。

以上种种问题越来越困扰着企业集团和集团财务管理人员，实现采购数据、供应商、采购价格的共享，以及提高企业各种物资管理水平是其亟待解决的问题。

二、规划设计

（一）需求假设

与 3.2 节“二、规划设计”中“（一）需求假设”完全相同。

（二）共享后备品备件采购流程所需业务单据

共享后备品备件采购流程所需业务单据如表 4-1 所示。

表 4-1　共享后备品备件采购流程所需业务单据

序号	名称	是否进入财务共享服务中心	是否属于作业组工作	流程设计工具
1	采购订单	N	—	审批流
2	入库单	N	—	审批流
3	采购发票	N	—	审批流
4	应付单	Y	Y	工作流
5	付款单	Y	Y	工作流

（1）“是否进入财务共享服务中心”表示该业务单据的处理过程是否需要财务共享服务中心参与。Y 表示需要，N 表示不需要。

（2）“是否属于作业组工作”表示该业务单据是否需要分配到某个财务共享服务中心作业组，必须由该组成员从作业平台上提取业务单据后进行处理。Y 表示属于，N 表示不属于（只有进入财务共享服务中心的业务单据才有这个问题）。

（3）“流程设计工具”是指用 NCC 的哪一个流程平台来对该业务单据进行流程建模，NCC 中有“业务流”“工作流”“审批流”3 种流程建模平台，各种流程均已在项目 2 中启用，此处无须建模。

（三）共享后备品备件采购流程设计与 NCC 配置

教师通过演示案例，得出共享后备品备件采购流程设计与 NCC 配置。

备品备件采购

【例 4-1】2021 年 7 月 1 日，鸿途水泥提出物资采购需求，请购信息如表 4-2 所示（其中单价含有 13%的增值税）。

表 4-2　请购信息

物料名称	需求数量（个）	金额（元）	供应商
公制深沟球轴承	100	1130	东莞市大朗昌顺五金加工厂

2021 年 7 月 10 日，“公制深沟球轴承”到货并检验入库，采购发票随货同到。

备注：发票中的购货单位全称为东莞市大朗昌顺五金加工厂

纳税人识别号：645679792819382084

地址电话：东莞市大朗镇美景中路 65 号 0769-22620821

开户行及账号：中国工商银行东莞大朗支行 345509021300934560

2021 年 7 月 15 日，鸿途水泥完成该笔款项支付。

需注意的事项如下所述。

（1）外部原始凭证送货单及采购发票，作为本课程的教辅资源，在上课时以物理单证的形式发放给学生。

（2）付款回单若要作为原始凭证存档，教学平台将提供银行回单查询与打印功能。

通过演示，对共享后企业集团备品备件采购流程设计进行总结，如图 4-6～图 4-9 所示。

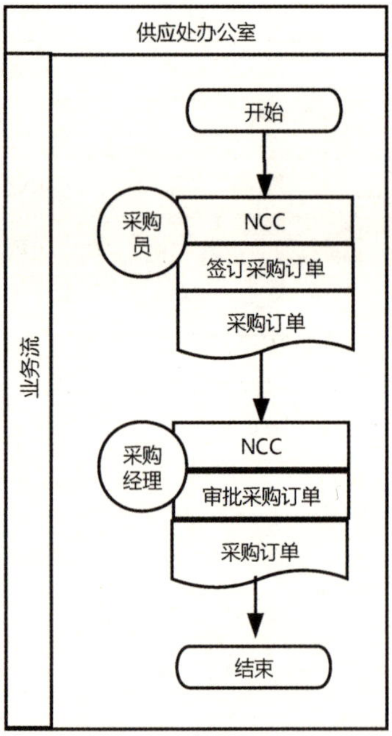

图 4-6　采购订货

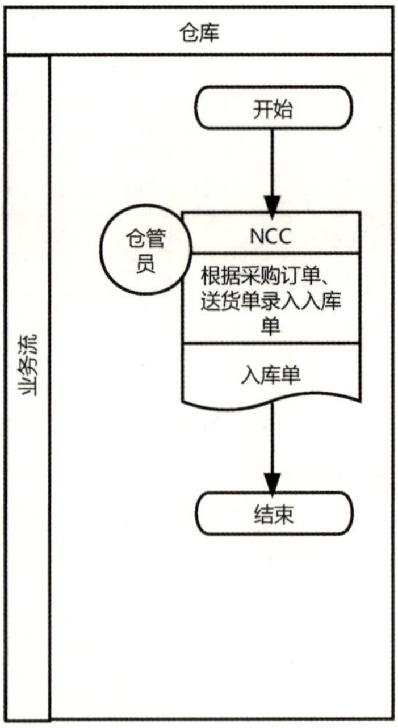

图 4-7　订货入库

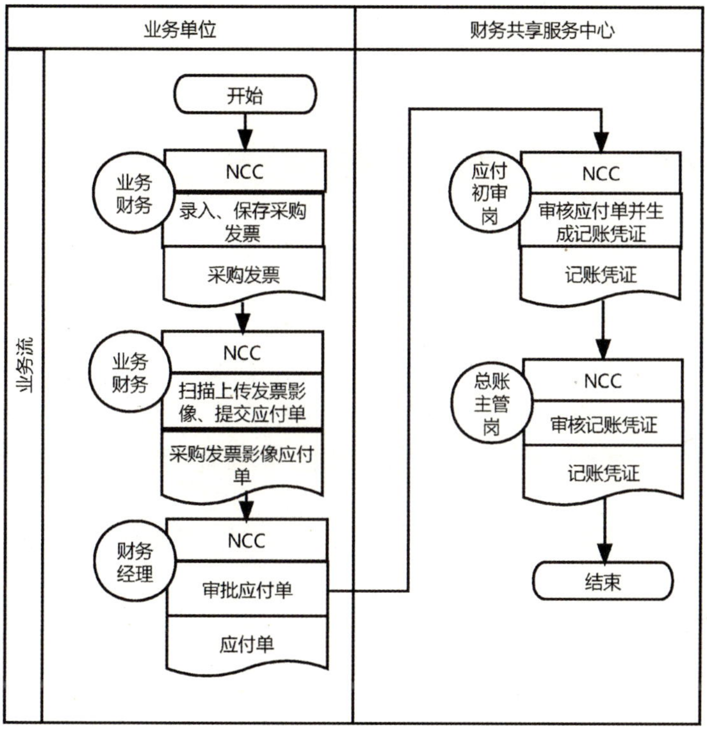

图 4-8　应付挂账

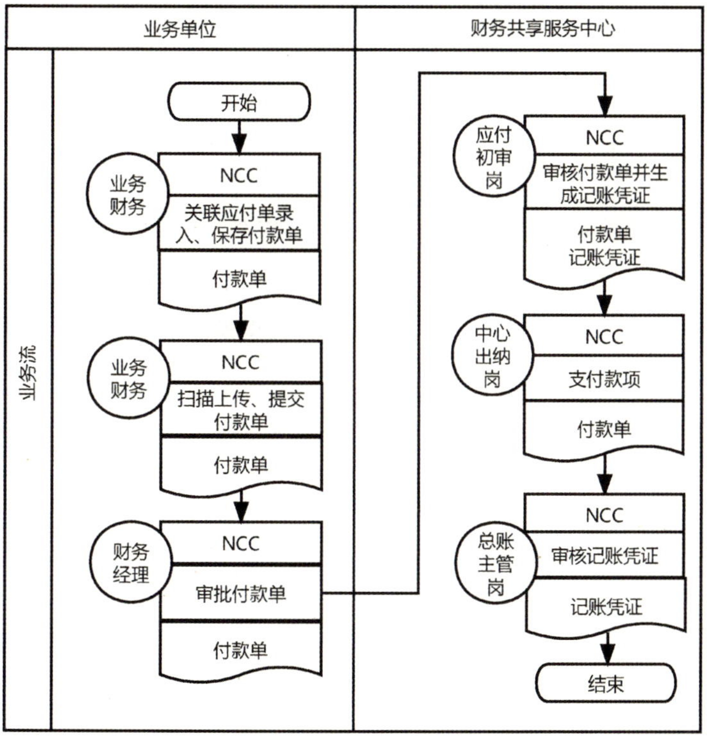

图 4-9　应付付款

三、案例实操

看视频完成实操训练：完成鸿途水泥的备品备件采购及付款业务。

（一）实操要求

根据规划设计流程，完成例 4-1 的全流程操作。

（二）具体操作

1. 采购订货

（1）签订采购订单。登录财务共享服务中心，进入学习任务“4.采购管理—应付共享>4.2 备品备件采购业务>构建测试>备品备件采购—采购挂账”，单击“任务上岗”按钮，用“采购员”角色上岗，单击“开始任务”按钮，在“采购业务”主界面单击“采购订单维护”模块，进入“采购订单维护”页面，如图 4-10 所示。在右上角的“新增”下拉列表中选择“自制”选项，进入“采购订单录入”页面。按照测试用例数据进行填报，填报完毕后单击右上方的“保存提交”按钮正式提交，单击“完成任务”按钮。

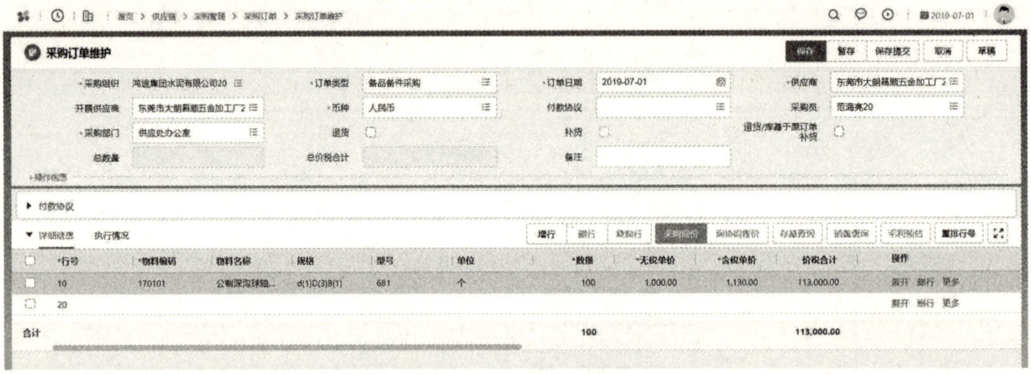

图 4-10 签订采购订单

（2）审批采购订单。单击“任务上岗”按钮，将“采购员”下岗、“采购经理”上岗，单击“开始任务”按钮，找到待审批业务，完成采购订单的审批工作，如图 4-11 所示。

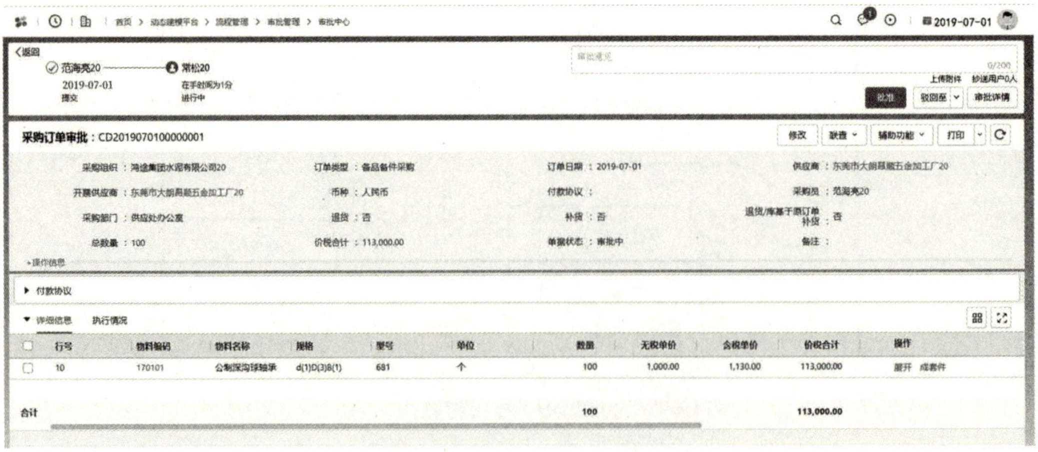

图 4-11 “采购订单审批”页面

2. 订货入库

（1）选择入库对应的采购订单。单击“任务上岗”按钮，将“采购经理”下岗、“仓管员”上岗，单击“开始任务”按钮，进入“采购入库”页面，在右上角的“新增”下拉列表中选择“采购业务入库”选项，进入“选择订单/到货单”页面。在“采购组织”下拉列表中选择“鸿途集团水泥有限公司”选项，“计划收货日期”为订货日到将来某一日期，单击“🔍”按钮，查询出所有待入库的采购订单，如图 4-12 所示。

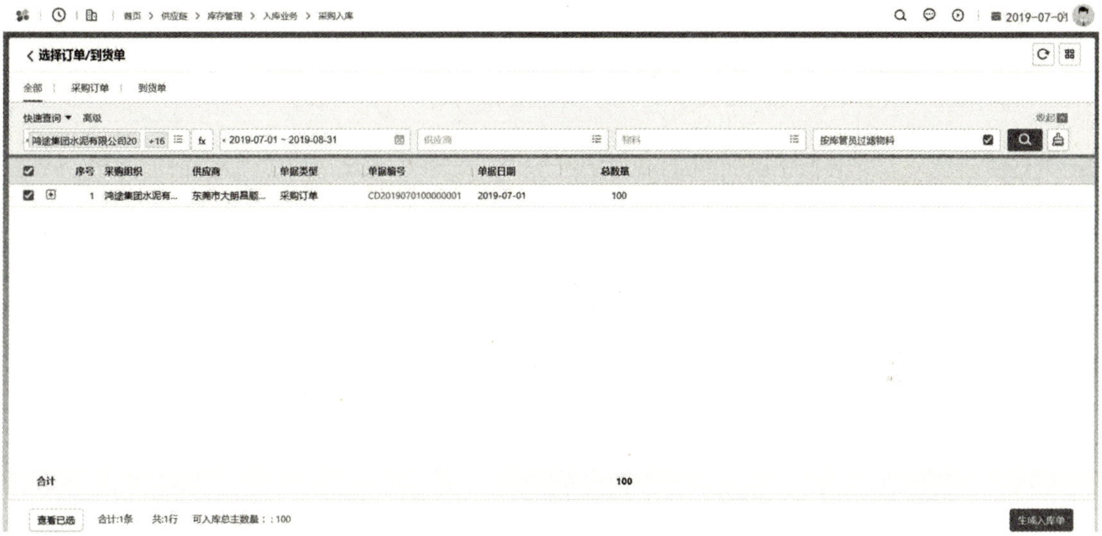

图 4-12 “选择订单/到货单”页面

（2）根据采购订单生成入库单并签字。选择审批通过的采购订单，单击右下角的“生成入库单”按钮，生成入库单并返回“采购入库”页面；在“仓库”下拉列表中选择“备品备件库”选项，在“应收数量”栏中录入实际验收入库的数量（或“自动取数”），最后单击“保存”按钮完成采购入库操作，并单击“签字”按钮确认入库，如图 4-13 所示。

图 4-13 “采购入库”页面

3. 应付挂账

（1）根据采购入库单生成采购发票及应付单。单击“任务上岗”按钮，将“仓管员”下岗、“业务财务”上岗，单击“开始任务”按钮，进入“采购入库”页面。单击“采购业务”主界面中的“采购发票维护”模块，进入“采购发票维护”页面，在右上角的“新增”下拉列表中选择“收票”选项，进入“选择订单/入库单”页面。输入查询条件并单击“🔍”按钮，选中步骤 2 中生成并签字的采购入库单，单击右下角的“生成发票”按钮生成相应的采购发票，如图 4-14 所示。

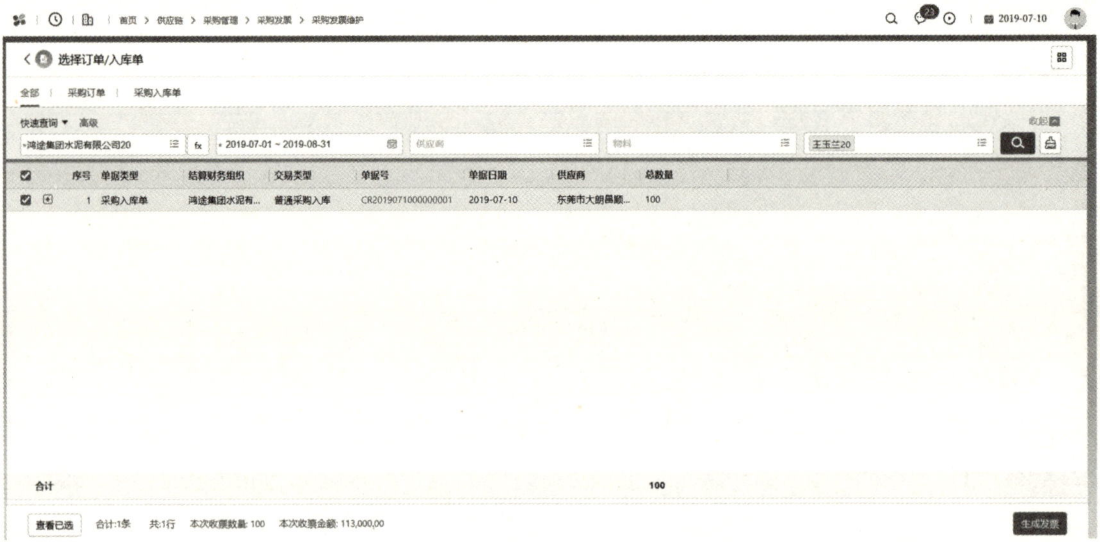

图 4-14 根据采购入库单生成采购发票

单击右上角的“保存提交”按钮，保存采购发票并根据采购发票生成应付单，如图 4-15 所示。

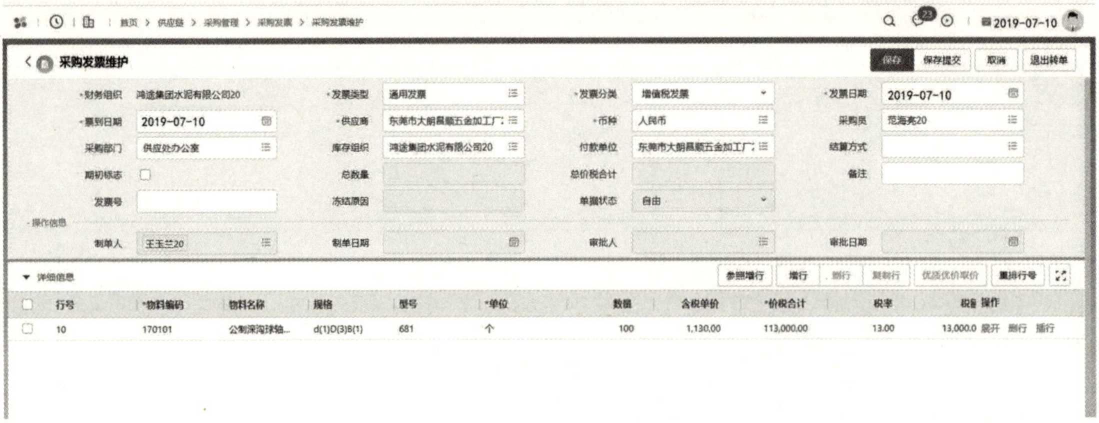

图 4-15 根据采购发票生成应付单

（2）扫描上传影像并提交应付单。返回首页，单击“待提交”按钮，进入“应付单录入”页面。在右上角的“更多”下拉列表中选择“影像扫描”选项，便可扫描、上传采购发票物理单据（如增值税专用发票的发票联和抵扣联等）的电子影像。扫描完成后，单击右上角的“提交”按钮提交应付单，如图 4-16 所示。

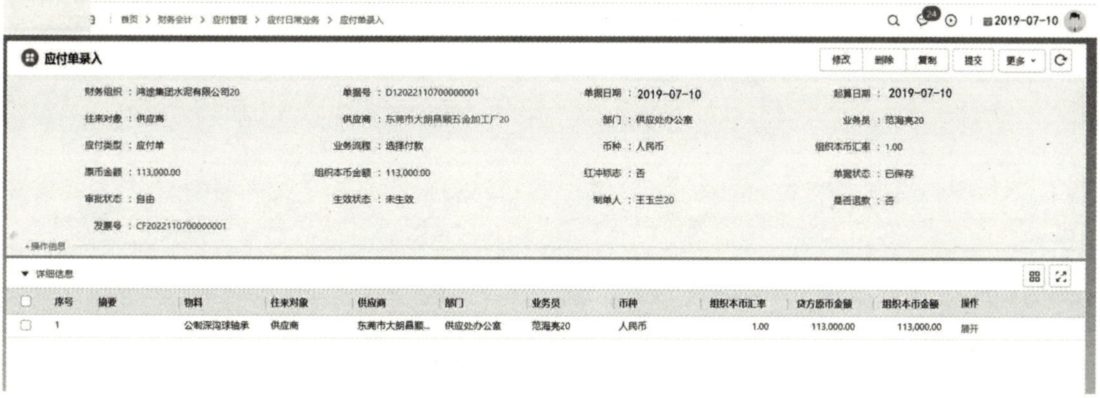

图 4-16 扫描上传影像并提交应付单

（3）审批应付单。单击“任务上岗”按钮，将“业务财务”下岗、“财务经理”上岗，单击“开始任务”按钮，进入“审批管理”页面。在“审批中心”模块中有一个处于“未处理”状态的单据，单击“未处理”按钮，找到步骤（2）所提交的待审批应付单，审核，单击“财务经理角色<批准>”按钮，完成应付单的审批工作，如图 4-17 所示。

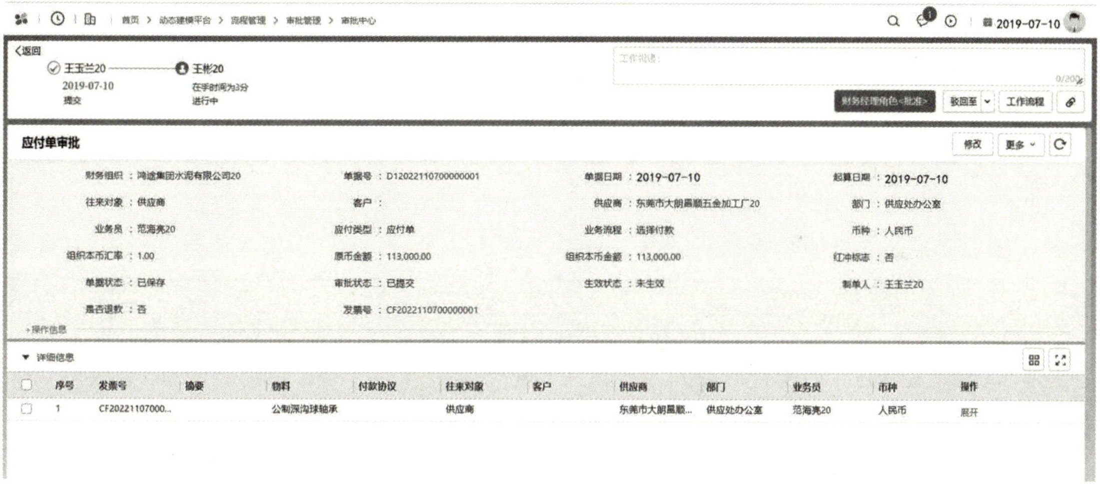

图 4-17 待审批应付单

（4）财务共享服务中心应付单作业处理。单击“任务上岗”按钮，将“财务经理”下岗、“应付初审岗”上岗，单击“开始任务”按钮，进入作业平台，单击“待提取”模块中的“任务提取”按钮，检查单据信息和影像是否正确，无误后单击“批准”按钮；将“应付初审岗”下岗、“应付复审岗”上岗，单击“开始任务”按钮，使用同样的方法审核、批准，系统将自动生成应付挂账的总账凭证，如图 4-18 所示。

（5）财务共享服务中心应付挂账总账凭证审核。单击“任务上岗”按钮，将“财务经理”下岗、“应付初审岗”上岗，单击“开始任务”按钮，然后单击“凭证管理”模块中的“凭证审核”按钮，进入“凭证审核”页面，选择账簿类型和时间，单击“ ”按钮，找到应付挂账记账凭证并进行审核，如图 4-19 所示。

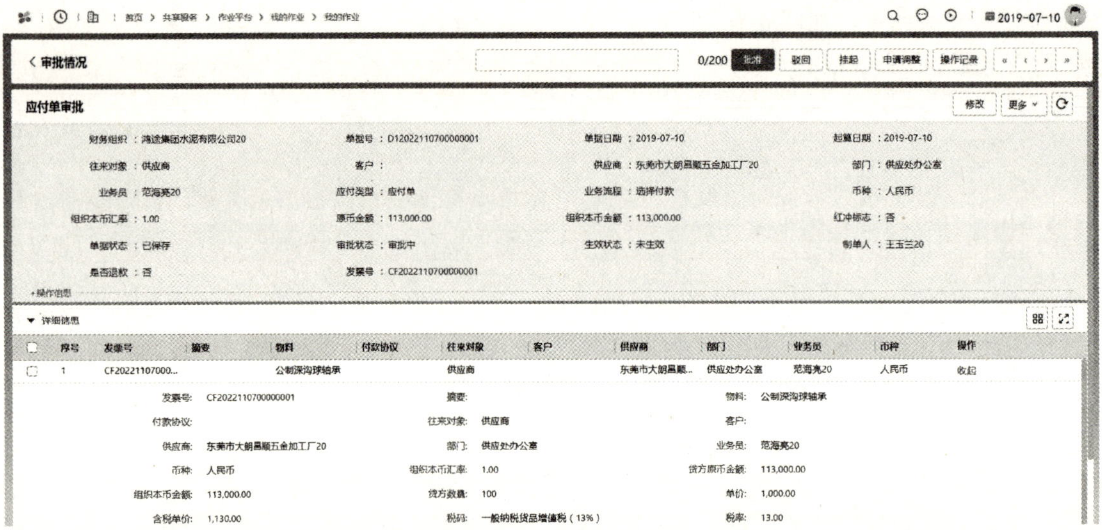

图 4-18　应付单审批

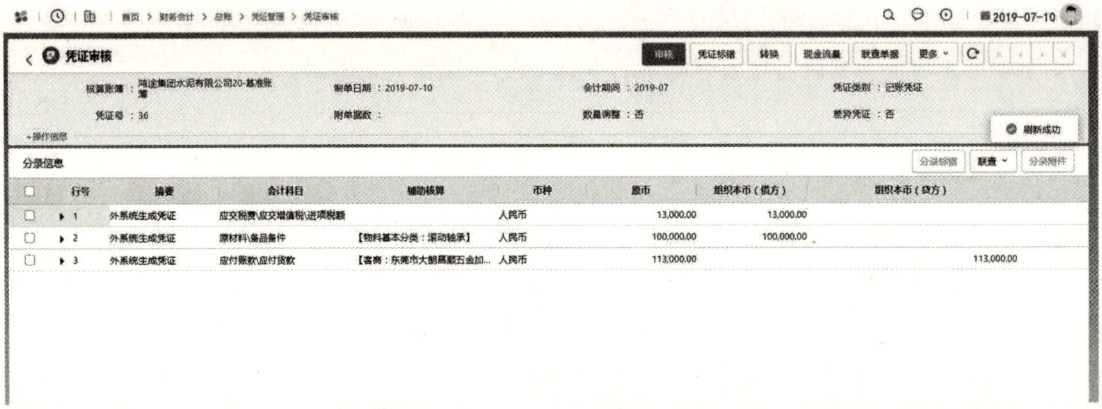

图 4-19　应付挂账记账凭证审核

4. 应付付款

（1）关联应付单生成付款单。单击“任务上岗”按钮，用“业务财务”角色上岗，单击“开始任务”按钮，单击“采购业务”主界面中的“付款单管理”模块，进入“付款单管理”页面，在右上角的“新增”下拉列表中选择“选择应付单”选项，查询并选中步骤 3 所审核通过的应付单，单击右下角的“生成下游单据”按钮，便可生成付款单，选择结算方式、付款银行账户，检查单据信息，保存并提交。“付款单管理”页面如图 4-20 所示。

（2）审批付款单。将“业务财务”下岗、“财务经理”上岗，单击“开始任务”按钮，在“审批中心”模块中有一个处于“未处理”状态的单据，单击“未处理”按钮，找到步骤（1）所提交的待审批付款单，单击该行的“财务经理角色<批准>”按钮，完成付款单审批工作，如图 4-21 所示。

（3）财务共享服务中心付款单作业处理。使用与应付单审核相同的方法进行应付付款单的初审和复审，并自动生成应付付款的总账凭证。

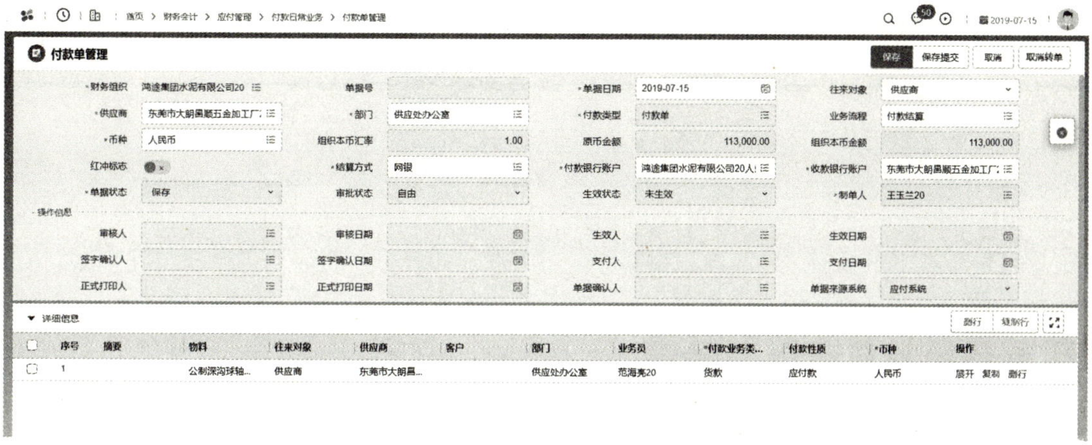

图 4-20　“付款单管理”页面

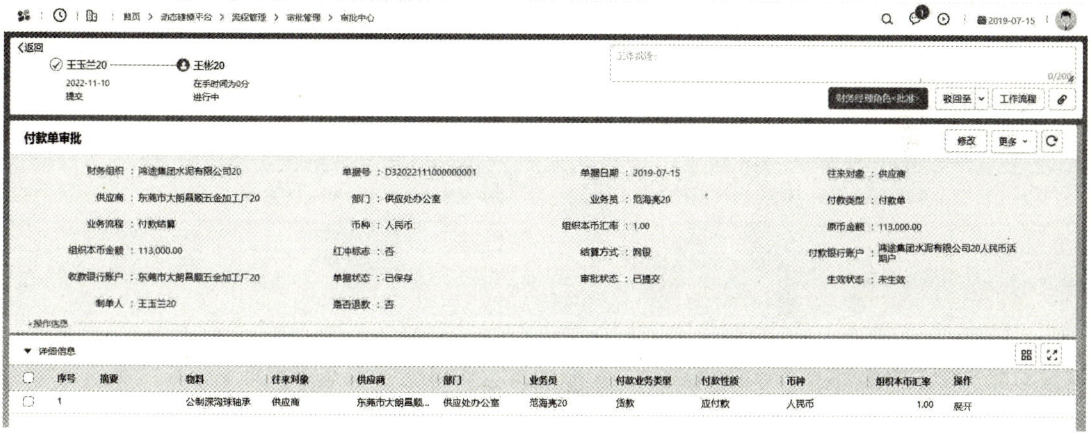

图 4-21　“付款单审批”页面

（4）财务共享服务中心付款单支付结算。用“中心出纳岗”角色上岗，单击“开始任务”按钮，然后单击“结算处理”模块中的“结算”按钮，进入“结算”页面。在“财务组织”下拉列表中选择“鸿途集团水泥有限公司”及其下属所有分/子公司，选择“业务单据日期”，单击“🔍”按钮并单击左侧的“待结算”按钮，将查询出水泥板块待结算的所有业务单据列。选中需要支付的单据行，在右上方的“支付”下拉列表中选择“网上转账”选项并确定进行网上支付，则系统便完成了“银企直联”模式下的支付结算操作，如图 4-22 所示。

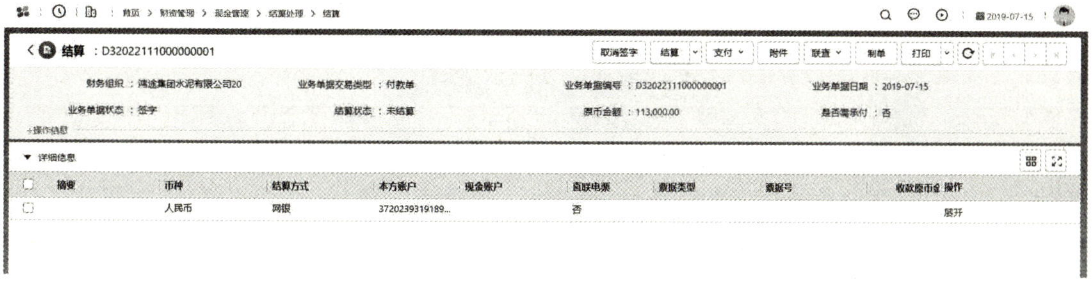

图 4-22　“结算”页面

（5）财务共享服务中心应付付款总账凭证审核。用“总账主管岗”角色上岗，单击“开始任务”按钮，使用应付挂账中同样的方法进行凭证审核，如图 4-23 所示。

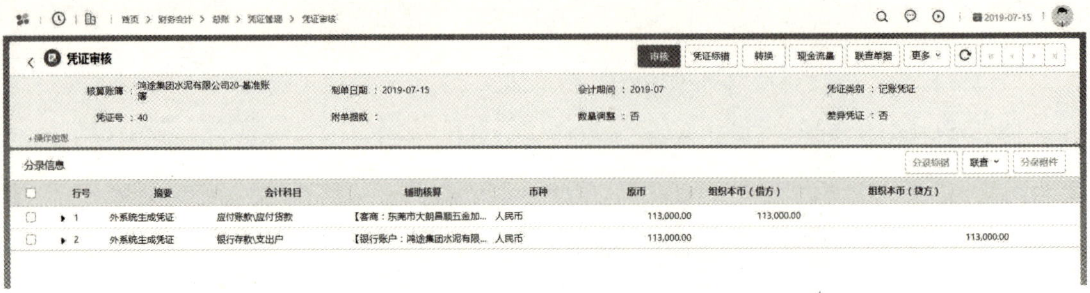

图 4-23　记账凭证审核

四、拓展练习

（一）企业集团集中采购业务场景

企业集团集中采购的典型流程如图 4-24 所示。

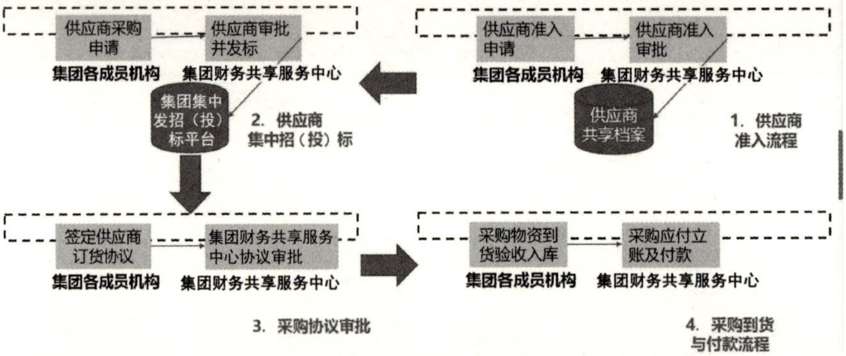

图 4-24　企业集团集中采购的典型流程

（二）企业集团电子招（投）标业务场景

企业集团电子招（投）标的典型流程如图 4-25 所示。

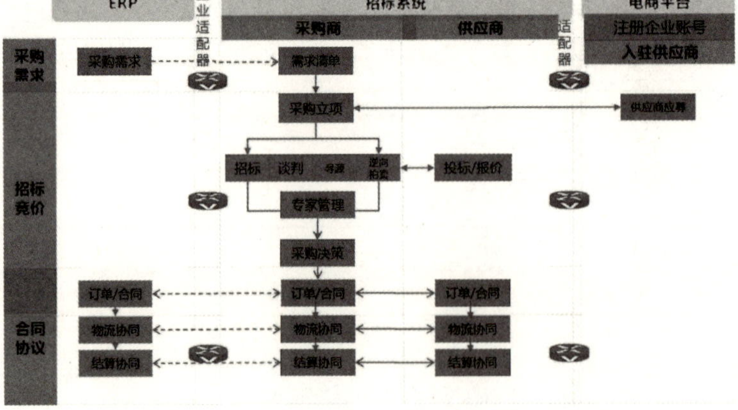

图 4-25　企业集团电子招（投）标的典型流程

作业：个人作业——社会化服务解决方案。

作业要求：讨论规划面向企业（2B）采购业务的社会化服务解决方案，设计完成后提交集中采购和电子招（投）标社会化服务策划 PPT 方案。

4.3　原燃料采购业务

一、企业诉求

（一）共享前原燃料采购现状

企业集团原燃料采购主要包括供应商准入、询价、签订采购合同、采购到货入库、应付挂账和应付付款 6 个步骤，在企业集团实现共享前，其采购现状如图 4-26～图 4-31 所示。

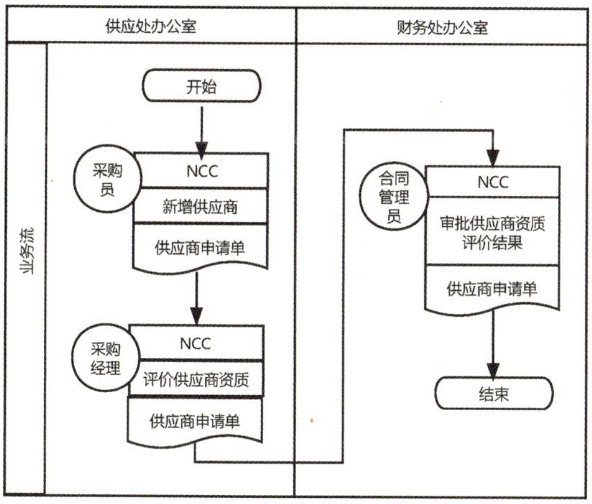

图 4-26　供应商准入

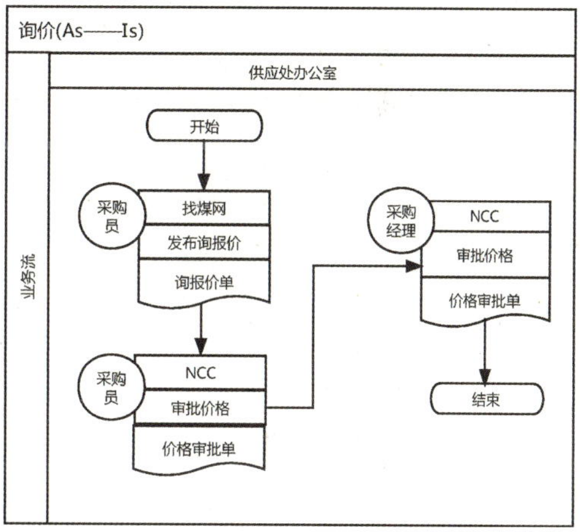

图 4-27 询价流程

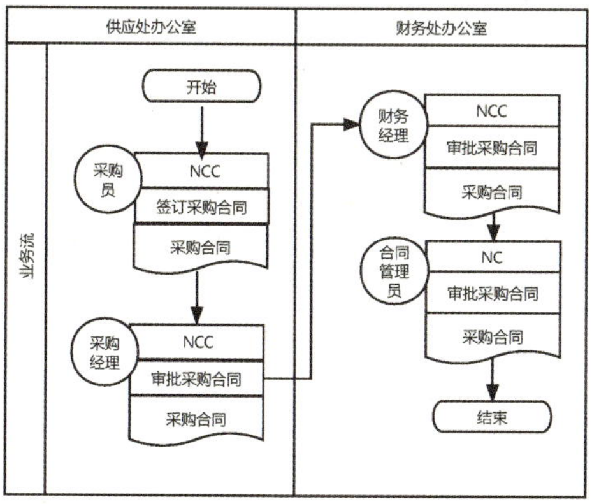

图 4-28　签订采购合同流程

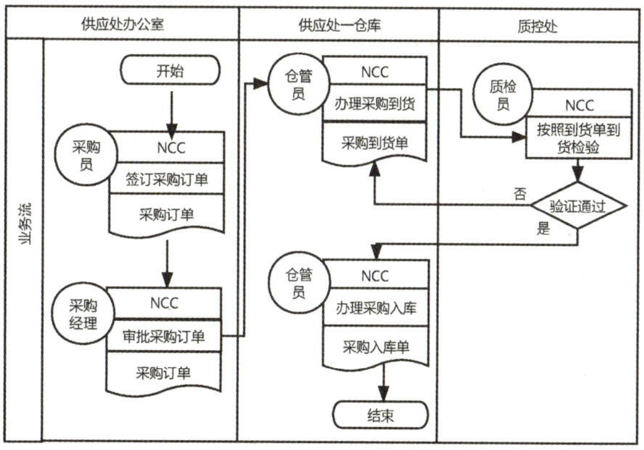

图 4-29　采购到货入库

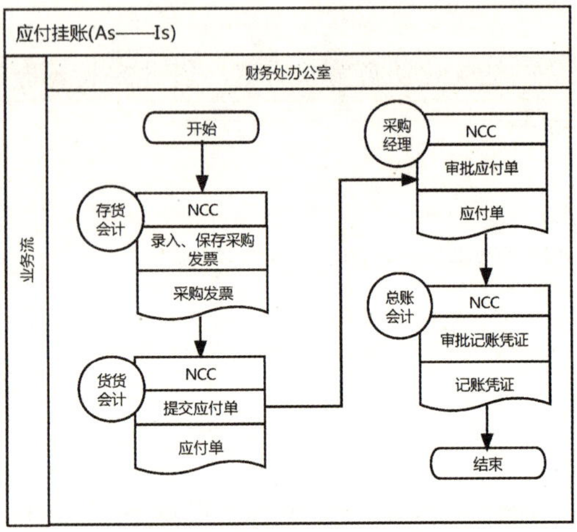

图 4-30 应付挂账

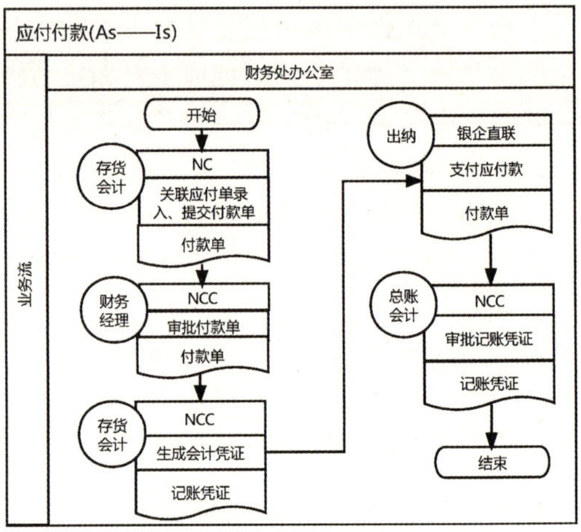

图 4-31 应付付款

（二）共享前原燃料采购的典型问题

大宗原燃料对于水泥行业生产稳定性的影响很大，往往采取集中采购管理的模式。由前面的流程图并结合实际情况可知，在实现业务共享之前，水泥行业企业原燃料采购业务存在以下典型问题。

（1）采购入库实收数量的计量难度大。

（2）采购付款周期较长，影响了供应商的供货积极性。任何采购付款都需要有采购发票、合同、到货验收单，三者缺一不可；结算前还要根据供应商应付账款余额，由采购部门核定本月付款金额、通知供应商开具发票，并需要由公司领导签批付款。

（3）付款结算情况复杂。如果合同约定有预付款、质保金的情形，则要扣除预付款、质保金后入账，并核销相应的付款单。

（4）与合同价对比，如果订单价格比合同价格高，则需要有调价审批表，比较麻烦。

以上种种问题越来越困扰着企业集团和集团财务管理人员，实现采购数据、供应商、采购价格的共享，以及提高企业集团的各种物资管理水平是其亟待解决的问题。

二、规划设计

（一）需求假设

与 3.2 节“二、规划设计”中“（一）需求假设”完全相同。

（二）共享后原燃料采购流程所需业务单据

共享后原燃料采购流程所需业务单据如表 4-3 所示。

表 4-3 共享后原燃料采购流程所需业务单据

序号	名称	是否进入财务共享服务中心	是否属于作业组工作	流程设计工具
1	供应商申请单	Y	Y	工作流

续表

序号	名称	是否进入财务共享服务中心	是否属于作业组工作	流程设计工具
2	询报价单	N	—	审批流
3	价格审批单	N	—	审批流
4	采购合同	Y	N	审批流
5	采购订单	N	—	审批流
6	采购到货单	N	—	审批流
7	采购入库单	N	—	审批流
8	采购发票	N	—	审批流
9	应付单	Y	—	工作流
10	付款单	Y	—	工作流

（1）“是否进入财务共享服务中心”表示该业务单据的处理过程是否需要财务共享服务中心参与。Y 表示需要，N 表示不需要。

（2）“是否属于作业组工作”表示该业务单据是否需要分配到某个财务共享服务中心作业组、必须由该组成员从作业平台上提取业务单据后进行处理。Y 表示属于，N 表示不属于（只有进入财务共享服务中心的业务单据才有这个问题）。

（3）“流程设计工具”，是指用 NCC 的哪一个流程平台来对该业务单据进行流程建模。NCC 中有“业务流”“工作流”“审批流”3 种流程建模平台，各种流程均已在项目 2 中启用，此处无须建模。

（三）共享后原燃料采购流程设计

企业集团大宗材料采购过程需要经过供应商准入、询价、签订采购合同、采购到货入库、应付挂账、应付付款 6 个步骤。

原燃料采购

教师通过演示案例，总结出共享后原材料采购设计流程。

【例 4-2】2021 年 7 月 3 日，鸿途水泥根据业务需要，申请新增一家石膏供应商：郑州瑞龙有限公司（联系人：刘捷；职位：销售代表；手机联系方式：18255674432），连带此供应商的营业执照副本（复印件）提交提批。经过审定，鸿途水泥决定将此供应商纳入其正式供应商名录（供应商准入目的组织为集团；供应商编码：G300550），有效期截至 2021 年 12 月 31 日。

2021 年 7 月 5 日，鸿途水泥进行下半年原煤价格评估，下半年计划采购量为 6000 吨，并在找煤网上进行询价，有 3 家供应商发来价格信息，如表 4-4 所示。

表 4-4　供应商价格信息

供应商	含税单价（元/吨）
陕西黑龙江沟矿业有限责任公司	553.70
中煤集团有限公司	565.00
神华乌海能源有限公司	621.50

最后经过综合评估，鸿途水泥将下半年的原煤价格确定为 565 元/吨（此为含税单价，税率为 13%），并由中煤集团有限公司负责供应，并签订原煤供应合同。

2019 年 7 月 10 日，鸿途水泥与中煤集团有限公司签署《采购合同（合同编码：

PC20190100)》，签约信息详见纸质合同。

2019 年 7 月 15 日，鸿途水泥提出物资采购需求，请购信息如表 4-5 所示。

表 4-5 请购信息

项目名称	需求数量（吨）	供应商
原煤	1000	中煤集团有限公司

2019 年 7 月 21 日，“原煤”过磅、到货并检验入库，发票随货同到。到货信息如表 4-6 所示。

表 4-6 到货信息

项目名称	需求数量（吨）	含税单价（元/吨）	价税合计（元）	税率	税额（元）	供应商
原煤	1000	565.00	565 000.00	13%	65 000.00	中煤集团有限公司

2019 年 7 月 29 日，鸿途水泥确认应付账款。

2019 年 7 月 31 日，鸿途水泥完成付款。付款信息如表 4-7 所示。

表 4-7 付款信息

供应商名称	付款金额（元）	收款账户
中煤集团有限公司	565 000	中国工商银行股份有限公司东城支行

需要注意的是，外部原始凭证（供应商营业执照副本复印件、纸质采购合同、采购发票、送货单等）作为本课程的教辅资源，在上课时以物理单证的形式发放给学生。

以下是可供参考的一种共享后原燃料采购业务流程设计，该流程已经经过测试、可以在 NCC 中成功构建和运行。具体参考流程如图 4-32～图 4-37 所示。

1. 供应商准入

共享后鸿途水泥原燃料采购—供应商准入流程如图 4-32 所示。

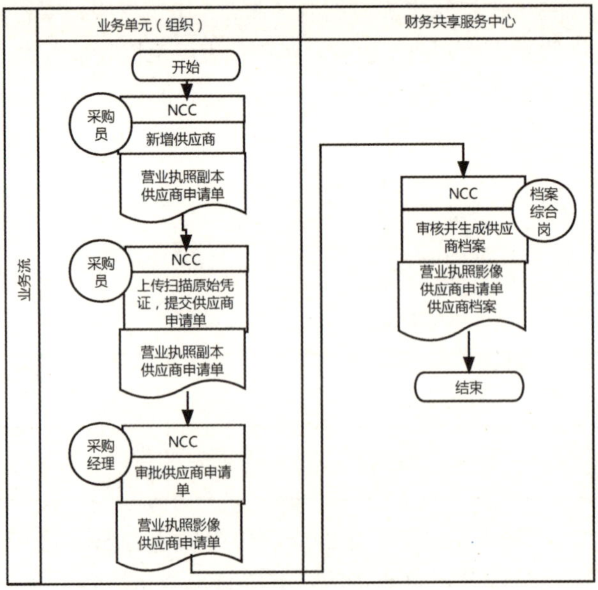

图 4-32 共享后鸿途水泥原燃料采购—供应商准入流程

2. 询价

鸿途水泥原燃料采购—询价的共享后流程如图 4-33 所示。

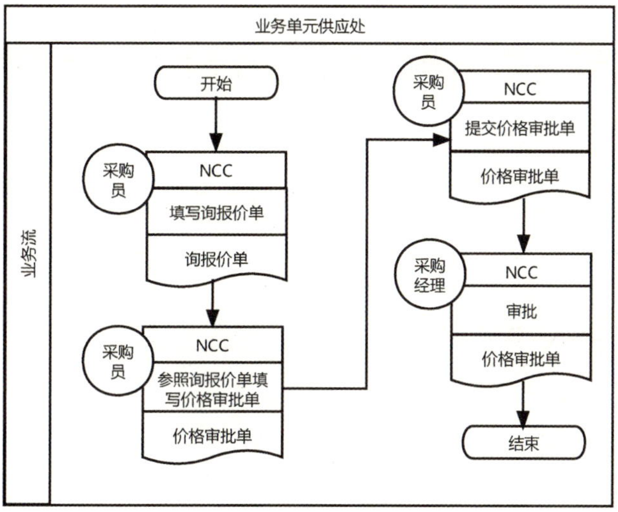

图 4-33　共享后鸿途水泥原燃料采购—询价流程

3. 签订采购合同

共享后鸿途水泥原燃料采购—签订采购合同流程如图 4-34 所示。

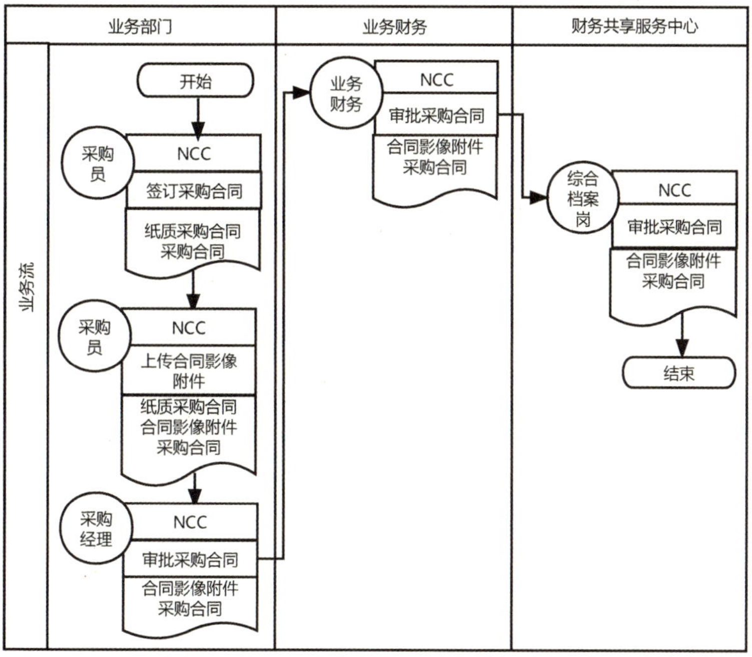

图 4-34　共享后鸿途水泥原燃料采购—签订采购合同流程

4. 采购到货入库

共享后鸿途水泥原燃料采购—采购到货入库流程如图 4-35 所示。

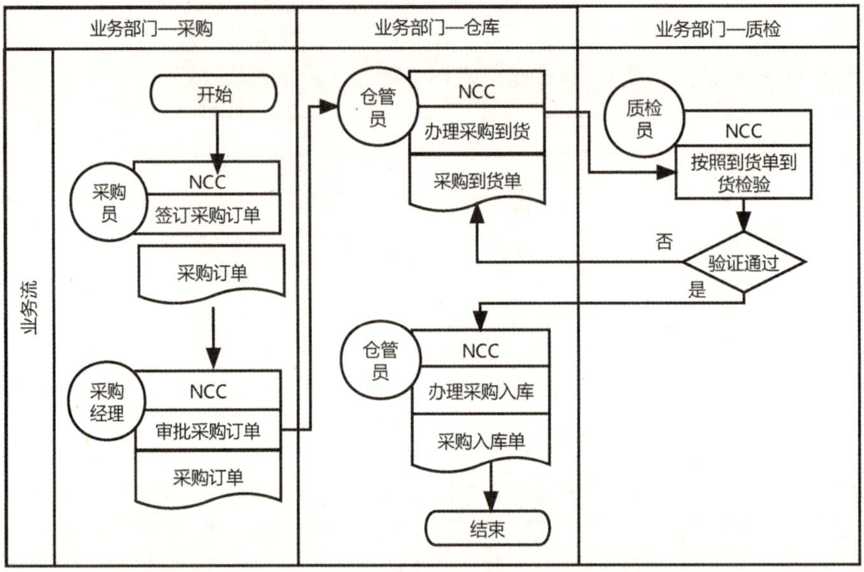

图 4-35 共享后鸿途水泥原燃料采购—采购到货入库流程

5. 应付挂账

共享后鸿途水泥原燃料采购—应付挂账流程如图 4-36 所示。

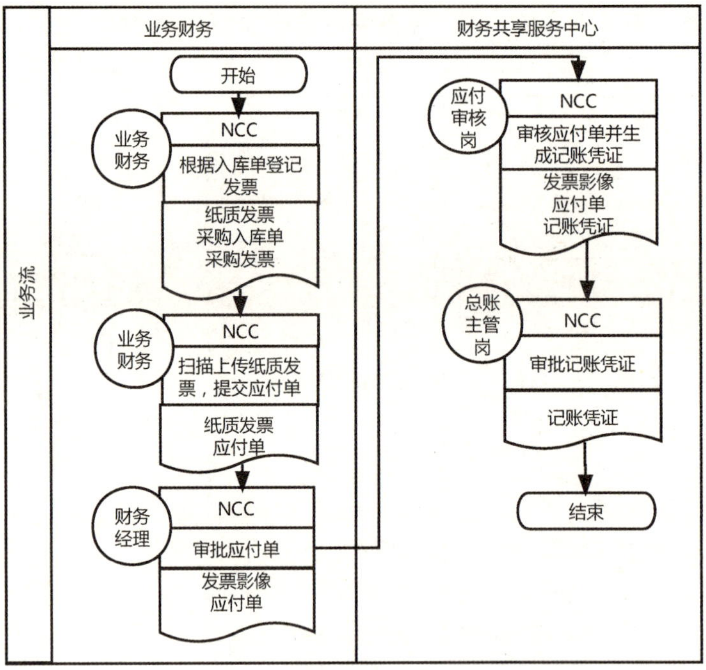

图 4-36 共享后鸿途水泥原燃料采购—应付挂账流程

6. 应付付款

共享后鸿途水泥原燃料采购—应付付款流程如图 4-37 所示。

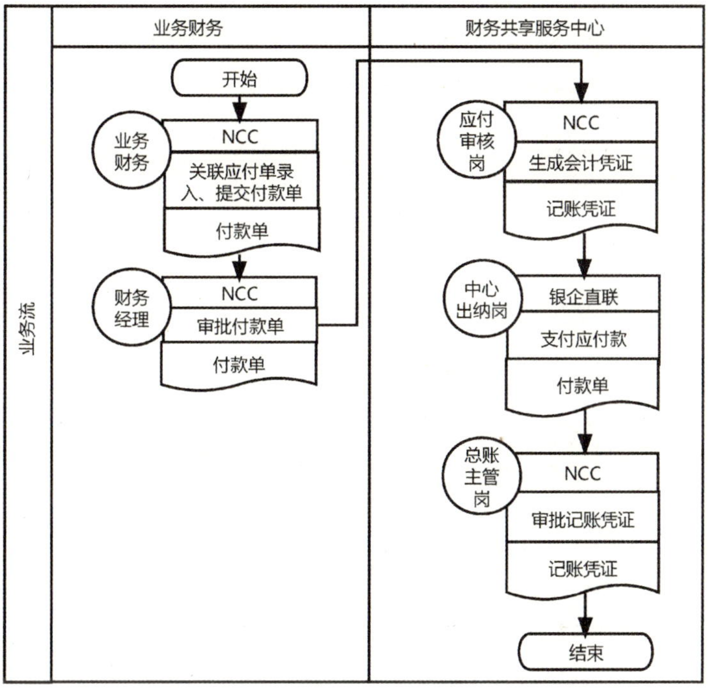

图 4-37　共享后鸿途水泥原燃料采购—应付付款流程

三、案例实操

看视频完成实操训练：完成鸿途水泥的原燃料采购及付款业务。

（一）实操要求

根据规划设计流程，完成例 4-2 的全流程操作。

（二）具体操作

1. 供应商准入

（1）申请新增供应商。用“采购员”角色登录财务共享服务中心，单击“开始任务”按钮，单击“采购业务”主界面中的“供应商申请单”模块，进入“供应商申请单”页面。单击右上角的“新增”按钮，进入“供应商申请单”填制页面；按照测试用例数据进行填写，然后单击右上方的“保存”按钮，如图 4-38 所示。

（2）扫描上传原始凭证。单击“供应商申请单”页面顶部的“影像扫描”按钮，将备选供应商的营业执照（副本）扫描上传。扫描完成后，单击“提交”按钮提交供应商申请单，如图 4-39 所示。

（3）业务审批供应商申请单。用“采购经理”角色上岗，单击“开始任务”按钮，在“审批中心”模块中有一个处于“未处理”状态的单据。单击“未处理”按钮，找到步骤（2）所提交的待审批供应商申请单，检查无误后单击单据行的“采购经理角色<批准>”按钮，完成供应商申请单的审批工作，如图 4-40 所示。

图 4-38 “供应商申请单”填制页面

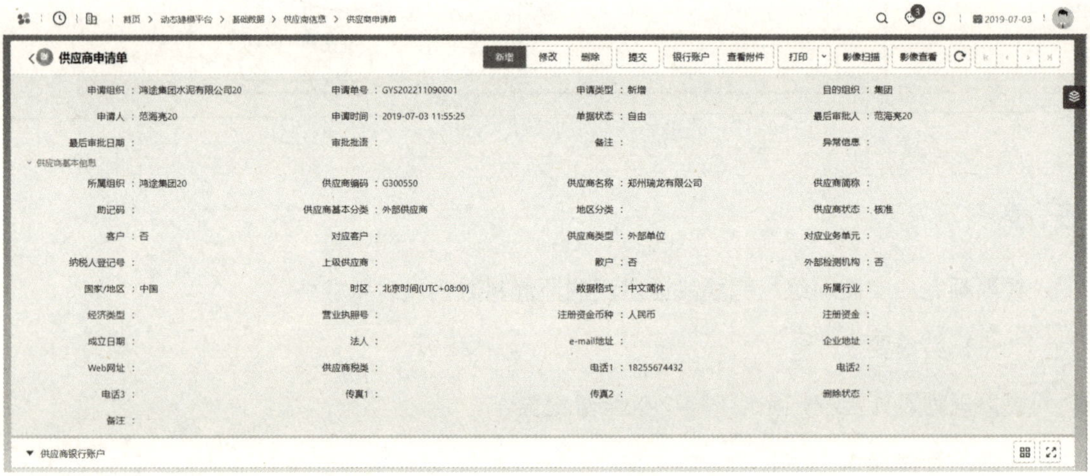

图 4-39 “供应商申请单”—“影像扫描”

图 4-40 待审批供应商申请单

（4）财务共享服务中心供应商申请单作业处理。用“档案综合岗”角色上岗，单击“开始任务”按钮，进入“作业平台看板”页面。单击“我的作业”模块中的“提取任务”按钮，进行待处理单据提取工作。单击“我的作业”模块中的“待处理”按钮，进入“我的作业”作业列表页面。单击“单据编码”列的链接，进入供应商申请单审核页面，如图 4-41 所示。单击页面上方的“批准”按钮，完成供应商申请单的审核。

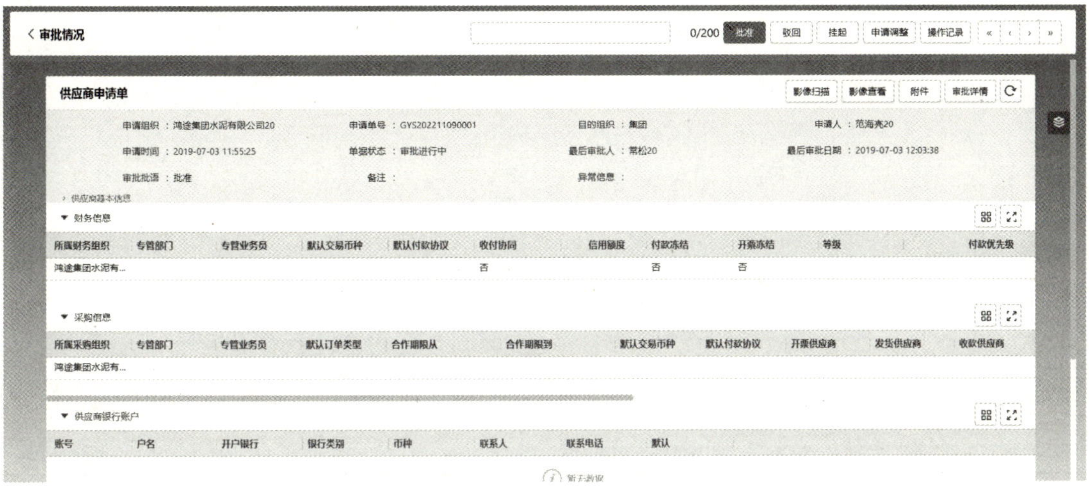

图 4-41 供应商申请单审核页面

2. 询价

（1）填写询报价单。用“采购员”角色上岗，单击“开始任务”按钮，单击“采购业务”主界面中的“询报价单”模块，进入“询报价单”页面。在“新增”下拉列表中选择“自制”选项，进入“询报价单”填写页面。按照测试用例数据进行填写，然后单击右上方的“保存”按钮，如图 4-42 所示。

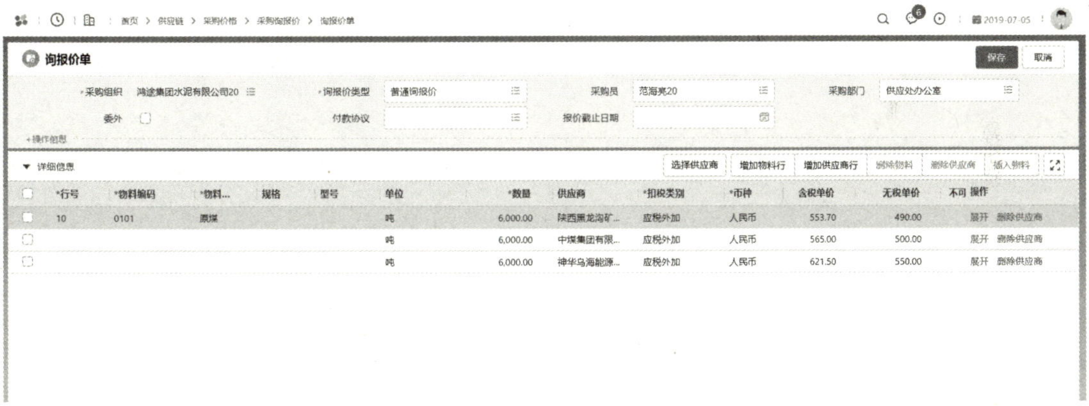

图 4-42 “询报价单”填写页面

（2）填写价格审批单。用“采购员”角色上岗，单击“开始任务”按钮，单击“采购业务”主界面中的“价格审批单维护”模块，然后在“新增”下拉列表中选择“询报价单”选项，查询并选中上一步保存的询报价单，按照测试用例数据勾选选中的询报价明细项，确定后将生成新的价格审批单，将明细行中的“订货”列选中，然后单击 “保存提交”按钮提交价格审批单。“选择询报价单”页面如图 4-43 所示。

（3）审批价格审批单。用“采购经理”角色上岗，单击“开始任务”按钮，单击“审批中心”模块中的未处理业务。选中该审批单，若该审批单检查无误，则单击页面顶部的“批准”按钮，完成审批工作，如图 4-44 所示。

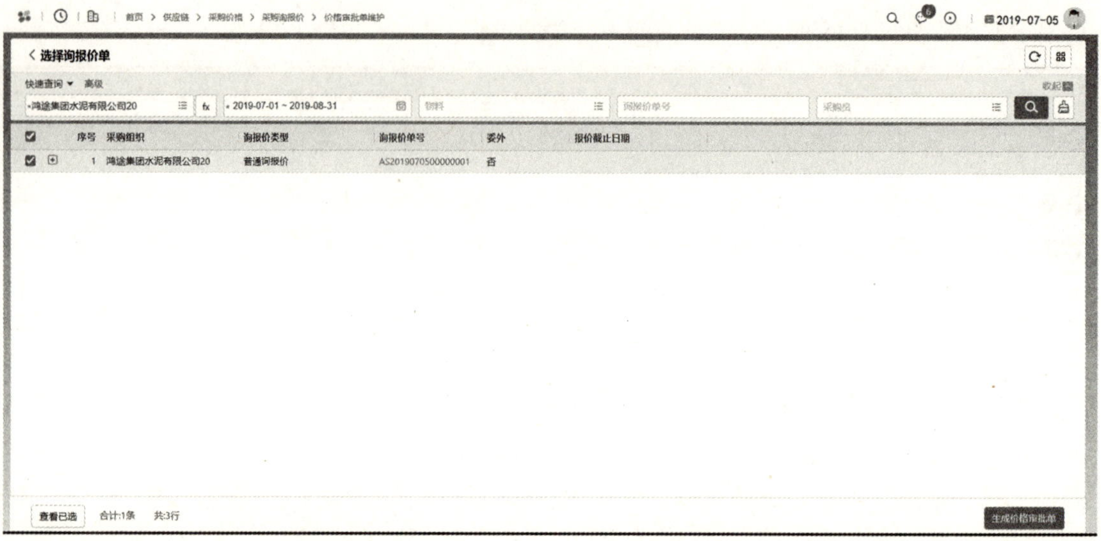

图 4-43 “选择询报价单”页面

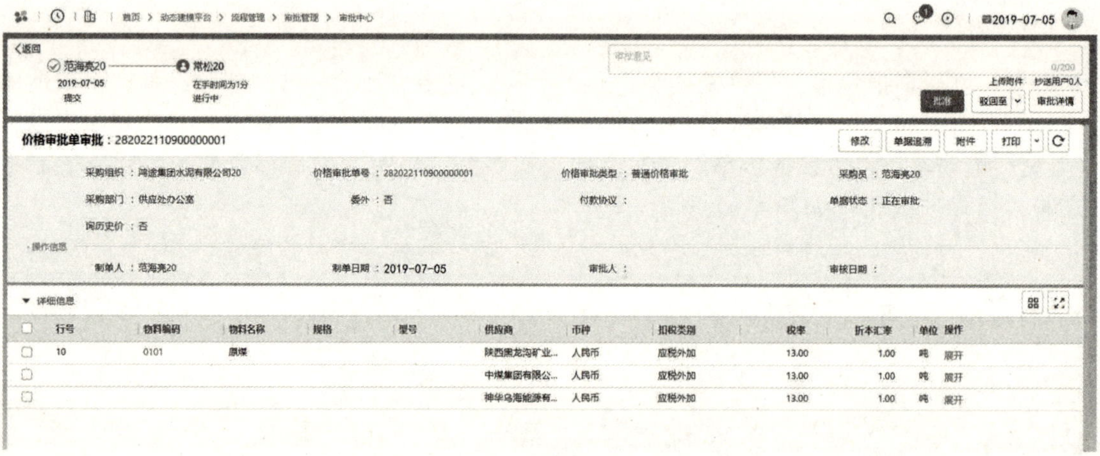

图 4-44 “价格审批单审批”页面

3. 签订采购合同

（1）录入采购合同信息。用“采购员”角色上岗，单击“开始任务”按钮，单击“采购业务”主界面中的“采购合同维护”模块，在左上角的“新增”下拉列表中选择“价格审批单”选项，查询并选中步骤 2 审批通过的价格审批单，单击右下角的“生成采购合同”按钮。按照测试用例数据补齐采购合同的其他必要信息，单击右上角的“保存”按钮。在“影像”下拉列表中选择“影像扫描”选项，将“原煤采购合同”上传，然后单击“采购合同维护”页面上方的“保存提交”按钮提交采购合同，如图 4-45 所示。

（2）采购合同业务审批。用“采购经理”角色上岗，按前述方法审批采购合同，如图 4-46 所示。

（3）采购合同财务审批。用“业务财务”角色上岗，完成采购合同的财务审批环节，与“（2）采购合同业务审批”类似。

（4）采购合同财务共享服务中心审批。用“档案综合岗”角色上岗，完成采购合同财务共享服务中心审批环节，与“（2）采购合同业务审批”类似。

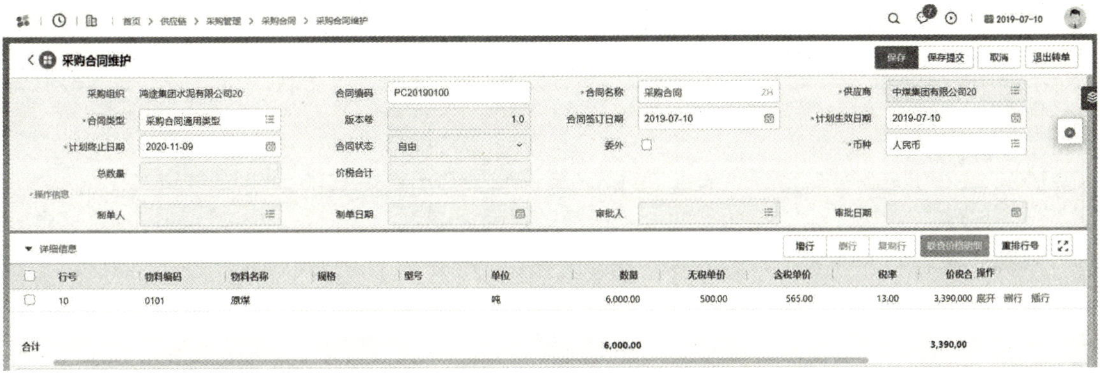

图 4-45　“采购合同维护”页面

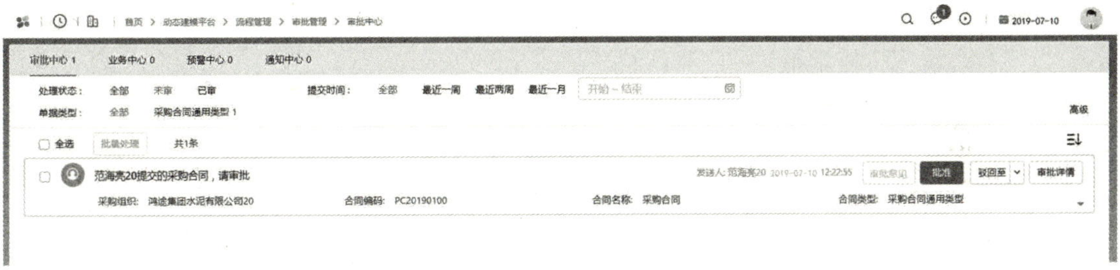

图 4-46　“采购合同审批”页面

特别提示：采购合同进入财务共享服务中心但不进入工作组，因此采购合同财务共享服务中心审批不是通过财务共享服务中心作业平台来完成的。

（5）采购合同生效。财务共享服务中心档案综合岗在审批采购合同后，单击“购销合同”主界面中的“采购合同维护”模块，进入“采购合同维护”页面，查找前面已提交审核的合同，单击“生效”按钮，如图 4-47 所示。

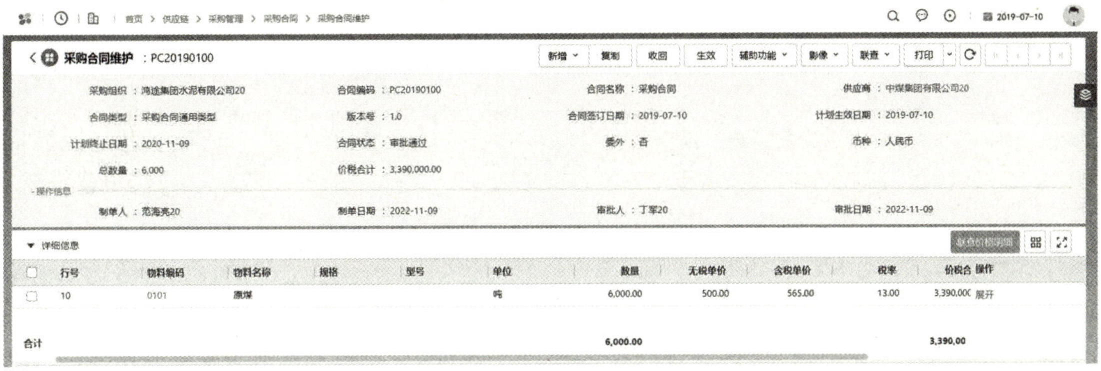

图 4-47　采购合同生效

4. 采购到货入库

（1）签订采购订单。用“采购员”角色上岗，单击“开始任务”按钮。单击“采购业务”主界面中的“采购订单维护”按钮，然后在右上角的“新增”下拉列表中选择“采购合同生成订单”选项，进入“选择采购合同”页面。输入查询条件并查询采购合同，勾选步骤 3“签订采购合同”中所审批并生效的采购合同，单击右下角的“生成采购订单”按钮，检查数据是否正确，单击右上方的“保存提交”按钮正式提交采购订单。已生效采购合同如图 4-48 所示。

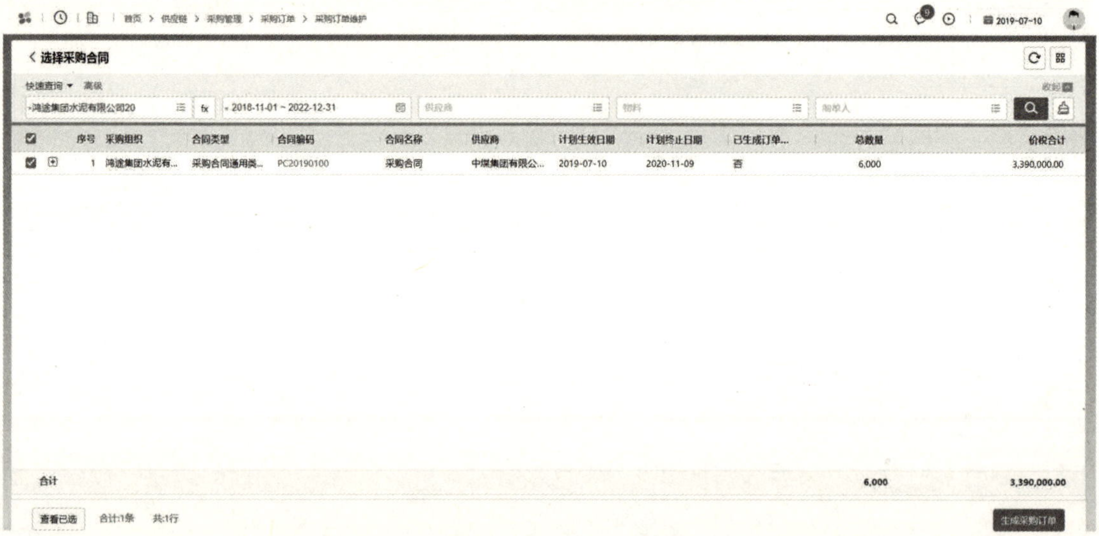

图 4-48　已生效采购合同

（2）审批采购订单。用“采购经理”角色上岗，按前述方法审批采购订单。

（3）办理采购到货。用“仓管员”角色上岗，单击“开始任务”按钮，单击“业务处理”主界面中的“到货单维护”模块，进入 “到货单维护”页面，单击右上角的“收货”按钮，进入“选择订单”页面。输入查询条件并查询已审批采购订单，勾选步骤（2）中所审批的采购订单，单击右下角的“生成到货单”按钮，NCC 便会依据所勾选的采购订单生成到货单。仓管员在确认到货日期、实际收货数量（过磅重量）、收货仓库后，单击右上角的“保存提交”按钮。“到货单维护”页面如图 4-49 所示。

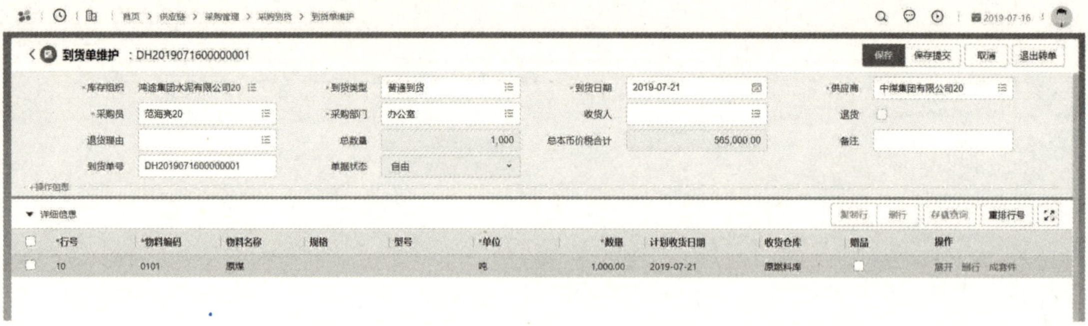

图 4-49　“到货单维护”页面

（4）到货检验。用“质检员”角色上岗，单击“开始任务”按钮，单击“质检”主界面中的“到货单检验”模块，进入“到货单检验”页面。输入查询条件并查询符合条件的全部处于未检验状态的到货单。勾选上一步骤（3）中所提交的到货单，确认“本次报检数量”与“合格主数量”（检验合格的数量），单击右上角的“检验”按钮并确定提交。“到货单检验”页面如图 4-50 所示。

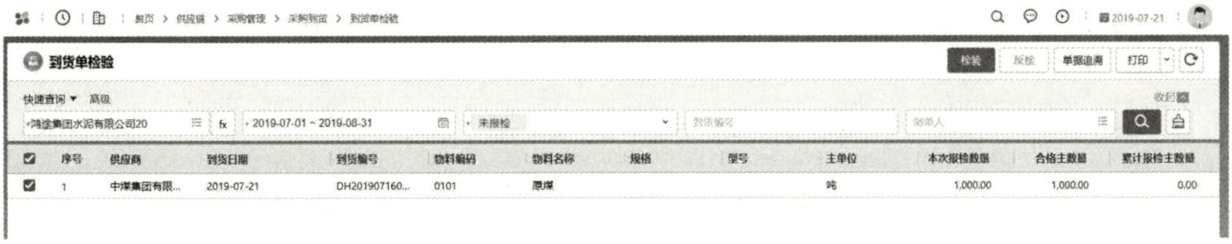

图 4-50　“到货单检验”页面

（5）办理采购入库。用“仓管员”角色上岗，单击“开始任务”按钮，单击“业务处理”主界面中的“采购入库”模块，进入“采购入库”页面，在右上角的“新增”下拉列表中选择“采购业务入库”选项，进入“选择订单/到货单”页面。输入查询条件并查询待入库的到货单，选中步骤（4）检验通过的到货单，单击右下角的“生成入库单”按钮生成入库单并返回“采购入库”页面。按测试用例填入入库信息（或自动取数），依次单击“保存”按钮和“签字”按钮确认入库。检验通过的到货单如图 4-51 所示。

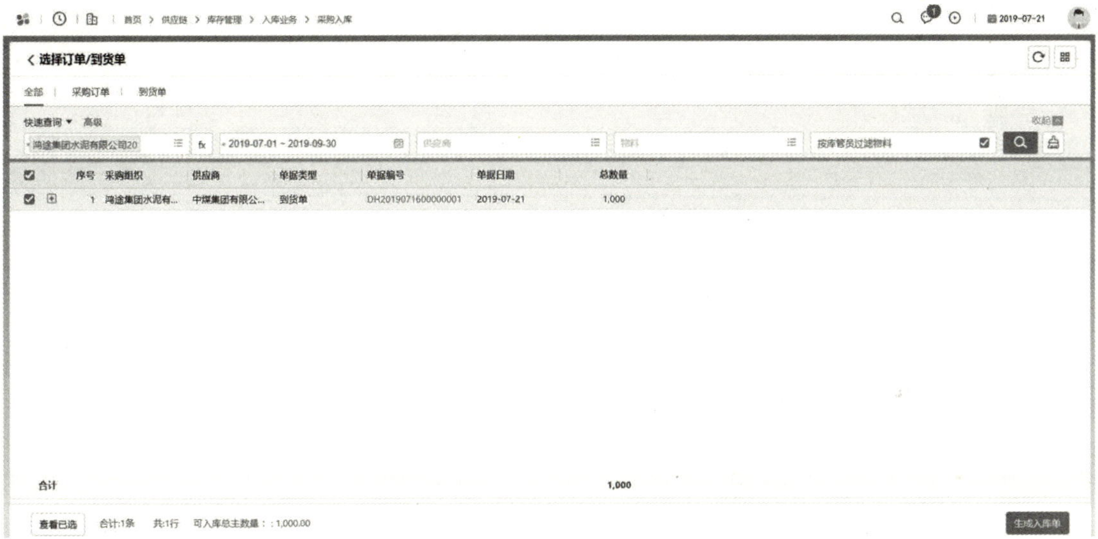

图 4-51　检验通过的到货单

5. 应付挂账

（1）业务财务根据采购入库单生成采购发票。用“业务财务”角色上岗，单击“开始任务”按钮，单击“采购业务”主界面中的“采购发票维护”模块，进入“采购发票维护”页面。在右上角的“新增”下拉列表中选择“采购收票”选项，进入“选择订单/入库单”页面。输入查询条件并单击“ ”按钮，选中上一步骤中生成并签字的采购入库单，单击右下角的“生成发票”按钮生成相应的采购发票信息。单击右上角的“保存提交”按钮，保存发票并根据发票生成应付单。“采购发票维护”页面如图 4-52 所示。

（2）业务财务扫描上传影像并提交应付单。返回首页，单击“待提交”按钮进入“应付单录入”页面。在右上角的“更多”下拉列表中选择“影像管理”菜单中的“影像扫描”命令，便可扫描上传采购发票物理单据（如增值税专用发票的发票联和抵扣联等）的电子影像。扫描完成后，单击右上角的“提交”按钮，将应付单提交。“应付单录入”页面如图 4-53 所示。

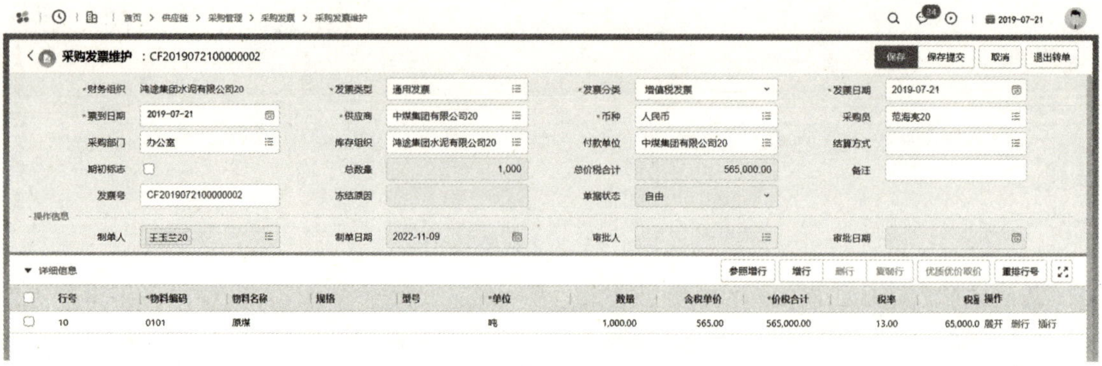

图 4-52 “采购发票维护”页面

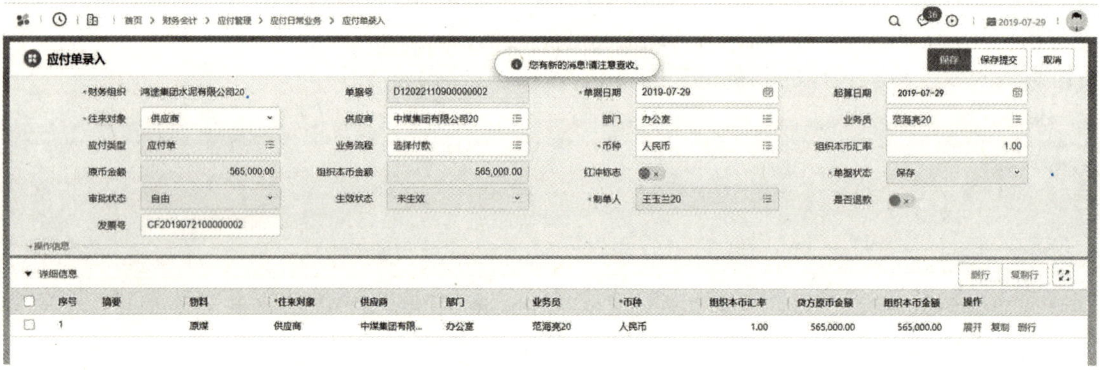

图 4-53 “应付单录入”页面

（3）财务经理审批应付单。用“财务经理”角色上岗，单击“开始任务”按钮，使用与备品备件采购时相同的方法审批应付单。

（4）财务共享服务中心应付初审岗进行应付单作业处理。用“应付初审岗”角色上岗，单击“开始任务”按钮，使用与备品备件采购时相同的方法对应付单进行初审。

（5）财务共享服务中心总账主管岗进行应付挂账总账凭证审核。用“总账主管岗”角色上岗，单击“开始任务”按钮，使用与备品备件采购时相同的方法进行凭证审核。

6. 应付付款

（1）业务财务关联应付单生成付款单。用“业务财务”角色上岗，单击“开始任务”按钮，使用与备品备件采购时相同的方法关联应付单生成付款单。

（2）财务经理审批付款单。用“财务经理”角色上岗，单击“开始任务”按钮，使用与备品备件采购时相同的方法审批付款单。

（3）财务共享服务中心应付初审岗进行付款单作业处理。用“应付初审岗”角色上岗，单击“开始任务”按钮，使用与备品备件采购时相同的方法进行付款单初审。

（4）财务共享服务中心中心出纳岗进行付款单支付结算。用“中心出纳岗”角色上岗，单击“开始任务”按钮，使用与备品备件采购时相同的方法进行付款单支付结算。

（5）财务共享服务中心总账主管岗进行应付付款总账凭证审核。用“总账主管岗”角色上岗，单击“开始任务”按钮，使用与备品备件采购时相同的方法进行凭证审核。

四、拓展练习

此节的教学目标是让学生能够讨论企业集团如何杜绝大宗物资采购过程中的舞弊行为。为此，首先向学生介绍一下原燃料这类大宗物料在“过磅系统”中的实地场景，主要包括以下 4 个环节。

（一）自助领卡

自助领卡的场景如图 4-54 所示。

图 4-54　自助领卡的场景

自助领卡主要的控制点如下所述。

（1）司机刷二代身份证，系统自动制卡。

（2）无日（送货）计划或计划未审核不能发卡。

（3）可选择使用二维码识别车辆发卡。

（二）门禁管理

1. 门禁管理设计

门禁管理系统的设计原理如图 4-55 所示。

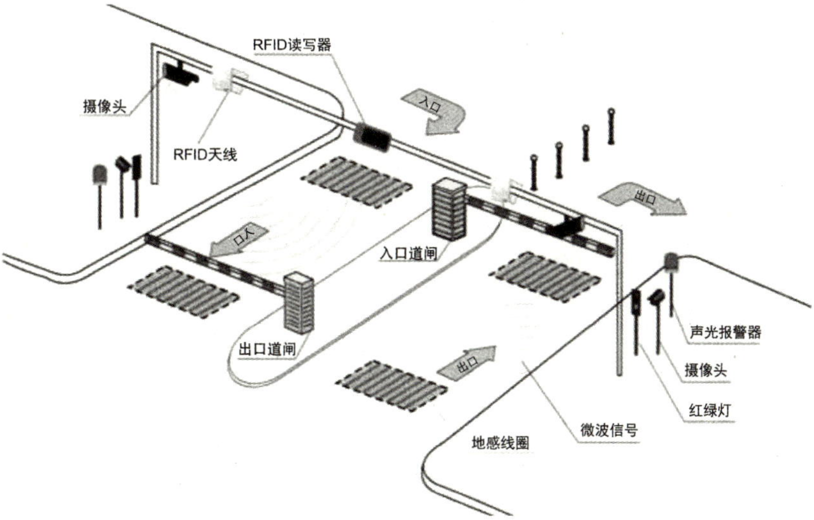

[注：RFID 是 Radio Frequency Identification （射频识别）的缩写，其原理为阅读器与标签之间进行非接触式的数据通信，达到识别目标的目的。]

图 4-55　门禁管理系统的设计原理

2. 门禁管理实景

门禁管理实景如图 4-56 所示。

图 4-56 门禁管理实景

3. 门禁管理的主要管控点

（1）车辆过磅未完成禁止出场。

（2）车卡不符禁止出厂。

（三）计量质检

1. 计量质检系统的设计

计量质检系统的设计如图 4-57 所示。

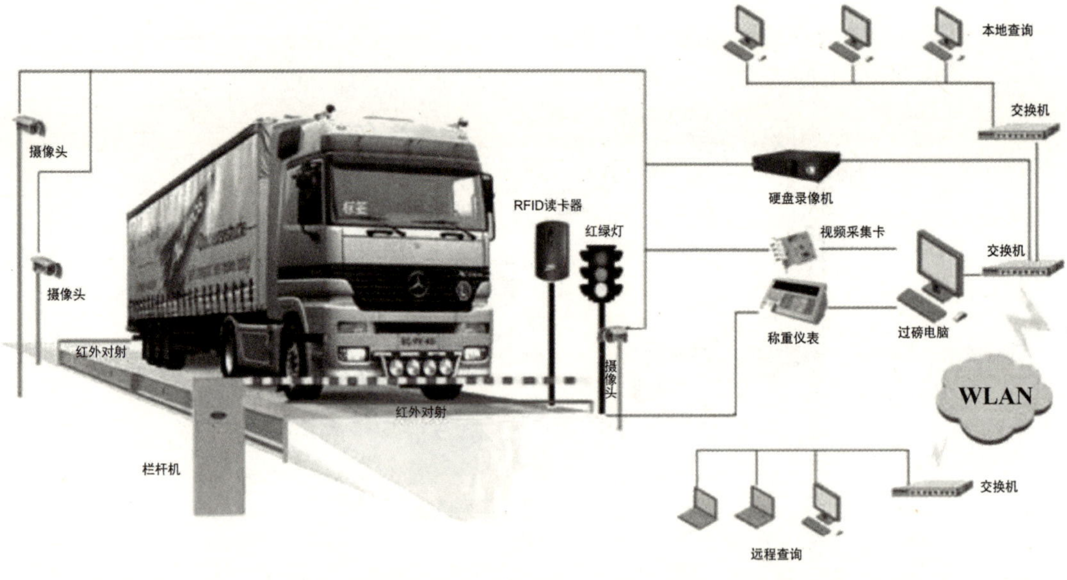

图 4-57 计量质检系统的设计

2. 计量质检的过程

计量质检的计量（称重）环节实景图及信息系统操作页面如图 4-58 所示。

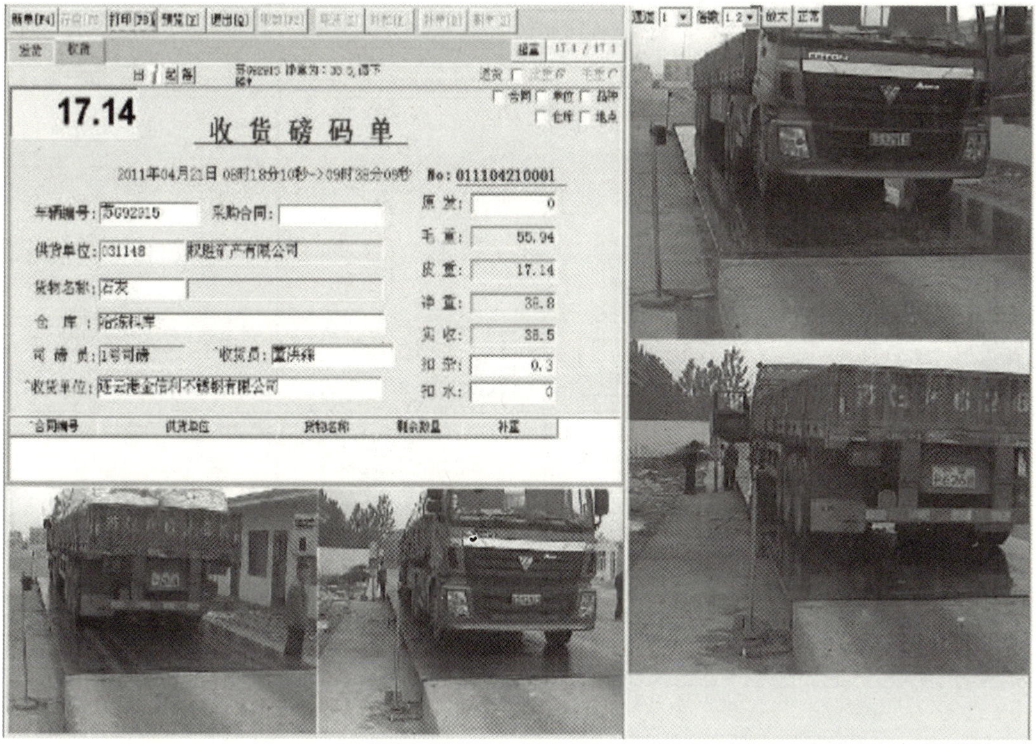

图 4-58　计量质检的计量（称重）环节实景图及信息系统操作页面

计量质检环节的采样人员利用类似图 4-59 所示的设备进行采样，采样步骤如下。

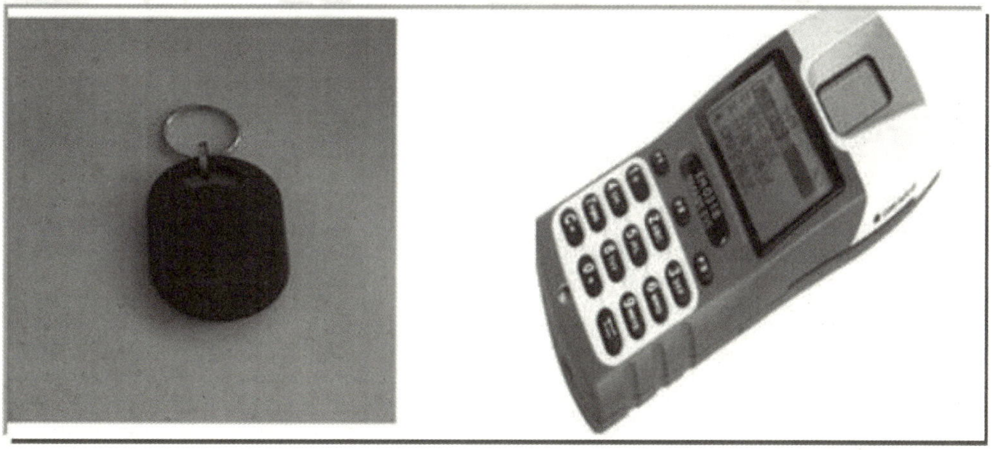

图 4-59　计量质检的采样环节所用设备

（1）采样人员根据过磅磅卡生成采样卡。

（2）采样卡与样品进行绑定。

（3）把样品放到样品箱中。

采样化验的完整流程图如图 4-60 所示。

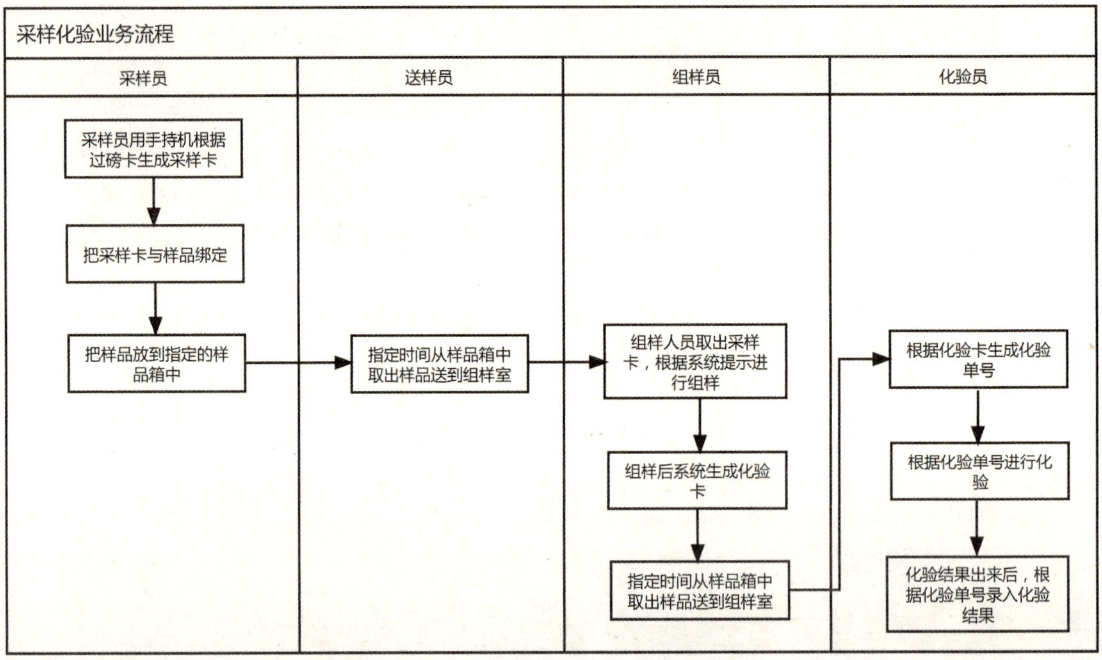

图 4-60　采样化验的完整流程图

五、划价结算

划价结算是指在信息系统中根据合同、过磅单、化验单自动计算结算结果。划价结算的信息系统页面如图 4-61 所示。

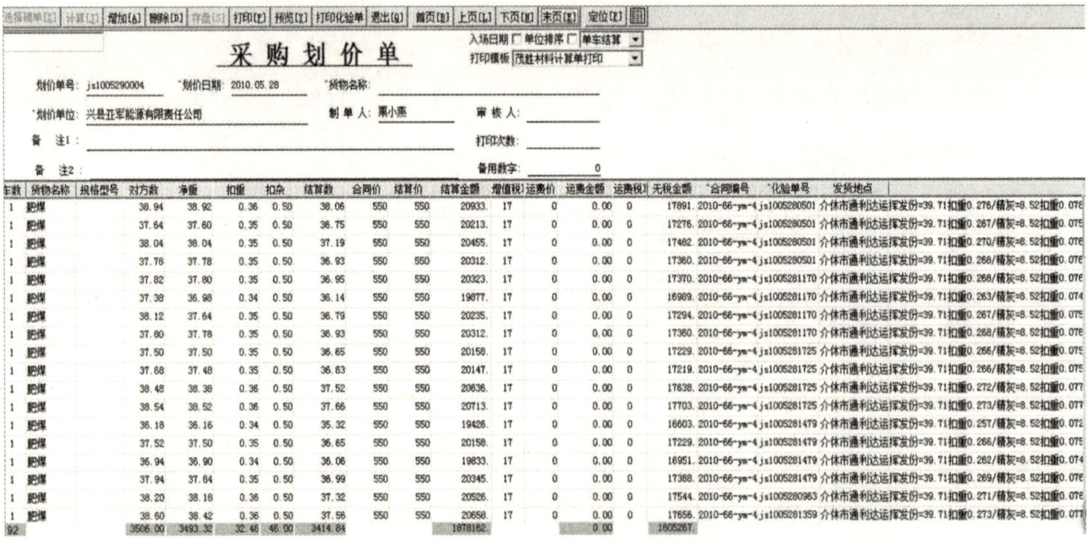

选择磅单[X]　计算[J]　增加[A]　删除[D]　存盘[S]　打印[P]　预览[Y]　打印化验单　退出[Q]　首页[B]　上页[L]　下页[N]　末页[E]　定位[E]

入场日期 □ 单位排序 □ 单车结算

打印模板 茂胜材料计算单打印

采 购 划 价 单

划价单号：jx1005290004　*划价日期：2010.05.28　*货物名称：

*划价单位：兴县亚军能源有限责任公司　制 单 人：栗小燕　审 核 人：

备　注1：　打印次数：

备　注2：　备用数字：0

车数	货物名称	规格型号	对方数	净重	扣重	扣杂	结算数	合同价	结算价	结算金额	增值税	运费价	运费金额	运费税	无税金额	*合同编号	*化验单号	发货地点
1	肥煤		38.94	38.92	0.36	0.50	38.06	550	550	20933.	17	0	0.00	0	17891.	2010-66-ym-4	jx1005280501	介休市通利达运挥发份=39.71扣重0.276/精灰=8.52扣重0.078
1	肥煤		37.64	37.60	0.35	0.50	36.75	550	550	20213.	17	0	0.00	0	17276.	2010-66-ym-4	jx1005280501	介休市通利达运挥发份=39.71扣重0.267/精灰=8.52扣重0.075
1	肥煤		38.04	38.04	0.35	0.50	37.19	550	550	20455.	17	0	0.00	0	17482.	2010-66-ym-4	jx1005280501	介休市通利达运挥发份=39.71扣重0.270/精灰=8.52扣重0.076
1	肥煤		37.76	37.78	0.35	0.50	36.93	550	550	20312.	17	0	0.00	0	17360.	2010-66-ym-4	jx1005280501	介休市通利达运挥发份=39.71扣重0.268/精灰=8.52扣重0.076
1	肥煤		37.82	37.80	0.35	0.50	36.95	550	550	20323.	17	0	0.00	0	17370.	2010-66-ym-4	jx1005281170	介休市通利达运挥发份=39.71扣重0.268/精灰=8.52扣重0.076
1	肥煤		37.38	36.98	0.34	0.50	36.14	550	550	19877.	17	0	0.00	0	16989.	2010-66-ym-4	jx1005281170	介休市通利达运挥发份=39.71扣重0.263/精灰=8.52扣重0.074
1	肥煤		38.12	37.64	0.35	0.50	36.79	550	550	20235.	17	0	0.00	0	17294.	2010-66-ym-4	jx1005281170	介休市通利达运挥发份=39.71扣重0.267/精灰=8.52扣重0.075
1	肥煤		37.80	37.78	0.35	0.50	36.93	550	550	20312.	17	0	0.00	0	17360.	2010-66-ym-4	jx1005281170	介休市通利达运挥发份=39.71扣重0.268/精灰=8.52扣重0.076
1	肥煤		37.50	37.50	0.35	0.50	36.65	550	550	20158.	17	0	0.00	0	17229.	2010-66-ym-4	jx1005281725	介休市通利达运挥发份=39.71扣重0.266/精灰=8.52扣重0.075
1	肥煤		37.68	37.48	0.35	0.50	36.63	550	550	20147.	17	0	0.00	0	17219.	2010-66-ym-4	jx1005281725	介休市通利达运挥发份=39.71扣重0.266/精灰=8.52扣重0.075
1	肥煤		38.48	38.38	0.36	0.50	37.52	550	550	20636.	17	0	0.00	0	17638.	2010-66-ym-4	jx1005281725	介休市通利达运挥发份=39.71扣重0.272/精灰=8.52扣重0.077
1	肥煤		38.54	38.52	0.36	0.50	37.66	550	550	20713.	17	0	0.00	0	17703.	2010-66-ym-4	jx1005281725	介休市通利达运挥发份=39.71扣重0.273/精灰=8.52扣重0.077
1	肥煤		36.18	36.16	0.34	0.50	35.32	550	550	19426.	17	0	0.00	0	16603.	2010-66-ym-4	jx1005281479	介休市通利达运挥发份=39.71扣重0.257/精灰=8.52扣重0.072
1	肥煤		37.52	37.50	0.35	0.50	36.65	550	550	20158.	17	0	0.00	0	17229.	2010-66-ym-4	jx1005281479	介休市通利达运挥发份=39.71扣重0.266/精灰=8.52扣重0.075
1	肥煤		36.94	36.90	0.34	0.50	36.06	550	550	19833.	17	0	0.00	0	16951.	2010-66-ym-4	jx1005281479	介休市通利达运挥发份=39.71扣重0.262/精灰=8.52扣重0.074
1	肥煤		37.94	37.64	0.35	0.50	36.99	550	550	20345.	17	0	0.00	0	17388.	2010-66-ym-4	jx1005281479	介休市通利达运挥发份=39.71扣重0.269/精灰=8.52扣重0.076
1	肥煤		38.20	38.18	0.36	0.50	37.32	550	550	20526.	17	0	0.00	0	17544.	2010-66-ym-4	jx1005280963	介休市通利达运挥发份=39.71扣重0.271/精灰=8.52扣重0.076
1	肥煤		38.60	38.42	0.36	0.50	37.56	550	550	20658.	17	0	0.00	0	17656.	2010-66-ym-4	jx1005281359	介休市通利达运挥发份=39.71扣重0.273/精灰=8.52扣重0.077
92			3506.00	3493.32	32.46	46.00	3414.84			1878162.			0.00		1605267.			

图 4-61　划价结算的信息系统页面

作业：个人作业——如何杜绝采购舞弊行为？

作业要求：小组研讨如何杜绝大宗物资采购过程中的舞弊行为，撰写 PPT 并提交。

项目 5

销售应收共享

目标要求

知识目标：

理解销售管理的含义

理解不同销售场景的共性流程

技能目标：

能够用 Visio 绘制企业集团共享前和共享后产成品销售的端到端流程图

能够在用友 NCC 中完成企业集团产成品销售的端到端流程

能够用 Visio 绘制企业集团共享前和共享后其他产品销售的端到端流程图

能够在用友 NCC 中完成企业集团其他产品销售的端到端流程

育人目标：

通过理解销售到收款业务等概念，提升专业能力

通过流程图的绘制，提升逻辑思维能力

通过在 NCC 中完成销售流程的设计，提升团队协作能力和创新思维

思维导图

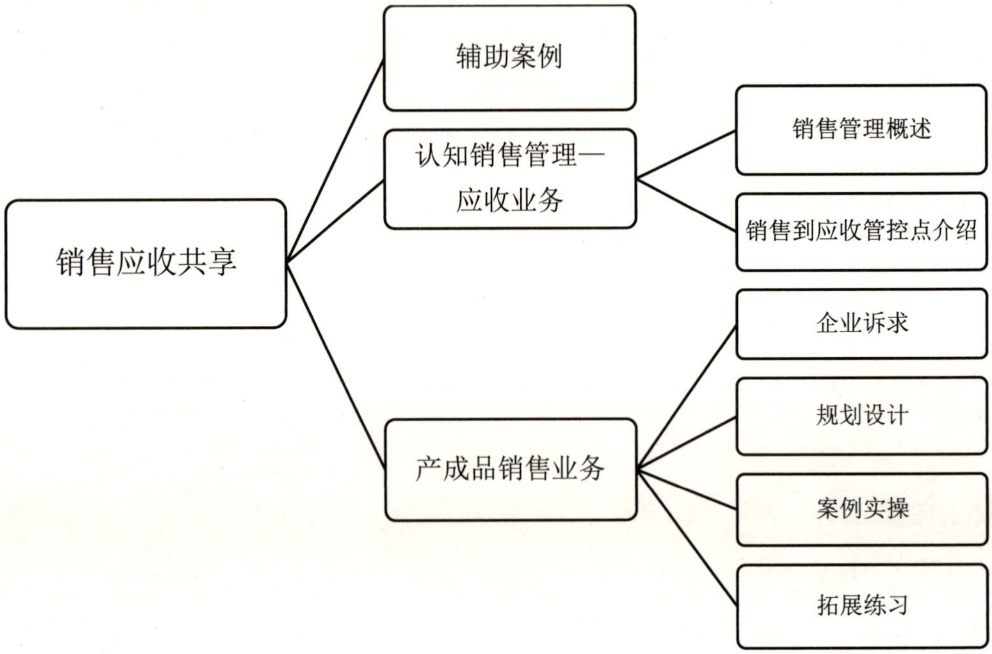

辅助案例

鸿途集团是多元化经营的企业集团，主营业务为水泥及熟料销售，也涉及生产领域的铸造、焦化、发电等业务，以及旅游板块的旅游景点、酒店及娱乐业务，总体概况如图 5-1 所示。

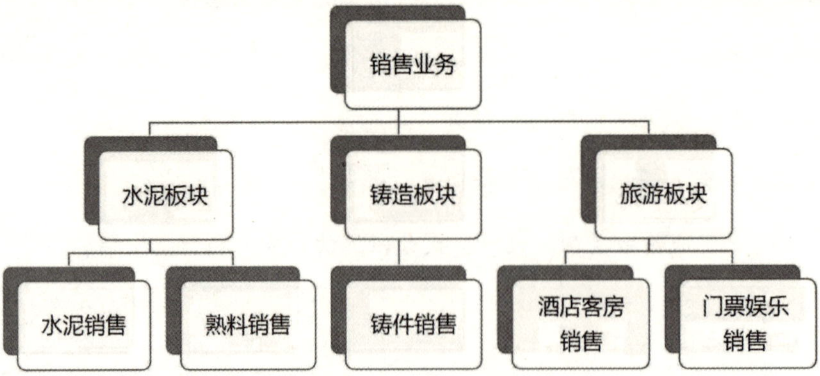

图 5-1 鸿途集团总体概况

鸿途集团的主营销售业务包括以下内容：水泥销售、熟料销售、铸件销售、酒店客房销售、景点门票销售等。

1. 水泥板块

目前，水泥板块的销售业务管理现状如下所述。

（1）已实施 ERP 系统的企业基本已实现供应链业务的业务财务一体化。

（2）销售业务流程基本一致，业务关键控制点略有不同。

（3）销售价格多样化，审批、执行及监管不便捷。

（4）手工工作量大，较易出现错误（客户余额计算、返利计算）。

（5）工厂布局、硬件不同，发货流程无固定形式、单据格式不同、流转不统一，不便于统一化和精细化管理。

（6）统计报表以手工为主，工作量大，及时性较差。

2. 其他板块

旅游板块的销售收入核算采用票务软件与 NCC 对接，根据票务软件中的收入报表进行推单，推单生成内容不涉及供应链中的物资，即不通过供应链单据进行核算。其他板块，除水泥板块销售业务使用 ERP 系统供应链模块外，均采用手工录入应收单核算的方式进行销售核算。

鸿途集团的总体销售流程如图 5-2 所示。

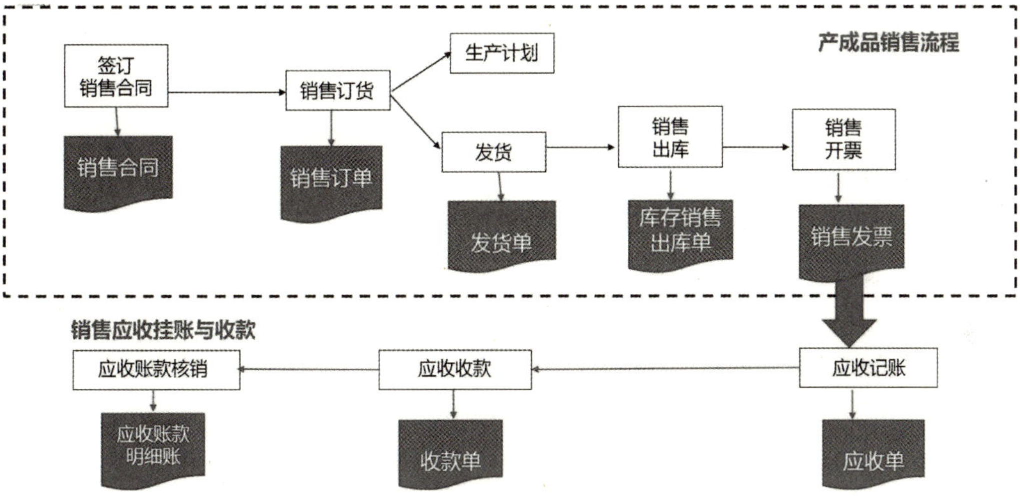

图 5-2 鸿途集团的总体销售流程

5.1 认知销售管理—应收业务

一、销售管理概述

（一）销售管理的含义

销售管理是指通过销售报价、销售订单、销售发货、退货、销售发票处理、客户管理、价格管理等功能，对销售全过程进行有效的控制和跟踪。进行销售管理可以帮助企业的销售人员完成客户档案管理、销售报价管理、销售订单管理、客户订单管理、客户信用检查、提货单及销售提货处理、销售发及客户退货、货款拒付处理等一系列销售管理事务；可以通过内部的信息共享，使企业的领导和相关部门及时掌握销售订单内容，准确地做出生产计划及其他计划安排；可以及时了解销售过程中每个环节的准确情况和数据信息。另外，进行销售管理可以通过减少订单准备时间，降低出错率及迅速解答客户查询问题来提高企业的服务水平。

（二）销售的类型

1. 直销与分销

（1）直销：生产者不经过中间环节，把自己的产品直接卖给消费者。

（2）分销：有中间组织代理生产者/品牌商的产品，中间组织有经销商（视同买断）、代理商（不买断）。

2. 单组织销售与跨组织销售

（1）单组织销售：票货属于同一组织。例如，A 公司接单，向甲客户卖自己的货、开自己的票、自己收钱。

（2）跨组织销售：票货不属于同一财务组织。例如，某集团的 A 销售中心向甲客户卖集团内 B 工厂的货，由 B 工厂发货，但由 A 销售中心开票、收款。

3. 接单销售与销售补货

（1）接单销售：先有明确的客户采购订单。

（2）销售补货：先铺货后销售，如沃尔玛的自动补货系统能使供应商自动跟踪补充各销售点的货源。

4. 现销与赊销

（1）现销：先全额收款，再进行后续开票和出库活动。

（2）赊销：以信用为基础的销售，卖方与买方签订购货协议后，卖方让买方取走货物，而买方按照协议在规定日期付款或以分期付款的形式付清货款。

（三）不同销售场景的共性流程

在不同的销售场景下，流程会略有不同，但大体都包括以下步骤。

（1）签订合同或订单。

（2）销售发货安排。

（3）销售开票登记。

（4）出库或发票立账。

（5）销售收款。

二、销售到应收管控点介绍

（一）信用管理的概念

信用管理是指对在信用交易中的风险进行管理，即对信用风险进行识别、分析和评估。通过制定信用管理政策，指导和协调内部各部门的业务活动，以保障应收账款的安全和及时回收，有效地控制风险和用最经济、合理的方法综合处理风险，使风险程度降到最低。企业的信用管理注重对客户信息的收集和评估、信用额度的授予、债权的保障、应收账款的回收等每个交易环节的全面监督。

（二）信用管理意义

（1）短期意义：随时监控客户应收账款的回收情况，对出现的问题及时处理。为了随时监控客户的应收账款，企业一定要与客户保持密切的联系并进行及时的沟通。此外，在出现客户无法偿还款项的情况时，应当要求其提供担保，降低坏账损失的风险。

（2）长期意义：有效提升客户的质量。信用管理规范的企业会对资信状况良好的客户给予超过市场平均水平的信用额度和信用期，而对于资信状况较差的客户，则进行现款交易或给予较小的信用额度和较短的信用期。资信状况较差的客户本来就存在资金周转的问题，在企业不给予融资机会时，其中一部分客户会慢慢退出，另一部分客户在看到资信状况较好的客户能得到更优惠的信用环境后会不断改变自身的资信状况。最终，企业会拥有一个稳定守信的客户群，企业的形象也会得到很大的提高。这对企业而言，是生存环境的改善，是一个对企业的发展起到推动作用的长期有利因素。

小警示

赊欠货款要按时归还！
长期拖欠不还会影响征信哦！

（三）销售信用在销售流程中的控制点

1. 赊销（信用）销售的典型流程

赊销（信用）销售的典型流程如图 5-3 所示。

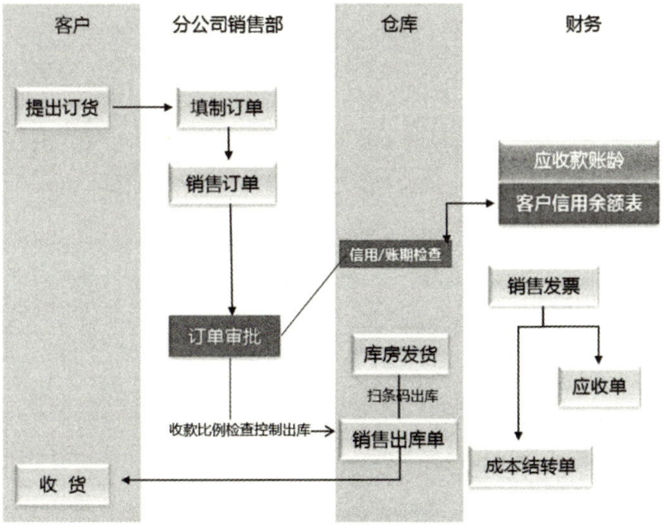

图 5-3 赊销（信用）销售的典型流程

2. 赊销销售流程中的关键业务控制点

（1）订单审批：价格（询价、最低售价）、信用检查。

（2）信用检查内容：小于信用额度、应收账期。

（3）资金相关内容：资金占用、资金计息。

（4）发货流程配置：订单直接出库、发运日计划出库、发运单出库。

（5）应收管理：基于业务应收的催款、账龄分析。

5.2 产成品销售业务

一、企业诉求

（一）共享前企业集团产成品销售收款业务现状

共享前企业集团产成品销售收款业务现状如下所述。

1. 签订销售合同

签订销售合同流程如图 5-4 所示。

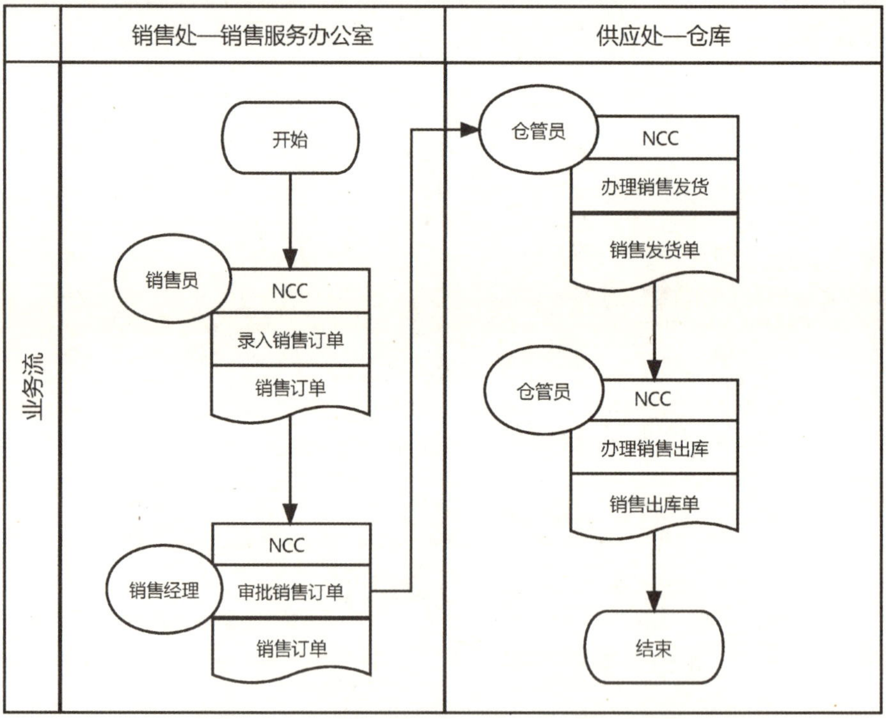

图 5-4　签订销售合同流程

2. 销售发货出库

销售发货出库流程如图 5-5 所示。

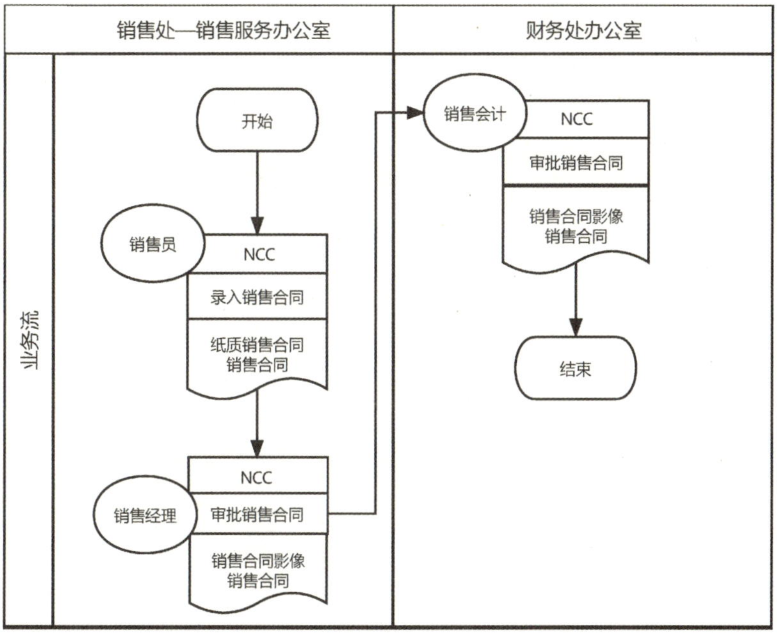

图 5-5　销售发货出库流程

3. 应收挂账

应收挂账流程如图 5-6 所示。

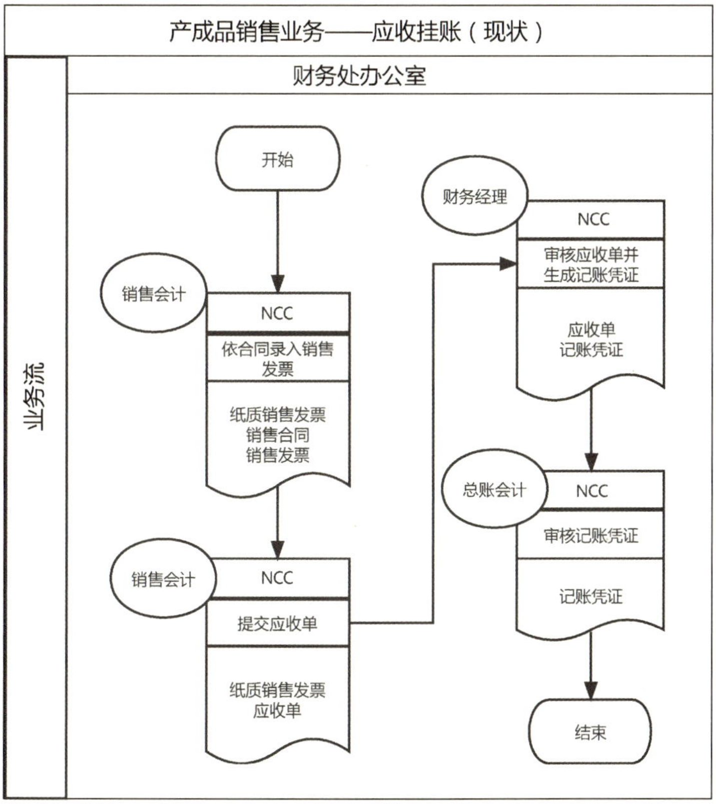

图 5-6　应收挂账流程

4. 应收收款

应收收款流程如图 5-7 所示。

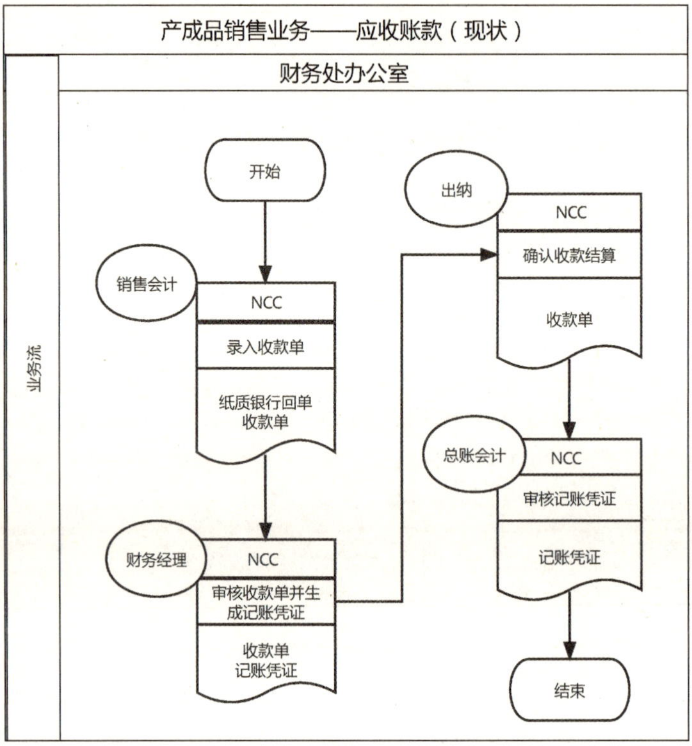

图 5-7 应收收款流程

（二）共享前销售产品的典型问题

由以上流程图可知，共享前鸿途集团产成品销售收款主要存在以下待解决的问题。

（1）各公司的销售收款流程不统一，“各自为政”。

（2）对于已签订的销售合同，没有实行档案部门统一归档管理，内控制度差。

（3）多个公司仍采用手工录入应收单核算的方式进行销售核算，工作量大，较易出现错误（客户余额计算、返利计算），耗用大量精力，核算质量有待提升。

（4）部分公司的资金流、票据流与货物流不连通，相关票据信息的追踪能力弱，管控能力差，业务真实性、完整性难以保证，企业经营风险高。

（5）对客户没有进行信用等级管控，存在赊销坏账的风险隐患。

（6）工厂布局、硬件不同，发货流程无固定形式、单据格式不同、流转不统一，不便于统一化和精细化管理。

（7）统计报表以手工为主，工作量大，及时性较差。

（8）手工发货单的开具，存在存货管理人员私自发货的风险。

（9）使用纸质单据或合同，信息共享水平低。

销售作为企业利润和现金流量的直接源泉，其管理质量直接影响企业的生存与发展。销售管理模块是财务共享服务中心系统集成的重要组成部分，是处理企业与客户之间业务的接口。企业期望通过销售管理模块及其功能贯彻以客户为中心的理念，优化企业销售管理流程，提高销售管理的水平，加强销售与收款业务的内部控制，从而有效提升企业的经营管理水平。

二、规划设计

（一）需求假设

与 3.2 节“二、规划设计”中“（一）需求假设”完全相同。

（二）共享后流程所需业务单据

共享后流程所需业务单据如表 5-1 所示。

表 5-1 共享后流程所需业务单据

序号	名称	是否进入财务共享服务中心	是否属于作业组工作	流程设计工具
1	销售合同	Y	N	审批流
2	销售订单	N	—	审批流
3	销售发货单	N	—	审批流
4	销售出库单	N	—	审批流
5	销售发票	N	—	审批流
6	应收单	Y	Y	工作流
7	收款单	Y	Y	工作流

（1）“是否进入财务共享服务中心”表示该业务单据的处理过程是否需要财务共享服务中心参与。Y 表示需要，N 表示不需要。

（2）“是否属于作业组工作”表示该业务单据是否需要分配到某个财务共享服务中心作业组、必须由该组成员从作业平台上提取业务单据后进行处理。Y 表示属于 N 表示不属于（只有进入财务共享服务中心的业务单据才有这个问题）。

（3）“流程设计工具”，是指用 NCC 的哪一个流程平台来对该业务单据进行流程建模。NCC 中有“业务流”“工作流”“审批流”3 种流程建模平台，各种流程均已在项目 2 中启用，此处无须建模。

（三）共享后产品销售收款流程设计与 NCC 配置

教师通过演示案例，得出共享后销售收款流程设计与 NCC 配置。

【例 5-1】鸿途水泥产成品销售收款案例如下。

1. 签订销售合同

2019 年 7 月 1 日，鸿途水泥与天海集团总公司签订《销售合同（合同编码：SC20190182）》，签约信息如下（详细信息参见纸质合同）。

合同甲方：天海集团总公司

合同乙方：鸿途集团水泥有限公司

乙方为甲方提供通用水泥产品，供应天海集团的袋装 PC32.5 水泥价格为 300 元/吨，月供应数量为 1000 吨左右，实际数量依据每月的要货申请而定。

发票随货，并于当月底完成收款结算。

此合同有效期：2019 年 7 月 1 日—12 月 31 日。

2. 销售发货出库

销售应收共享

2019 年 7 月 5 日，鸿途水泥与天海签订一笔销售订单并录入系统。销售发货信息如表 5-2 所示。

表 5-2 销售发货信息

项目名称	需求数量（吨）	单价（元）	客户
PC32.5 水泥	1000	300	天海集团总公司

销售订单审批通过后，2019 年 7 月 6 日，办理“PC32.5 水泥”出库，并通过公路运输发货。

3. 应收挂账

2019 年 7 月 6 日，针对“PC32.5 水泥”发货，鸿途水泥开具增值税专用发票，票随货走。开票信息如表 5-3 所示。

表 5-3 开票信息

项目名称	需求数量（吨）	含税单价（元）	价税合计（元）	税率	税额（元）	客户
PC32.5 水泥	1000	300	30 000	13%	34 513.27	天海集团总公司

开具发票的同日，鸿途水泥完成了应收挂账流程。

4. 应收账款

2019 年 7 月 31 日，客户打款 30 万元。

需要注意的是，原始凭证（销售合同、销售发票的发票联、收款入账的银行电子回单），作为本课程的教辅资源，在上课时以物理单证的形式发放给学生。（配扫码视频）

通过演示，将共享后企业集团销售收款流程设计总结如图 5-8～图 5-11 所示。

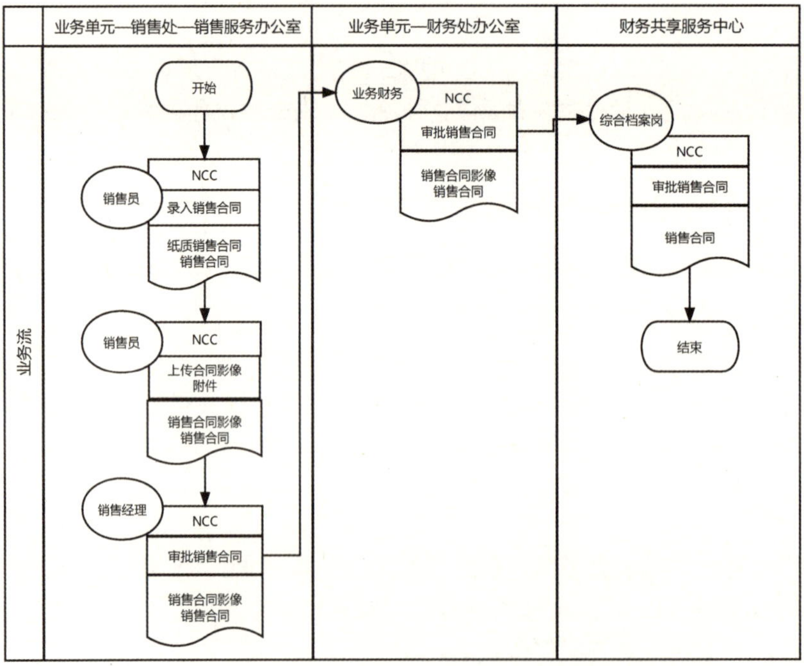

图 5-8 签订销售合同

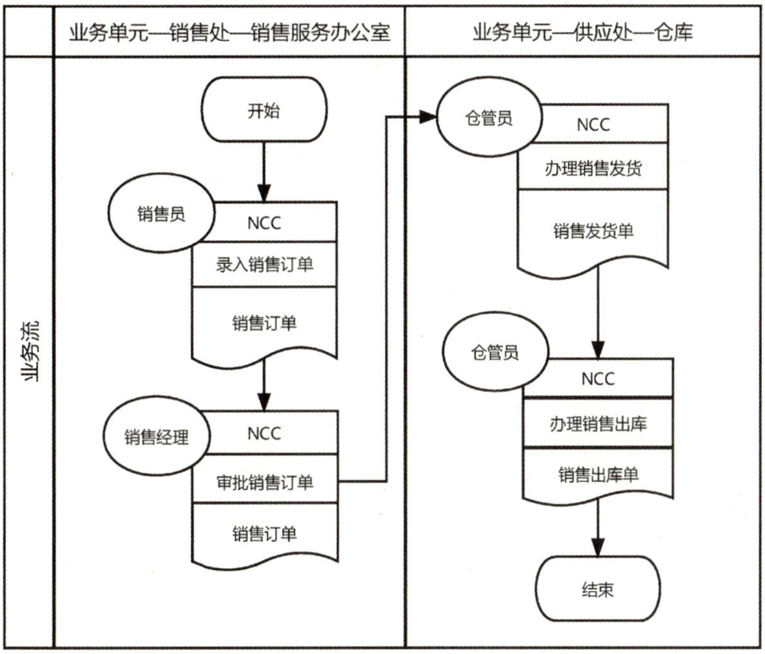

图 5-9　销售发货出库

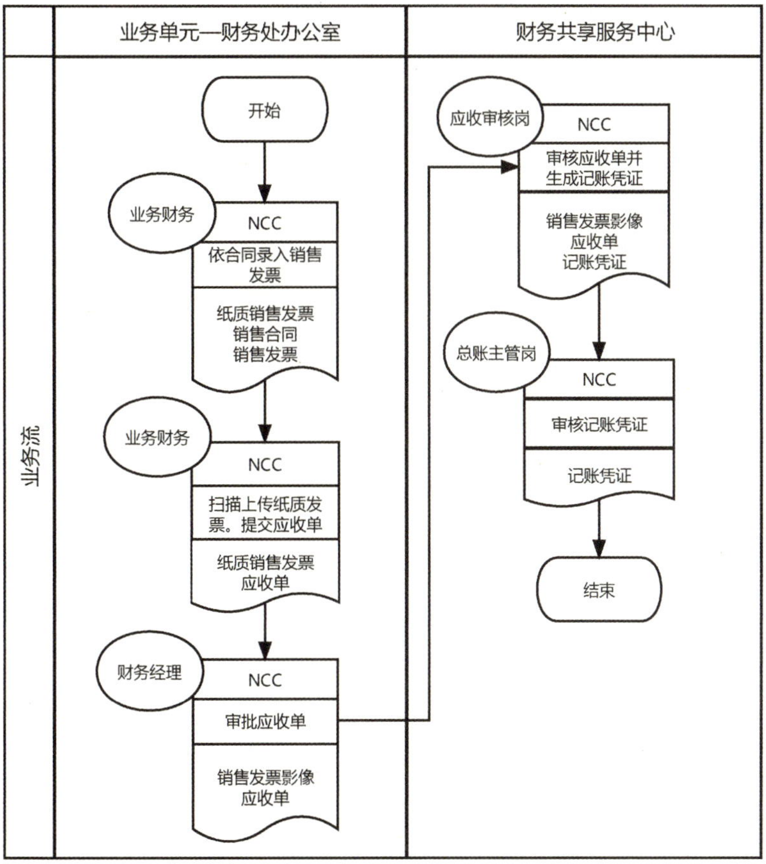

图 5-10　应收挂账

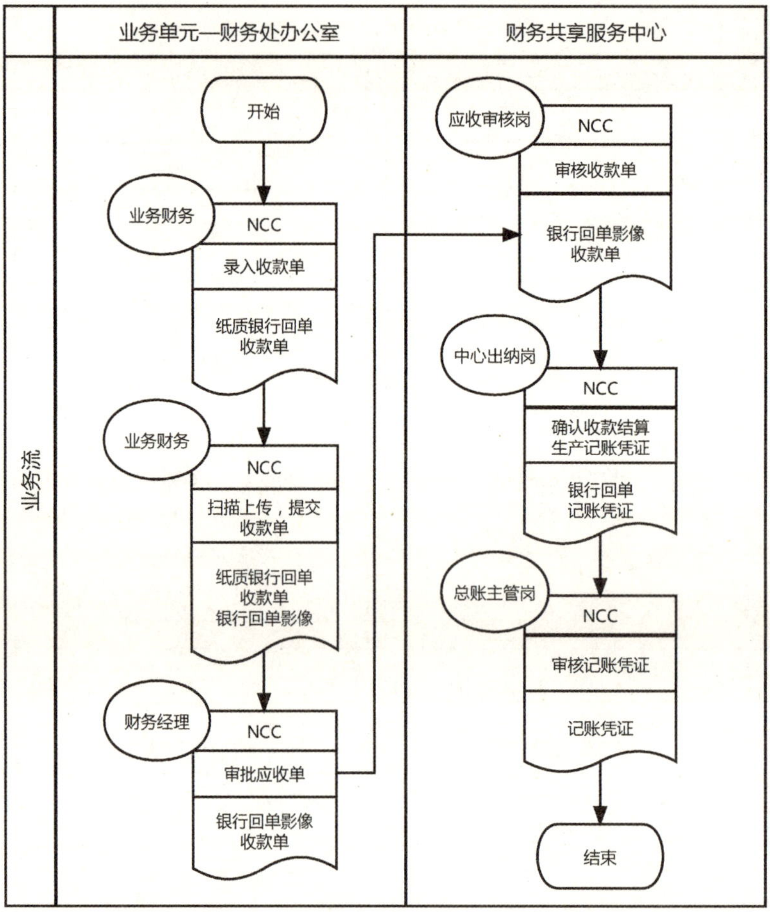

图 5-11　应收收款

三、案例实操

看视频完成实操训练：完成鸿途水泥的产成品销售及收款业务。

（一）实操要求

根据规划设计流程，完成例 5-1 的全流程操作。

（二）具体操作

1. 产成品销售—签订销售合同

【岗位说明】

销售员（录入销售合同）——销售经理（审批销售合同）——业务财务（审核销售合同）——档案综合岗（销售合同归档）

【操作指导】

（1）用“销售员”角色上岗，单击“开始任务”按钮进入 NCC。

单击右上角的时间设置，将系统时间修改为“2019-07-01”，单击“销售业务”主界面中的“销售合同维护”模块，进入“销售合同维护”页面，如图 5-12 所示。

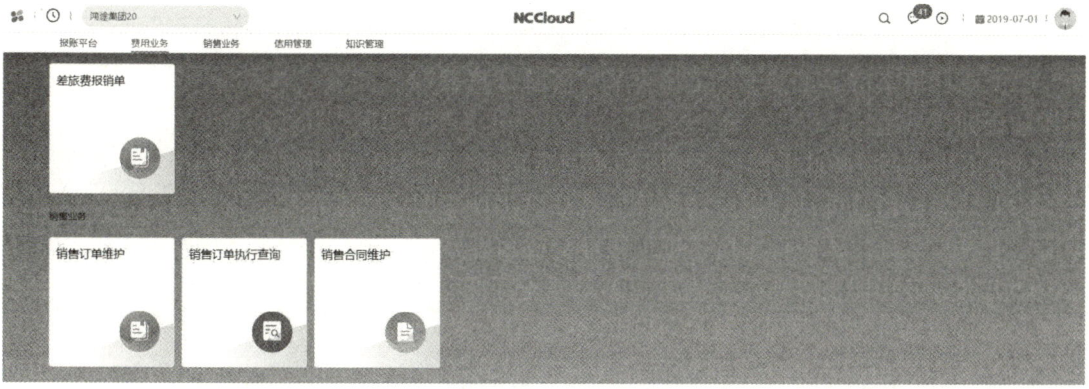

图 5-12　“销售业务”主界面

单击“销售合同维护”页面上方的“新增”按钮，通过“自制”方式新增销售合同。

录入合同的表头信息，在“销售组织”下拉列表选择“鸿途集团水泥有限公司”选项，单击右下角的“确定”按钮；在“合同编码”下拉列表输入“SC20190182”；在“合同名称”栏输入“销售合同”；在“合同类型”栏选择“销售合同通用类型”选项；在“计划生效日期”下拉列表中选择“2019-07-01”选项，在“计划终止日期”下拉列表中选择“2019-12-31”选项；在“客户”下拉列表中选择“集团外部客户”下的“天海集团总公司”选项。

录入合同的基本信息，在“物料编码”栏选择名称为“PC32.5 水泥袋装”的物料；在“总数量”栏输入“1000”；在“含税单价”栏输入金额“300”，检查无误后，单击右上方的“保存”按钮，如图 5-13 所示。

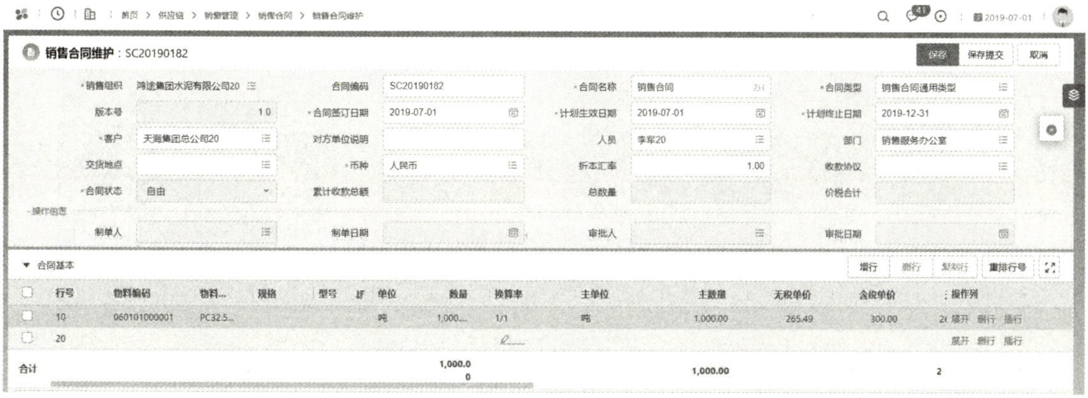

图 5-13　合同表头及基本信息录入

上传合同影像，单击“扫描”按钮，打开 TBrowser 应用程序，将合同影像上传，如图 5-14 所示。

单击图 5-14 左上方的“导入”按钮，在文档中选择“水泥销售合同”的电子原件，单击“保存”按钮后再单击“提交”按钮，如图 5-15 所示。

回到“销售合同维护”页面，单击“提交”按钮，正式提交该合同，如图 5-16 所示。最后回到“任务”页面，单击“完成任务”按钮。

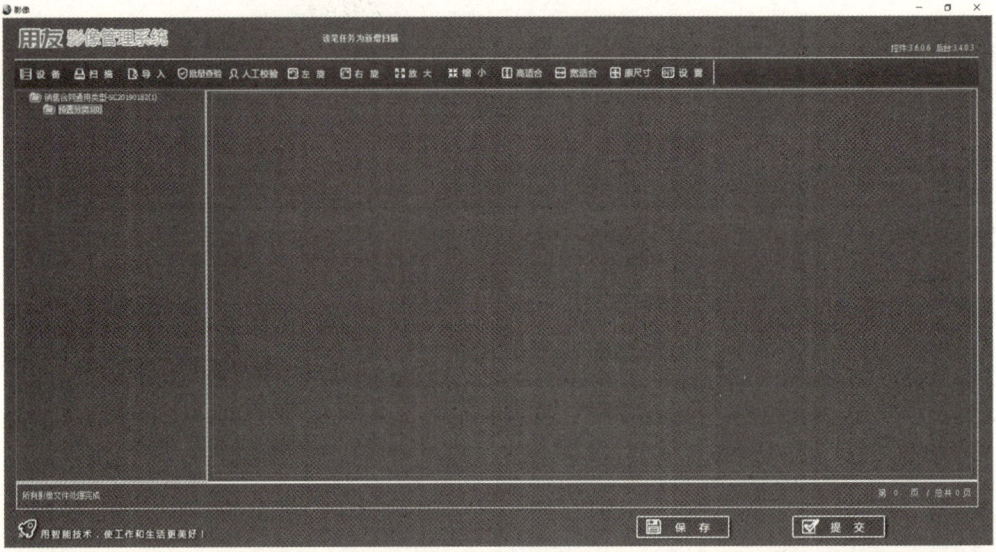

图 5-14　合同影像上传

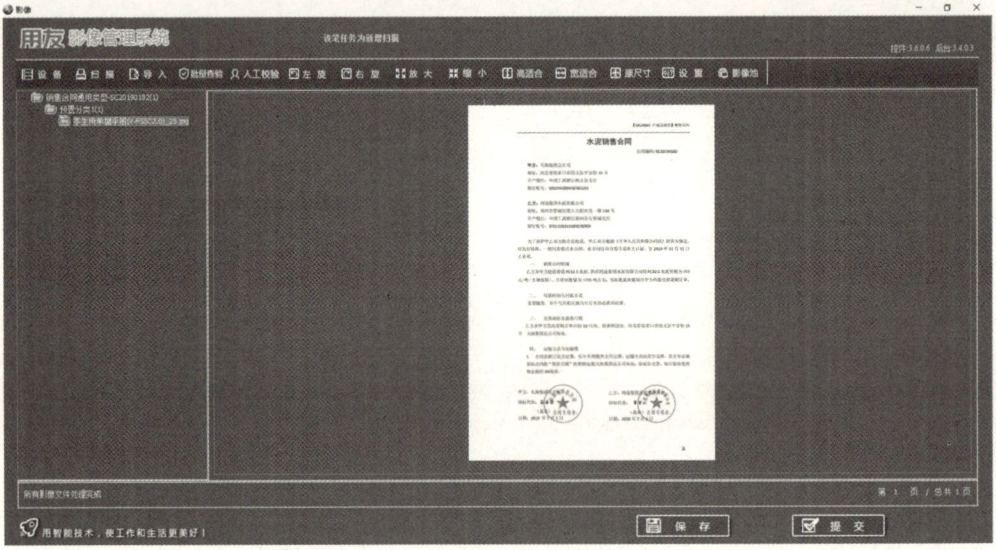

图 5-15　导入后的销售合同电子原件

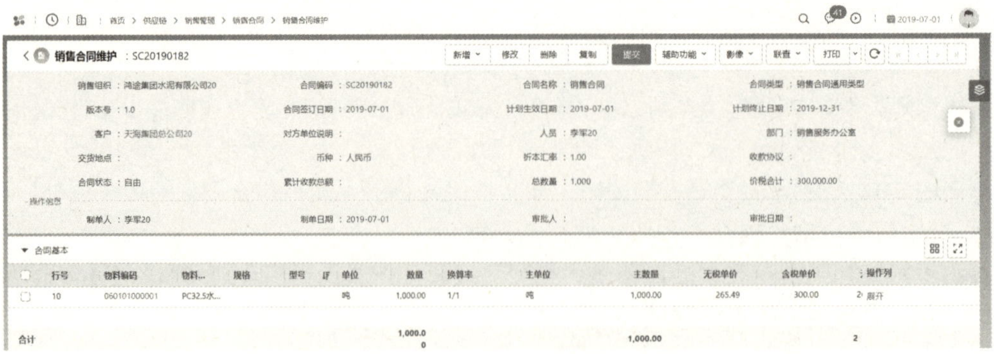

图 5-16　提交销售合同电子原件

（2）切换“销售经理”角色上岗，单击“开始任务”按钮；将右上角的系统日期修改为“2019-07-01”；在“审批管理”主界面的“审批中心”模块中单击“未处理”按钮，打开未处理的单据。

找到“销售员”李军提交的“销售合同”，单击打开，进行详情审核。

单击“影像查看”按钮，检查影像内容是否与单据相符；检查无误后单击“批准”按钮批准通过；最后回到任务页面，单击“完成任务”按钮。

（3）用“业务财务”角色上岗，单击“开始任务”按钮，进行销售合同的审批，具体流程与财务经理岗审批一致。

（4）用“档案综合岗”角色上岗，单击“开始任务”按钮，在“审批管理”中按照前述流程进行销售合同的审批工作；回到系统首页，在“购售合同”栏单击“销售合同维护”按钮进入“销售合同维护”页面。

在“销售组织”下拉列表中选择“鸿途集团水泥有限公司”选项；在“日期”栏中选择“2019-07-01～2019-12-31”选项，单击右側的“ 🔍 ”按钮，进行合同信息的查询。

单击“合同编码”的内容，进入合同的详细信息页面；查询当前的销售合同，单击“生效”按钮，将该合同生效归档；回到任务页面，单击“完成任务”按钮。

销售合同生效操作如图 5-17 所示。

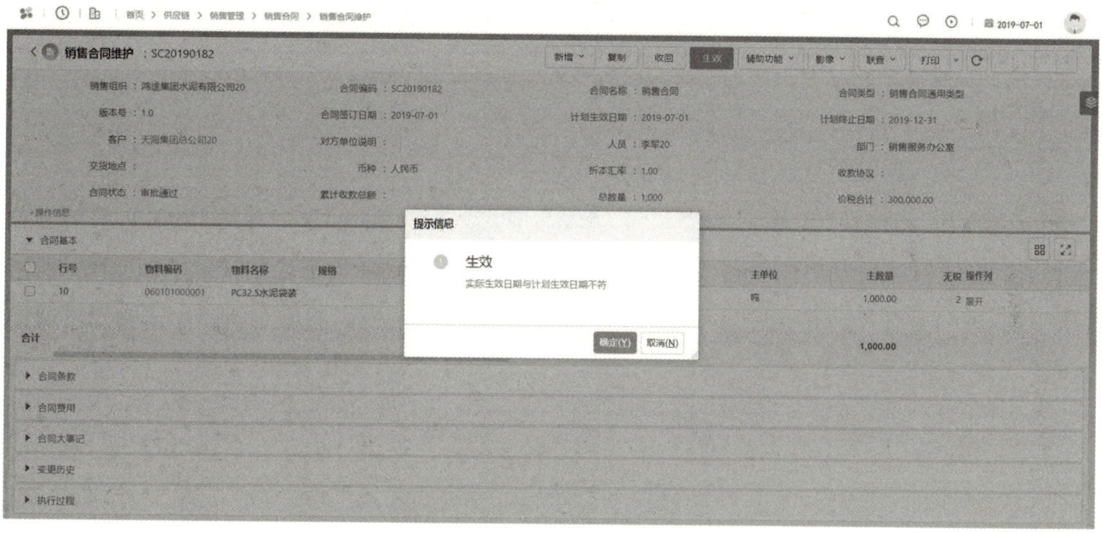

图 5-17　销售合同生效操作

2. 产成品销售—销售发货出库

【岗位说明】

销售员（录入销售订单）——销售经理（审批销售订单）——仓库员（办理销售发货和出库）——业务财务（依据合同录入销售发票）——业务财务（扫描发票提供应收单——财务经理（审核应收单）——应收审核岗（审核应收单）——总账主管岗（审核记账凭证）

（1）用“销售员”角色上岗，单击“开始任务”按钮，将右上角的系统日期修改为“2019-07-05”；在“销售业务”主界面单击“销售订单维护”模块，进入“销售订单维护”页面，如图 5-18 所示。

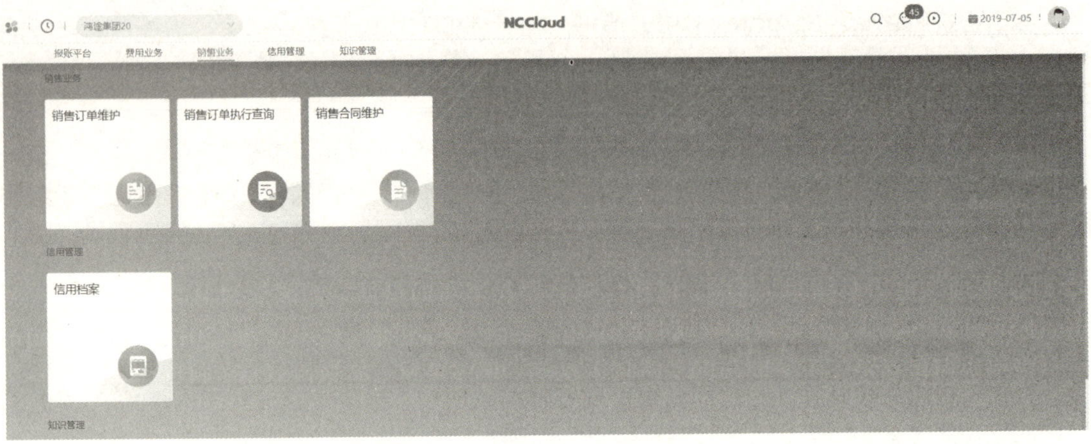

图 5-18 “销售订单维护”页面

在“新增”下拉列表中选择“销售合同生成订单”选项，如图 5-19 所示。

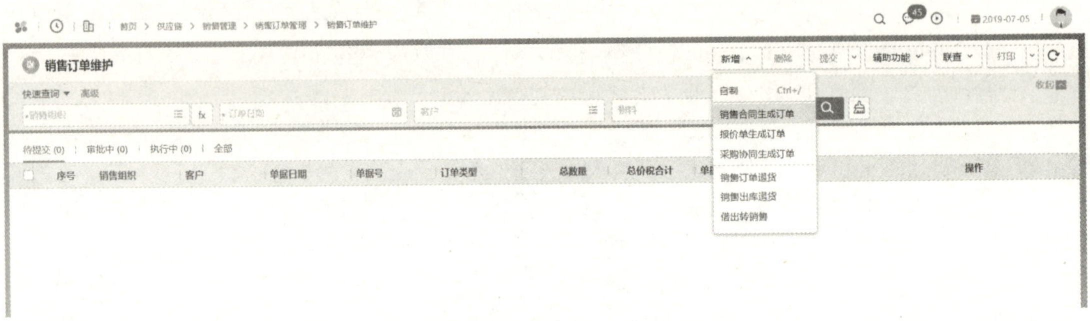

图 5-19 销售合同生成订单

在“销售组织”下拉列表中选择“鸿途集团水泥有限公司”选项；在“日期”栏中选择“2019-07-01～2019-08-26”选项，单击右侧的“ ”按钮，查询所需参照的销售合同；选择目标合同，如图 5-20 所示。

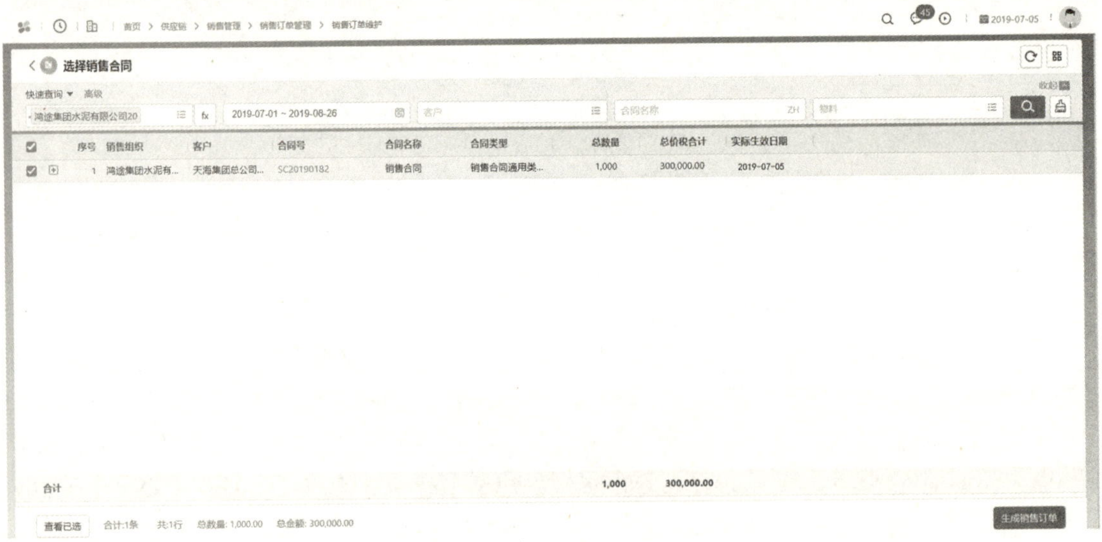

图 5-20 选择目标合同

单击图 5-20 所示页面右下角的“生成销售订单”按钮；根据业务内容补充完整销售订单“总数量”栏的信息“1000”，检查无误后，单击“保存提交”按钮；最后回到任务页面，单击“完成任务”按钮。生成的销售订单如图 5-21 所示。

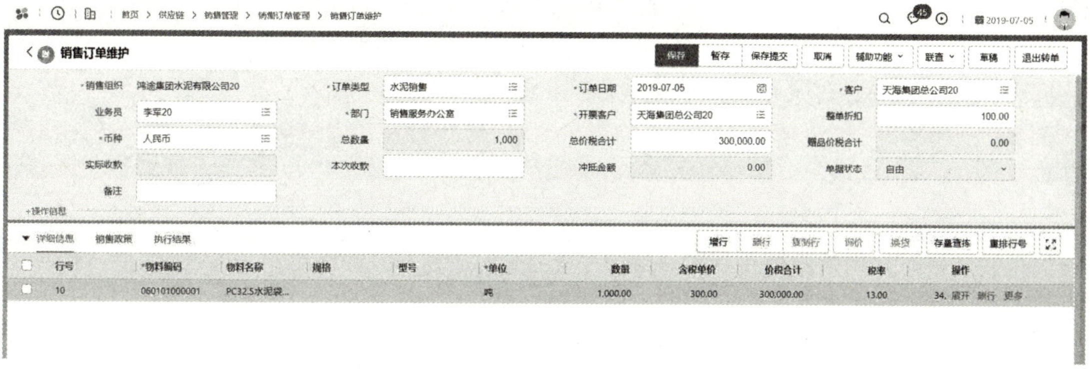

图 5-21　生成的销售订单

（2）用“销售经理”角色上岗，单击“开始任务”按钮，将右上角的系统日期修改为“2019-07-05”；在“审批管理”页面中的“审批中心”模块中找到待处理的单据，单击“未处理”按钮进入“销售订单审批”页面，找到“销售员”李军提交的“销售订单”，打开，进行详情审核；检查页面显示的内容是否与业务内容一致，检查无误后，单击“批准”按钮，审批通过；最后回到任务页面，单击“完成任务”按钮，如图 5-22 所示。

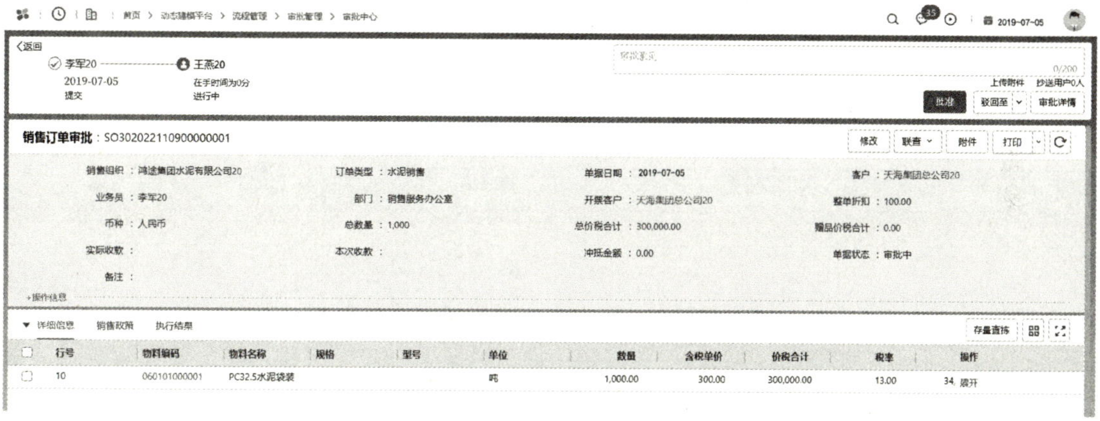

图 5-22　审核销售订单

（3）用“仓管员”角色上岗，单击“开始任务”按钮，将右上角的系统日期修改为“2019-07-06”；单击“业务处理”主界面中的“发货单维护”模块，进入“发货单维护”页面，如图 5-23 所示。

单击“发货单维护”页面上方的“发货”按钮，进入“选择销售订单/调拨订单”页面，如图 5-24 所示。

在“物流组织”下拉列表中选择“鸿途集团水泥有限公司”选项，在“日期”栏中选择“2019-07-01～2019-7-31”选项，单击右侧的“🔍”按钮，进行销售订单的查询。勾选目标订单，单击“生成发货单”按钮，根据销售订单生成相应的发货单，如图 5-25 所示。

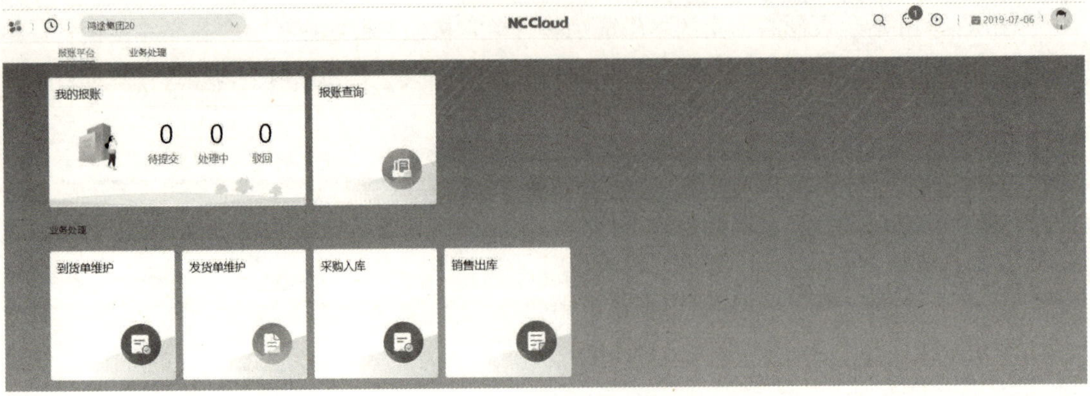

图 5-23 “业务处理”样

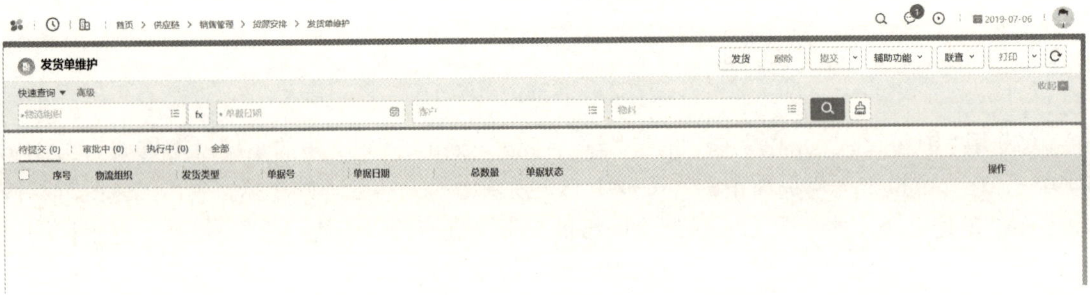

图 5-24 “发货单维护”页面

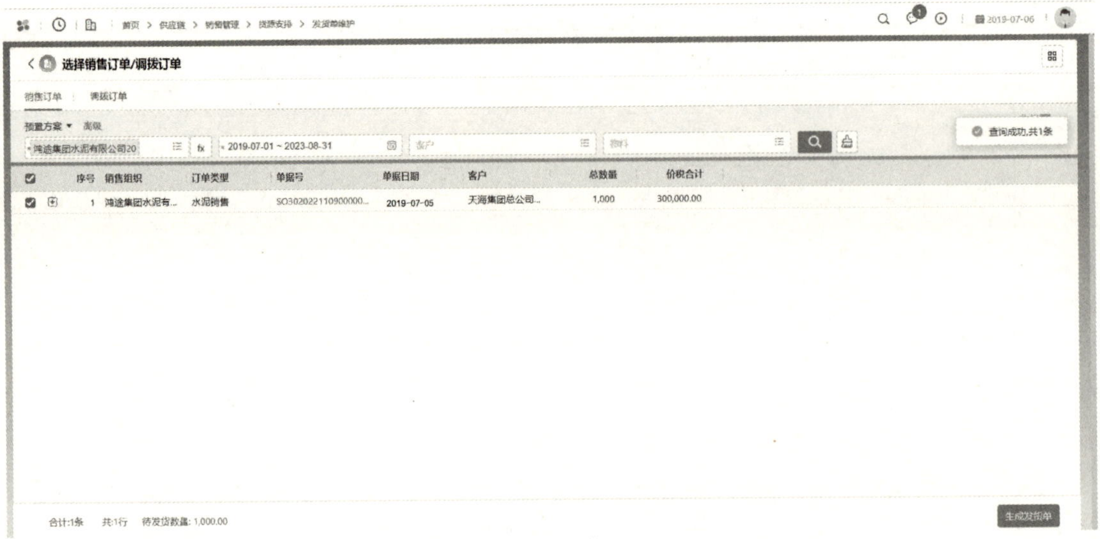

图 5-25 “选择销售订单/调拨订单”页面

在“发货单维护”页面中的“运输方式”下拉列表中选择“公路运输”选项，然后单击“保存提交”按钮，如图 5-26 所示。

回到系统首页，单击“业务处理”主界面中的“销售出库”模块，进入“销售出库”页面，如图 5-27 所示。

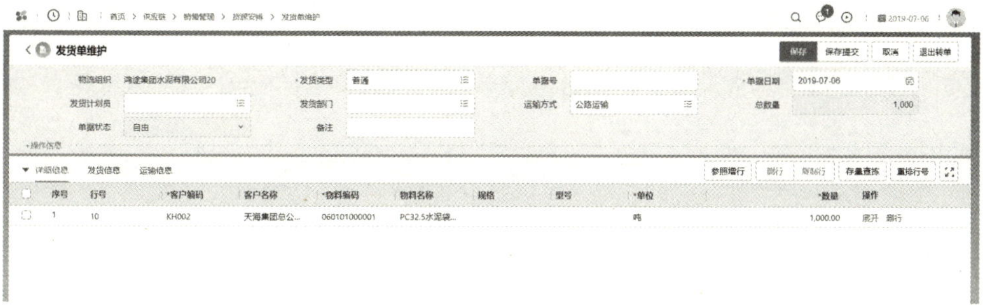

图 5-26　完善运输信息

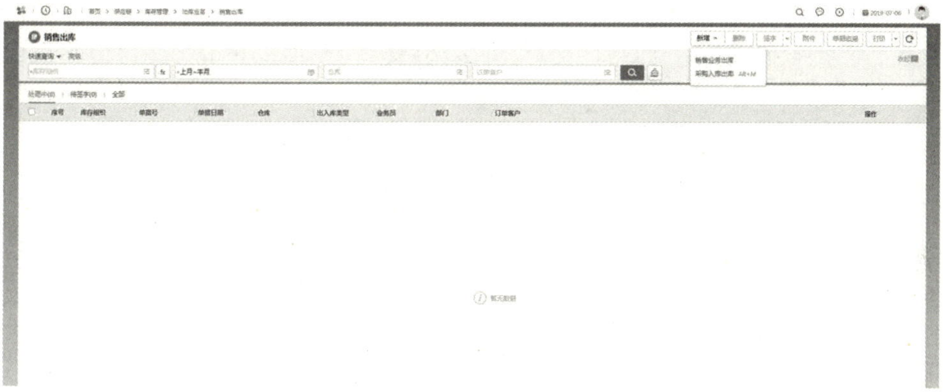

图 5-27　“销售出库”页面

在“新增”下拉列表中选择“销售业务出库”选项，在“发货库存组织”下拉列表中选择“鸿途集团水泥有限公司”选项，在“日期”栏中选择“2019-07-01～今日”选项，取消勾选“按库管员过滤物料”复选框，单击右侧的“🔍”按钮，进行销售发货单的查询。勾选目标单据，单击“生成出库单”按钮，由销售发货单生成相应的出库单，根据销售的产品填制其所属仓库和出入库类型，选择“仓库”为“产成品库”、“出入库类型”为“普通销售出库”；单击左上角的“自动取数”按钮，弹出销售出库单详细信息编辑框（见图 5-28），显示“实发数量”，审核无误后单击“保存”按钮，之后会出现“签字”按钮，单击“签字”按钮，生成出库单，如图 5-29 所示。最后回到任务页面，单击“完成任务”按钮。

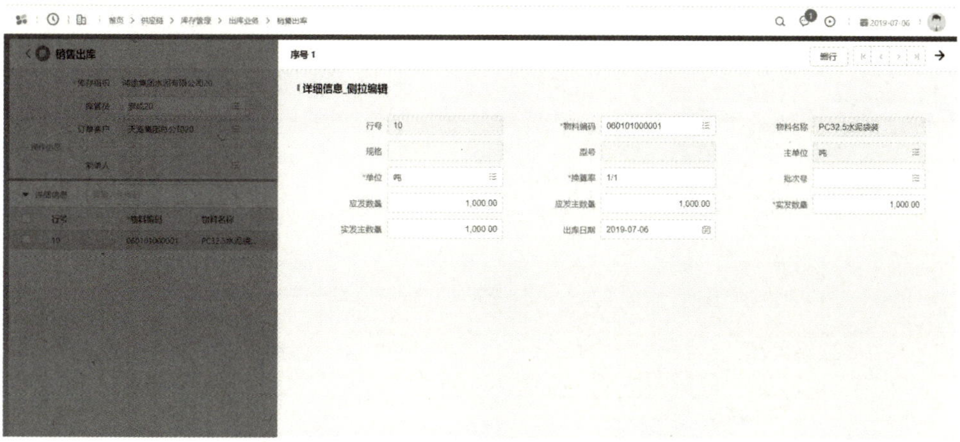

图 5-28　销售出库单详细信息编辑框

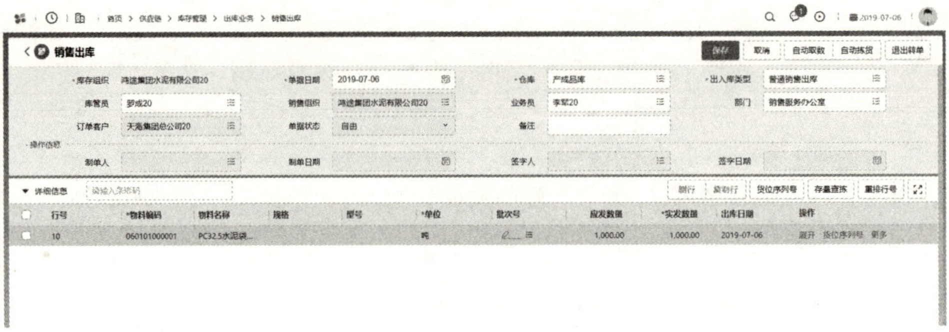

图 5-29　销售出库单

（4）用“业务财务”角色上岗，单击“开始任务”按钮，将右上角的系统日期修改为“2019-07-06”；单击“销售业务”栏中的“销售发票维护”按钮，进入“销售发票维护”页面，如图 5-30 所示。

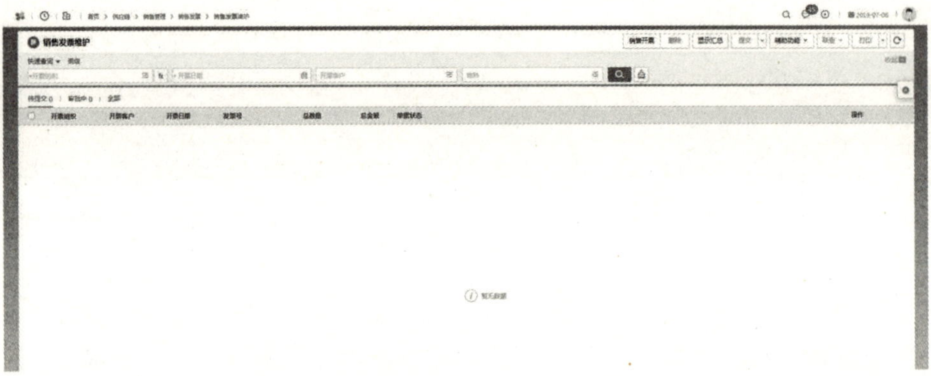

图 5-30　“销售发票维护”页面

单击“销售开票”按钮，在“财务组织”下拉列表中选择“鸿途集团水泥有限公司”选项，在“日期”栏中选择“2019-07-01～2019-07-31”选项，单击右侧的“　”按钮，进行销售出库单的查询。勾选目标单据，单击“生成销售发票”按钮，根据销售出库单生成相应的销售发票，如图 5-31 所示。

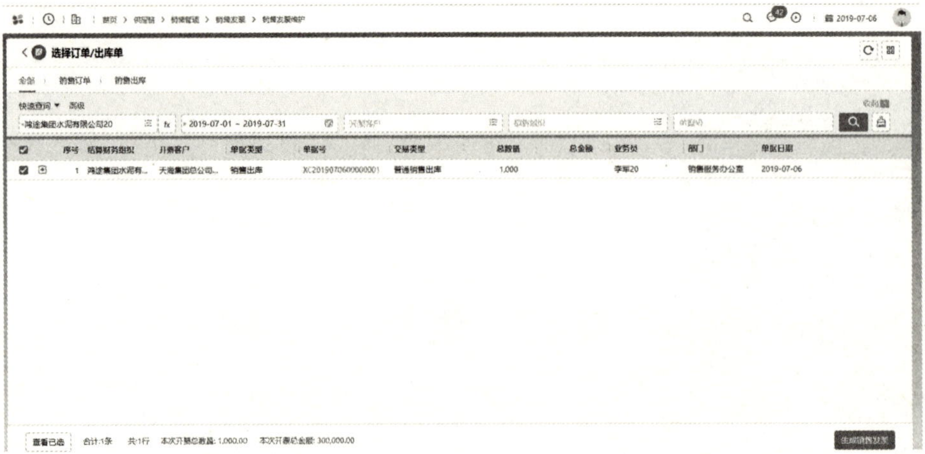

图 5-31　生成销售发票

在“销售发票”页面补充完整相关信息。在“发票类型”下拉列表中选择“增值税专用发票”选项，单击“保存提交”按钮。最后回到任务页面，单击“完成任务”按钮。“销售发票维护”页面如图 5-32 所示。

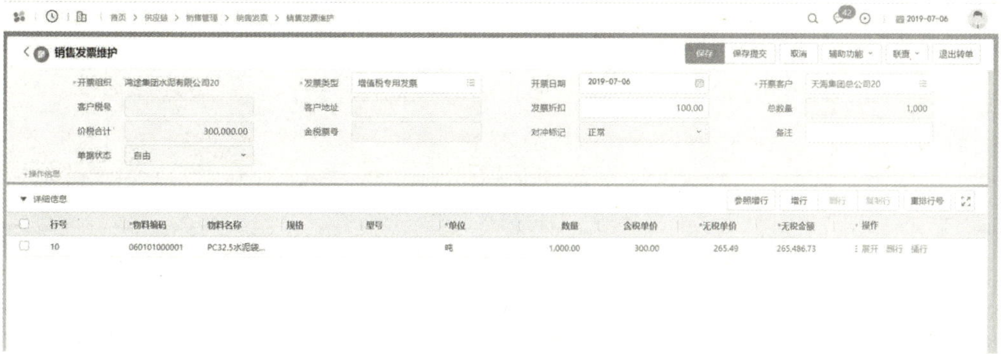

图 5-32 “销售发票维护”页面

（5）用“业务财务”角色上岗，单击“开始任务”按钮，进入“销售业务”主界面，将右上角的系统日期修改为“2019-07-06”，如图 5-33 所示。

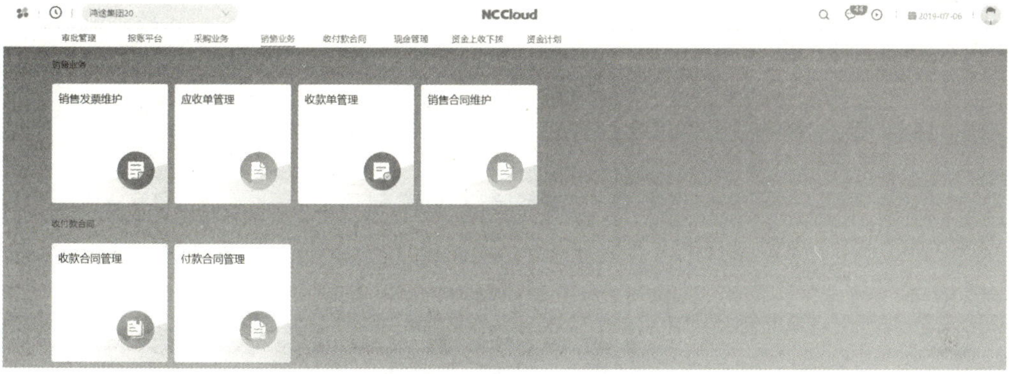

图 5-33 “销售业务”主界面

单击“销售业务”主界面中的“应收单管理”模块进入“应收单管理”页面，在“财务组织”下拉列表中选择“鸿途集团水泥有限公司”选项，在“日期”栏中选择“2019-07-01～2019-07-31”选项，单击右侧的“ ”按钮，进行销售发票的查询，如图 5-34 所示。

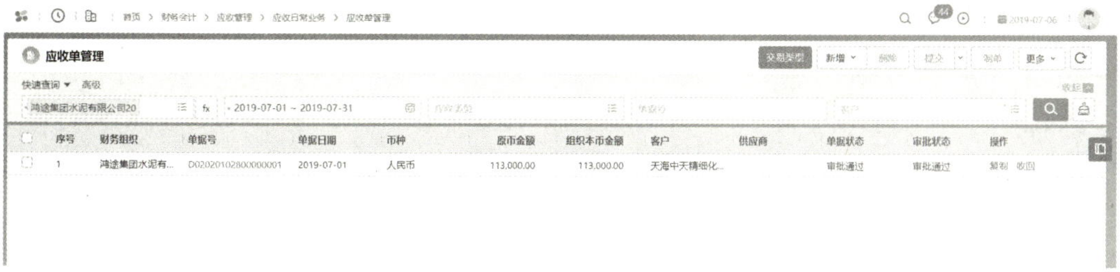

图 5-34 销售发票查询

在查询到的销售发票中，单击客户为“天海集团总公司”的目标单据，打开查询到的该业务的应收单，如图 5-35 所示。

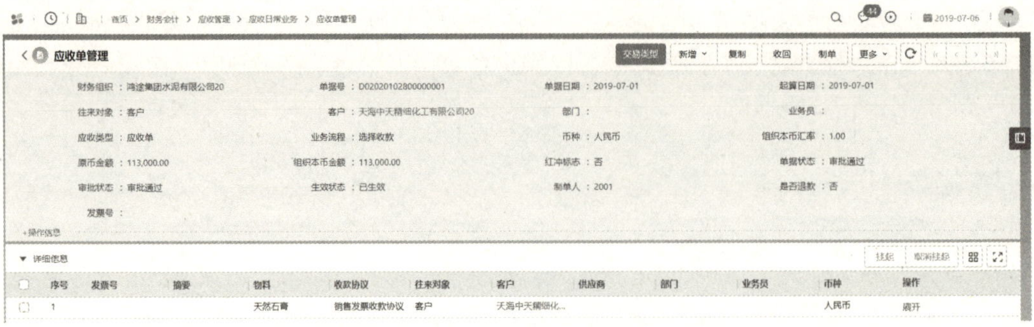

图 5-35　打开目标业务的应收单

在“更多”下拉列表中选择“影像扫描”选项，如图 5-36 所示。

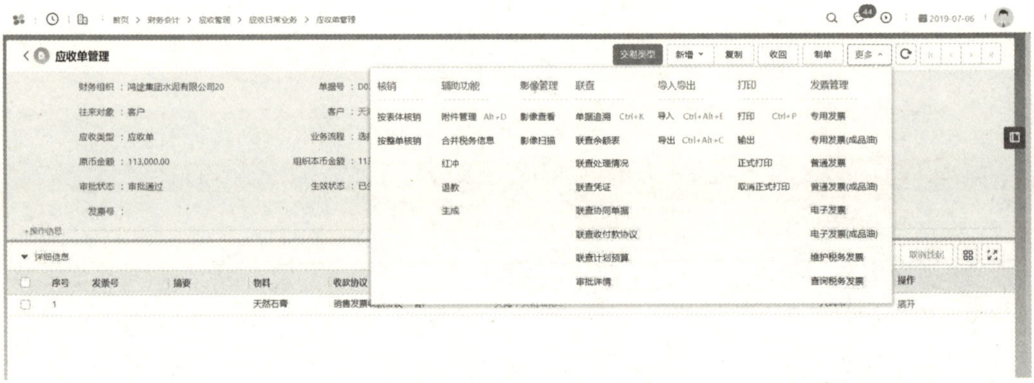

图 5-36　选择“影像扫描”选项

将销售发票的电子影像进行导入、上传，回到“应收单管理”页面单击“提交”按钮，如图 5-37 所示。最后回到任务页面，单击“完成任务”按钮。

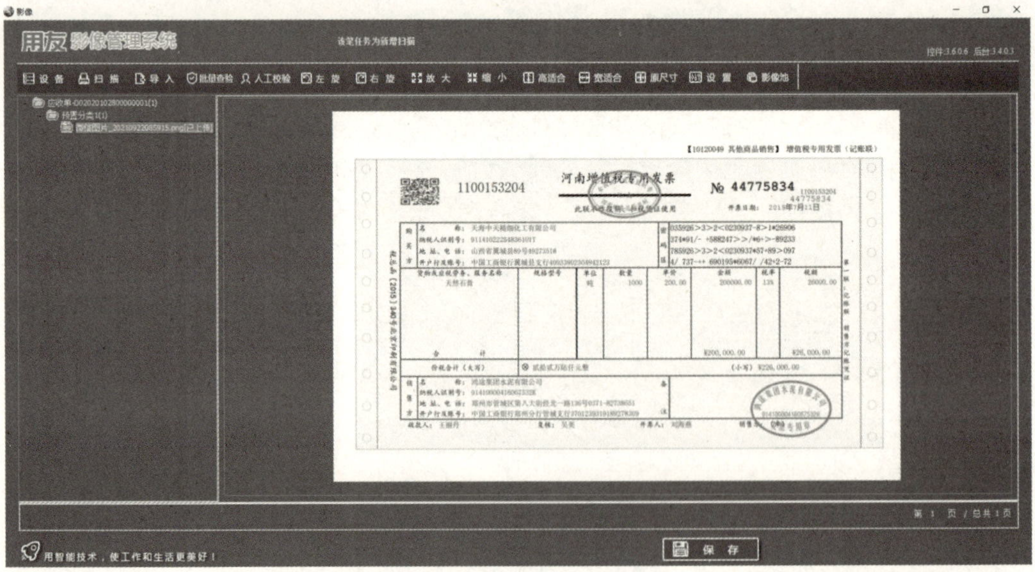

图 5-37　上传销售发票影像

（6）用“销售经理”角色上岗，单击“开始任务”按钮；将右上角的系统日期修改为“2019-07-06”，进入“审批中心”页面，如图 5-38 所示。

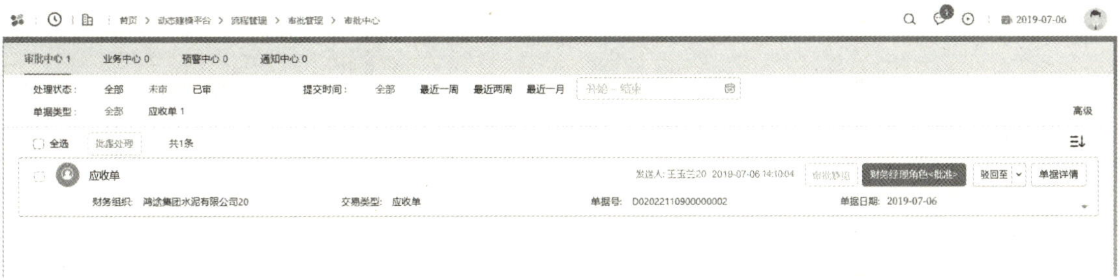

图 5-38　“审批中心”页面

在“审批中心”页面单击“未审”按钮，打开单据，勾选“应收单”复选框，查看详细情况并进行审核，如图 5-39 所示。

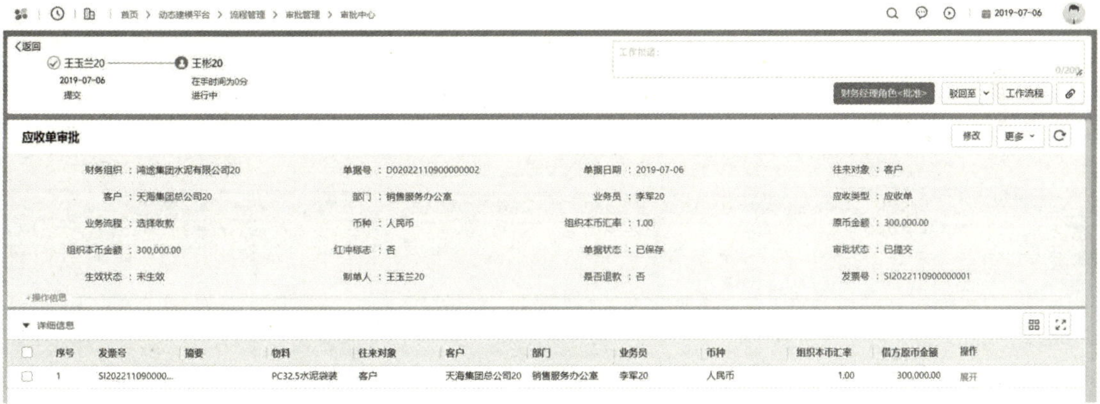

图 5-39　“应收单审批”页面

在“更多”下拉列表中选择“影像查看”选项，检查影像发票是否合规，确认无误后单击“财务经理角色<批准>”按钮进行审批；最后回到任务页面，单击“完成任务”按钮。

（7）用“应收审核岗”角色上岗，单击“开始任务”按钮，将右上角的系统日期修改为“2019-07-06”；在“作业平台”页面单击“待提取”按钮，进入“待提取任务”页面；单击右上角的“任务提取”按钮，找到目标应收单，单击单据编号进入单据详情页面，进行内容比对审核，如图 5-40 所示。

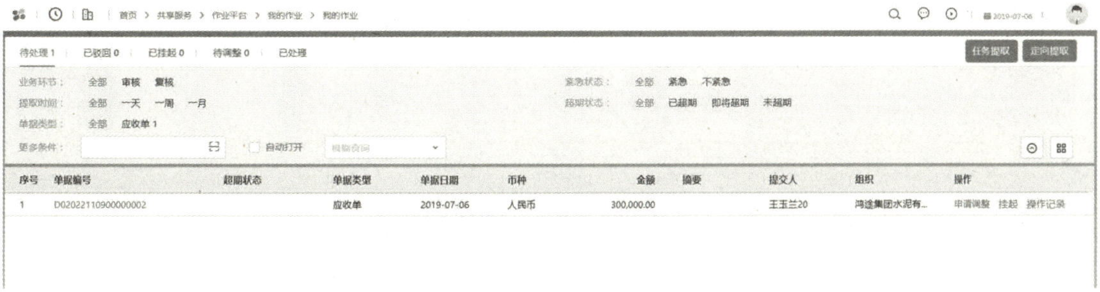

图 5-40　应收单内容比对审核页面

检查无误后，单击“批准”按钮，审批通过；最后回到任务页面，单击“完成任务”按钮。“应收单审批”页面如图 5-41 所示。

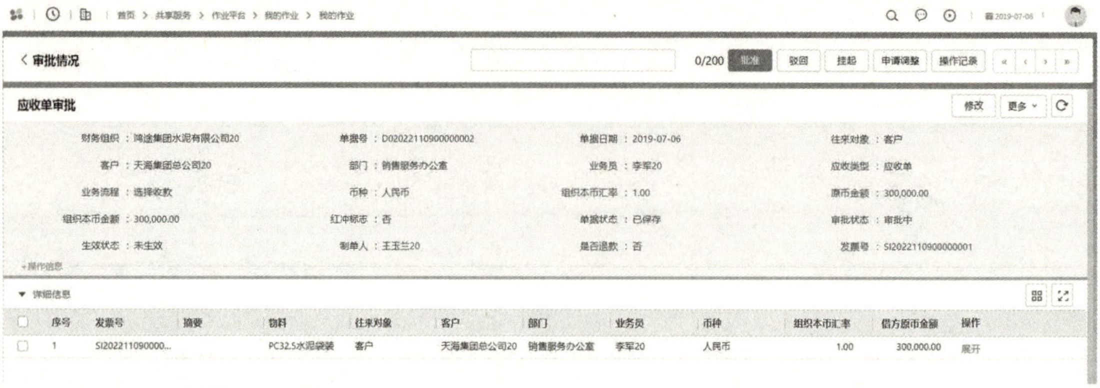

图 5-41 “应收单审批”页面

（8）用“总账主管岗”角色上岗，单击“开始任务”按钮，将右上角的系统日期修改为“2019-07-06”，单击“凭证管理”主界面中的“凭证审核”模块。“凭证管理”主界面如图 5-42 所示。

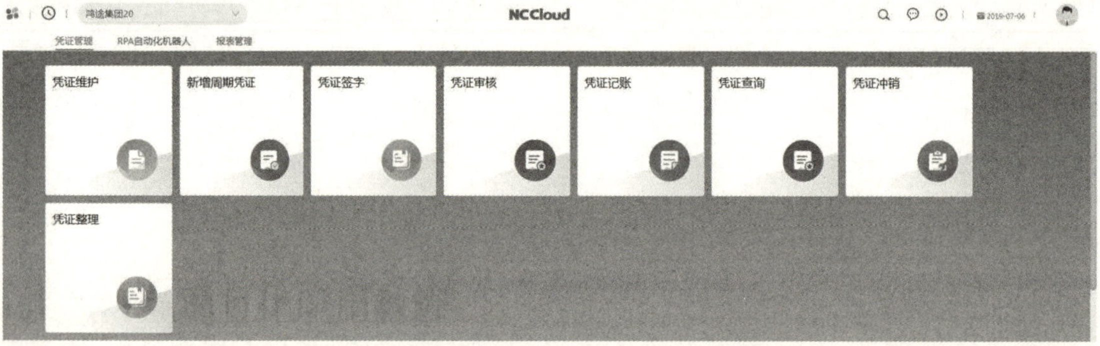

图 5-42 “凭证管理”主界面

在“财务核算账簿”下拉列表中选择“鸿途集团有限公司—基准账簿”选项，并勾选“包含下级”复选框；在“日期”栏中选择“2019-07-01～2019-08-31”选项，单击“查询”按钮，查询到的目标凭证如图 5-43 所示。

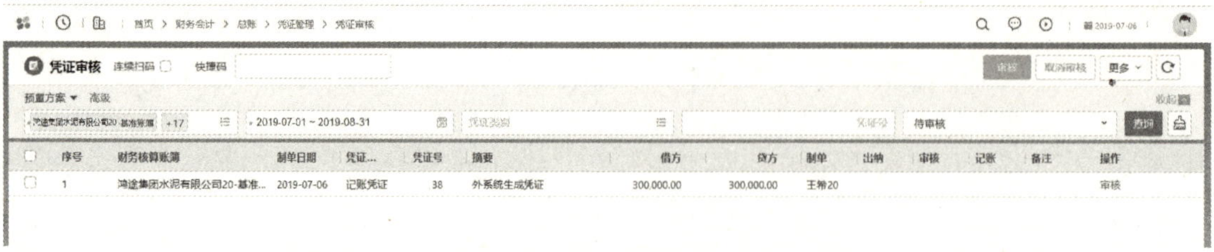

图 5-43 查询到的目标凭证

双击凭证，打开凭证详情页面进行检查、审核，确认无误后单击“审核”按钮，完成审核工作。最后回到任务页面，单击“完成任务”按钮。凭证详情如图 5-44 所示。

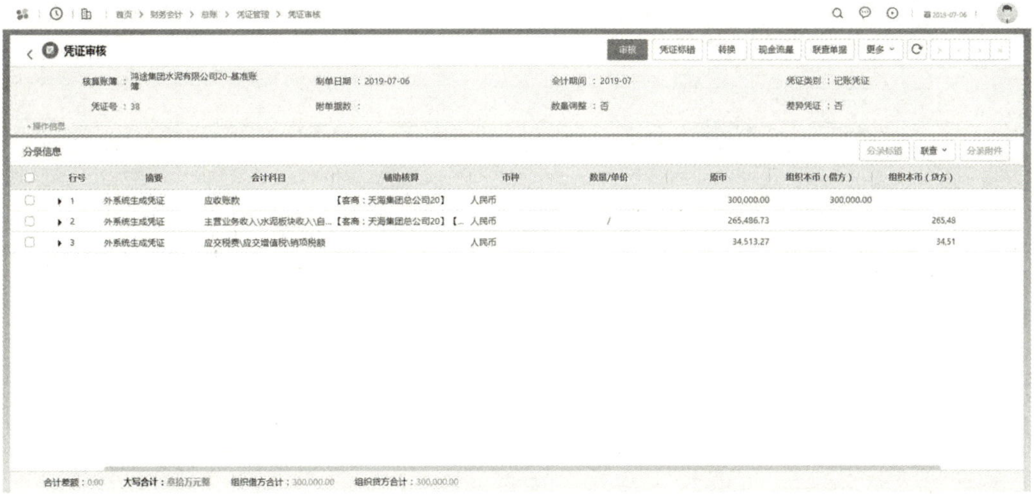

图 5-44　凭证详情页面

3. 产成品销售—应收收款

【岗位说明】

业务财务（录入收款单，扫描上传影像并提交收款单）——财务经理（审批收款单）——应收审核岗（审核收款单）——中心出纳岗（确认收款结算）

（1）用“业务财务”角色上岗，单击“开始任务”按钮，将右上角的系统日期修改为“2019-07-31”；单击“销售业务”主界面中的“收款单管理”模块，进入“收款单管理”页面。“销售业务”主界面如图 5-45 所示。

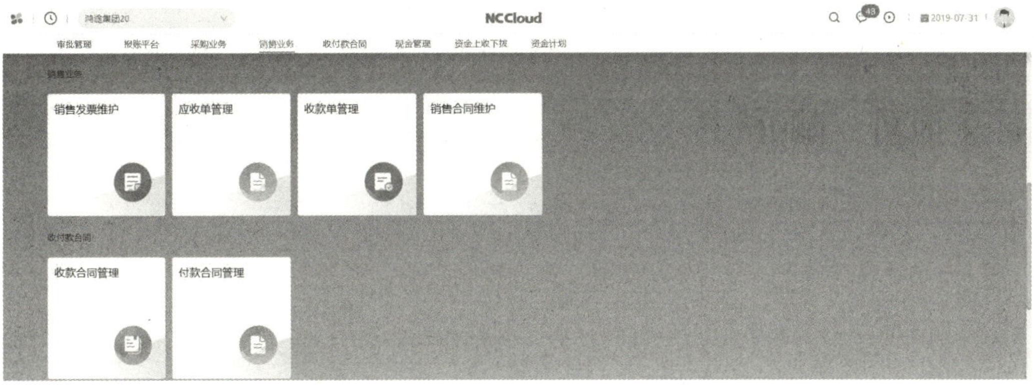

图 5-45　“销售业务”主界面

在“收款单管理”页面的“新增”下拉列表中选择“应收单”选项，在“财务组织”下拉列表中选择“鸿途集团水泥有限公司”选项，在“日期”栏中选择“2019-07-01～2019-07-31”选项，单击“ ”按钮。在查询到的单据中勾选“客户”为“天海集团总公司”的目标单据，单击右下角的“生成下游单据”按钮，如图 5-46 所示。

将收款单的必填项信息补充完整，在“结算方式”下拉列表中选择“网银”选项，在“收款银行账户”下拉列表中选择“鸿途集团水泥有限公司—工商银行”选项，在“付款银行账户”下拉列表中选择“天海集团总公司—中国工商银行”选项，检查无误后，单击“保存”按钮。“收款单管理”页面如图 5-47 所示。

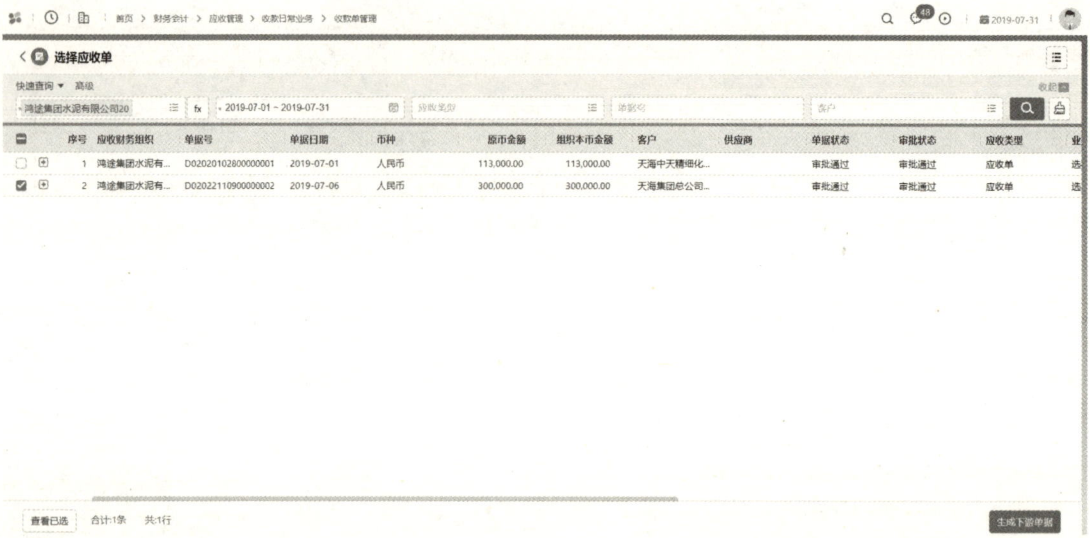

图 5-46　选择应收单生成下游单据

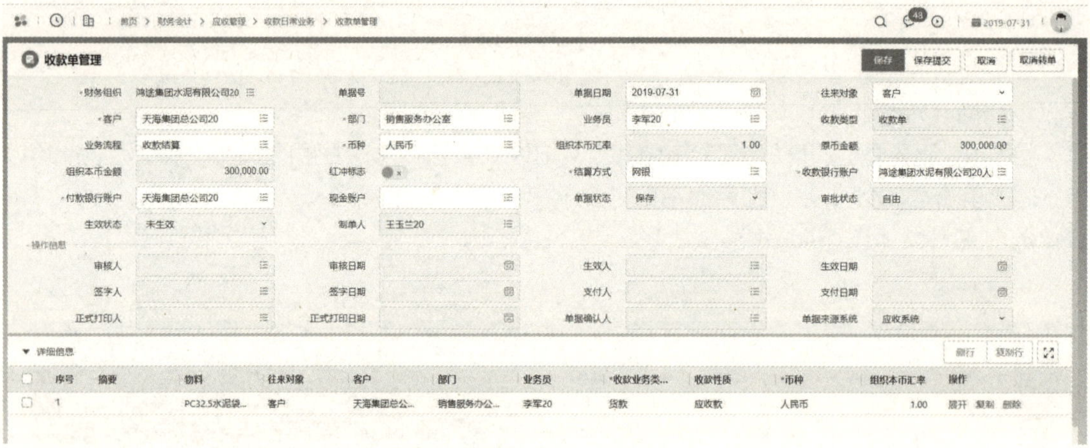

图 5-47　“收款单管理”页面

在“更多”下拉列表中选择“影像扫描”选项，如图 5-48 所示。

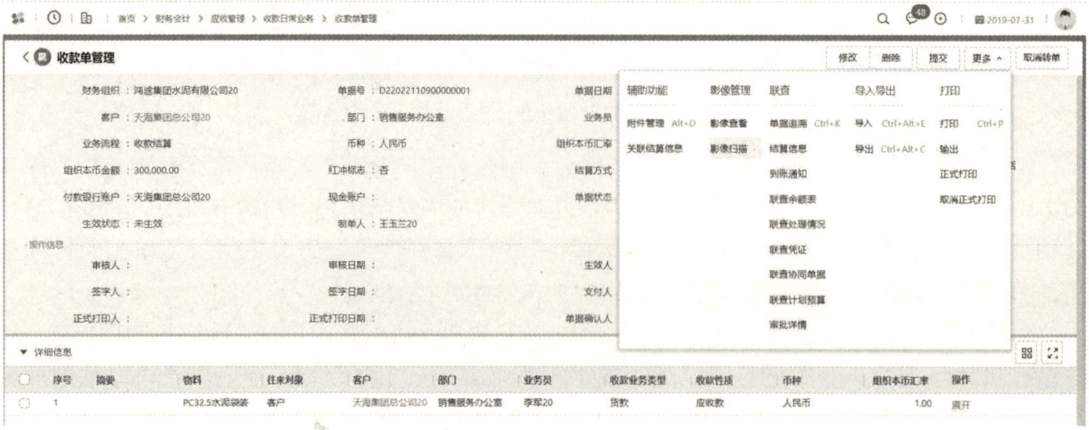

图 5-48　影像扫描

通过“扫描”导入原始凭证“银行电子回单（收款）”的影像，再单击“提交”按钮提交收款单，如图 5-49 所示。

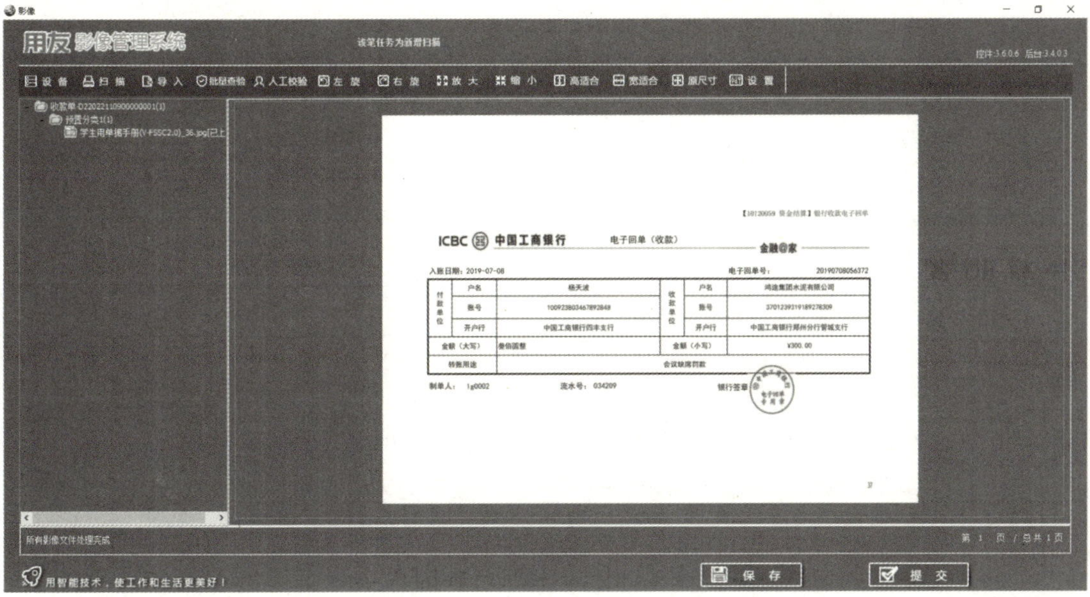

图 5-49　上传银行电子回单影像

最后回到任务页面，单击“完成任务”按钮，如图 5-50 所示。

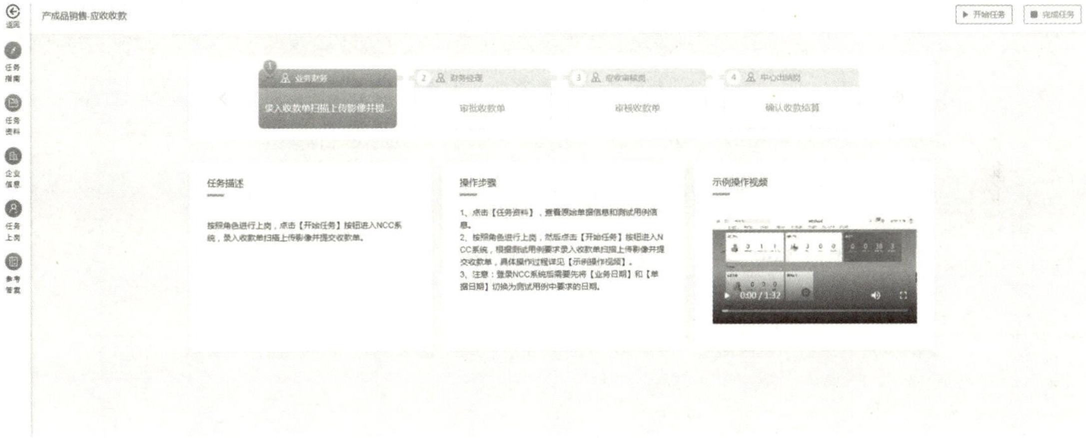

图 5-50　任务页面

（2）用“财务经理”角色上岗，单击“开始任务”按钮；将右上角的系统日期修改为“2019-07-06”；单击“审批管理”主界面的“审批中心”模块中的“未处理”按钮，打开未处理单据；查看“收款单”详情，检查单据内容及影像无误后，单击“财务经理角色<批准>”按钮，完成审核工作。最后回到任务页面，单击“完成任务”按钮。“收款单审批”页面如图 5-51 所示。

（3）用“应收审核岗”角色上岗，单击“开始任务”按钮；将右上角的系统日期修改为“2019-07-06”；在“作业平台”中提取待审核任务，其他审核流程同上步骤，由财务经理审核流程。

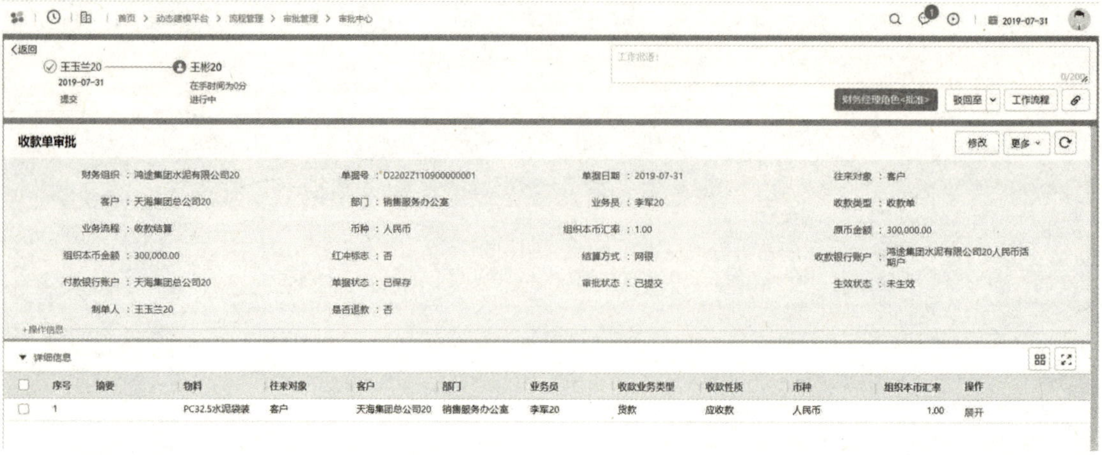

图 5-51 “收款单审批”页面

（4）用“中心出纳岗”角色上岗，单击“开始任务”按钮；将右上角的系统日期修改为“2019-07-31”；单击“结算处理”页面中的“结算”按钮进入“结算”页面。“结算处理”主界面如图 5-52 所示。

图 5-52 “结算处理”主界面

在“财务组织”下拉列表中选择“鸿途集团水泥有限公司”选项，在“日期”栏中选择“2019-07-01～2019-07-31”选项，单击“ ”按钮；切换到“待结算”页面，找到目标单据，单击业务单据编号，打开“单据详情”，核对收款金额后，单击“结算”按钮，确认收款结算。最后回到任务页面，单击“完成任务”按钮，如图 5-53 所示。

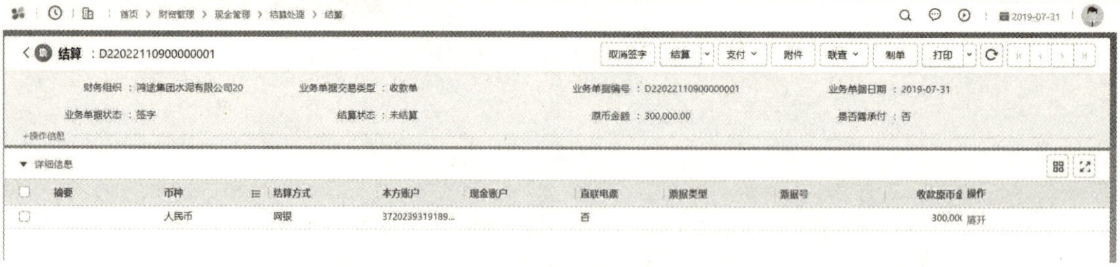

图 5-53 “结算”页面

（5）用“总账主管岗”角色上岗，单击“开始任务”按钮；将右上角的系统日期修改为“2019-07-31”；单击“凭证管理”页面中的“凭证审核”按钮。

在“财务核算账簿”下拉列表中选择“鸿途集团水泥有限公司—基准账簿”选项，并勾选“包含下级”复选框；在“日期”栏中选择“2019-07-01～2019-07-31”选项，单击“ ”按钮，查到的目标凭证如图 5-54 所示。

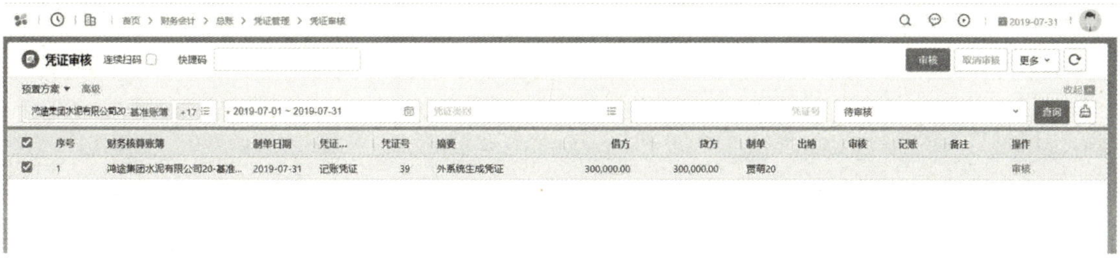

图 5-54　查询到的目标凭证

双击凭证，打开凭证详情页面，进行检查、审核，确认无误后单击“审核”按钮，完成审核工作；最后回到任务页面，单击“完成任务”按钮，如图 5-55 所示。

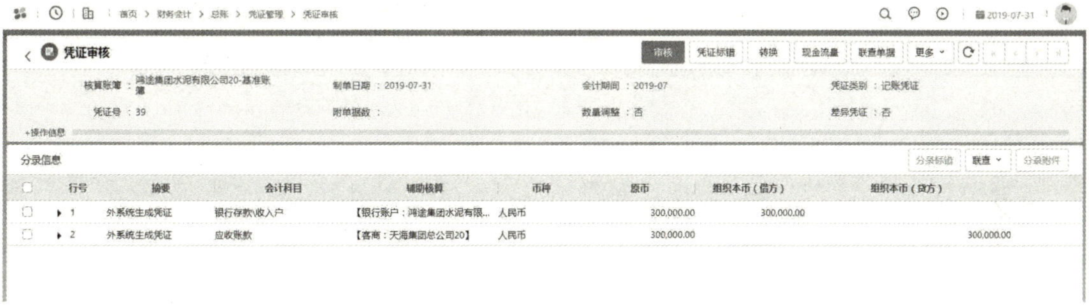

图 5-55　“凭证审核”页面

四、拓展练习

（一）企业集团其他商品销售与收款

企业集团其他商品销售收款总体流程如图 5-56 所示。

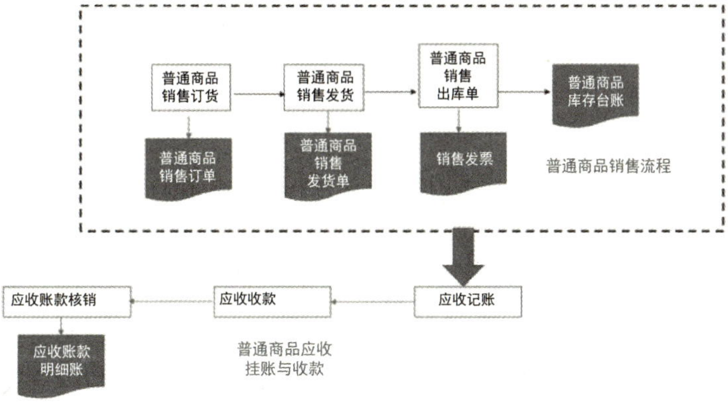

图 5-56　企业集团其他商品销售收款总体流程

（二）思考拓展

根据本项目所学内容，完成其他业务销售与收款的流程图绘制，并将绘制好的流程在 NCC 中进行运行测试。

【其他业务销售收款的案例资料】

1. 销售发货出库

鸿途水泥对天海中天精细化工有限公司的基本情况、履约能力、合同管理、信用记录 4 个方面进行综合评估，然后对其授信，授信额度为人民币 100 万元，有效期为 2019 年 7 月 1 日—12 月 31 日。2019 年 7 月 5 日，鸿途水泥与天海中天精细化工有限公司签订一笔材料销售订单，信息如下：发货时间为 2019 年 7 月 11 日，价格为 226 元/吨（含增值税），并生成销售发货单，出库时间也是 2019 年 7 月 11 日，从销售发票审核日期开始算起，账期为 10 天。销售发货单如表 5-4 所示。

表 5-4 销售发货单

项目名称	需求数量（吨）	客户
天然石膏	1000	天海中天精细化工有限公司

2019 年 7 月 11 日，"天然石膏"发货出库。

2. 应收挂账

2019 年 7 月 11 日，针对"天然石膏"发货开具增值税专用发票，票随货走。当日完成了后续的应收挂账流程。货物销售相关数据如表 5-5 所示。

表 5-5 货物销售相关数据

项目名称	需求数量（吨）	含税单价（元/吨）	价税合计	税率	税额（元）	客户
天然石膏	1000	226	226 000	13%	26 000	天海中天精细化工有限公司

3. 信用额度控制

2019 年 7 月 15 日，鸿途水泥与天海中天精细化工有限公司再次签订一笔材料销售订单，发货时间为 2019 年 7 月 15 日，价格为 260 元/吨（含增值税）。请录入该销售订单并进行保存，保存时受信用管理额度刚性控制。（提示：超信用额度，禁止继续操作。）销售订单信息如表 5-6 所示。

表 5-6 销售订单信息

项目名称	需求数量（吨）	订单类型	销售渠道	客户
天然石膏	5000	水泥销售	一般销售	天海中天精细化工有限公司

4. 应收账期预警

2019 年 7 月 30 日，登录销售员账号，查看应收预警的消息提醒。

5. 应收收款

2019 年 7 月 31 日，客户打款。收到客户通知并从网银系统获得银行收款电子回单的打印件后，在系统里录入该笔收款单，如表 5-7 所示。

表 5-7 收款单信息

客户名称	收款金额（元）
天海中天精细化工有限公司	226 000

项目 6

固定资产管理

目标要求

知识目标：

了解固定资产与其他资产的概念

了解固定资产的典型业务场景

熟悉固定资产共享下业务部门的职责划分

能力目标：

能够用 Visio 绘制企业集团共享前和共享后固定资产新增规划设计流程

能够在用友 NCC 中完成企业集团共享后的固定资产新增流程

能够用 Visio 绘制企业集团共享前和共享后固定资产变动规划设计流程

能够在用友 NCC 中完成企业集团共享后固定资产变动流程

育人目标：

通过熟悉权责划分，提升学生的责任担当意识

通过不同业务场景的学习、应用，提升学生的灵活应变能力

通过共享前后流程图的设计、绘制，培养学生的大局观和分析、思考问题的能力

通过流程的实操，提升学生的实践能力

思维导图

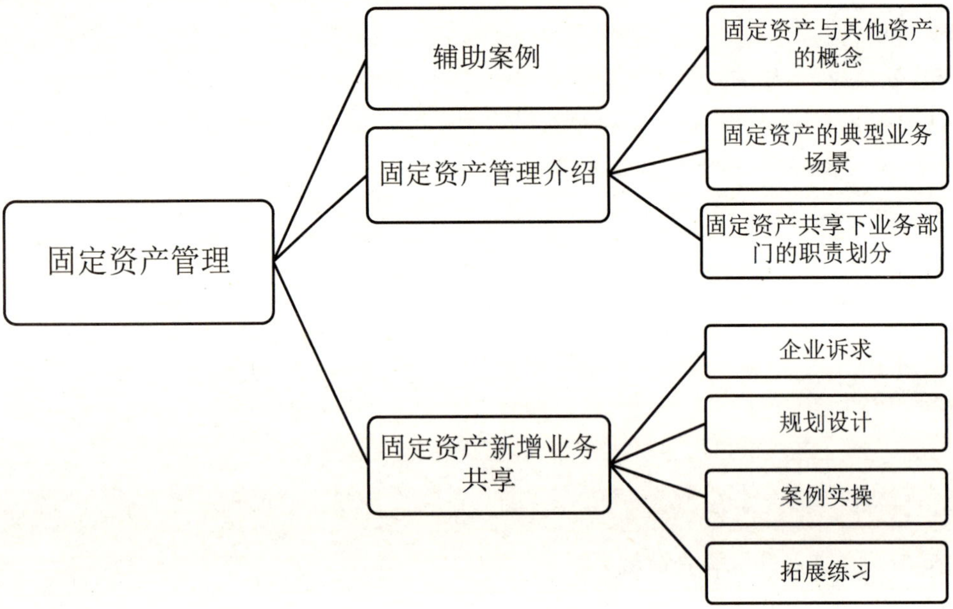

辅助案例

一、鸿途集团的固定资产类别

鸿途集团属于重资产行业中的企业集团，其主要资产集中于大型生产设施、设备。根据《固定资产管理制度》，鸿途集团的固定资产类别如表 6-1 所示。

表 6-1　鸿途集团的固定资产类别

固定资产类别	折旧计提年限（年）
房屋及建筑物	25
机器设备	10
运输工具	5
办公设备	5
生活设备	5
电子设备	3

二、固定资产管理的权责

鸿途集团固定资产的实物和价值管理分属不同部门负责，具体分工如图 6-1 所示。

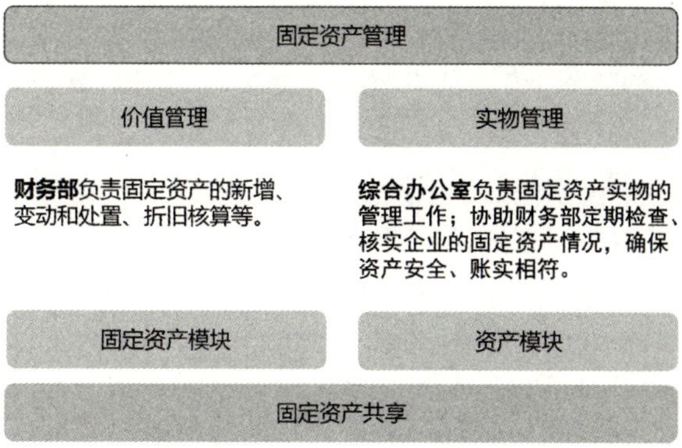

图 6-1　固定资产管理的权责

6.1　固定资产管理介绍

一、固定资产与其他资产的概念

1. 固定资产

固定资产是指企业为生产产品、提供劳务、出租或经营管理而持有的、使用时间超过 12 个月的、价值达到一定标准的非货币性资产，包括房屋、建筑物、机器、机械、运输工具，以及其他与生产经营活动有关的设备、器具、工具等。例如，使用寿命超过一个会计年度的有形资产；单个金额超过 5000 元（不含税）[其中电子设备、家具超过 2000 元（不含税）]的资产；融资租赁的资产。

2. 无形资产

无形资产是企业拥有或控制的没有实物形态的可辨认的非货币资产，即能够从企业中分离或划分出来，并能够单独或与相关合同协议、资产、负债一起用于出售、转移、授权许可、租赁或交换的，以及源自合同协议性权利或其他法律权利的非货币性资产。

无形资产通常包括专利权、非专利技术、商标权、著作权、特许权、土地使用权等。

3. 低值易耗品

低值易耗品是指劳动资料中单位价值在 100 元以上、2000 元以下，或者使用年限在一年以内，不能作为固定资产的劳动资料。

由于它价值低、使用期限短，因此采用“一次摊销法”，在领用时将其全部价值一次摊入成本费用，通过 1411 周转材料二级科目进行核算。

二、固定资产的典型业务场景

1. 固定资产新增的场景

（1）手工新增：不通过资产新增申请等业务流程，直接手工增加固定资产卡片，多出现于对固定资产管理比较粗放的企业。

（2）资产购置申请：使用部门需要新增固定资产时，提交新增资产申请，由部门领导和主管部门经办人、领导审批后，增加固定资产。

（3）工程转固：工程项目竣工后，产出物达到预计可使用状态，转为固定资产管理。

（4）盘盈新增：企业在定期的资产盘点中，如发现有盘盈资产，则需要将盘盈的资产入账。

2. 固定资产变动的场景

固定资产在其全生命周期的管理过程中会发生变化，如使用部门调整、管理部门调整、存放地点调整等。固定资产的变动场景进一步可以分为以下子场景。

（1）价值调整：是指固定资产原值调整，包括对设备进行技术改造或维修过程中发生的维修费用的资本化，以及项目产出物价值的调整。

（2）资产追溯调整：当与固定资产相关的会计政策发生变更或出现重大的前期差错时，可能需要对资产进行追溯调整。

（3）使用部门调整：资产使用人的变化。

（4）其他变动：其他资产属性的变动业务。

3. 固定资产维护的场景

（1）资产评估：当企业在办理上市、兼并、收购、抵押贷款、破产等业务时，通常需要对资产进行评估，即由专门的机构通过严谨、科学的方法，出于特定的评估目的，对企业资产进行重新估价。资产评估是一个复杂的过程，必须由专门的、独立的机构完成。

（2）资产减值：当企业外部财务、市场环境发生变化时，会给企业的固定资产带来减值风险，即固定资产的现值小于市场公允价值。合理的资产减值处理可以规避这种风险，减少可能为企业带来的不利影响。

（3）资产减少：当固定资产由于磨损或陈旧，使用期满不能继续使用，或者由于技术进步必须由先进设备替代时，需要对固定资产进行报废处理。除资产报废外，出售资产、捐赠资产等也是资产减少、退出企业的方式。

4. 固定资产调拨的场景

在集团环境下，不同财务组织间会进行资产所有权转移。此资产调拨是指资产的所有权发生转移，而不是使用权、使用部门、管理部门转移，非所有权可以通过资产变动发生改变。

5. 固定资产盘点的场景

资产盘点既是保证固定资产实物与账务数据一致的重要业务，也是减少资产流失的重要手段。通常情况下，资产盘点过程会持续一段时间，特别是资产密集型企业。

企业进行资产盘点时不仅关注实物数量、价值信息，也关注存放位置、使用部门等信息。盘点结束后，企业会输出盘盈、盘亏及差异调整数据，并完成必要的调整。例如，盘亏则需要做固定资产减少，盘盈则考虑新增固定资产，盘点差异则需要按照实际信息调整账面信息。

6. 固定资产期末处理的场景

（1）折旧与摊销：固定资产折旧摊销既是固定资产管理的核心业务，也是财务会计的重要业务处理之一。固定资产折旧摊销过程涉及所有固定资产折旧数值的计算，需要按照不同口径的归集分摊，折旧计算过程需要考虑资产在会计期间内做的所有变动调整，最后将数据整理登账。

（2）月末结账：月末集中处理各类财务业务，同时将财务数据按照期间进行归类、划分、标识，为以后的数据统计、查询、分析提供规范的基础。

（3）固定资产对账：固定资产对账是指将固定资产模块的业务数据与总账中的固定资产账务数据进行核对。对账业务通常发生在财务月末结账之前，因为一旦业务系统与总账之间的数据被发现不一致，通常情况下需要在月末结账之前查找出原因，必要的情况下需要消除异常的差异。

三、固定资产共享下业务部门的职责划分

1．管理部门的职责

固定资产各责任归口部门为固定资产的管理部门。

责任部门：生产部门、技术部门、总工部、研发部门。生产部门：负责生产部门所用机器设备、仪器仪表等的管理；行政部门、基建部：负责房屋、运输设备、办公设备（除电脑）、空调及取暖降温设备、安防设备、厨房设备等的管理；IT 信息部门：负责公司办公用电脑、外接设备、监控设备、门禁考勤设备的管理。各部门在管理固定资产时应注意以下几点。

（1）资产管理员应设置固定资产实物台账，及时反映固定资产的增减变动情况，做到管理部门、使用部门、财务部三账一致，以及账、卡、物一致。

（2）审核办理本部门管理的固定资产从请购、资产编号、验收、调拨、维修到处置报废等事宜时，使用部门必须服从管理部门的指导和管理。

（3）定期组织清查盘点，提出盘点报告。健全档案资料，编制固定资产编号，制作并粘贴固定资产标签。

（4）定期与财务部核对台账，保证台账与财务总账相符。

2．使用部门的职责

固定资产的使用部门为固定资产的日常维护和保养部门。

（1）使用部门的负责人为第一责任人，对固定资产的安全性负责；使用人为第二责任人，对固定资产的完好性负责。

（2）及时反映固定资产的增减变动情况，做到台账与实物一致。

（3）正确使用固定资产，做好维护保养。

（4）定期进行清查盘点。

小警示

公司的资产为“公物”，切不可挪为私用！

使用者要爱惜资产、妥善保管，如有短缺，必须承担必要责任！

3．财务共享服务中心的职责

财务共享服务中心为固定资产各类账务处理部门，其职责如下。

（1）负责固定资产的价值核算，建立固定资产卡片账、登记台账。

（2）办理固定资产购置、出售、盈亏报废等财务手续。

（3）正确计提折旧和摊销。

（4）每月与管理部门核对当月新增固定资产，每年核对一次全部固定资产，保证账账相符。

（5）参与管理部门组织的清查盘点工作，保证账实相符。

6.2 固定资产新增业务共享

一、企业诉求

（一）共享前固定资产新增业务现状

在企业集团实现共享前，固定资产新增业务一般由业务部门自主进行采购，其新增现状如下所述。

1. 订单采购

固定资产订单采购流程如图 6-2 所示。

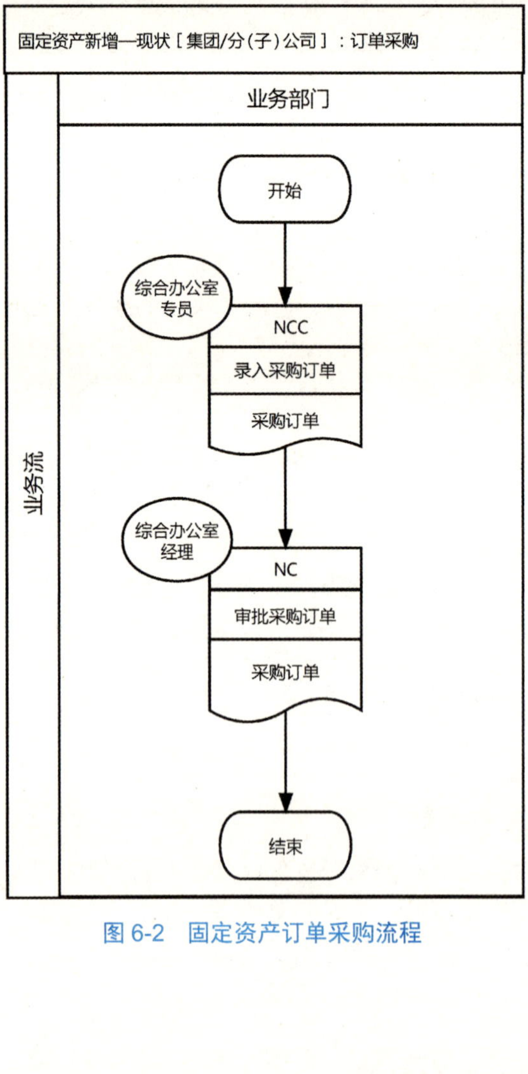

图 6-2　固定资产订单采购流程

2. 支付货款

固定资产支付货款流程如图 6-3 所示。

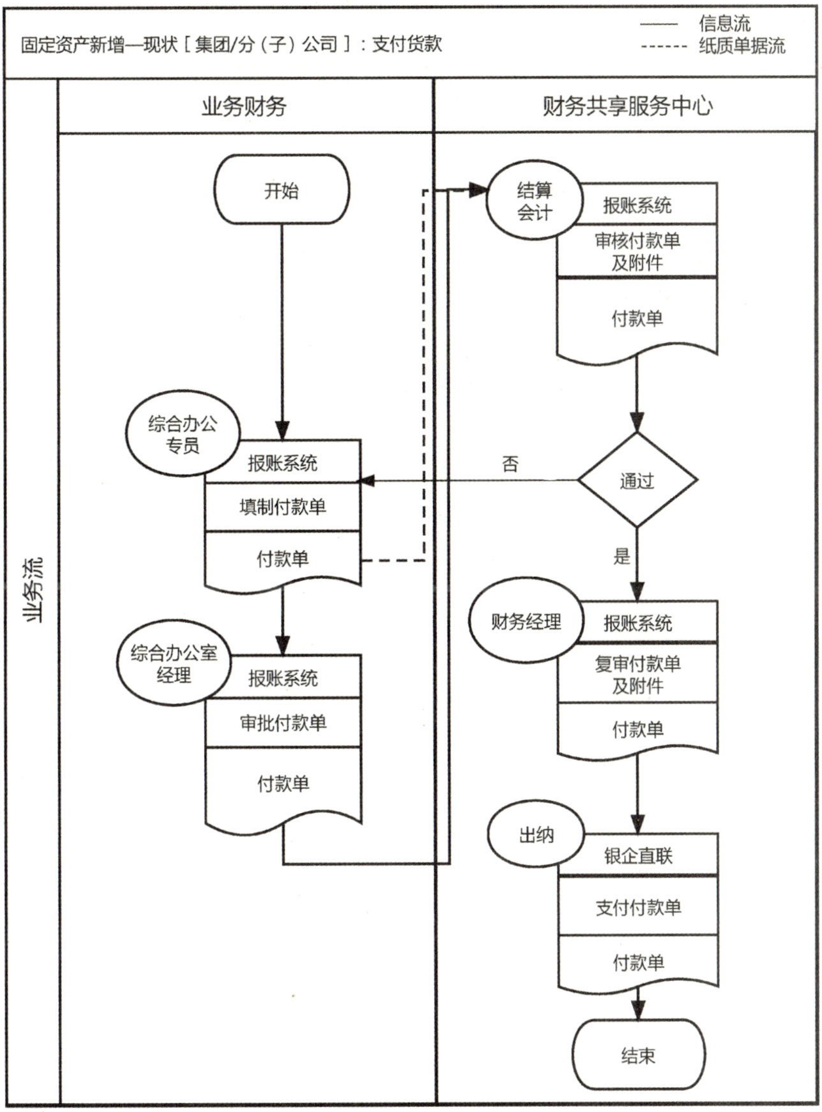

图 6-3　固定资产支付货款流程

3. 资产增加

固定资产确认资产流程如图 6-4 所示。

（二）共享前固定资产新增业务的典型问题

共享前鸿途集团固定资产新增业务主要存在以下典型问题。

（1）固定资产采购过程完全由业务部门负责，没有财务管理部门的参与，信息共享水平低，难以实现业务财务一体化。

（2）由于财务部门前期流程未参与其中，对未来固定资产的应付款管理无法合理安排其进度和时间，导致付款工作随机性大、计划性差。

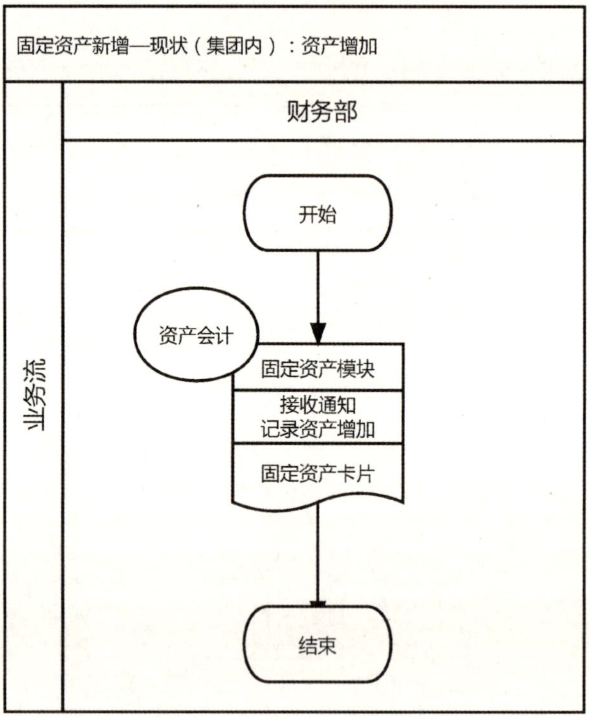

图 6-4　固定资产确认资产流程

（3）付款单是由办公室专员填制的，而非由应付单关联生成，单据关联性差，增加了审核难度。

（4）附件的传递多为纸质单据，工作量大，且易出错、易丢失。

以上种种问题越来越困扰企业集团和集团财务管理人员，实现固定资产增加过程中信息共享、提高企业固定资产管理水平是其亟待解决的问题。

二、规划设计

（一）需求假设

1. 构建财务共享服务中心后，尽量保持现状业务流程的稳定性

（1）根据传递到财务共享服务中心的业务单据，确定流程中业务单位与财务共享服务中心的边界，这些业务单据都需要经过财务共享服务中心的审核或初审。

（2）财务共享服务中心接收业务单据所随附的原始凭证，均由制单人在制单后立即扫描上传；此后需要审核该业务单据的环节，均同时审核该业务单据的原始单据影像。

（3）保留在业务单位的工作流程和职责不变，但原业务单位财务部的工作除财务经理职责外均由财务共享服务中心的“业务财务”承担。

2. 收/付款方式

鸿途集团的所有收/付款，均以网银（银企直联）方式完成。

3. 财务共享服务中心的模式

鸿途水泥最终选择的是单中心模式，只使用了 NCC 中已经预设的业务单元，以及编码为 1003 的“鸿途集团财务共享服务中心”采购订单。

4. 采购订单

固定资产的采购由综合办公室询价，向纳入集团供应商档案的合作方发起订单申请。

5. 固定资产卡片

鸿途集团的生活设备的残值率为 0。

（二）共享后固定资产新增流程所需业务单据

共享后固定资产新增流程所需业务单据如表 6-2 所示。

表 6-2　共享后固定资产新增流程所需业务单据

序号	名称	是否进入财务共享服务中心	是否属于作业组工作	流程设计工具
1	采购订单	N	—	审批流
2	采购发票	N	—	审批流
3	应付单	Y	Y	工作流
4	付款单	Y	Y	工作流
5	固定资产卡片	Y	Y	审批流

（1）“是否进入财务共享服务中心”表示该业务单据的处理过程是否需要财务共享服务中心参与。Y 表示需要，N 表示不需要。

（2）“是否属于作业组工作”表示说业务单据是否需要分配到某个财务共享服务中心作业组、必须由该组成员从作业平台上提取业务单据后进行处理。Y 表示属于，N 表示不属于（只有进入财务共享服务中心的业务单据才有这个问题）。

（3）“流程设计工具”，是指用 NCC 的哪一个流程平台来对该业务单据进行流程建模。NCC 中有“业务流”“工作流”“审批流”3 种流程建模平台，各种流程均已在项目 2 中启用，此处无须建模。

（三）共享后固定资产新增流程设计与 NCC 配置

固定资产变动

教师通过演示案例，得出共享后固定资产新增流程设计与 NCC 配置。

【例 6-1】2019 年 7 月 15 日，鸿途水泥质控处办公室需购置一台空调（属于生活设备），经 OA 审批通过后，具体由综合办公室向庆峰五金贸易公司发起采购申请。请购信息如下（其中，单价含有 13%的增值税，无税单价为 1769.03 元，税额为 229.97 元）。

商品名称：空调

商品产地：中国大陆

变频/定频：定频

商品匹数：1.5 匹（15～25 ㎡）

物料分类：壁挂式空调

含税价格：1999 元

鸿途水泥于 2019 年 7 月 20 日收到货物和发票并进行了会计处理，于 2019 年 7 月 25 日支付了全额款项。

另外，需要注意以下两点。

（1）原始凭证（采购发票等）作为本课程的教辅资源，在上课时以物理单证的形式发放给学生。

（2）付款回单若要作为原始凭证存档，教学平台将提供银行回单查询及打印功能。

通过演示，将共享后企业集团固定资产新增流程设计总结如图 6-5～图 6-7 所示。

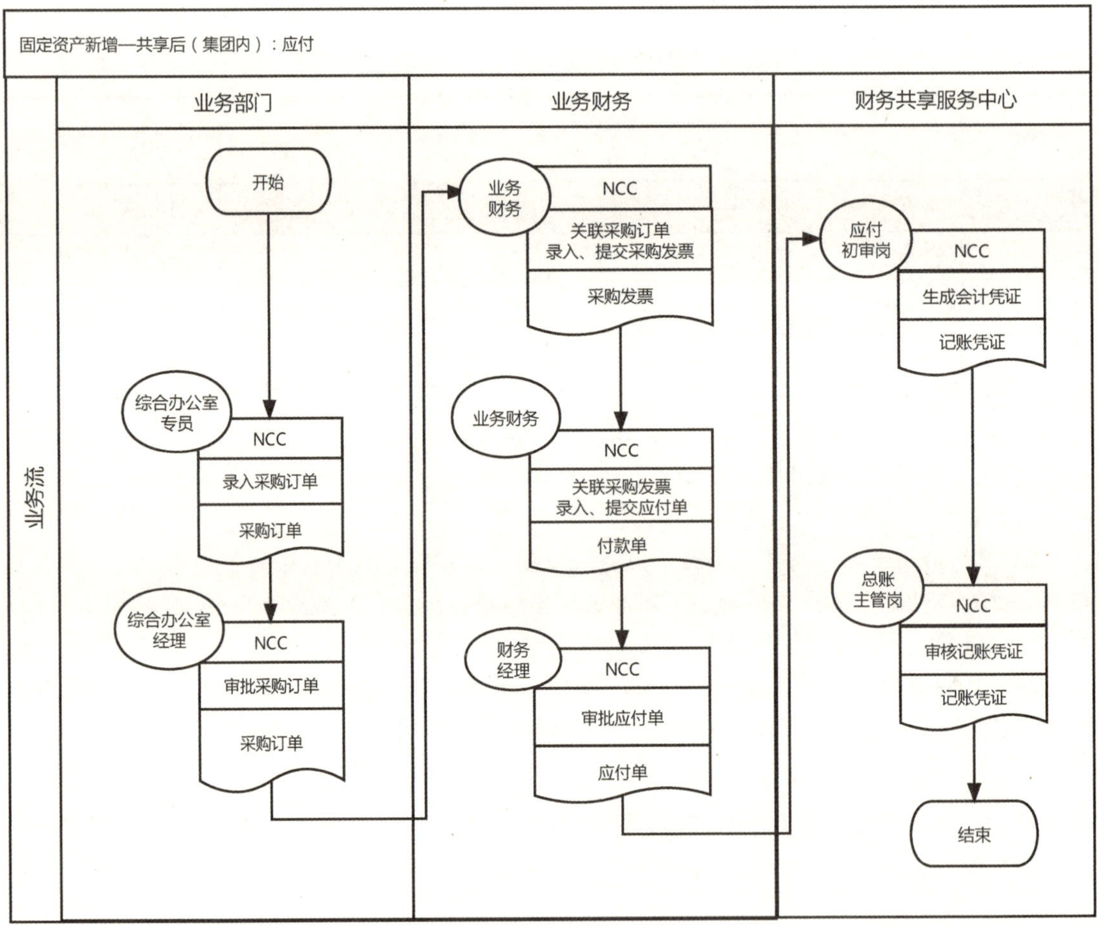

图 6-5　固定资产新增——确认应付

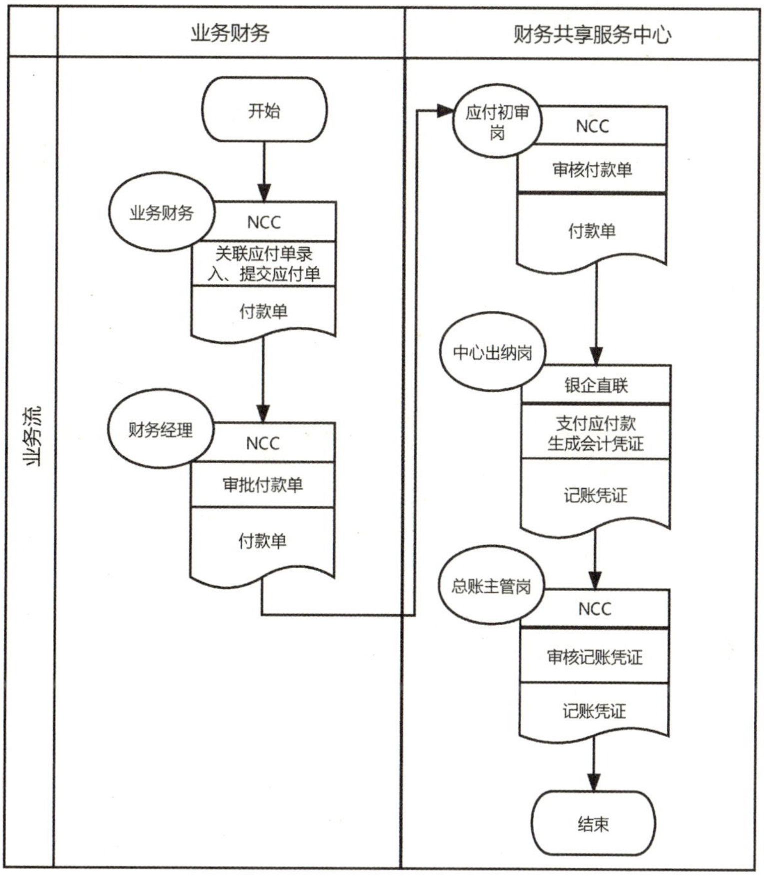

图 6-6　固定资产新增——支付货款

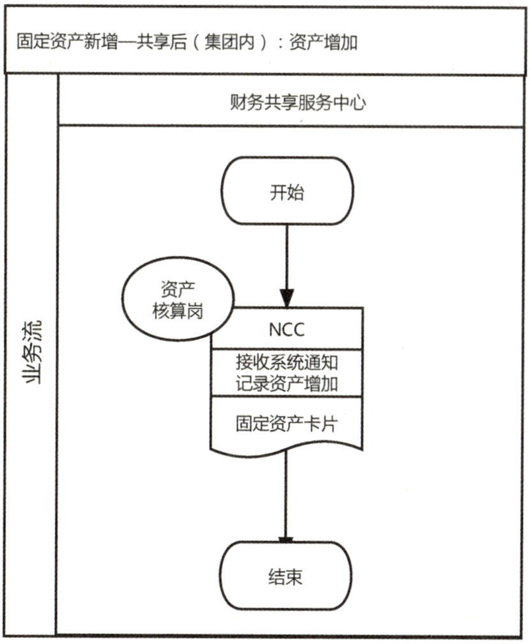

图 6-7　固定资产新增——确认资产

三、案例实操

看视频完成实操训练：完成鸿途水泥的固定资产新增业务。

（一）实操要求

根据规划设计流程，完成例 6-1 的全流程操作。

（二）具体操作

1. 固定资产新增—确认应付

【岗位说明】

综合办公室专员（录入采购订单）——综合办公室经理（审批采购订单）——业务财务（提交采购发票）——业务财务（提交应付单）——财务经理（审批应付单）——应付初审岗（审核应付单）——总账主管岗（审核记账凭证）

【操作指导】

（1）用“综合办公室专业”角色上岗，单击“开始任务”按钮；将右上角的系统时间修改为“2019-7-15”；单击“业务填报”主界面中的“采购订单维护”模块进入“采购订单维护”页面，如图 6-8 所示。

图 6-8　用“综合办公室专业”角色上岗

打开“采购订单维护”页面上方的“新增”下拉列表，通过“自制”方式新增采购订单。对订单表头的信息进行维护，在“采购组织”下拉列表中选择“鸿途集团水泥有限公司”选项，在“订单类型”下拉列表中选择“固定资产采购”选项，在“供应商”下拉列表中选择“外部供应商”下的“庆峰五金贸易公司”选项；在表体部分的“详细信息”页面，选择“物料编码”为“350101”的空调，在“数量”栏中录入“1”，在“无税单价”栏中录入“1769.03”，检查无误后依次单击“保存”“保存提交”按钮，如图 6-9 所示。

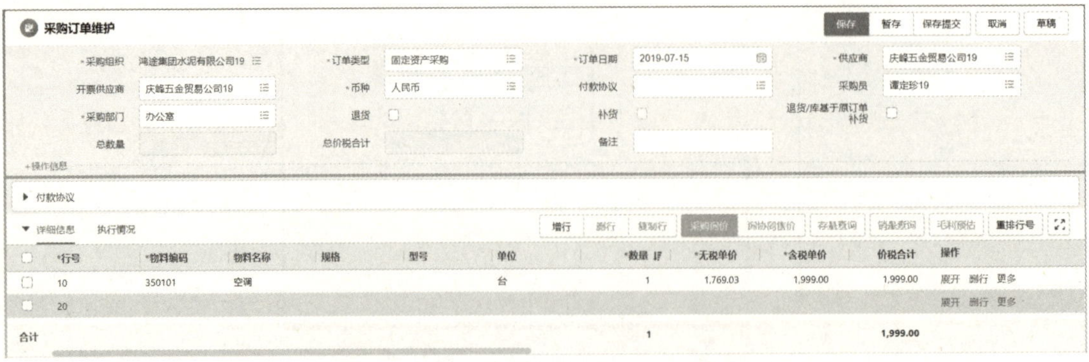

图 6-9　“采购订单维护”页面

（2）用“综合办公室经理”角色上岗，单击“开始任务”按钮；将右上角的系统日期修改为“2019-07-15”；在“审批管理”主界面的“审批中心”模块中找到未处理的单据，单击“未处理”按钮进入“采购订单审批”页面，如图 6-10 所示。

图 6-10　用“综合办公室经理”角色上岗

找到待审批的“采购订单”，单击打开，进行详情审核。核对各项信息，确认无误后单击“批准”按钮。最后，回到任务页面，单击“完成任务”按钮，如图 6-11、图 6-12 所示。

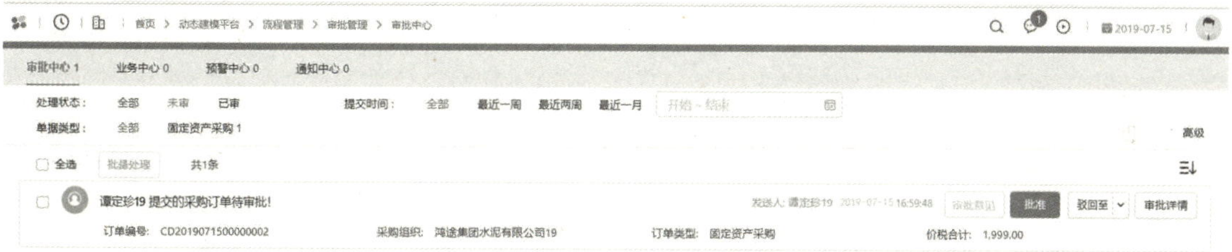

图 6-11　批准 1

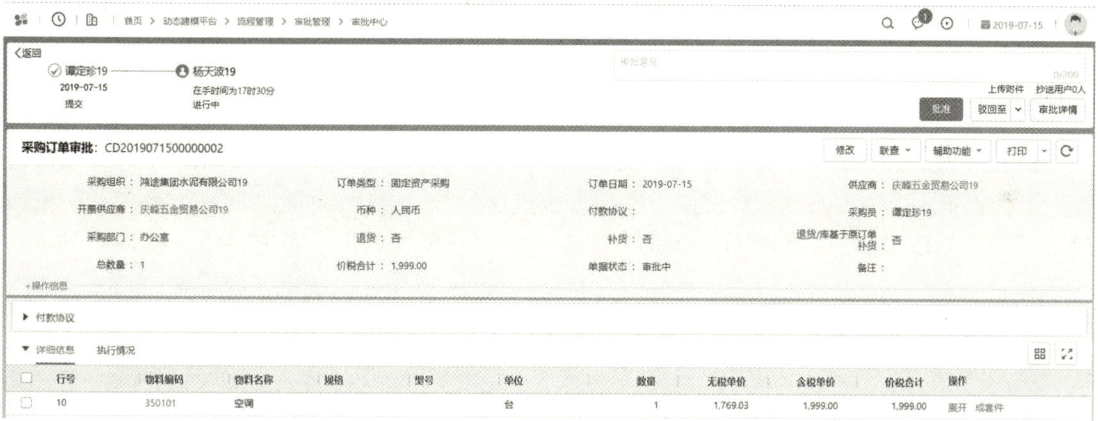

图 6-12　批准 2

（3）用“业务财务”角色上岗，单击“开始任务”按钮，将右上角的系统日期修改为“2019-07-15”；单击“采购业务”主界面中的“采购发票维护”模块进入“采购发票维护”页面，如图 6-13 所示。

在“新增”下拉列表中选择“采购收票”选项；切换到“采购订单”页面，在“结算财务组织”下拉列表中选择“鸿途集团水泥有限公司”选项，在“日期”栏中选择“2019-07-15～2019-07-15”选项，单击右侧的“ ”按钮，进行采购订单的查询。勾选目标订单，单击“生成发票”按钮，生成相应的采购发票，如图 6-14 所示。

图 6-13　用“业务财务”角色上岗

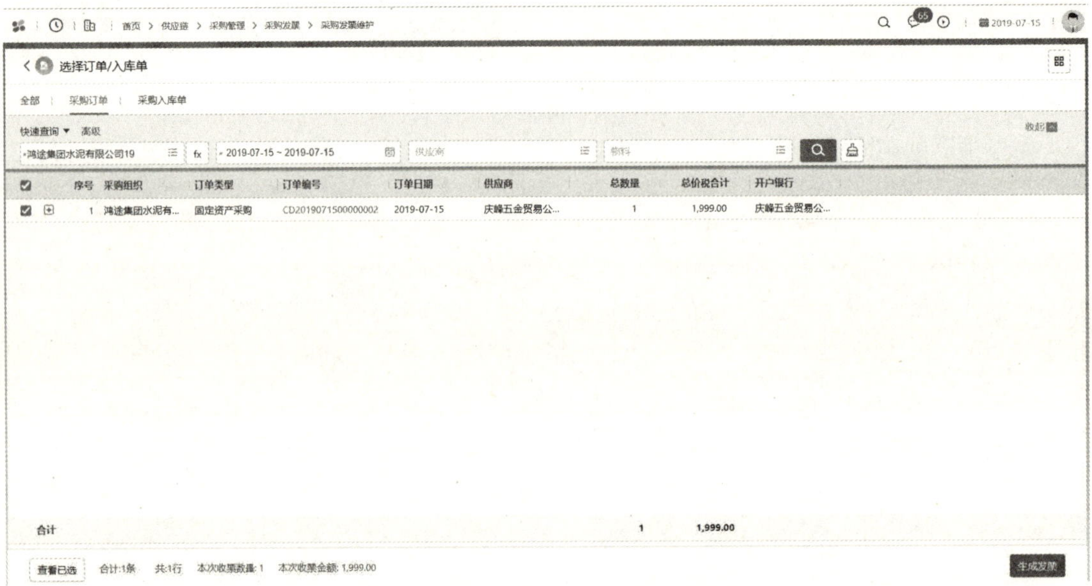

图 6-14　生成发票

在“采购发票维护”页面核实相关信息后，单击“保存”按钮；在“影像”下拉列表中选择“影像扫描”选项，将“采购发票”电子影像进行导入、上传；回到“采购发票维护”页面单击“提交”按钮。最后回到任务页面，单击“完成任务”按钮，如图 6-15、图 6-16 所示。

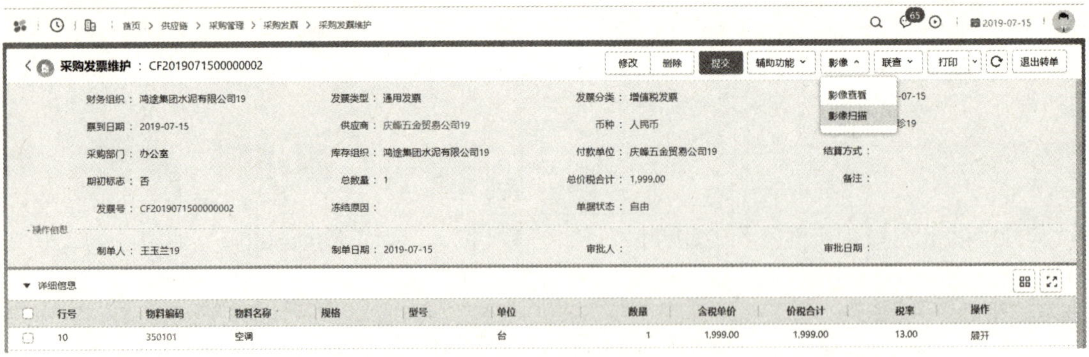

图 6-15　影像扫描

（4）继续使用“业务财务”角色上岗，单击“开始任务”按钮，单击“采购业务”主界面中的“应付单管理”模块进入“应付单管理”页面，如图 6-17 所示。

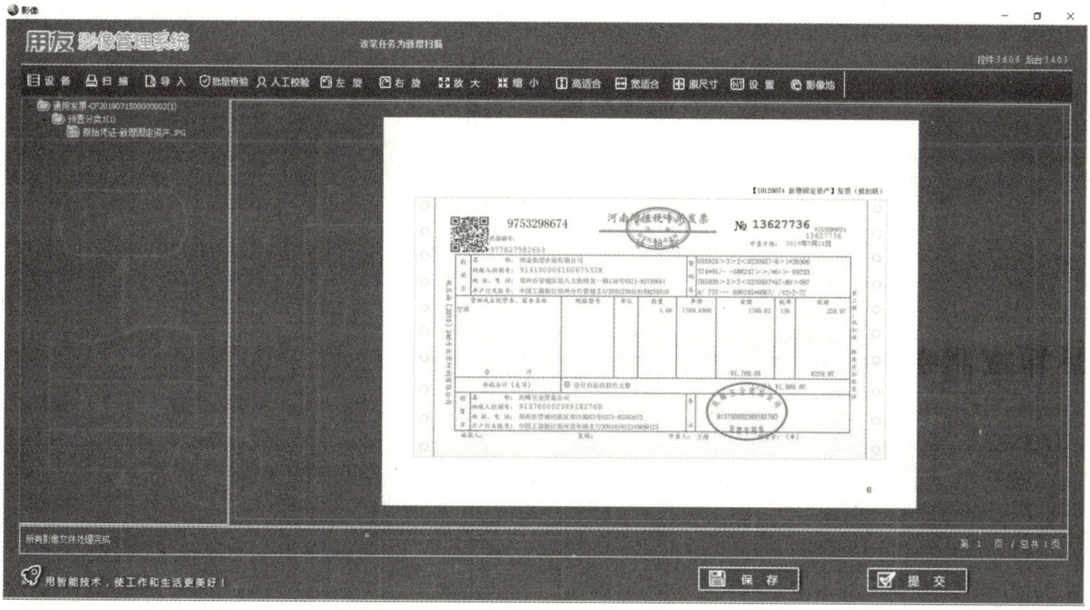

图 6-16　影像保存

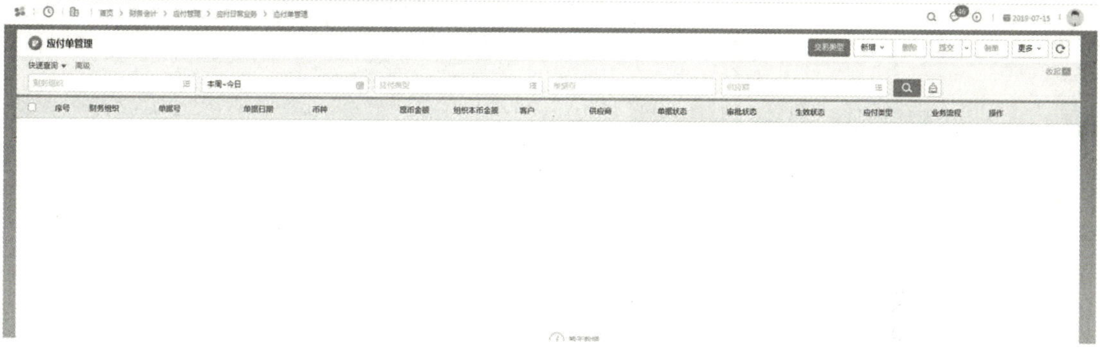

图 6-17　“应付单管理”页面

在“财务组织”下拉列表中选择“鸿途集团水泥有限公司”选项，在“日期”栏中选择“2019-07-01～2019-07-31”选项，单击右侧的“ ”按钮，查询目标单据；单击单据编号，查看单据详情后单击“提交”按钮，如图 6-18、图 6-19 所示。最后回到任务页面，单击“完成任务”按钮。

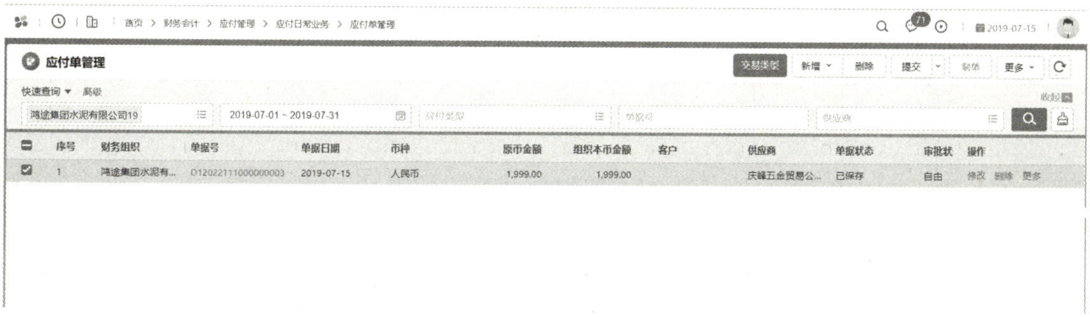

图 6-18　查询目标单据

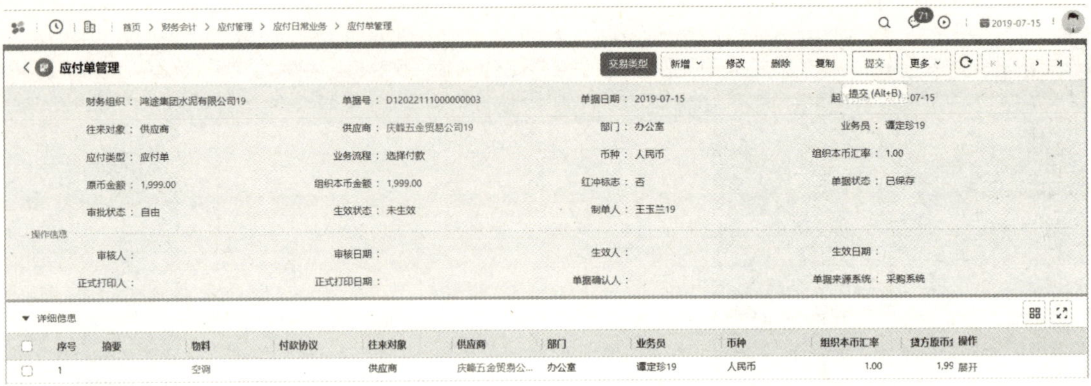

图 6-19　提交应付单

（5）用“财务经理”角色上岗，单击“开始任务”按钮；将右上角的系统日期修改为“2019-07-15”；在“审批管理”页面中的“审批中心”模块中单击“未处理”按钮，进入“应付单审批”页面，如图 6-20 所示。

图 6-20　用“财务经理”角色上岗

单击“应付单”，查看详细情况进行审核；确认无误后单击“财务经理角色<批准>”按钮进行审批；最后回到任务页面，单击“完成任务”按钮，如图 6-21 所示。

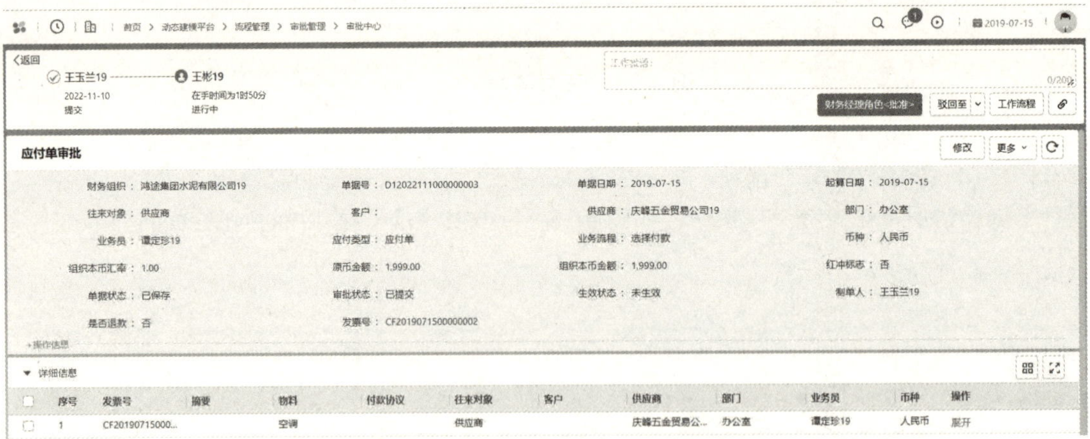

图 6-21　“应付单审批”页面

（6）用“应付初审岗”角色上岗，单击“开始任务”按钮；将右上角的系统日期修改为“2019-07-15”；单击“作业平台”页面中“我的作业”模块中的“待提取”按钮进入“提取任务”页面；单击右上角的“任务提取”按钮，查找到目标单据，如图 6-22、图 6-23 所示。

图 6-22 用“应付初审岗”角色上岗

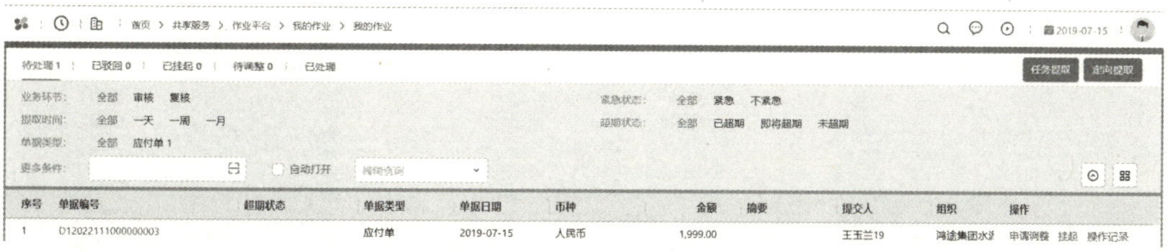

图 6-23 提取单据

打开单据详情进行查看，确认无误后单击“批准”按钮进行审核。最后回到任务页面，单击“完成任务”按钮，如图 6-24 所示。

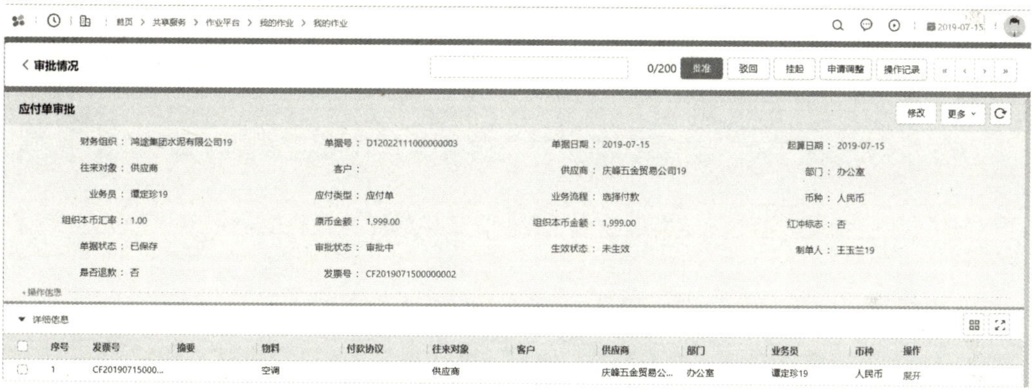

图 6-24 审批

（7）用“总账主管岗”角色上岗，单击“开始任务”按钮进入 NCC，将右上角的系统日期修改为“2019-07-15”；单击“凭证管理”下的“凭证审核”，如图 6-25 所示。

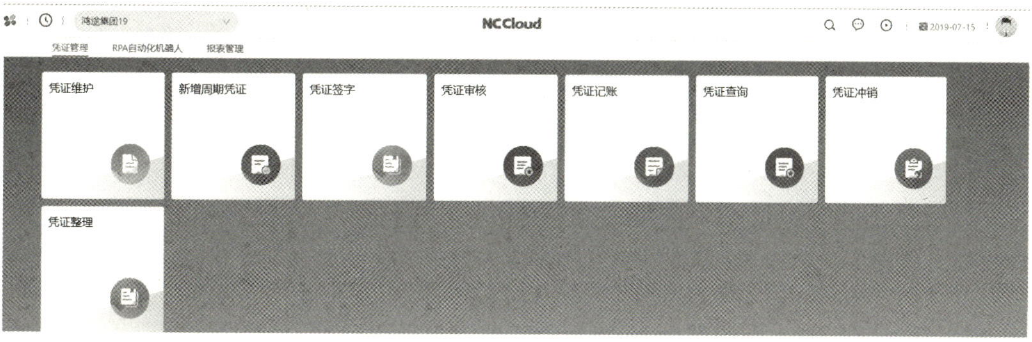

图 6-25 用“总账主管岗”角色上岗

在“财务核算账簿”对话框中勾选“鸿途集团水泥有限公司—基准账簿”复选框，并勾选

“包含下级”复选框，如图 6-26 所示。

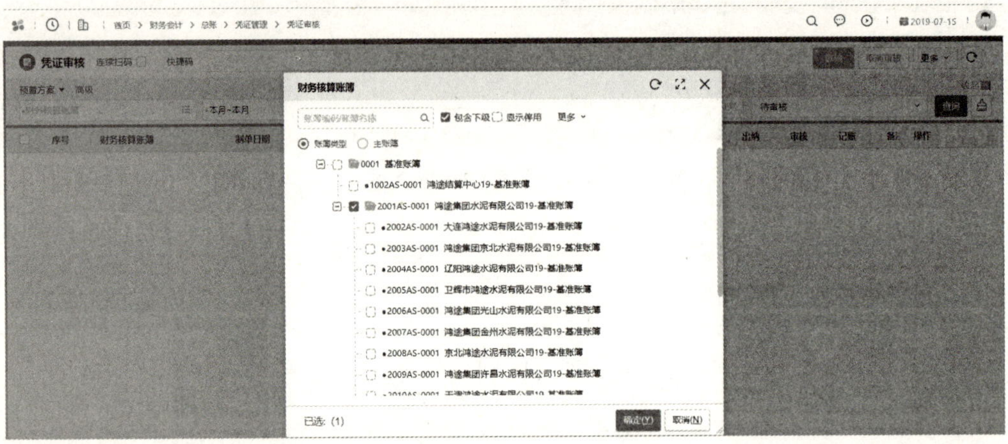

图 6-26 “财务核算账簿”对话框

在“财务核算账簿”对话框中单击“确定”按钮，回到“凭证审核”页面。“日期”选择“2019-07-15～2019-07-15”，单击“查询”按钮，查到目标凭证，如图 6-27 所示。

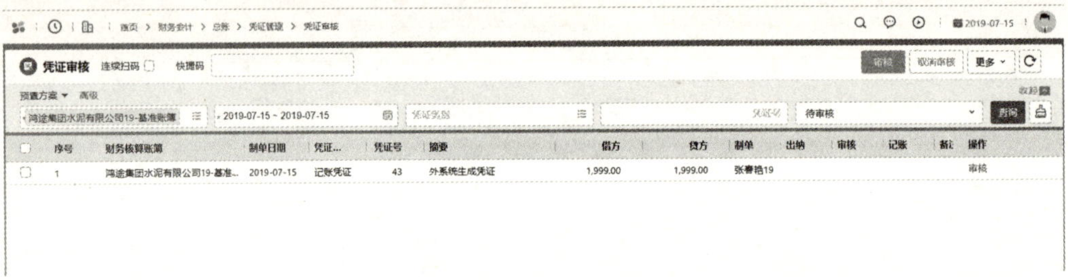

图 6-27 查询目标凭证

双击凭证，打开凭证详情，进行检查、审核，确认无误后单击“审核”按钮，完成凭证审核工作，如图 6-28 所示。最后回到任务页面，单击“完成任务”按钮。

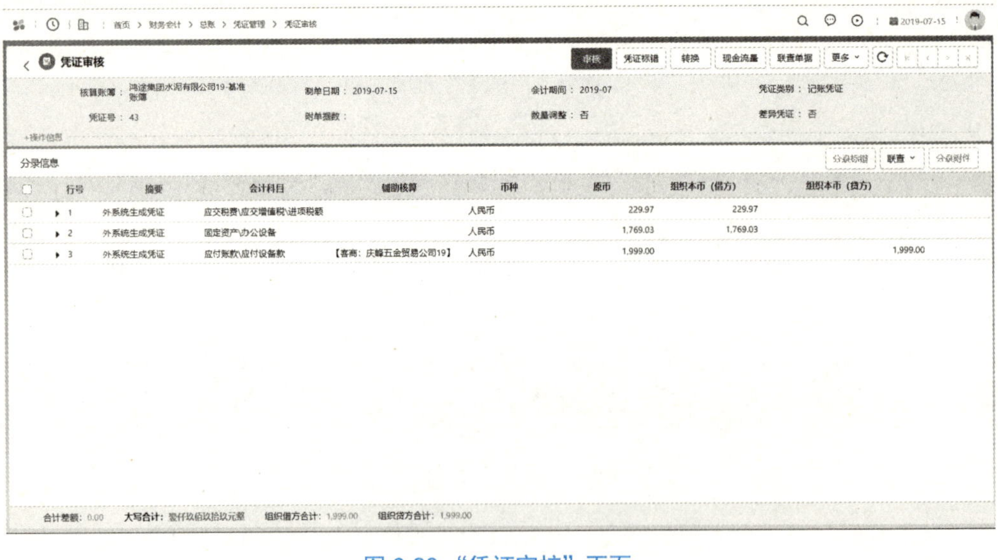

图 6-28 “凭证审核”页面

2. 固定资产新增—支付货款

【岗位说明】

业务财务（提交付款单）——财务经理（审批付款单）——应付初审岗（审核付款单）——中心出纳岗（出纳付款）——总账主管岗（审核记账凭证）

【操作指导】

（1）用“业务财务”角色上岗，单击“开始任务”按钮；将右上角的系统时间修改为“2019-7-20”；单击“采购业务”主界面中的“付款单管理”模块进入“付款单管理”页面，如图 6-29 所示。

图 6-29　用“业务财务”角色上岗

在 “新增”下拉列表中选择“自制”选项，输入相关表头信息。在“财务组织”下拉列表中选择“鸿途集团水泥有限公司”选项，在“供应商”下拉列表中选择“庆峰五金贸易公司”选项，在“部门”下拉列表中选择“质控处办公室”选项，在“结算方式”下拉列表中选择“网银”选项，在“付款银行”下拉列表中选择尾号为 8310 的工商银行，在“原币金额”栏中输入“1999”。在“详细信息编辑”对话框中选择“物料”为“空调”、“付款业务类型”为“货款”，在“单价”栏中输入“1999”，回到“付款单管理”页面单击“保存”按钮，如图 6-30、图 6-31 所示。

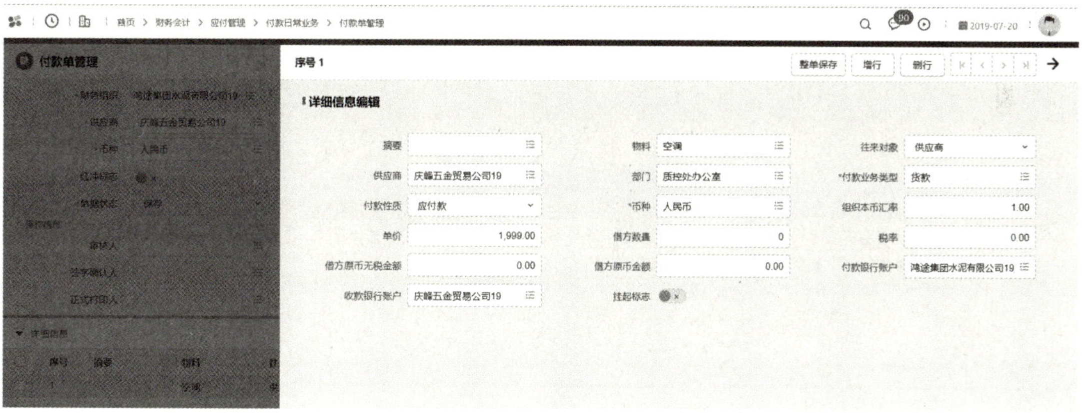

图 6-30　付款单录入

在“更多”下拉列表中选择“影像扫描”选项，将“采购发票”抵扣联电子影像进行导入、上传；回到“采购发票维护”页面单击“提交”按钮。最后回到任务页面，单击“完成任务”按钮，如图 6-32、图 6-33 所示。

（2）用“财务经理”角色上岗，单击“开始任务”按钮；将右上角的系统日期修改为“2019-07-20”；在“审批管理”主界面的“审批中心”模块中单击“未处理”按钮，如图 6-34 所示。

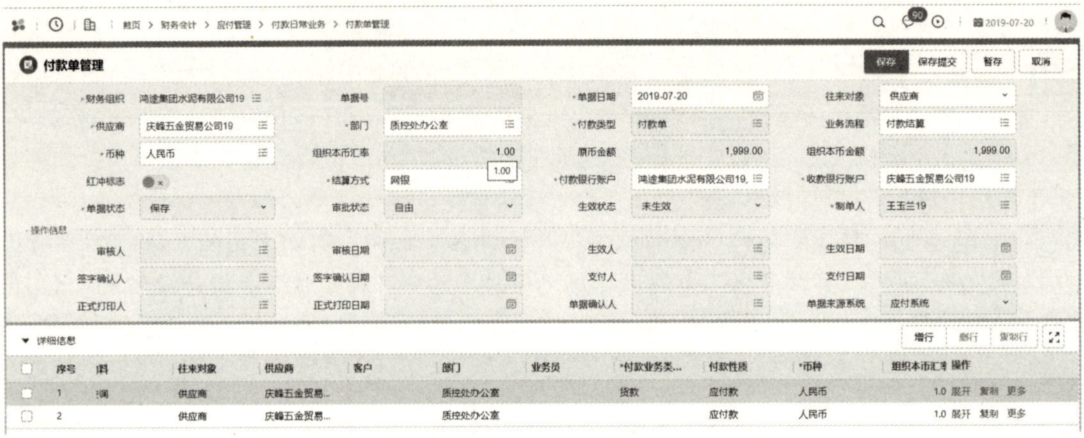

图 6-31 付款单保存

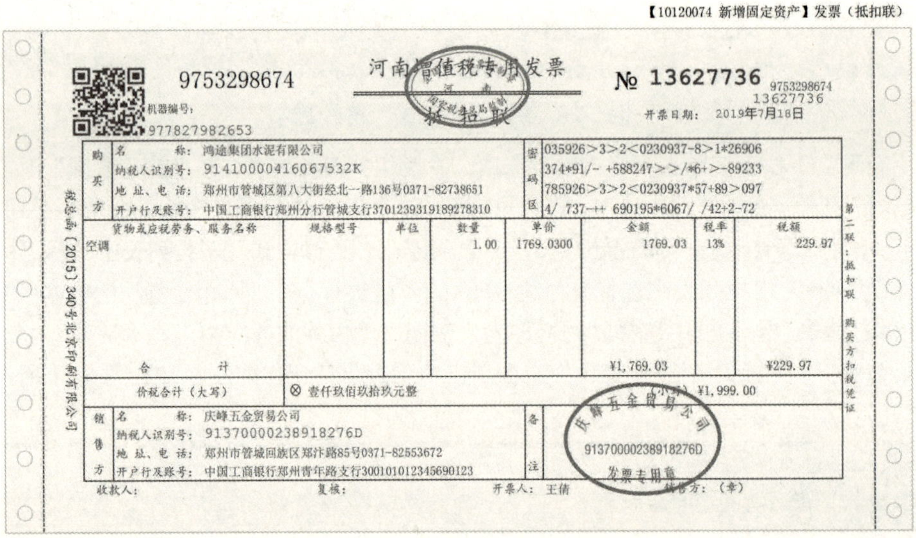

图 6-32 “影像扫描”

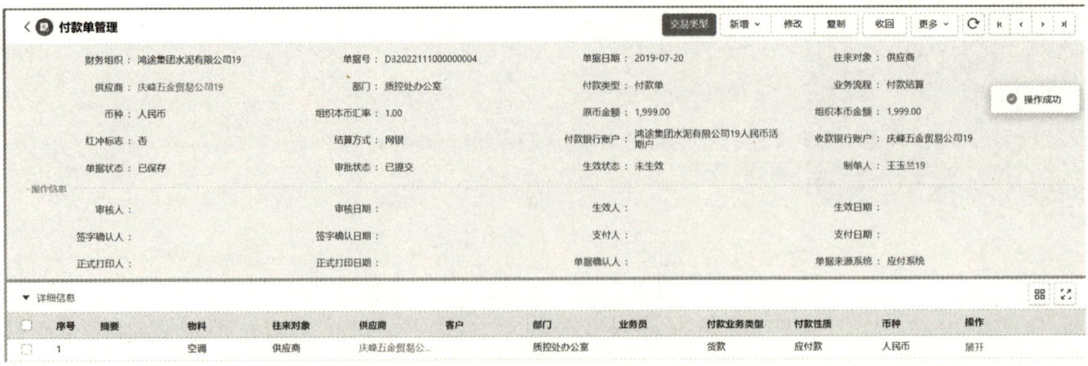

图 6-33 付款单提交

图 6-34　“审批管理”页面

单击目标单据，查看详细情况进行审核，在“更多”下拉列表中选择“影像查看”选项，核查比对原始凭证，确认无误后单击“财务经理角色<批准>”按钮。最后回到任务页面，单击“完成任务”按钮，如图 6-35、图 6-36 所示。

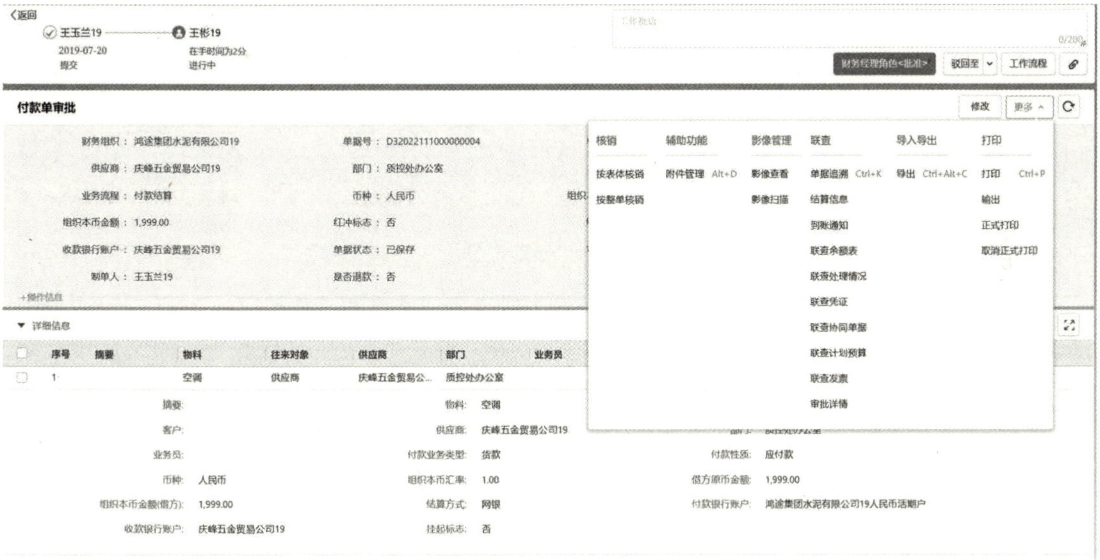

图 6-35　“影像查看”

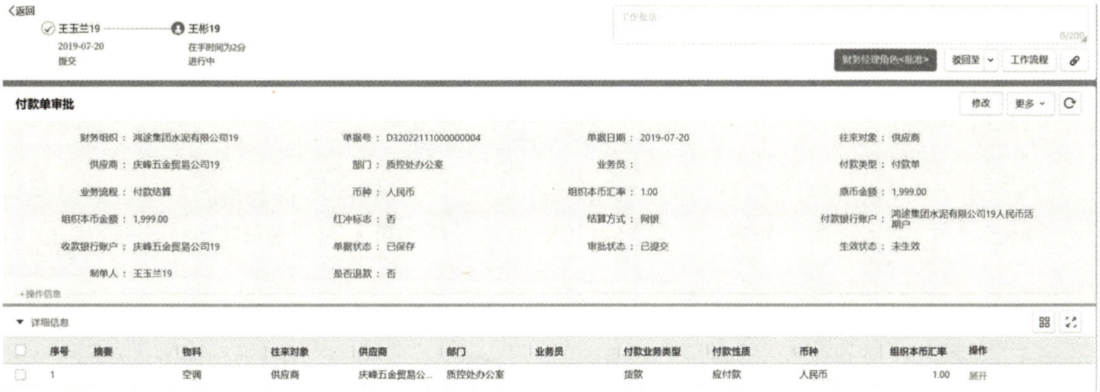

图 6-36　“付款单审批”页面

（3）用“应付初审岗”角色上岗，单击“开始任务”按钮；将右上角的系统日期修改为“2019-07-20”；单击“作业平台”主界面的“我的作业”模块中的“待提取”按钮进入“提取任务”页面；单击左上角的“任务提取”按钮，查找到目标单据，如图 6-37、图 6-38 所示。

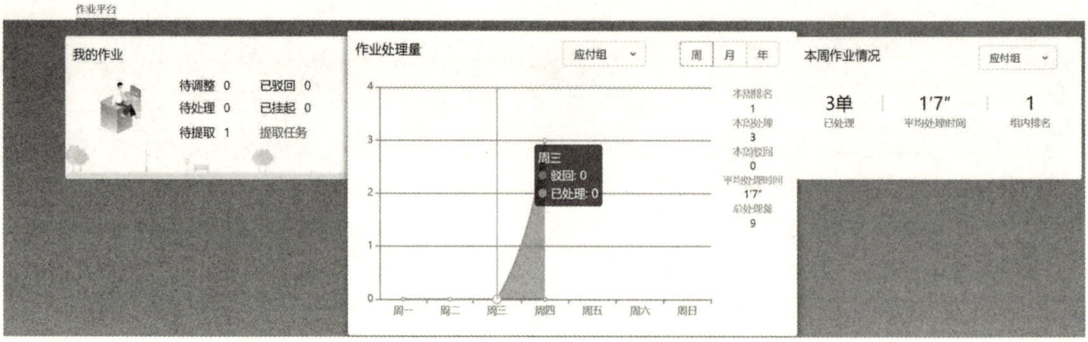

图 6-37 “作业平台”页面

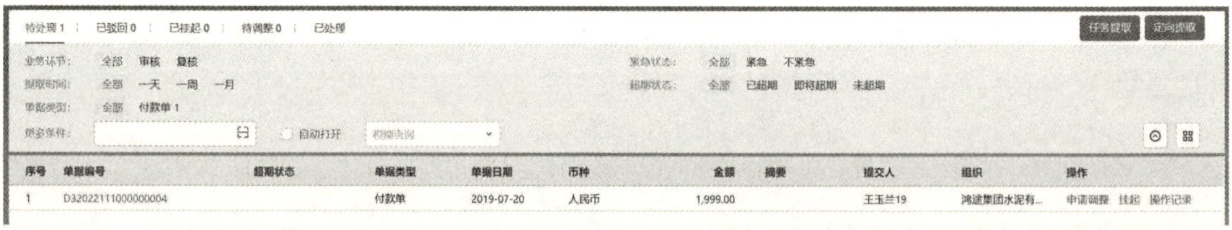

图 6-38 “任务提取”

打开单据详情进行查看，在“更多”下拉列表中选择“影像查看”选项，核查、比对原始凭证，确认无误后单击“批准”按钮。最后回到任务页面，单击“完成任务”按钮，如图 6-39 所示。

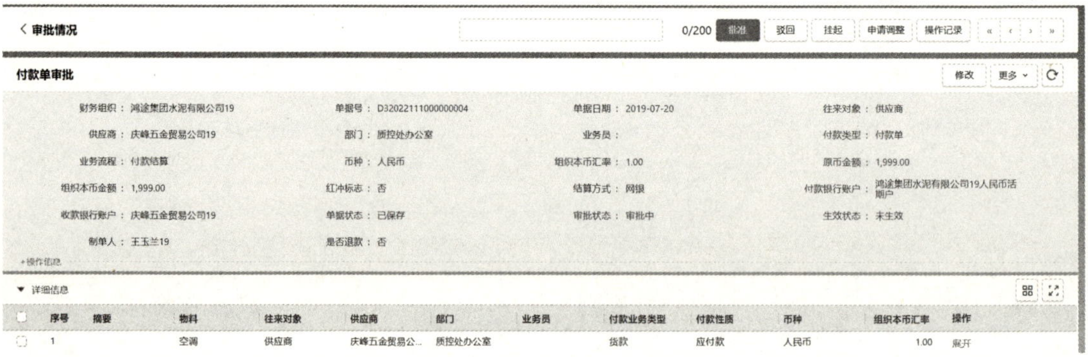

图 6-39 批准付款单

（4）用“中心出纳岗”角色上岗，单击“开始任务”按钮；将右上角的系统日期修改为“2019-07-25”；单击“结算处理”主界面中的“结算”模块进入“结算”页面，如图 6-40 所示。

图 6-40 用“中心出纳岗”角色上岗

在“财务组织”下拉列表中选择 “鸿途集团水泥有限公司”选项，在“时间”栏中选择“2018-08-01～2022-12-30”选项，单击“ ”按钮进行查询，在“待结算”页面查到一张待结算的目标单据，如图 6-41 所示。

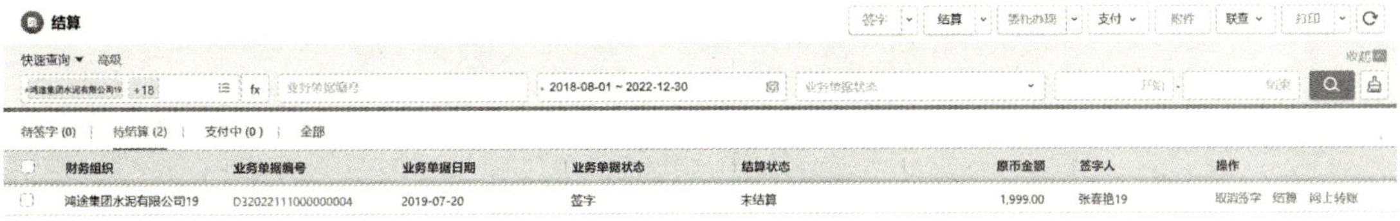

图 6-41　结算单

单击单据，查看其详情，在“支付”下拉列表中选择“网上转账”选项，完成结算工作；最后回到任务页面，单击“完成任务”按钮，如图 6-42 所示。

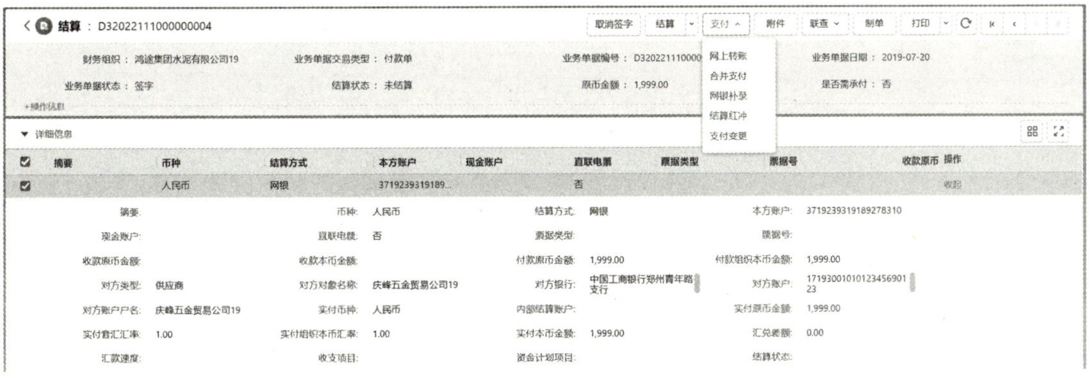

图 6-42　“网上转账”

（5）用“总账主管岗”角色上岗，单击“开始任务”按钮，将右上角的系统日期修改为“2019-07-25”；单击“凭证管理”主界面中的“凭证审核”模块进入“凭证审核”页面，如图 6-43 所示。

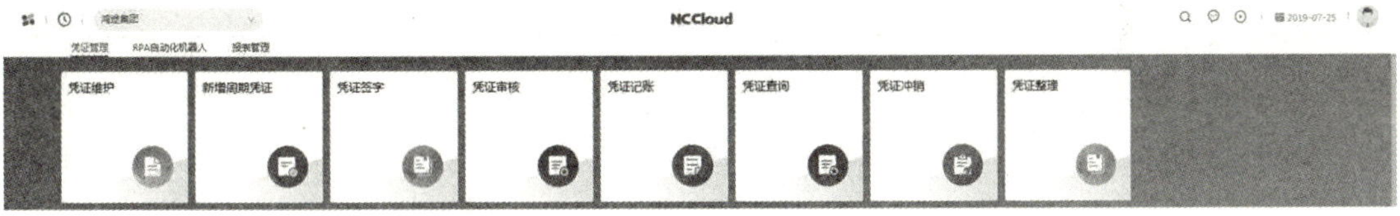

图 6-43　用“总账主管岗”角色上岗

在“财务核算账簿”对话框中勾选“鸿途集团水泥有限公司—基准账簿”复选框，并勾选“包含下级”复选框；“日期”选择“2019-07-20 至今”，单击“查询”按钮，查到目标凭证，如图 6-44 所示。

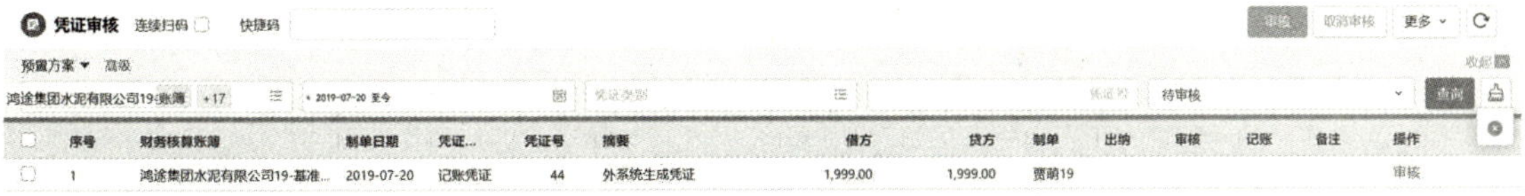

图 6-44　查询凭证

双击凭证，打开凭证详情，进行检查、审核，确认无误后单击“审核”按钮，完成审核工作。最后回到任务页面，单击“完成任务”按钮，如图 6-45 所示。

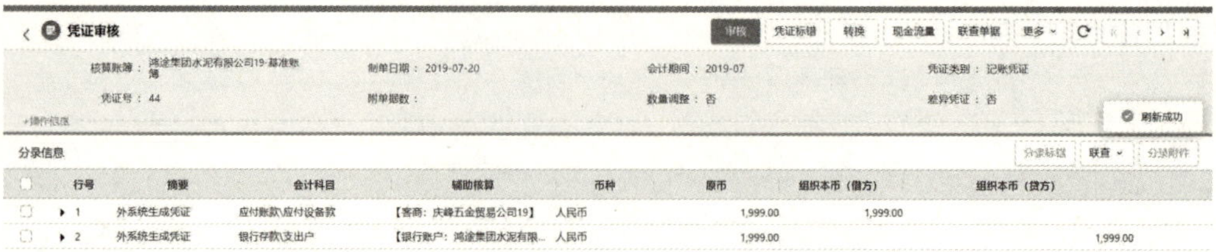

图 6-45 “凭证审核”页面

3. 固定资产新增—确认资产

【岗位说明】

资产核算岗（记录资产新增）

【操作指导】

用“资产核算岗”角色上岗，单击“开始任务”按钮；将右上角的系统时间修改为“2019-07-20”；单击“资产增加”主界面中的“固定资产卡片维护”模块进入“固定资产卡片维护”页面，如图 6-46 所示。

图 6-46 用“资产核算岗”角色上岗

在“新增”下拉列表中选择“通用资产增加”选项，录入固定资产卡片中的相关信息。在“财务组织”下拉列表中选择“鸿途集团水泥有限公司”选项，在“资产名称”栏中输入“空调”，在“增加方式”下拉列表中选择“直接购入”选项，在“使用部门”和“管理部门”下拉列表中均选择“质控处办公室”选项，在“使用状况”下拉列表中选择“在用”选项，在“资产类别”下拉列表中选择“生活设备”选项，在“净值”栏中输入“1999”，检查无误后单击“保存”按钮；最后回到任务页面，单击“完成任务”按钮，如图 6-47 所示。

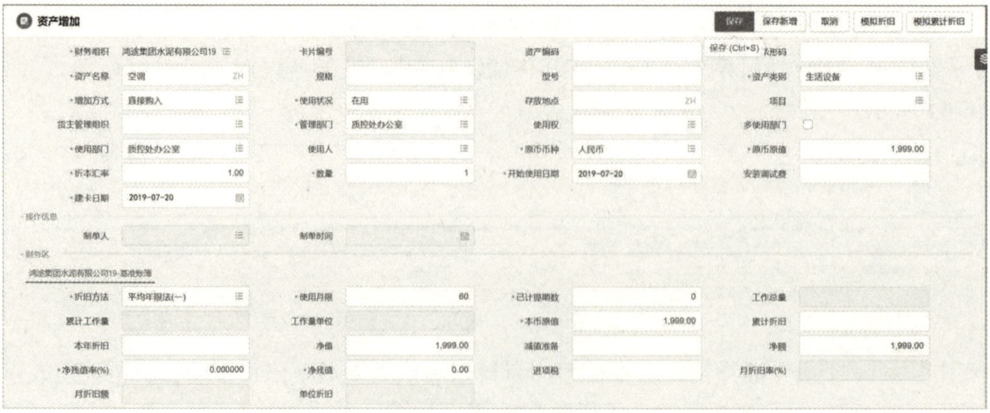

图 6-47 “资产增加”页面

四、拓展练习

（一）企业集团固定资产变动的场景

- 固定资产原币原值变动。
- 固定资产本币原值变动。
- 固定资产累计折旧变动。
- 固定资产管理部门变动。
- 固定资产使用部门变动。
- 固定资产使用人变动。

（二）思考拓展

根据本项目所学内容，完成企业集团固定资产变动的流程图绘制，并将绘制好的流程在 NCC 中进行运行测试。

【固定资产变动的案例资料】

2019 年 7 月 12 日，鸿途水泥原由销售服务办公室（“部门编码”：0501）使用的一台笔记本电脑（“属于”：电子设备）调整至供应处办公室（“部门编码”：0601）。具体笔记本电脑信息如下所述。

- 商品名称：ThinkPad 翼 480。
- 屏幕尺寸：14.0 英寸。
- 系列：ThinkPad - E 系列。
- 分类：轻薄本。
- 原值：4900 元。
- 累计折旧：816.66 元（半年）。

项目 7

其他业务共享

目标要求

知识目标：

能够描述企业资金结算的含义

了解鸿途集团在财务共享建设前的资金结算流程

了解税务、档案、报表在财务共享服务中心的应用、流程和内容

能力目标：

能够用 Visio 工具进行绘制

能够根据财务共享服务中心的建设规划，设计财务共享服务中心建成后的企业资金结算流程，绘制 Visio 流程图

能够根据 NCC 工作流与审批流设置操作视频将本组设计的企业资金结算流程方案在 NCC 上进行设置

能够通过分岗协同的方式，在 NCC 中对本组设置的企业资金结算流程进行测试、验证，并将验证结果录屏上传、分享、进行学生间互评

能在财务共享服务系统进行税务、档案、总账及报表共享作业

育人目标：

使学生具备认真细致的工作习惯

使学生具有诚实守信的优良品格

通过不同业务的学习，拓展学生的知识面，加强学生对财务共享服务中心的理解

思维导图

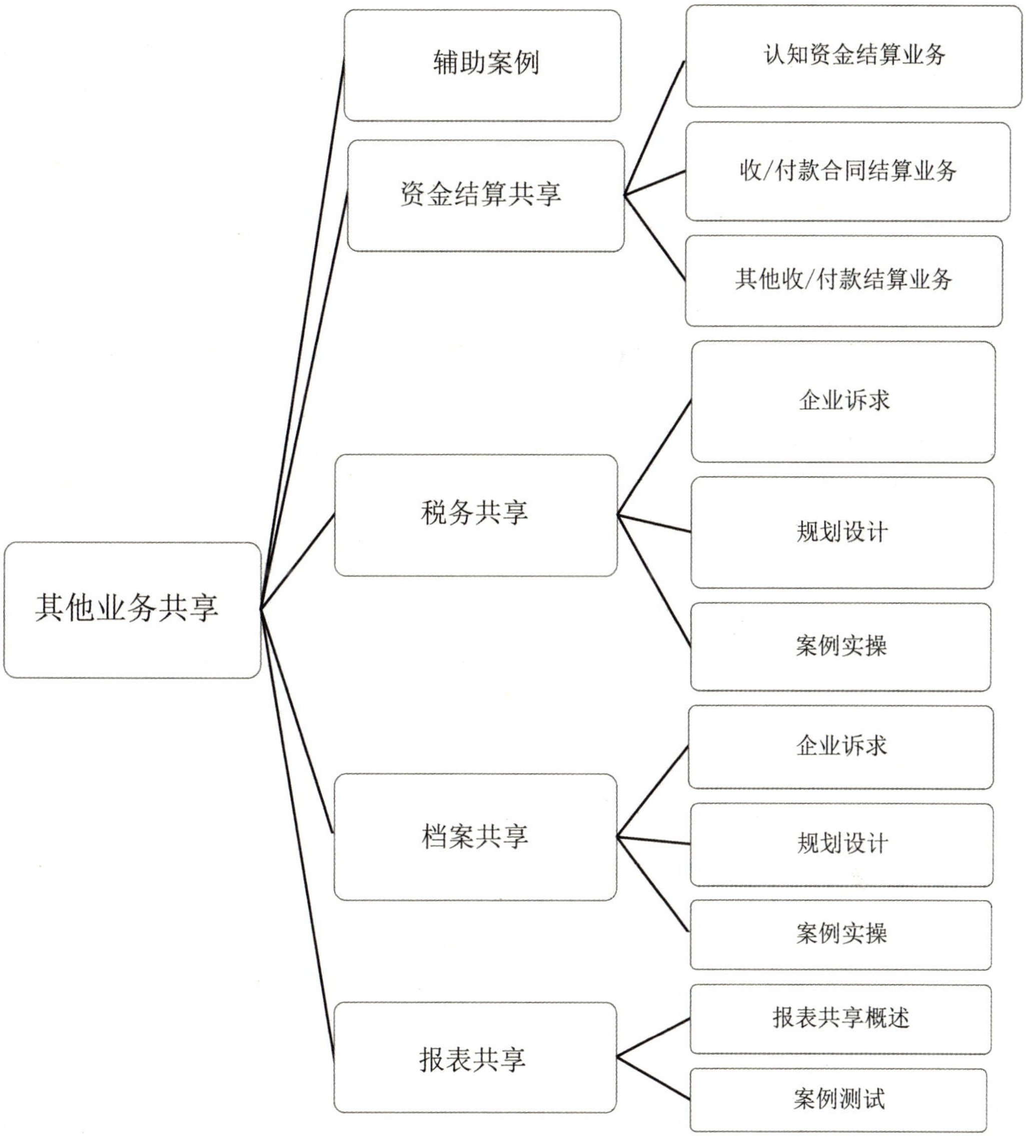

辅助案例

一、鸿途集团收/付款结算业务

鸿途集团收/付款结算业务通常会经过以下 3 个阶段。

（1）收/付款合同签订：企业的业务部门与客户或供应商经过协商、谈判并达成一致意见后，拟订收款或付款合同，合同在按照企业合同审批流程通过后正式生效，同时合同进入履行状态。

（2）收/付款合同立账（应收/应付挂账）：当企业与合同中指定的客户或供应商发生应收/应付业务时，财务部应参照合同进行应收或应付账款的确认。

（3）收/付款结算：合同执行人可根据相应收/付款计划或按照企业结算审批流程进行收款或付款。

二、鸿途集团资金结算业务

鸿途集团资金结算业务是鸿途集团用来处理不涉及往来的（不涉及供应链合同或收/付款合同的）收/付款业务的，目前由各业务单位自行完成资金结算业务。该集团不涉及往来的资金流出业务，如水电费支出、银行手续费支出等，通常由业务单位出纳或会计人员操作完成。该集团不涉及往来的资金流入业务，如利息收入等，通常由业务单位财务人员或业务人员操作完成。

7.1 资金结算共享

一、认知资金结算业务

1. 资金结算的内容

资金结算是指单位或个人之间由商品交易、劳务服务等经济往来所引起的货币收付行为，分为现金结算和非现金结算两类。前者是用现金直接进行的收/付款行为；后者是通过金融机构划拨转账或票据流通所进行的收/付款行为。

2. 传统资金结算介绍

在我国，传统的结算方式仅包括汇兑、托收承付和委托收款 3 种。

3. 与传统资金结算相比

第一，与传统业务相比，新业务、新技术的发展速度过快，金融监管的制度规范相对滞后，无法及时建立合理的安全规范标准。盲目地阻止新业务、新技术的发展很可能人为妨碍到金融业务的发展，一味地宽松规制很可能使人错漏潜在的金融风险。

第二，资金在新的业务环境下，很大一部分是通过虚拟的网络途径进行流动的，支付结算的手段多样且便捷，相较于传统业务方式，互联网金融的支付结算不利于风险防控工作的开展，资金的流向不易追踪；同时，客户信息存在外泄、被盗用的风险。

第三，互联网金融企业的账户中存有部分客户资金，在资金托管机制未完全建立的情况下，客户资金面临被挪用、盗取等风险。这对于整个互联网金融、对于商业银行的新型支付结算业务，都会产生极大的负面影响。

我们应结合网络支付的特点，促进电子银行渠道的全面发展。网络支付方式凭借其固有的便捷、高效的特点，备受追捧。微信银行、网上银行、手机银行等支付结算方式既是传统银行业与网络时代接轨的直接体现，也是传统资金结算业务实现模式转变的第一步。

二、收/付款合同结算业务

（一）企业诉求

1．企业集团收/付款合同结算业务的现状

鸿途集团收/付款合同结算业务以传统结算方式为主、网络化结算为辅，在时间、人力上都会花费大量的成本。

2．企业集团收/付款合同结算业务的典型问题

鸿途集团在收/付款合同结算方面设有制定统一的收/付款合同签订流程，各分/子公司“各自为政”、流程不统一；集团无法及时获得准确的收/付款合同执行情况；对于超合同金额的收/付款控制，集团没有统一的控制点，增加了合同执行风险。

（二）规划设计

1．需求假设

（1）构建财务共享服务中心后，尽量保持业务流程的稳定性。

- 根据传递到财务共享服务中心的业务单据，确定流程中业务单位与财务共享服务中心的边界，所有业务单据都需要经过财务共享服务中心的审核或初审。
- 财务共享服务中心接收业务单据所随附的原始凭证，均由制单人在制单后立即扫描上传；此后需要审核该业务单据的环节，均同时审核该业务单据的原始单据影像。
- 保留在业务单位的工作流程和职责不变，但原业务单位财务部的工作除财务经理职责外均由业务财务承担。

（2）鸿途集团的所有收/付款均以网银（银企直联）方式完成。

（3）鸿途集团最终选择的是单中心模式。

（4）为了让财务共享服务中心审核有据，所有进入财务共享服务中心审核环节的业务单据都必须随附外部原始凭证的影像。走作业组的业务单据，用影像上传的方法随附影像；不走作业组而走重量端的业务单据，用拍照后添加附件的方法随附影像。

为了简化学生的构建测试工作，共享后流程中审批环节最高设计到分/子公司总经理。

2．共享后收/付款结算流程所需业务单据

共享后收/付款结算流程所需业务单据，如表 7-1 所示。

表 7-1　共享后收/付款结算流程所需业务单据

序号	名称	是否进入财务共享服务中心	是否属于作业组工作	流程设计工具
1	付款合同	Y	Y	工作流
2	应付单	Y	Y	工作流
3	付款单	Y	Y	工作流
4	收款合同	Y	Y	工作流
5	应收单	Y	Y	工作流
6	收款单	Y	Y	工作流

3．共享后收/付款结算流程设计

以下是可供参考的一种共享后收/付款结算流程设计，该流程已经经过测试、可以在 NCC

中成功构建和运行。

1）付款合同结算

（1）共享后鸿途集团付款合同结算——付款合同签订流程如图 7-1 所示。

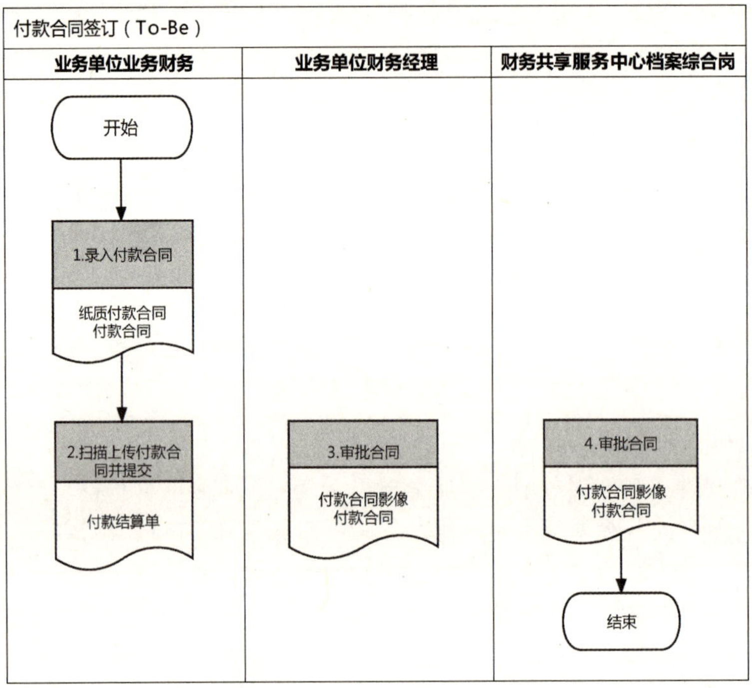

图 7-1　共享后鸿途集团付款合同结算——付款合同签订流程

（2）共享后鸿途集团付款合同结算——付款合同应付挂账流程如图 7-2 所示。

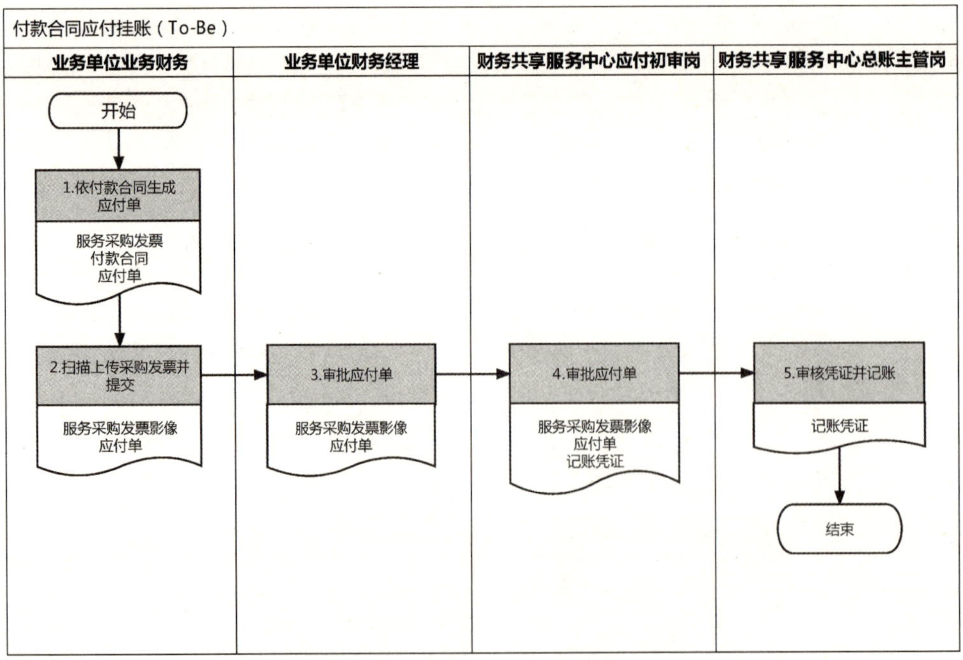

图 7-2　共享后鸿途集团付款合同结算——付款合同应付挂账流程

（3）共享后鸿途集团付款合同结算——付款合同付款结算流程如图 7-3 所示。

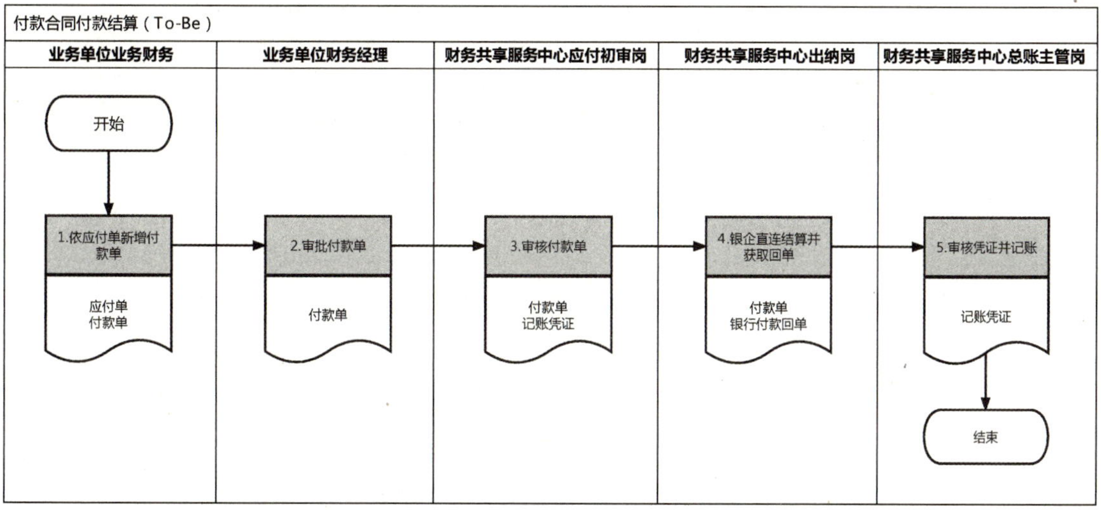

图 7-3　共享后鸿途集团付款合同结算——付款合同付款结算流程

2）收款合同结算

（1）共享后鸿途集团收款合同结算——收款合同签订流程如图 7-4 所示。

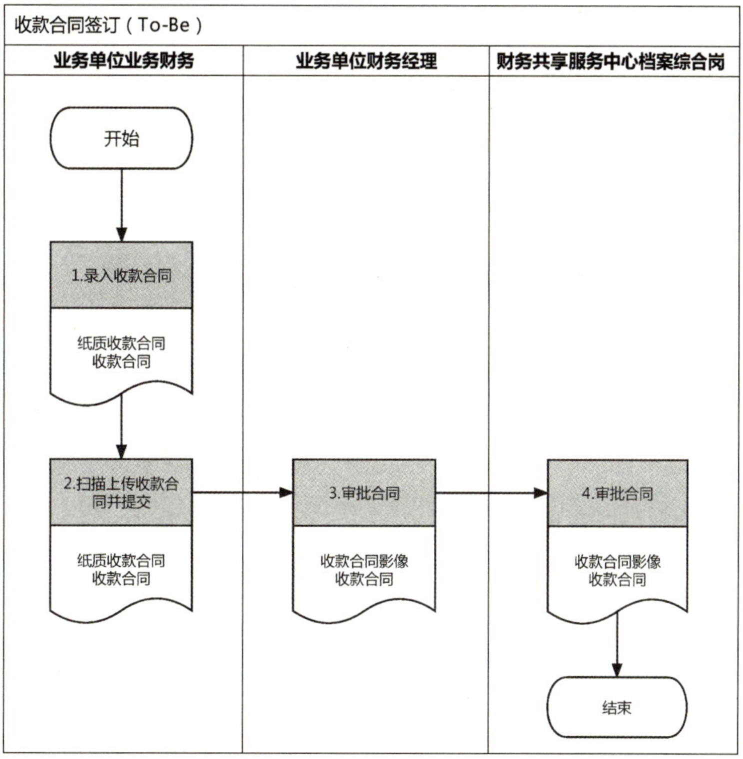

图 7-4　共享后鸿途集团收款合同结算——收款合同签订流程

（2）共享后鸿途集团收款合同结算——收款合同应收挂账业务流程如图 7-5 所示。

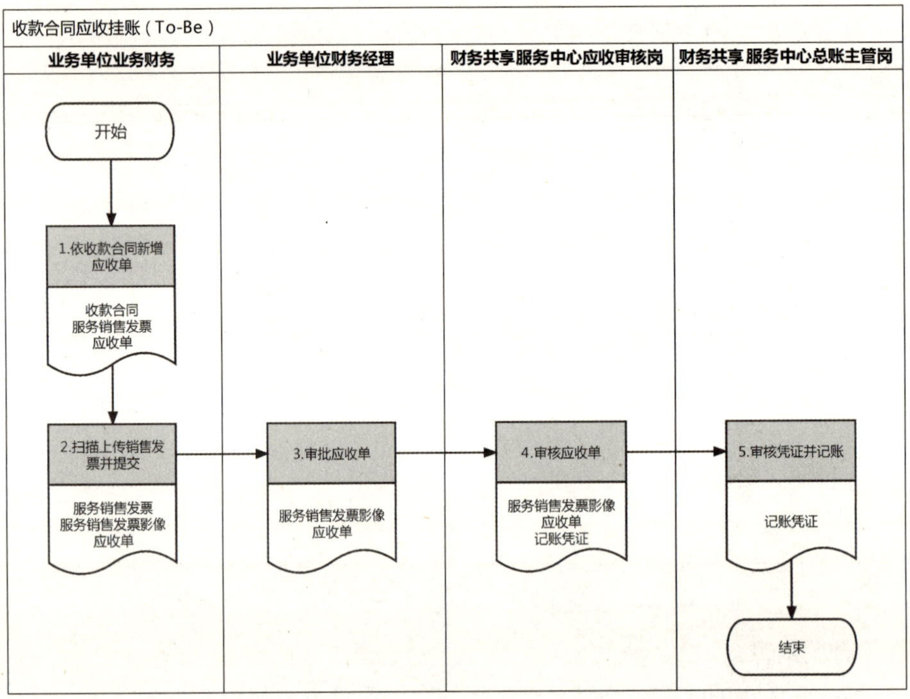

图 7-5 共享后鸿途集团收款合同结算——收款合同应收挂账流程

（3）共享后鸿途集团收款合同结算——收款合同收款结算流程如图 7-6 所示。

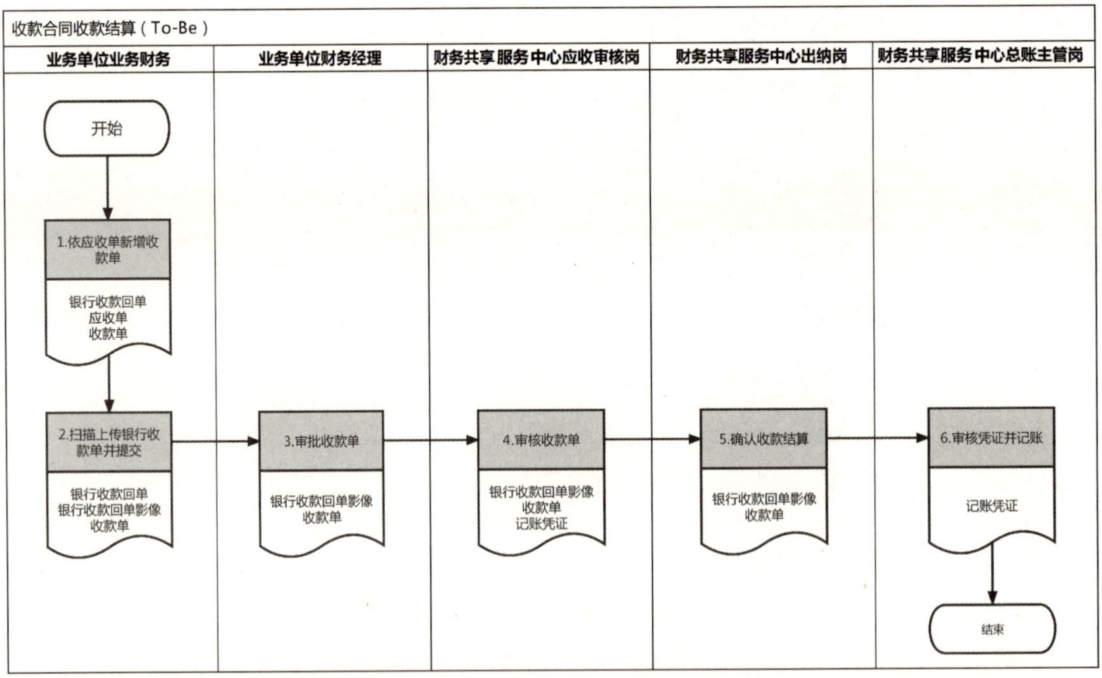

图 7-6 共享后鸿途集团收款合同结算——收款合同收款结算流程

三、其他收/付款结算业务

（一）企业诉求

1. 企业集团收/付款结算流程的现状

鸿途集团收/付款合同结算业务以传统结算方式为主，网络化结算为辅，资金支付流程时间长，没有相应的资金网络支付保护，在时间、人力上都会花费大量成本。

2. 企业集团收/付款结算流程的典型问题

鸿途集团在资金结算方面，不能进行集团级统一的结算处理，无法满足付款应用的方便性要求；不能将资金支付与审批流程、CA 认证和数字签名等进行有效整合，无法满足付款的安全性要求；成员单位每天都会对大量的银行对账单来生成到账通知，财务共享服务中心也需要对各个成员单位的到账通知进行发布，这将耗费财务共享服务中心出纳大量的精力，且容易出错。

（二）规划设计

1. 需求假设

（1）构建财务共享服务中心后，尽量保持业务流程的稳定性。

- 根据传递到财务共享服务中心的业务单据，确定流程中业务单位与财务共享服务中心的边界，所有业务单据都需要经过财务共享服务中心的审核或初审。
- 财务共享服务中心接收业务单据所随附的原始凭证，均由制单人在制单后立即扫描上传；此后需要审核该业务单据的环节，均同时审核该业务单据的原始单据影像。
- 保留在业务单位的工作流程和职责不变，但原业务单位财务部的工作除财务经理职责外均由业务财务承担。

（2）鸿途集团的所有收/付款，均以网银（银企直联）方式完成。

（3）鸿途集团最终选择的是单中心模式。

（4）为了让财务共享服务中心审核有据，所有进入财务共享服务中心审核的业务单据都必须随附外部原始凭证的影像。走作业组的业务单据，用影像上传的方法随附影像；不走作业组而走重量端的业务单据，用拍照后添加附件的方法随附影像。

（5）员工罚款收入。

- 财务共享服务中心系统中采用“营业外收入—罚款净收入”收支项目。
- 财务共享服务中心设置“人员”交易对象类型来表示与员工进行交易。

（6）行政性费用（如办公楼水电费）支出。

- 费用归口于“综合办公室”。
- 财务共享服务中心系统中采用“管理费用”下面的详细收支项目（如“管理费用—水费”）。

2. 共享后其他收/付款结算流程所需业务单据

共享后其他收/付款结算流程所需业务单据，如表 7-2 所示。

表 7-2　共享后其他收/付款结算流程所需业务单据

序号	名称	是否进入财务共享服务中心	是否属于作业组工作	流程设计工具
1	付款结算单	Y	Y	工作流
2	收款结算单	Y	Y	工作流

3. 共享后其他收/付款结算流程设计

以下是可供参考的一种共享后其他收/付款结算流程设计，该流程已经经过测试、可以在NCC 中成功构建和运行。

（1）共享后鸿途集团其他付款结算流程如图 7-7 所示。

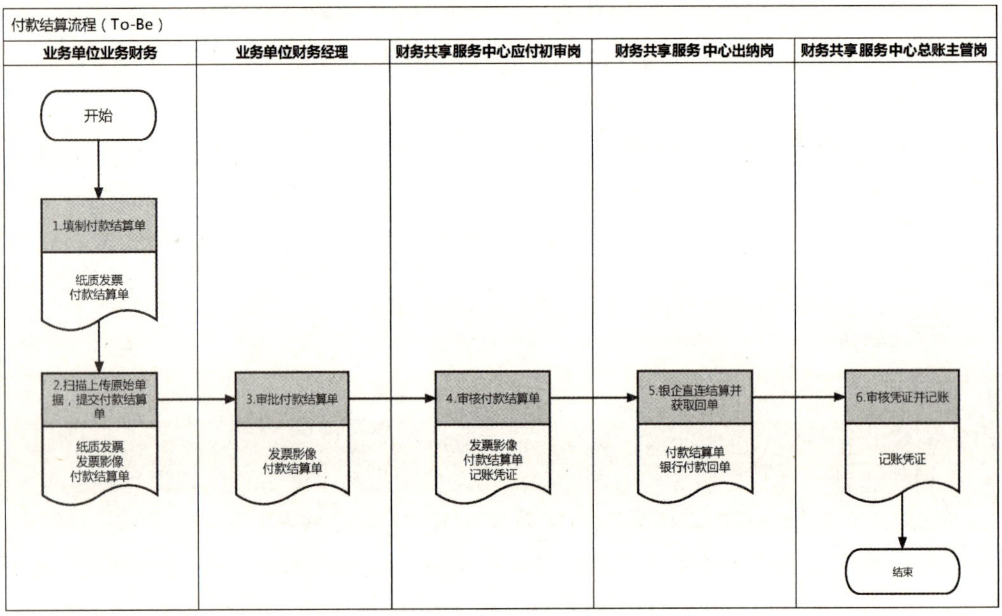

图 7-7　共享后鸿途集团其他付款结算流程

（2）共享后鸿途集团收款结算流程如图 7-8 所示。

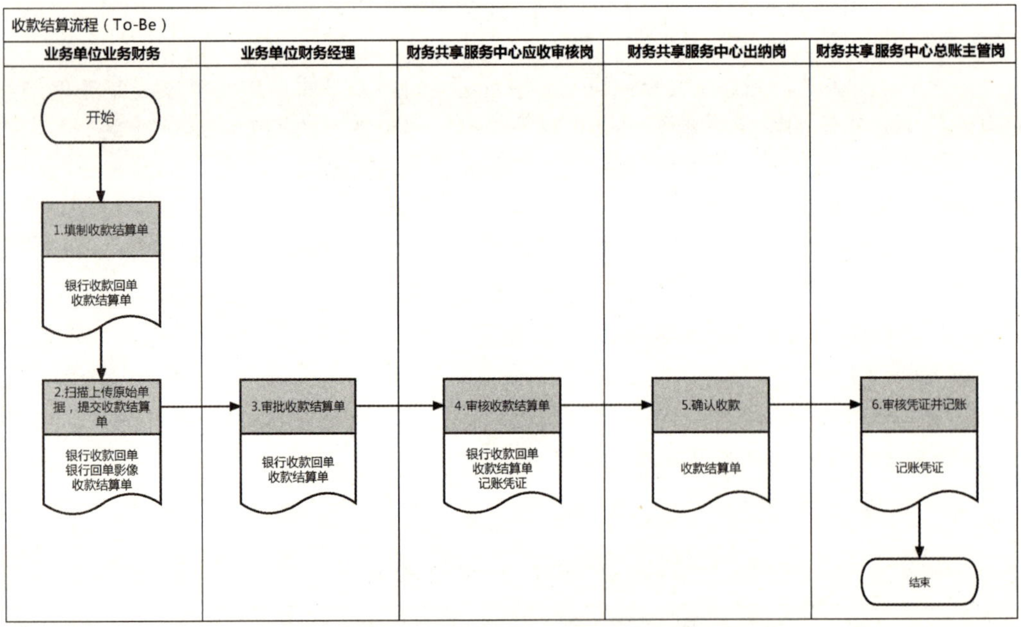

图 7-8　共享后鸿途集团其他收款结算流程

（三）案例实操

1. 资金结算构建测试

1）收/付款结算业务

（1）付款合同签订。

① 录入。

单击“付款合同管理”按钮，进入“付款合同管理”页面。单击“新增”按钮，补充相关信息，单击“保存”按钮。在“更多”下拉列表中选择“影像扫描”选项，利用“扫描仪”上传或导入原始凭证，单击“提交”按钮，如图 7-9 所示。

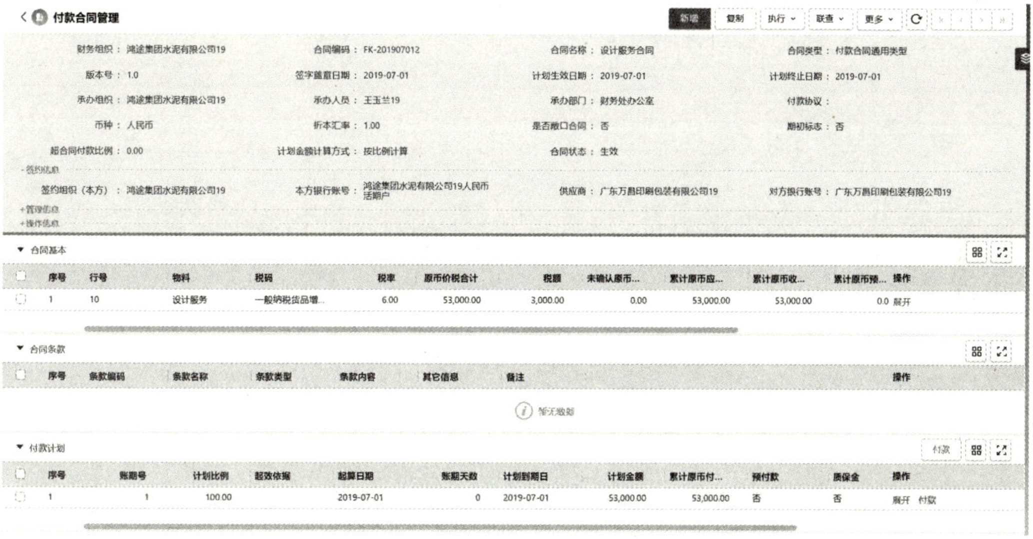

图 7-9 付款合同录入

② 审核。

单击“审核中心”模块中的“未处理”按钮，进入“付款合同管理”页面，在“更多”下拉列表中选择“影像查看”选项，审核无误后单击“财务经理角色<批准>”按钮，如图 7-10 所示。

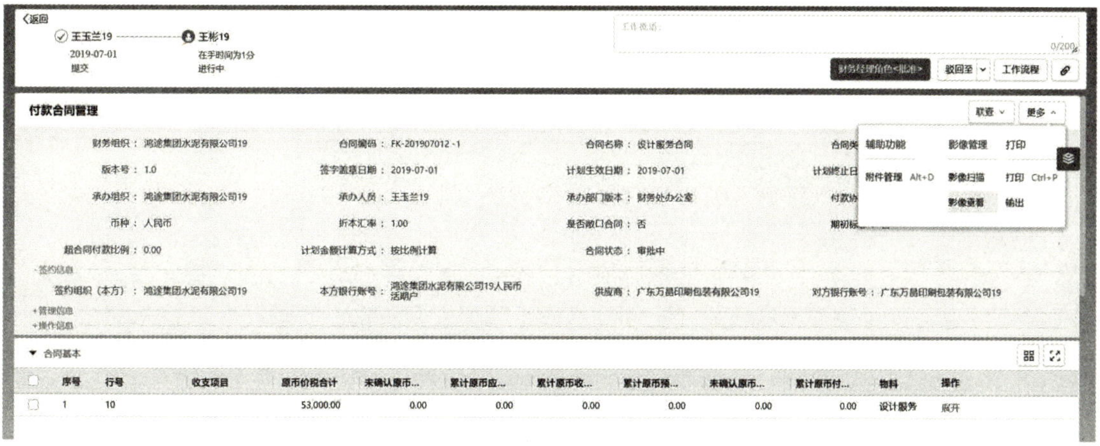

图 7-10 付款合同审核

③ 归档。

在“作业平台”主界面的“我的作业”模块中单击“提取任务”按钮，再单击“待提取”按钮，勾选相应的单据，在“更多”下拉列表中选择“影像查看”选项，审核无误后单击“批准”按钮，再依次单击“待提取”按钮、“执行”按钮、“生效”按钮，如图 7-11、图 7-12 所示。

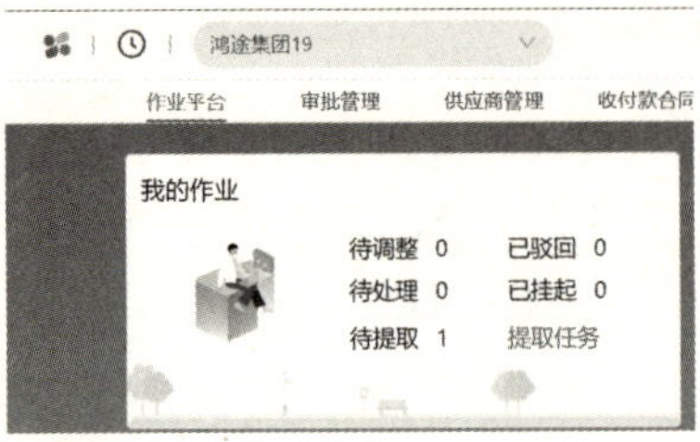

图 7-11 “作业平台”主界面

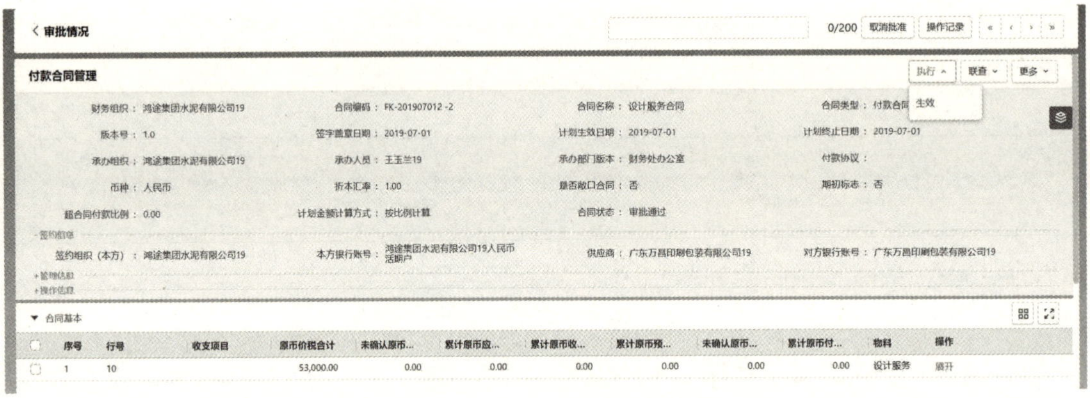

图 7-12 付款合同归档

（2）付款合同应付。

① 生成应付单。

修改日期，单击“应付单管理”按钮，在“新增”下拉列表中选择对应的付款合同选项，在“财务组织”下拉列表中勾选对应的组织，修改日期，勾选单据，单击“生成单据”按钮，补充相关信息，在“更多”下拉列表中选择“影像扫描”选项，利用“扫描仪”上传或导入原始凭证，单击“提交”按钮，如图 7-13 所示。

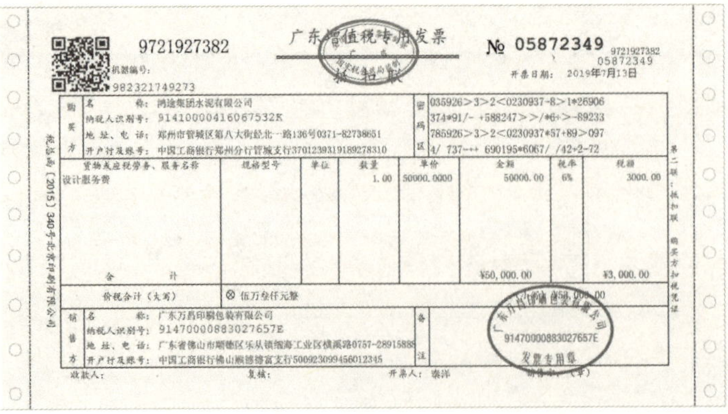

图 7-13 “影像扫描”

② 应付单审批。

单击“审核中心”模块中的“未处理”按钮，打开应付单，进入“应付单审批”页面。在“更多”下拉列表中选择“影像查看”选项，审核无误后单击“财务经理角色<批准>”按钮，如图 7-14 所示。

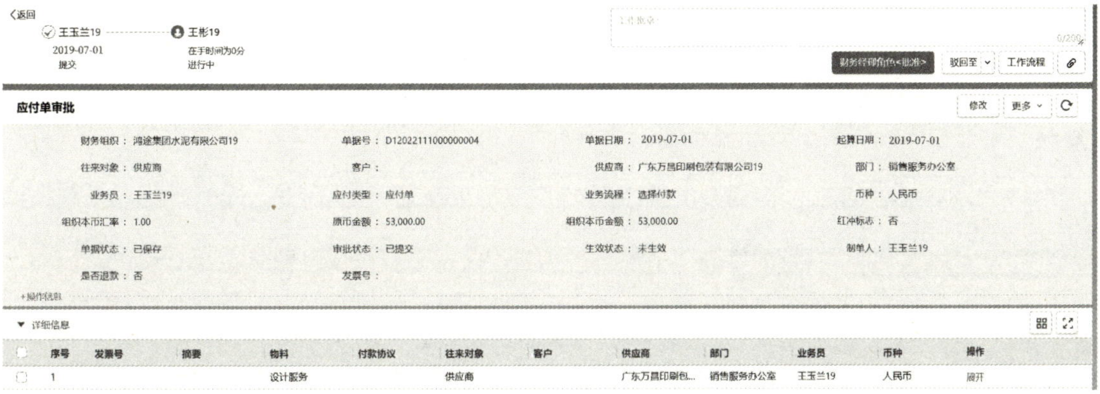

图 7-14 “应付单审批”页面

③ 审核应付单。

先单击“提取任务”按钮，再单击“待提取”按钮，勾选相应的单据，在“更多”下拉列表中选择“影像查看”选项，审核无误后单击“财务经理角色<批准>”按钮。

④ 审核记账凭证。

进入“凭证审核”页面，在“财务核算账簿”下拉列表中选择“鸿途集团水泥有限公司—基准账簿”选项，修改日期，单击“ ”按钮，打开单据，单击“审核”按钮，如图 7-15 所示。

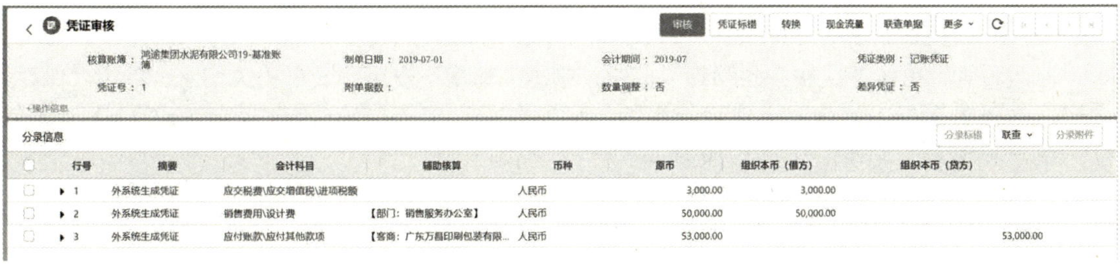

图 7-15 审核记账凭证

（3）付款合同结算。

① 新增付款单。

修改日期，单击“付款单管理”按钮，进入“付款单管理”页面，新增付款单，在“财务组织”下拉列表中勾选对应的组织，修改日期，查询，勾选目标单据，生成单据，填写相关信息，单击“保存”按钮，在“更多”下拉列表中选择“影像扫描”选项，用扫描仪扫描上传或导入原始凭证，单击提交。

② 审批付款单。

单击“审核中心”模块中的“未处理”按钮，打开目标单据，在“更多”下拉列表中选择“影像扫描”选项，单击“批准”按钮。

③ 审核付款单。

单击“审核中心”模块中的“提取任务”按钮，再单击“待提取”按钮，打开目标单据，在“更多”下拉列表中选择“影像扫描”选项，单击“批准”按钮。

④ 出纳付款并获得回单。

修改日期，单击“结算”按钮，进入“结算”页面，在“财务组织”下拉列表中勾选对应的组织，修改日期，单击“🔍”按钮，查询待结算单据，在“支付”下拉列表中选择“网上转账”选项，如图 7-16、图 7-17 所示。

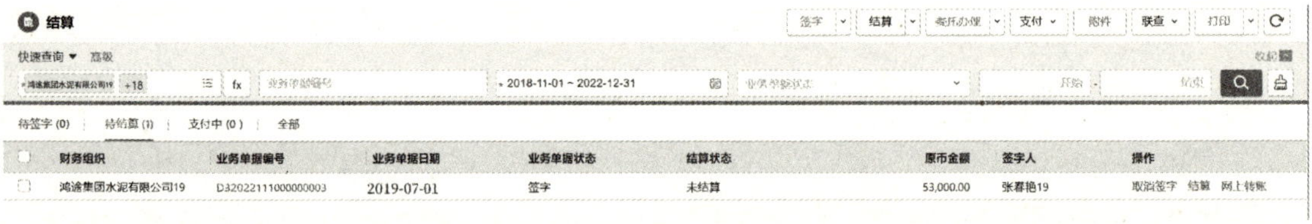

图 7-16　查询待结算单据

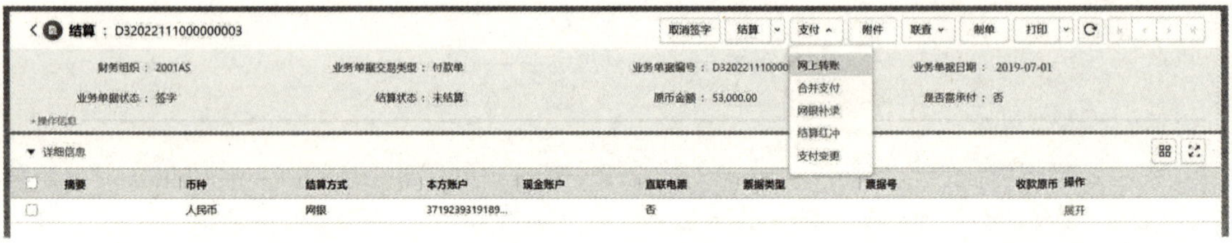

图 7-17　网上转账

2）收款、结算业务

（1）收款合同签订。

① 录入收款合同。

修改日期，单击“收款合同管理”按钮；单击“新增”按钮，填写相关信息，单击“保存”按钮；在“更多”下拉列表中选择“影像扫描”选项，用“扫描仪”扫描上传或导入原始凭证，单击“提交”按钮，如图 7-18 所示。

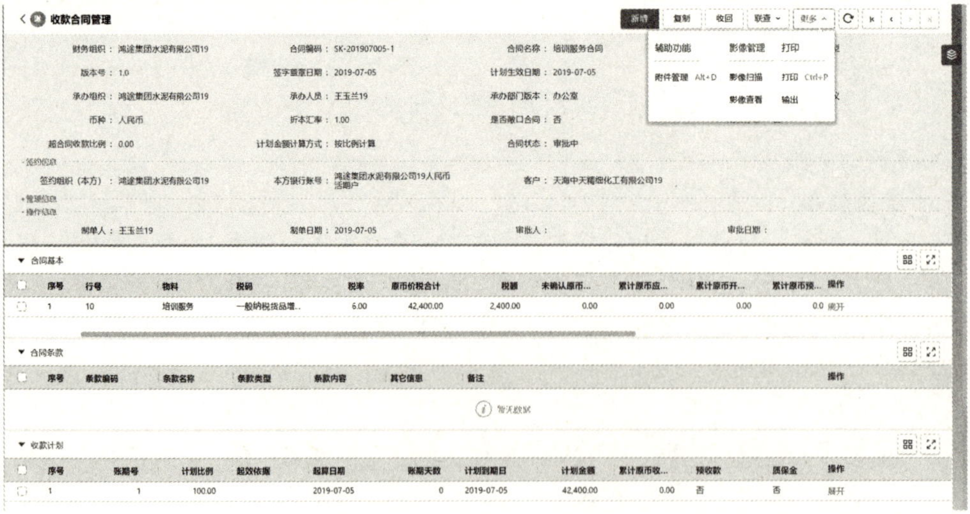

图 7-18　录入收款合同

② 审批合同。

单击“审核中心”模块中的“未处理”按钮，打开目标单据，在“更多”下拉列表中选择“影像查看”选项，合同审批无误后，单击“财务经理角色<批准>”按钮，如图 7-19 所示。

③ 收款合同归档。

在“审核中心”模块中，先单击“提取任务”按钮，再单击“待提取”按钮，打开单据，在“更多”下拉列表中选择“影像查看”选项，单击“批准”按钮；单击“待提取”按钮，在“执行”下拉列表中选择“生效”选项，如图 7-19 所示。

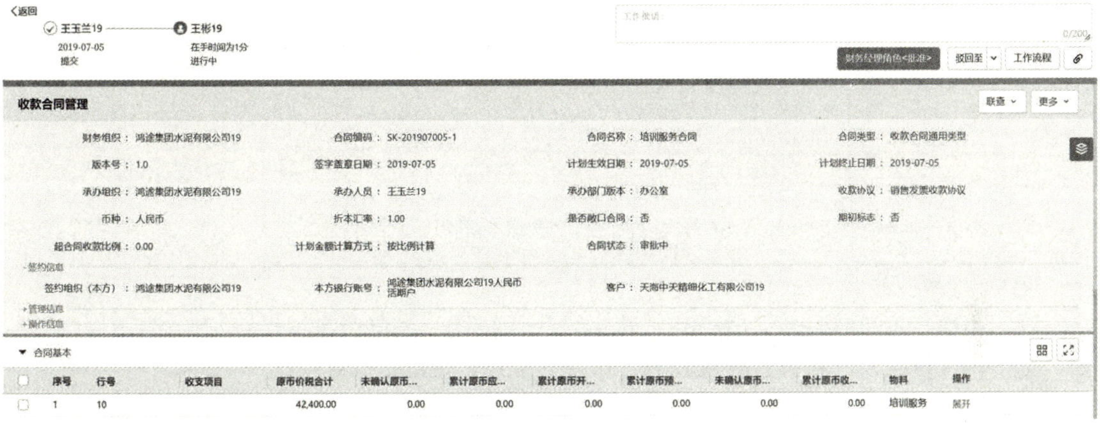

图 7-19　审批合同

（2）收款合同挂账。

① 新增应收单。

单击“应收单管理”按钮，进入“应收单管理”页面，在“新增”下拉列表中选择“收款合同”选项，在“财务组织”下拉列表中勾选对应的组织，修改日期，单击“ ”按钮，勾选目标单据，单击“生成单据”按钮，检查信息，单击“保存”按钮，在“更多”下拉列表中选择“影像扫描”选项，用“扫描仪”扫描上传或导入原始凭证，单击“提交”按钮，如图 7-20 所示。

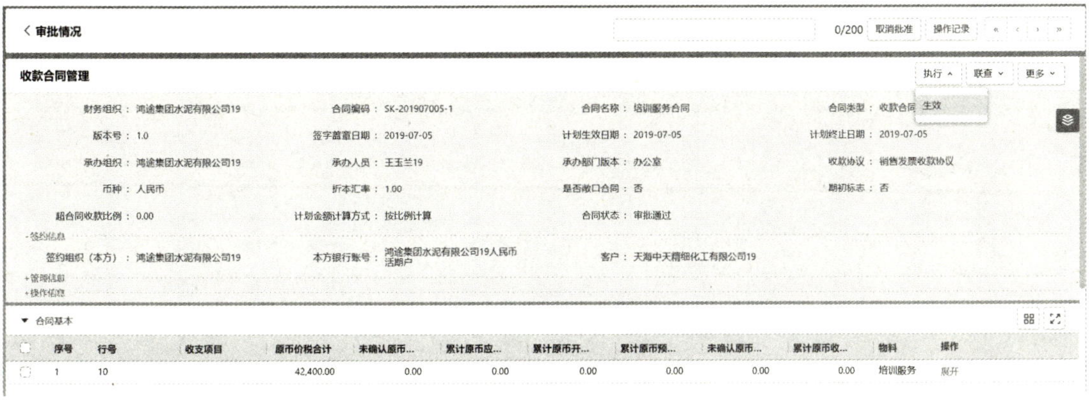

图 7-20　合同生效

② 审批应收单。

单击“审核中心”模块中的“未处理”按钮，打开单据，在“更多”下拉列表中选择“影像查看”选项，单击“批准”按钮，如图 7-21 所示。

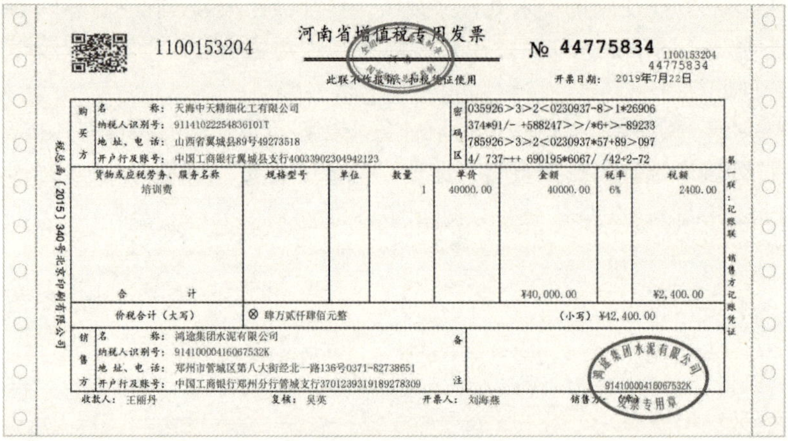

图 7-21　影像扫描

③ 审核应收单。

在“审核中心”模块中，先单击“提取任务”按钮，再单击“待提取”按钮，打开单据，在“更多”下拉列表中选择“影像查看”选项，单击“批准”按钮，如图 7-22、图 7-23 所示。

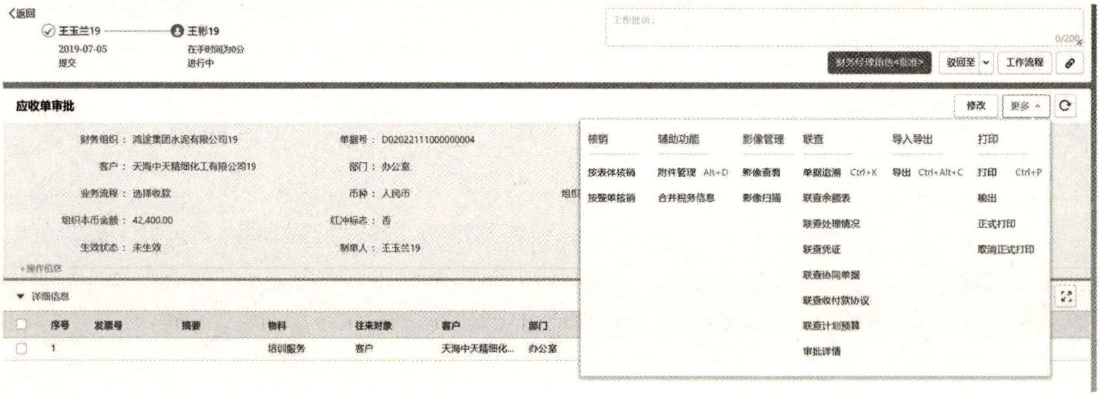

图 7-22 “应收单审批”页面

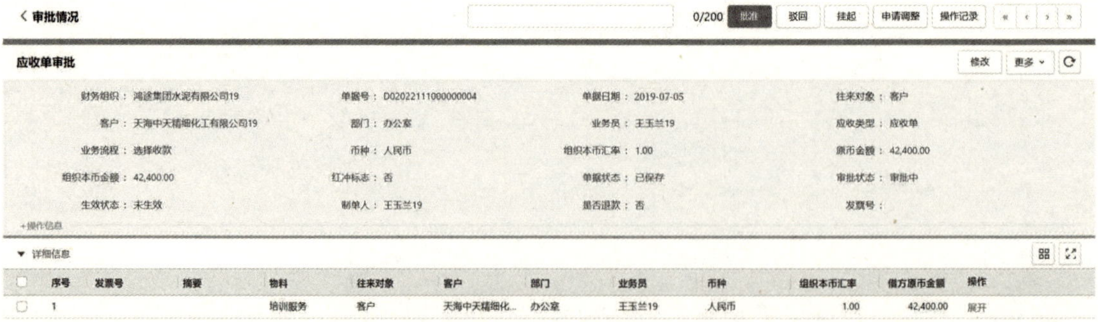

图 7-23　审核应收单

④ 审核记账凭证。

修改日期，单击“凭证审核”按钮，进入“凭证审核”页面，在“财务核算账簿”下拉列表中勾选对应的账簿，修改日期，单击“ ”按钮，打开单据，单击“审核”按钮。

（3）收款合同结算。

① 新增收款单。

修改日期，单击“收款单管理”按钮，进入“收款单管理”页面，在“新增”下拉列表中选择“应收单”选项，在“财务组织”下拉列表中勾选对应的组织，修改日期，单击“ ”按钮，勾选目标单据，并单击“生产下游单据”按钮，补充相关信息，单击“保存”按钮，在“更多”下拉列表中选择“影像扫描”选项，用“扫描仪”扫描上传或导入原始凭证，单击“提交”按钮。

② 审批收款单据。

单击“审核中心”模块中的“未处理”按钮，打开单据，在“更多”下拉列表中选择“影像查看”选项，单击“批准”按钮。

③ 审核收款单。

先单击“提取任务”按钮，再单击“待提取”按钮，打开单据，在“更多”下拉列表中选择“影像查看”选项，单击“批准”按钮。

④ 确认收款结算。

修改日期，单击“结算”按钮，在“财务组织”下拉列表中勾选对应的组织，修改日期，单击“ ”按钮，打开待结算单据，单击“结算”按钮，如图 7-24 所示。

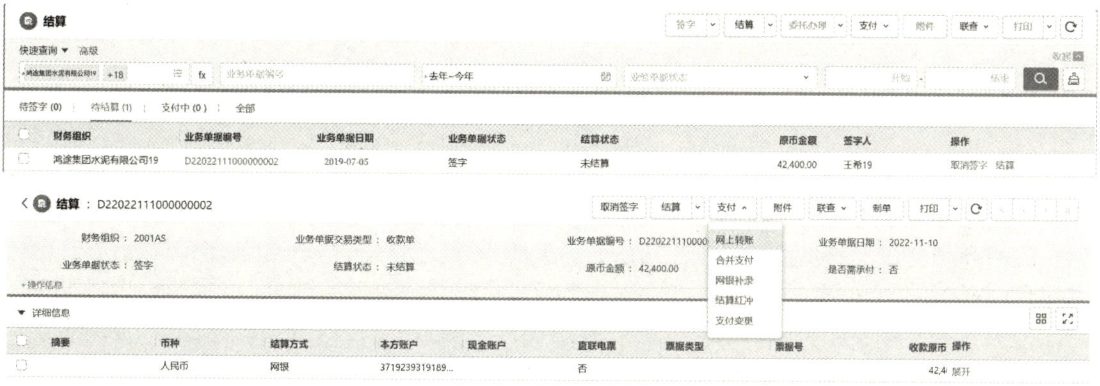

图 7-24 “结算”页面

2. 其他收/付款结算业务

1）付款结算

（1）填制付款结算单。

修改日期，单击“付款结算”按钮，进入“付款结算”页面，单击“新增”按钮，填写相关信息，单击“保存”按钮，在“更多”下拉列表中选择“影像扫描”选项，利用“扫描仪”上传或导入原始凭证，单击“提交”按钮。

（2）审批付款结算。

单击“审批中心”模块中的“未处理”按钮，打开单据，在“更多”下拉列表中选择“影像查看”选项，单击“批准”按钮。

（3）审核付款结算。

先单击“提取任务”按钮，再单击“待提取”按钮，打开单据，在“更多”下拉列表中选择“影像查看”选项，单击“批准”按钮。

（4）出纳付款。

单击“结算”按钮，在“财务组织”下拉列表中勾选对应的组织，修改日期，单击“ ”按钮，打开待结算单据，在“支付”下拉列表中选择“网上转账”选项。

2）收款结算

（1）填制收款结算单。

修改日期，单击“收款结算”按钮，进入“收款结算”页面，单击“新增”按钮，填写相关信息，单击“保存”按钮。在“更多”下拉列表中选择“影像扫描”选项，利用“扫描仪”上传或导入原始凭证，单击“提交”按钮。

（2）审批收款结算。

先单击“提取任务”按钮，再单击“待提取”按钮，打开单据，在“更多”下拉列表中选择“影像查看”选项，单击“批准”按钮。

（3）审核收款结算单。

先单击“提取任务”按钮，再单击“待提取”按钮，打开单据，在“更多”下拉列表中选择“影像查看”选项，单击“批准”按钮。

（4）确认收款。

单击“结算”按钮，在“财务组织”下拉列表中勾选对应的组织，修改日期，单击“ ”按钮，打开待结算单据，单击“结算”按钮。

四、拓展练习

企业资金结算业务，用来处理不涉及往来的收/付款业务，即不涉及供应链合同或收/付款合同的收/付款业务，主要包括以下几项。

（1）不涉及往来的收款业务：包括从业务发生到审批及结算整个业务流程，如罚没收入、直接收到现金。

（2）不涉及往来的收款业务：从银行获得到账信息后及时进行核算、确认，如对方采用网上转账等方式支付款项，进行收款到账认领。

（3）不涉及往来的内部划账：企业内外部账户之间的划账业务。

（4）不涉及往来的付款业务：包括从业务发生到审批及结算整个业务流程（如水电费支出），银行主动扣款，进行付款到账认领。

（5）不涉及往来的付款业务：包括从业务发生到审批及支付整个业务流程（如日常支出），通过银企直联向供应商支付款项。

收/付款合同，是指企业签署的、具有收款或付款条款的、不属于销售合同/采购合同/项目合同等的合同。

收/付款合同结算，是指企业依据收/付款合同的收款或付款条款进行结算的行为。

收/付款合同管理是以合同为主线，帮助企业财务部门加强收/付款合同的过程管理与控制。它支持企业对以自身为当事人的合同依法进行录入登记、审批、履约、变更、冻结、终止等一系列活动，有助于降低企业资金风险、提高部门协作效率。

7.2　税务共享

一、企业诉求

数字化已经成为当今税收管理和服务趋势，现代信息技术在税务各个领域、各个层次的应用正极大地促进着税务管理水平的提高。利用数字技术改造税务工作，是更好发挥税务职能作用、促进企业发展的一项迫切任务。

在新的税务政策实施、金税三期系统监管和电子发票普及的大背景下，纳税人企业的财务、税务、发票管理必须适应国税监管和企业财务、税务转型的需要。借助“互联网+税务”契机，规范企业发票管理、打通“业财税”管理流程、实现税务集中管理成为更多企业“财税数字化”的切入点。

二、规划设计

（一）税务云简介

税务云是基于最新的互联网、云计算、大数据等技术的社会化商业新模式。为企业提供以销项管理、进项管理、纳税申报为核心的增值税服务，为企业提供经营过程中所有涉税环节的解决方案。税务云打通企业业务、财务、税务数据，为企业提供智能税务服务，帮助企业做最佳税务决策，建立具有连接、高效、智能新特性的税务云平台。

税务云为企业关于税务作业方式、税务管理、信息共享、风险管理方面带来改变。

（1）作业方式：从手工到自动开票、查验、认证、申报自动化的转变。

（2）税务管理：从粗放到规范报销流程、三单匹配、申报来源规范的转变。

（3）信息共享：从分散到集中销项、进项、申报数据的转变。

（4）风险管理：从被动到主动防止虚开、不合规发票、稽查风险的转变。

（二）税务云在财务共享服务中心场景的应用

1．加速报销

税务云加速报销流程如图 7-25 所示。

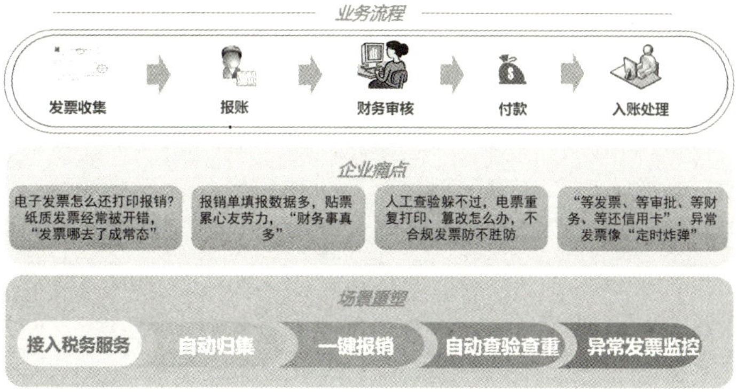

图 7-25　税务云加速报销流程

2. 极简开票

税务云极简开票流程如图 7-26 所示。

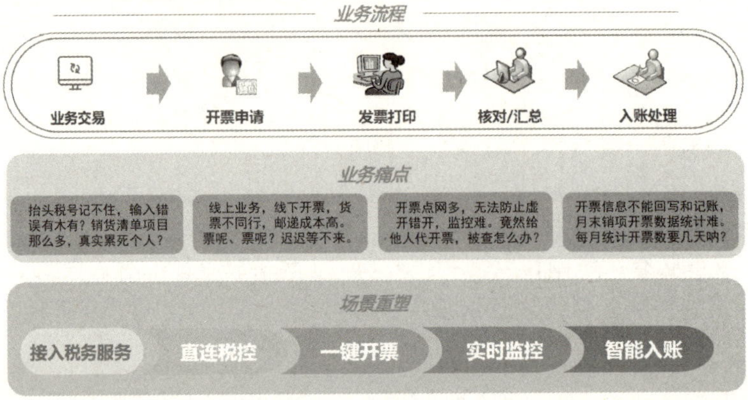

图 7-26　税务云极简开票流程

3. 建设管理

税务云建设管理如图 7-27 所示。

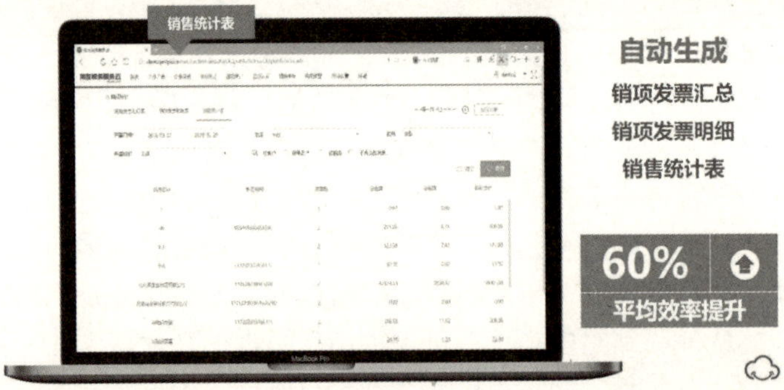

图 7-27　税务云建设管理

4. 风险预警

税务风险预警如图 7-28 所示。

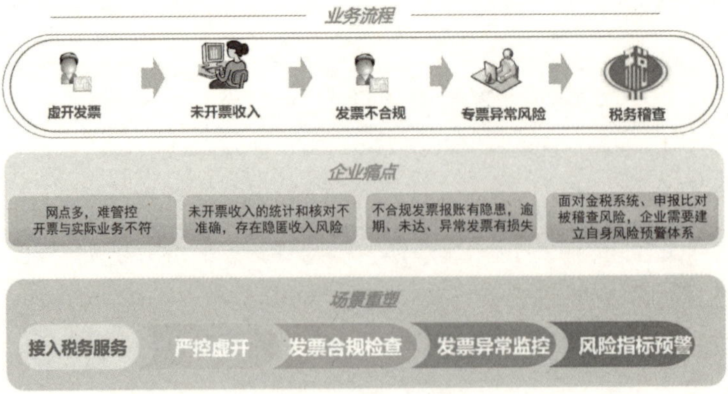

图 7-28　税务风险预警

（三）税务云的价值体现

税务云在企业的管理中可降低运营成本，降低财税风险，优化财税流程，支撑决策分析。

1. 多场景的发票开具服务

支持与财务共享系统对接实现一键开票，支持扫描开票、支付开票、App 开票、公众号开票、预约开票等多种开票场景，同时支持纸票和电子发票开具，支持企业销项发票集中管理和监控。

2. 深度融合的税务服务

支持发票信息录入；支持与财务共享系统对接，实现电子发票报销和发票查验查重；支持与选择确认平台对接，与财务共享中的应收应付、供应链销售发票和采购发票深度融合，实现在财务共享系统直接开具发票，并实现 T+1 进项发票获取、智能勾选认证；支持财务数据抽取、进销项发票管理，辅助生成纳税申报表。

3. 集团化的税务管理解决方案

集团化的税务管理解决方案包括企业集团的发票管理、增值税管理、所得税管理、影像及 OC 系统对接、纳税申报管理、税务风险管理、税务共享服务等。

三、案例实操

共享中心税务管理-非集成模式下开票

参照教师演示，完成非集成模式下开票

【例 7-1】非集成模式下开票

2019 年 7 月 3 日，鸿途水泥的销售经理周进代表公司与天海集团总公司签订销售合同，销售 30 000 吨天然石膏，约定发货时间为 2019 年 7 月 20 日。客户开票信息如下。

客户名称：天海集团总公司

纳税人识别号：91110109163452134Y

地址、电话：河北省尚义县 102 号 45329834

开户行及账号：中国工商银行尚义县支行 500194209456782103

按照销售订单和出库单信息，手工开具单张增值税专用发票。

鸿途水泥的销售订单如表 7-3 所示。

表 7-3　鸿途水泥的销售订单

销售订单								
合同日期：2019 年 7 月 3 日					合同编号：H20190703305			
卖方：鸿途集团水泥有限公司					销售订单号：HDGX01907153031			
买方：天海集团总公司					交货日：2019 年 7 月 20 日			
付款条件：					开票情况：7 月 20 日发货时开出销售发票			
					付款情况：			
序号	名称	编码	单位	数量	无税单价（元/吨）	无税金额（元）	税额（元）	金额（元）
1	天然石膏	SG-001	吨	30 000.00	120.00	3 600 000.00	468 000.00	4 068 000.00
合计						3 600 000.00	468 000.00	4 068 000.00

鸿途水泥的销售出库单如表 7-4 所示。

表 7-4　鸿途水泥的销售出库单

销售出库单							
购货单位：天海集团总公司					编号：H20190703305		
生产批号：					日期：2019 年 7 月 20 日		
名称	单位	数量	单价（元/吨）	含税单价（元/吨）	金额（元）	备注	第三联：财务部
天然石膏	吨	30 000.00	120.00	135.60	4 068 000.00		
	制单：周进		复核：王宝珠		经办人：周进		

【例 7-2】增值税纳税申报

税务会计登录财务共享平台税务云服务，单击“纳税申报—增值税申报表”进入“增值税纳税申报表”页面。根据选择的纳税人的性质不同，页面显示的内容不同。

鸿途水泥是一般纳税人，一般纳税人增值税纳税申报表分为主表、附表一、附表二、附表三、附表四，共 5 张表，对应 5 个页签。在企业开票、受票、抵扣、认证等数据都在财务共享税务云服务上维护与管理的情况下，系统可以自动生成增值税纳税申报表的相关内容。

任务一：查询主表信息

在“增值税申报表”页面单击“主表”页签，单击“取数”按钮可自动生成增值税纳税申报表主表数据。

任务二：查询附表一信息

在“增值税申报表”页面单击“附表一”页签，单击“取数”按钮可自动生成增值税纳税申报表附表一的数据，即增值税纳税申报表附列资料“（一）本期销售情况明细”，将查询期间的销售数据按照不同的报表项目和维度进行取值计算，从而得到报表结果数据。

任务三：查询附表二信息

在“增值税申报表”页面单击“附表二”页签，单击“取数”按钮可自动生成增值税纳税申报表附表二的数据，即增值税纳税申报表附列资料“（二）本期进项税额明细”，将查询期间的进项税数据按照不同的报表项目和维度进行取值计算，从而得到报表结果数据。

任务四：查询附表三信息

在“增值税申报表”页面单击“附表三”页签，单击“取数”按钮可自动生成增值税纳税申报表附表三的数据，即增值税纳税申报表附列资料“（三）服务、不动产和无形资产扣除项目明细”，将查询期间的服务、不动产和无形资产扣除项目数据按照不同的报表项目及维度进行取值计算，从而得到报表结果数据。

任务五：查询附表四信息

在“增值税申报表”页面单击“附表四”页签，单击“取数”按钮可自动生成增值税纳税申报表附表四的数据，即增值税纳税申报表附列资料“（四）税额抵减情况表”，将查询期间的税额抵减数据按照不同的报表项目和维度进行取值计算，从而得到报表结果数据。

7.3 档案共享

一、企业诉求

近年来，随着社会信息化水平的提升，会计凭证、会计账簿、财务报表等会计专业资料越来越多地以电子资料的形式存储，电子会计档案随之产生。摒弃了传统纸质会计档案成本高、易损毁等保管缺陷，电子会计档案将随着社会信息技术的发展成为会计档案发展的方向，同时推动着企业信息化管理程度的日益提升，因此企业对于电子会计档案的管理愈发重要。中华人民共和国财政部、国家档案局令第 79 号——《会计档案管理办法》自 2016 年 1 月 1 日起施行，这标志着我国认可了电子会计档案的合法性。

相比电子会计档案，传统档案管理无法满足信息化要求。电子档案如图 7-29 所示。

7-29　电子档案

相比电子会计档案，传统会计档案不符合长期保管、备份要求。传统档案弊端如图 7-30 所示。

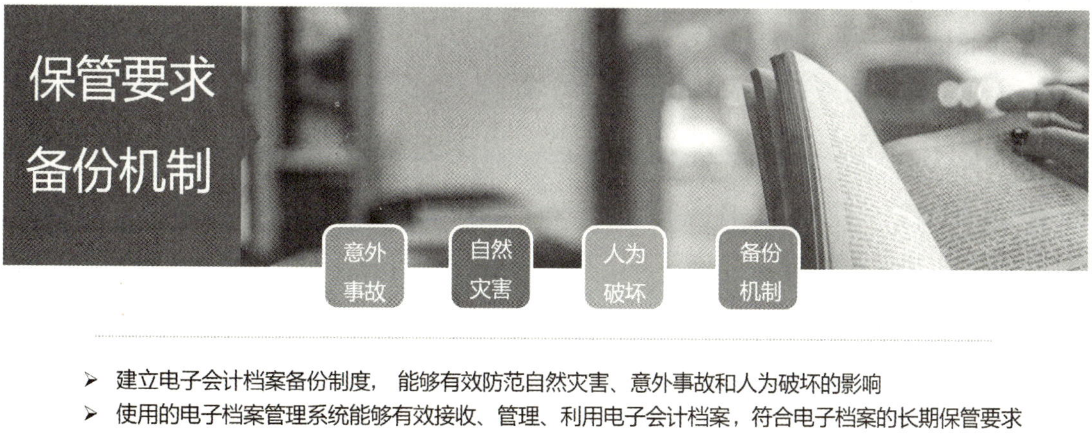

图 7-30　传统档案弊端

电子会计档案与纸质档案的关系如图 7-31 所示。

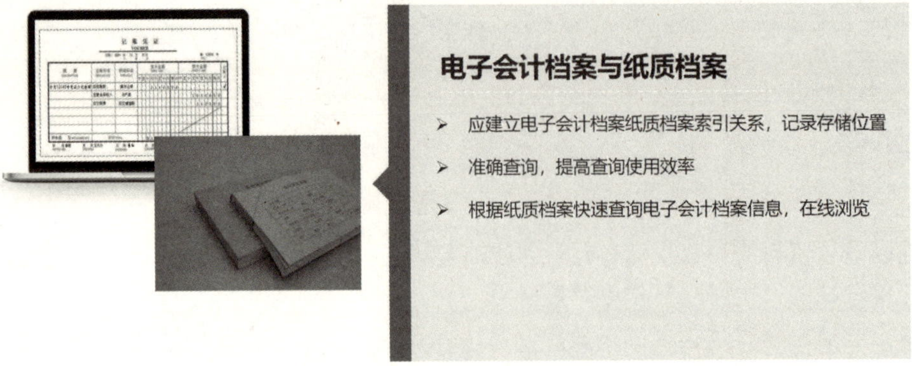

图 7-31　电子会计档案与纸质档案的关系

会计档案管理办法为归档，归档范围如下所述。

（1）会计凭证，包括原始凭证、记账凭证。

（2）会计账簿，包括总账、明细账、日记账、固定资产卡片及其他辅助性账簿。

（3）财务会计报告，包括月度、季度、半年度、年度财务会计报告。

（4）其他会计资料，包括银行存款余额调节表、银行对账单、纳税申报表、会计档案移交清册、会计档案保管清册、会计档案销毁清册、会计档案鉴定意见书及其他具有保存价值的会计资料。

归档时间如下所述。

（1）当年形成的会计档案，在会计年度终了后，可由单位会计管理机构临时保管一年，再移交单位档案管理机构保管。因工作需要确需推迟移交的，应当经单位档案管理机构同意。

（2）单位会计管理机构临时保管会计档案最长不超过 3 年。

二、规划设计

案例企业的单据及档案管理业务流程如图 7-32 所示。

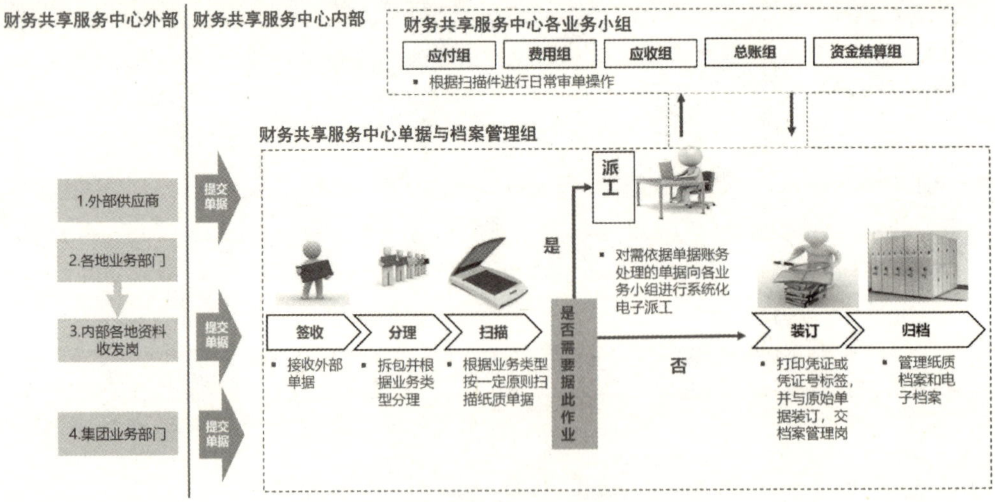

图 7-32　案例企业的单据及档案管理业务流程

三、案例实操

参照教师演示，完成档案管理。

档案管理

用例：电子会计档案归档

2019 年 7 月 31 日，档案管理员张艺根据《会计档案管理办法》及企业会计核算规范，在财务共享平台上对鸿途水泥 2019 年 7 月的电子会计档案进行归档处理，包括凭证归档、账表归档、报表归档、业务单据归档，具体要求如下。

（1）对鸿途水泥进行立卷操作，其卷宗号为 1001，编码为 2001KJ0012019071000100001。

（2）手工完成会计凭证 01 的数据采集。凭证录入完成后进行装册。

（3）装册完毕后进行归档。

7.4　报表共享

一、报表共享概述

2019 年 5 月 10 日，中华人民共和国财政部（简称财政部）发布了《关于修订印发 2019 年度一般企业财务报表格式的通知》（财会〔2019〕6 号），对执行企业会计准则的非金融企业的财务报表格式进行了重新规范。该通知适用于执行企业会计准则的非金融企业 2019 年度中期财务报表和年度财务报表及以后期间的财务报表。财政部于 2018 年 6 月 15 日发布的《财政部关于修订印发 2018 年度一般企业财务报表格式的通知》（财会〔2018〕15 号）同时废止。此次修订将财会〔2018〕15 号整合的“应收票据及应收账款”“应付票据及应付账款”进行了复原，即“应收票据及应收账款”项目分拆为“应收票据”及“应收账款”两个项目；“应付票据及应付账款”项目分拆为“应付票据”及“应付账款”两个项目。在“其他综合收益”和“盈余公积”之间增加“专项储备”项目，用以反映高危行业企业按国家规定提取的安全生产费的期末账面价值。

企业基础的财务报表主要包括资产负债表、利润表、现金流量表和所有者权益变动表。报表共享之后，各个分/子公司不再自己编制报表并上报，而是在财务共享平台上由总账报表处的人员统一对集团及成员单位的基础财务报表进行编制、上报、查询与导出，满足企业对财务报表的基本编报与管理需求。该工作领域的具体工作如下所述。

1. 资产负债表编制

资产负债表（Balance Sheet），亦称财务状况表，表示企业在一定日期（通常为各会计期末）的财务状况（资产、负债和业主权益的状况）的主要会计报表。其报表功用除企业内部除错、经营方向、防止弊端外，也可让所有阅读者于最短时间内了解企业经营状况。

2. 利润表编制

利润表（GAAPIE 旧制：Income Statement；IFRS 制：Statement of Comprehensive Income），或称购销损益账（Trading and Profit and Loss Account），为会计重要财务报表之一。由于它反映的是某一期间的情况，所以其又称动态报表。利润表主要计算及显示公司的盈利状况。合伙经营公司和有限公司的利润表中会在计算企业净盈利后加入分配账（Appropriation account），以显示企业如何分发盈利。

3. 现金流量表查询

现金流量表（Statement of Cash Flows）也称账务状况变动表，所表达的是在一固定期间（通常是每月或每季）内，一家机构的现金（包含现金等价物）的增减变动情形。现金流量表是反映一家企业在一定时期现金流进和现金流出动态状况的报表。通过现金流量表，可以概括反映经营活动、投资活动和筹资活动对企业现金流进流出的影响，对于评价企业的实现利润、财务状况及财务管理，要比传统的损益表更有用。

二、案例测试

用例一：资产负债表任务

鸿途集团财务共享服务中心总账主管岗统一对纳入财务共享服务中心的所有单位的企业报表进行编报业务处理。

要求：在财务共享服务中心对鸿途水泥 2019 年 7 月的资产负债表进行编制和上报。

用例二：利润表任务

鸿途集团财务共享服务中心总账主管岗统一对纳入财务共享服务中心的所有单位的企业报表进行编报业务处理。

要求：在财务共享服务中心对“鸿途集团水泥有限公司”2019 年 7 月的利润表进行编制和上报。

用例三：现金流量表任务

鸿途集团财务共享服务中心总账主管岗统一对纳入财务共享服务中心的所有单位的企业报表进行编报业务处理。

要求：在财务共享服务中心对鸿途水泥 2019 年 7 月的现金流量表进行编制和上报。

项目 8

财务共享服务中心及战略财务与业务财务

目标要求

知识目标：

理解财务共享服务中心运营管理的定义及范围

熟悉财务共享服务中心问题处理的流程和机制

熟悉战略财务的权责划分

熟知全面预算的编制方式

熟知资金上收下拨业务及外部委托付款业务

能力目标：

能在财务共享系统中进行共享作业稽核处理，生成稽核报告

能在财务共享系统中进行绩效看板操作，并能进行绩效看板管理

熟练操作处理资金上收下拨业务及外部委托付款业务

育人目标：

培养学生的规矩意识，让他们做自律的现代会计人才

通过企业绩效管理，培养学生的绩效文化理念

培养学生从全局出发的大局意识

锻炼学生的统筹能力

培养学生的团队协作意识

思维导图

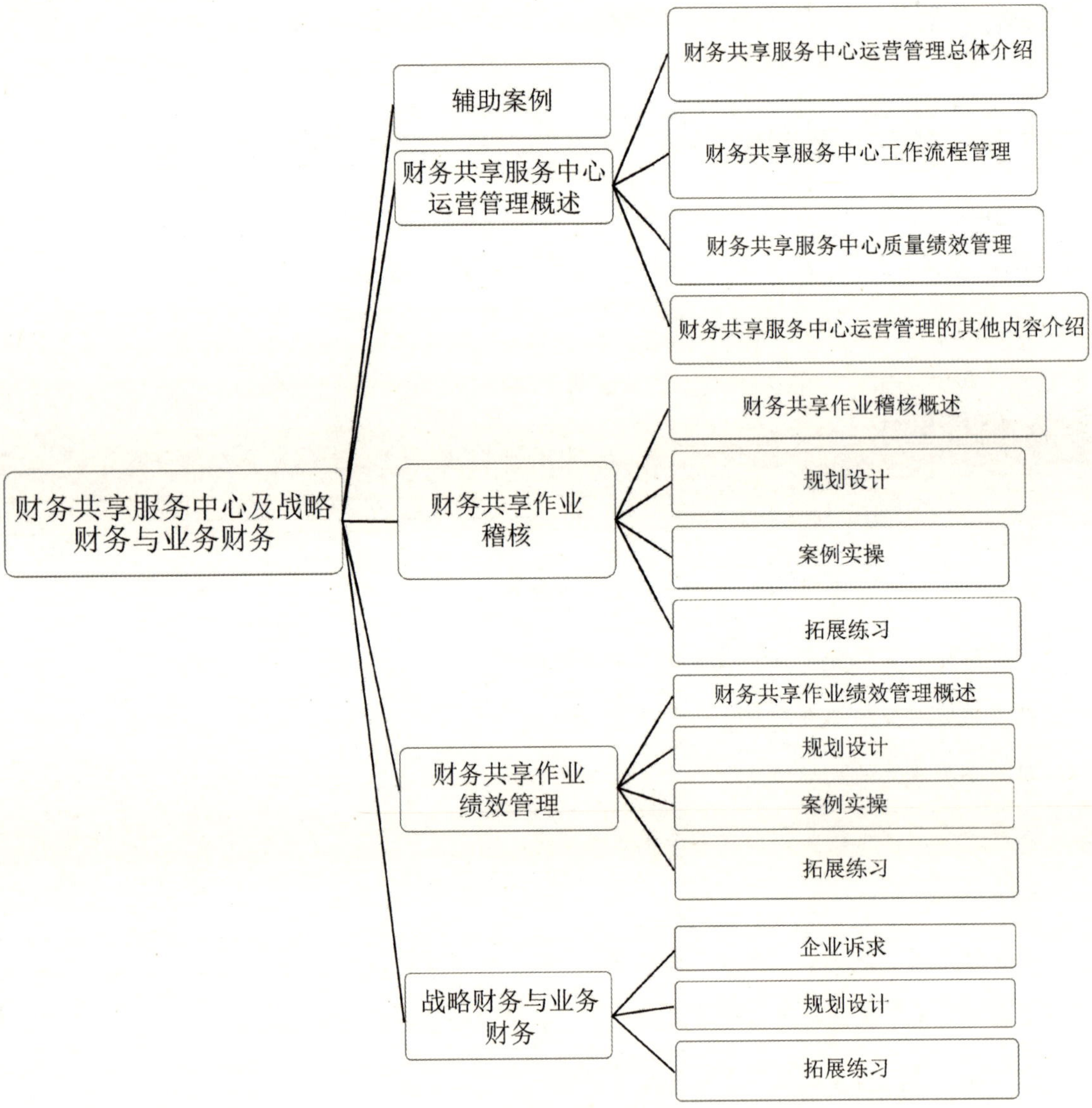
财务共享服务中心及战略财务与业务财务
辅助案例
财务共享服务中心运营管理概述
财务共享服务中心运营管理总体介绍
财务共享服务中心工作流程管理
财务共享服务中心质量绩效管理
财务共享服务中心运营管理的其他内容介绍
财务共享作业稽核
财务共享作业稽核概述
规划设计
案例实操
拓展练习
财务共享作业绩效管理
财务共享作业绩效管理概述
规划设计
案例实操
拓展练习
战略财务与业务财务
企业诉求
规划设计
拓展练习

辅助案例 1

鸿途集团财务共享服务中心绩效考评方案

一、评价组织与标准

1. 评价的组织

财务共享服务中心总经理负责财务共享服务中心工作质量、效率、态度的日常评价，并定期（至少每月）向集团财务部/财务总监提交质量评价报告。

集团财务部负责财务共享服务中心工作质量、效率、态度的总体评价，评价频率根据财务部财务稽核工作计划安排。

运营支持处处长负责组织与整体协调质量管理相关工作，组建质量管理团队；对各处室的质量管控工作进行指导；组织质量检查工作；按时发布各类质量报告，提供考核依据；督促相关人员对有关问题进行整改，并对整改情况进行通报；负责质量管理体系的建立和完善；负责质量环境建设规范工作；协助培训负责人组织质量管理培训工作。

财务共享服务中心各业务处/室的业务处理人员既是质量管理对象，又是一级质量管理员，在保证本岗位工作质量的同时，负责管控上一工序工作质量，并进行本工序的交叉复核，提供质量检测数据。

2. 业务质量评价标准

财务共享服务中心业务质量评价指标如表 8-1 所示。

表 8-1　财务共享服务中心业务质量评价指标

业务类型	评价标的	责任人	考核办法
扫描（100 分）	扫描质量	扫描员	扫描影像不清楚或重叠，单据漏扫或夹页，每单扣 5 分，共 50 分
	原始单据	扫描员	原始单据不符合公司要求，每单扣 2 分，共 20 分
	单据台账记录	扫描员	台账内容未核对，每发现一次扣 5 分，共 20 分
	影像效果	扫描员	单据影像未上传或不能辨认的，每单扣 5 分，共 10 分
归档（100 分）	档案装订质量	归档员	档案装订错误，包括倒装、缺页、装订错页、卷宗号错误等，每单扣 5 分，共 20 分
	单据匹配	归档员	匹配错误，每单扣 5 分，共 30 分
	归档及时性	归档员	未及时归档，每发现一次扣 5 分，共 15 分
	档案调阅	归档员	档案调阅未经批准、登记，每单扣 5 分，共 15 分
	档案安全	归档员	档案丢失、毁损，每单扣 5 分，共 20 分

续表

业务类型	评价标的	责任人	考核办法
审核核算（100 分）	审核报账信息准确	审核会计	未依照制度正确审核，每单扣 5 分，共 30 分
	会计核算的科目、金额、币种、期间等正确	审核会计	科目核算信息错误，每单扣 5 分，共 20 分
	原始凭证审核无误	审核会计	使用不恰当的原始凭证做账，每单扣 5 分，共 20 分
	其他信息准确无误，包括摘要、规则调整等	审核会计	错误处理，每单业务扣 5 分，共 20 分
	内部对账准确、及时	审核会计	未按时对账或对账错误未查明，每检测出一次扣 5 分，共 10 分
资金结算（100 分）	准确支付：账户信息准确、金额准确、及时处理未成功支付问题	出纳	支付错误，每单扣 5 分，共 50 分
	收、付款及时准确	出纳	未及时、准确地进行收/付款确认，每单扣 5 分，共 30 分
	系统密码及银行支付保密工具管理	出纳	未按照规定保管密钥和其他银行加密工具，每检测出一项扣 5 分，共 20 分
企业报表（100 分）	及时编制个体报表	报表会计	未按时提交报表，每延迟一天扣 10 分，共 40 分
	保证报表的信息准确	报表会计	报表信息错误，每检测出一项扣 10 分，共 60 分

3．工作时效评价标准

时效目标值是每笔业务从发起流程到处理完毕流程关闭所用时间的目标值。工作时效评价每月进行一次，在次月 6 日前完成上月度的工作时效评价。财务共享服务中心工作时效考核指标如表 8-2 所示。

表 8-2 财务共享服务中心工作时效考核指标

考察内容	考察岗位	说明	时效目标	评价人
单据接收	票据档案岗	从员工提交实物单据到会计初审岗在影像系统中完成接收	2 个工作日	绩效负责人
扫描上传		从影像系统接收到扫描并完成影像上传	2 个工作日	绩效负责人
单据邮寄		从员工提交单据（项目部无扫描点）或单据扫描上传到整理汇总邮寄至财务共享服务中心	1 周	绩效负责人
单据移交		从单据扫描上传后到分类整理移交至归档岗	2 个工作日	绩效负责人
打印凭证	归档岗	从账务处理完成到打印生成的会计凭证	2 个工作日	绩效负责人
匹配顺号		将打印的凭证与原始凭证匹配并顺号	2 个工作日	绩效负责人
影像复核		从实物单据匹配顺号到影像复核无误确认	2 个工作日	绩效负责人
装订归档		从影像复核无误到会计档案装订成册并移送至档案室	2 个工作日	绩效负责人
单据初审	结算/费用审核岗	从接收审核任务到初审完成	2 个工作日	绩效负责人
单据复审		从接收复审任务到复审完成生成会计凭证	2 个工作日	绩效负责人
出纳付款	资金结算岗	从生成会计凭证到出纳付款成功并确认	2 个工作日	绩效负责人

二、工作质量评价方法

工作质量评价所覆盖的范围主要是业务处理的全过程，包括账务处理、审批及相关附件单据的真实性、准确性及完整性评价。质量检测的主要方法为工序检测及分析性检测，因此评价对象既包括财务共享服务中心的工作岗位，也包括在机构财务部门设置的财务初审及扫描岗位。

1．工序性检测规范

工序性检测规范的检查要点如表 8-3 所示。

表 8-3　工序性检测规范的检查要点

工序或岗位	检查要点
会计初审岗（本地财务）	原始单据粘贴规范；原始凭证完整、合规；发票真实、合规
票据档案岗	实物单据提交及时、完整，并按索引号顺序排列；单据登记与实物单据一致，无缺漏或不符情况；原始实物单据与会计凭证匹配无误，装订整洁、及时；会计档案借阅经过审批、登记，并及时归还
结算/费用审核岗（含收入、费用、成本、工程、资产）	单据影像清晰，符合扫描要求，没有夹单、漏扫现象；原始单据提供完整，并符合相关法律法规要求；报销内容符合企业财务制度，报销金额无误；业务类型、科目、辅助等选择正确；前端审批流程完整；系统自动生成的凭证中会计分录正确，金额无误；税金计提、申报、缴纳及时、准确
资金审核/支付岗	银行收款信息与经办人提交的信息一致；付款信息、网银制单信息完整、准确；资金收付确认及时、准确
总账主管岗	账务处理及时准确；总账凭证稽核完整；对账、结账及时；会计档案归档完整，装订规范
报表分析岗	报表编制准确、及时；报表项目无遗漏，无错误；财务分析编制及时；响应业务管理需求

2．分析性检测规范

（1）分析性检测的定义。

分析性检测是通过数据的逻辑性判断检查质量、工序问题，即通过抽样、专项检查、专项统计、专项分析、流程梳理等方法，定期或专项对工序、质量等指标进行逻辑性、合理性、实操性、规范性等方面的检测、检查、核对，通过检测、检查、核对纠正偏差，完善质量体系和工序，查找偏差的原因，以保证集中核算工作的质量和时效。

（2）分析性检测的主要内容。

分析性检测由财务共享服务中心运营管理处通过对会计核算、资金结算、稽核管理、档案管理、运营支撑管理等数据、工序的逻辑性判断，检查其是否符合质量规范的要求。

要求：请根据鸿途集团财务共享服务中心的绩效考评方案，分析哪些绩效考评指标可以通过绩效看板获取相关数据。请设计财务共享服务中心的绩效看板指标与展示方案，并在系统中进行设置与展示。展示形式与风格应尽量美观大方，展示内容要适合在财务共享服务中心绩效大屏播放。

辅助案例 2

鸿途集团财务共享绩效稽核需求

一、总体描述

鸿途集团财务共享服务中心建成之后，会计核算质量管理主要面临以下几个问题。

1. 核算规范

财务共享服务中心的各成员单位管理水平及业务复杂程度存在差异化，没有一套标准、规范的核算管理办法；随着财务共享服务中心的业务规模逐步增加、新员工不断增加，各核算岗位不能按照统一的规范操作。

2. 质量检测

会计核算集中后，如何通过常规检查和随机检查相配合的方式控制核算质量；如何将监督手段与员工日常工作相结合，保证质量检测常态化和持续化。

3. 质量评价

如何建立一套切实可行的会计核算管理体系，保证质量评价的客观公正性。

面对上述问题与挑战，财务共享服务中心必须实现日常岗位操作规范、财务信息处理检查机制与管理评价有机衔接，从组织、文化、制度、培训 4 个方面营造核算质量管理氛围，建立起一套完善的财务信息稽核管理体系。

二、需求描述

1. 范围

已生效的共享单据，能够支持抽检，结果反映到共享单据上，支持统计结果的查询。

抽检时需要根据财务共享服务中心绩效考评方案，结合鸿途集团财务共享服务中心的业务量及资源情况设计稽核方案，并在系统中实现相关内容，出具稽核报告。

2. 稽核方案设计需要考虑的因素

稽核方案设计需要考虑的因素包括范围的设定（组织、交易类型、审核人、收支项目、是否抽检等），时间的设定，抽检的比例，对抽检结果的统计分析等。

辅助案例 3

鸿途集团目前采用的资金管理模式是以分散管理为主的财资管理模式。在该模式下，其财资管理现状主要表现为各分/子公司作为独立法人主体，均独立开设银行账户用于各种资金结算业务。各分/子公司有权独立办理各种资金结算业务，包括资金的收取、资金的支付等，拥有独立的资金支配权和使用权。各分/子公司拥有独立的融资权，可以独立通过银行借款等手段进行融资，并可独立取得银行的授信。

鸿途集团及下属单位的银行账户分散在多家银行，开户行分别在农业银行、建设银行、交通银行、工商银行、包商银行、农商银行、光大银行等。各分/子公司账户的开设、变更、销户业务均需通过企业集团的审批；各分/子公司的账户信息需要在企业集团备案。鸿途集团纳入资金管理范围的银行账户共计 262 个，涉及 76 家企业、11 个行业类别，涉及币种均为人民币。

8.1　财务共享服务中心运营管理概述

一、财务共享服务中心运营管理总体介绍

1. 财务共享服务中心运营管理的定义

财务共享服务中心的一般组织架构设计分为业务处理组与运营管理组。其中，负责财务共享服务中心的日常运营管理、质量管理、绩效管理、流程优化等工作的是运营管理组，其运营定位为服务于共享业务，并对业务进行有效监督。除运营管理组外，另一个便是业务处理组。

进行财务共享服务中心运营管理的目的在于保证财务共享服务中心的服务水平，具体目标是保证企业在初创期能稳定经营、在发展期能灵活应对各种变化，并对成熟期的企业进行精细管理。

2. 财务共享服务中心运营管理的内容

运营管理的内容主要包括运营分析、人员管理、培训体系、绩效考核、标准化管理、质量管理、满意度管理、流程管理、财务信息化、文化管理。

运营管理贯穿财务共享建设全过程，各阶段管理如图 8-1 所示。

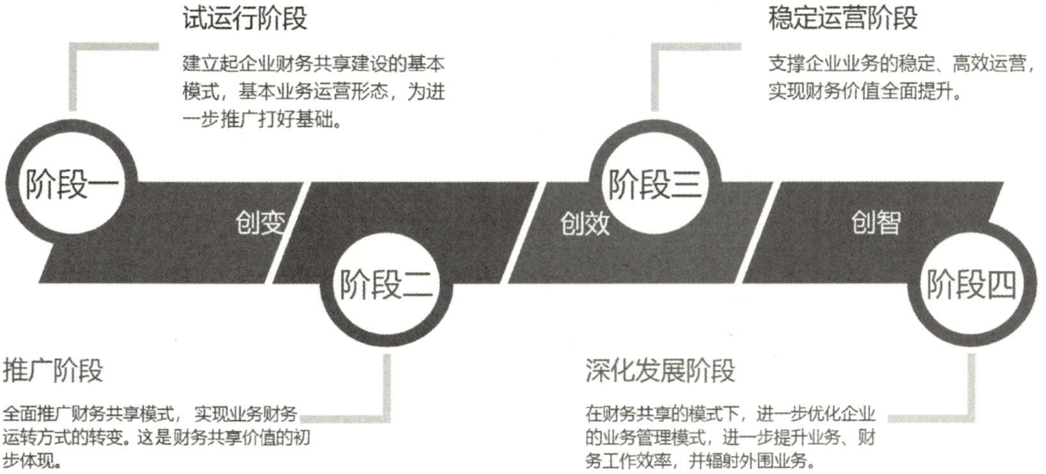

图 8-1　财务共享服务中心运营管理全过程

二、财务共享服务中心工作流程管理

财务共享服务中心工作流程管理主要解决财务共享服务中心的运营支撑方式和平台是什

么，以及问题处理的流程和机制是什么两大问题。

1. 财务共享服务中心的运营支撑方式和平台

财务共享服务中心运营支撑方式如图 8-2 所示。

图 8-2 财务共享服务中心的运营支撑方式

结合企业现行的业务运营平台现状和方法，构建财务共享服务中心专用的运营平台，并结合企业的规模考虑新开运营支撑平台，如图 8-3 所示。

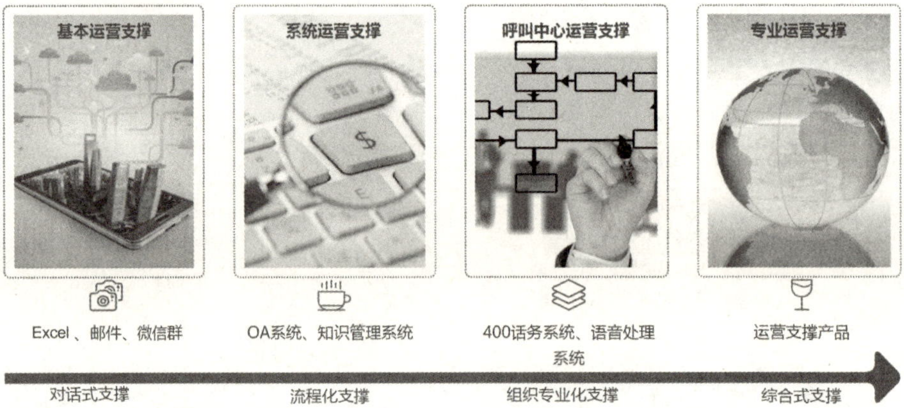

图 8-3 财务共享服务中心的运营支撑平台及对应关系

2. 财务共享服务中心问题处理的流程和机制

借助企业的信息化管理机制，财务共享服务中心运营部门可通过系统工具、邮件、呼叫中心等方式收集各级用户在日常使用中的问题和建议，财务共享服务中心的运营人员作为问题的接收人，对于非必要的问题，建议通过与使用人员进行沟通或培训来解决；对于合理的问题或需求进行相应的后续处理，大致可分为问题类和需求类。某企业财务共享服务中心问题处理的流程如图 8-4 所示。

财务共享服务中心作为高效的作业处理中心，需要有高效的问题解决机制和极高的时效，根据问题的严重程度，以及每类问题的响应时间与解决完成时间，确保核算工作的顺利进行。

财务共享服务中心部门不断收集财务共享日常运营中的问题，项目组内进行分类整理并与提出人进行沟通分析，判断问题类型，并通过系统配置、功能配置等影像业务的使用及时解决相应的问题，从而实现其升级机制。

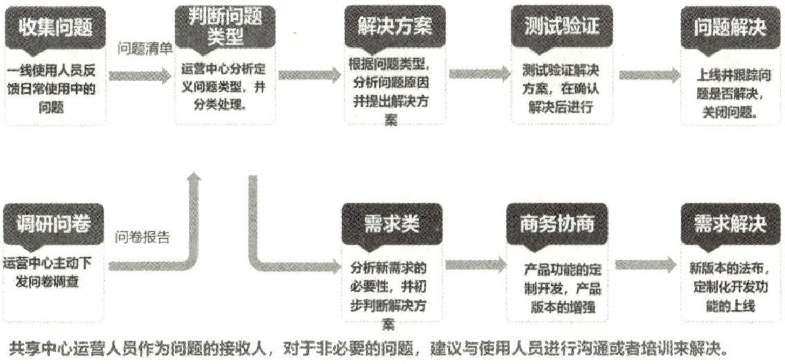

图 8-4　某企业财务共享服务中心问题处理的流程

三、财务共享服务中心质量绩效管理

财务共享服务中心质量绩效管理包括质量管理和绩效管理两方面。

1. 质量管理

财务共享服务中心质量管理通常通过质量抽查体系实现。财务共享服务中心实现了财务的集中化、统一化、高效化处理。质量抽查是为加强对财务工作的质量监督管理，确保财务工作的高质量运营。同时为后续的业务模式改变与共享平台优化改进提供建议和依据。

财务共享服务中心应结合自身的规模、业务特点、组织特点与考核目的，建立质量抽查方案与标准，分为抽查计划，检查过程，检查结果 3 个步骤。当月的抽查结果可作为次月的抽查基础，次月抽查时可进行权重偏移，重点检查易出错的业务类型。

2. 绩效管理

绩效管理是衡量一个组织运营是否良好的重要指标。财务共享服务中心的绩效管理体现在业务处理时效、满意度、运营成本及业务处理质量 4 个方面。绩效管理以基于系统中各种业务数据出具的各项报告、报表为依据，对运营过程进行监控和管理。财务共享服务中心绩效管理体系如图 8-5 所示。

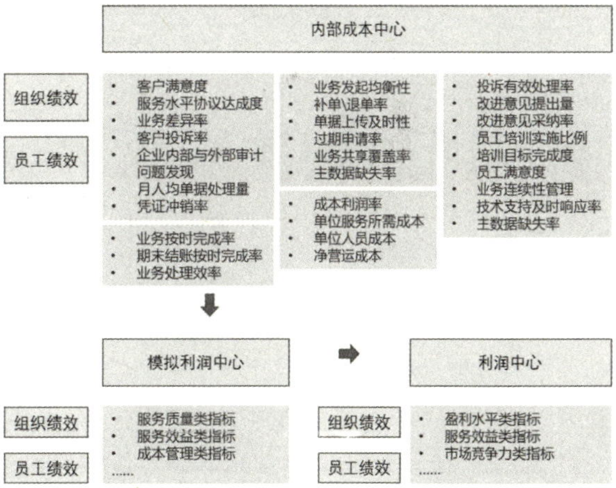

图 8-5　财务共享服务中心绩效管理体系

四、财务共享服务中心运营管理的其他内容介绍

财务共享服务中心运营管理还包括企业员工培训与轮岗管理、知识管理、员工发展、员

工信用管理、持续深化运营管理等方面。下面主要介绍员工信用管理及员工知识管理系统。

1. 员工信用管理

在财务共享模式下，企业如果采用员工信用管理方式，需要制定完整的管理办法与奖惩机制，财务共享平台依据管理办法设置员工信用管理规范体系，并在财务共享服务中心审核环境下进行应用。

员工信用评分机制需要结合企业的管理现状、人员素质情况、当前存在的问题和企业的管理规范来制定，通过评分内容的考核促进员工分值提升的本身是解决目前存在问题的过程，同时也是对员工加强培训、对员工行为加强规范的过程。

员工信用管理规范体系如图 8-6 所示。

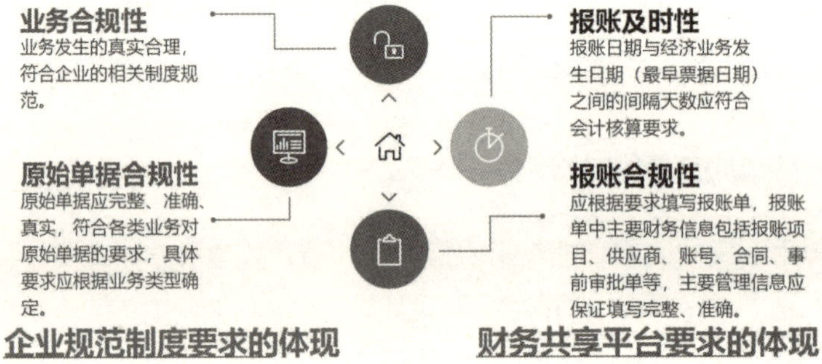

图 8-6　员工信用管理规范体系

2. 员工知识管理

员工知识管理包括知识维护、知识搜索、知识管理。通过知识管理可以帮助企业将有用的知识在组织里进行流通、共享和优化，形成一套完整的、系统化的知识体系，最终达到提升组织绩效、知识创造价值的作用。员工知识管理体系如图 8-7 所示。

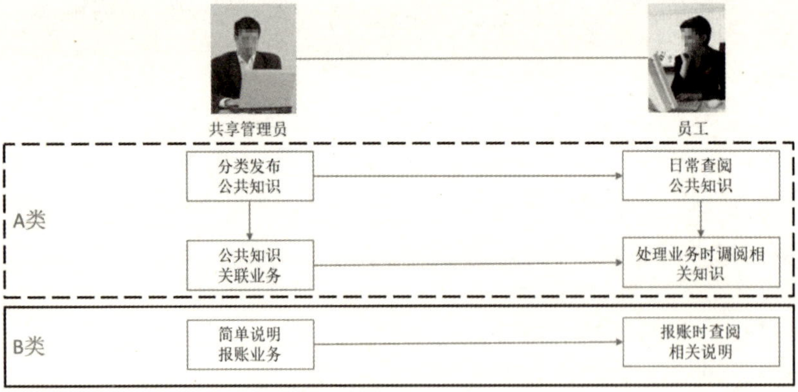

图 8-7　员工知识管理体系

3. 案例实操

（1）员工信用管理系统操作。

【例 8-1】在系统中查询鸿途水泥的销售员李军的员工信用等级及信用分值。其操作如下。

用“销售员”角色上岗，单击“开始任务”按钮，单击“信用档案”按钮，进入“信用档案”页面，输入查询条件即可查询员工信用评分，如图 8-8 所示。

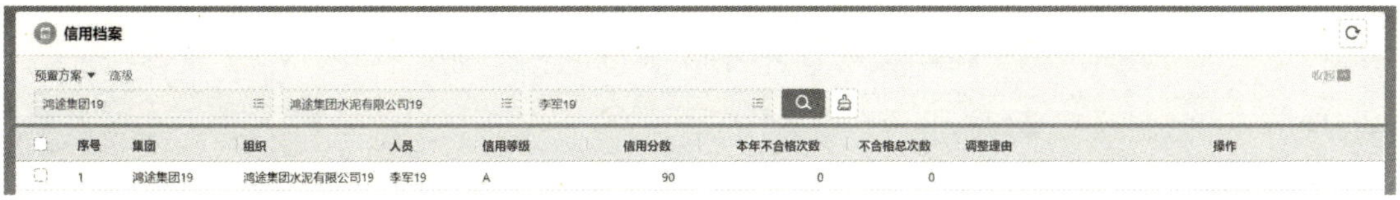

图 8-8 “信用档案”页面

员工信用管理 NCC 系统操作手册见平台任务资料。

（2）知识管理系统实操。

【例 8-2】鸿途水泥的销售员——李军要在 NCC 中进行报销，但是不清楚差旅费报销单的填制规范。因此，他需要在系统中进行知识搜索，通过搜索关键词查看差旅费报销单的业务单据填制指引。另外，李军还想确认一下差旅费报销单能不能报销因出差发生的市内交通费，因此想在系统中查看差旅费报销单的业务说明。

其操作步骤如下。

①用“销售员”角色上岗，单击“开始任务”按钮，在“知识搜索”框输入要搜索的单据，打开单据，单击“ ”按钮，下载附件中的单据，打开单据，查看单据中的相关内容，如图 8-9 所示。

图 8-9 知识查看

②用“销售员”角色上岗，单击“开始任务”按钮，在“我的报账”主界面单击“全部菜单”模块，进入“全部菜单”页面；将鼠标移动到“差旅费报销单”按钮上，查看其内容。差旅费报销单如图 8-10 所示。

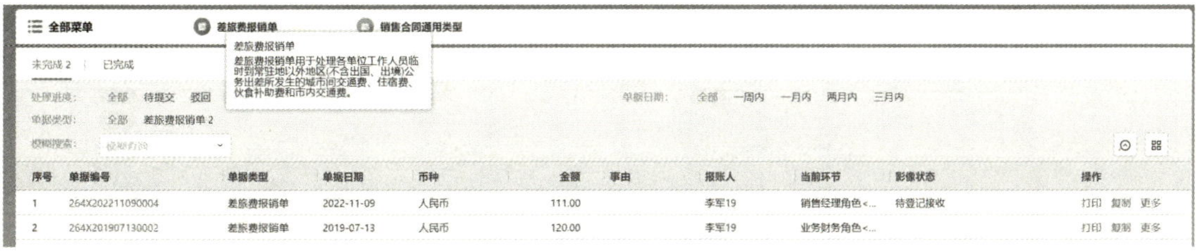

图 8-10 差旅费报销单

8.2 财务共享作业稽核

一、财务共享作业稽核概述

1. 财务共享稽核业务描述

共享稽核是针对流入财务共享服务中心的单据进行的稽核，即以财务共享服务中心的作业任务为对象而进行的。通过检查财务共享服务中心各个岗位人员是否按照操作规范及操作要求处理作业，加强所有员工的质量意识，产出符合质量保证的作业成果；同时根据检查结果不断总结、归纳发生问题的原因，并提出解决办法，从而为财务共享服务中心不断完善制度和规则提供依据。

2. 财务共享稽核的价值

利用分层抽样的技术，在财务共享服务中心处理的历史作业任务中抽取有代表性的单据，进行检查，对发现的问题进行记录，通知作业人员整改，描述整改过程，进而评估财务共享服务中心的作业处理情况，指导财务共享服务中心建立健全的内控制度，堵塞漏洞，提高管理水平。

二、规划设计

（一）财务共享稽核业务流程

财务共享稽核业务流程如图 8-11 所示，其中的“整改”环节为信息系统外的线下操作。

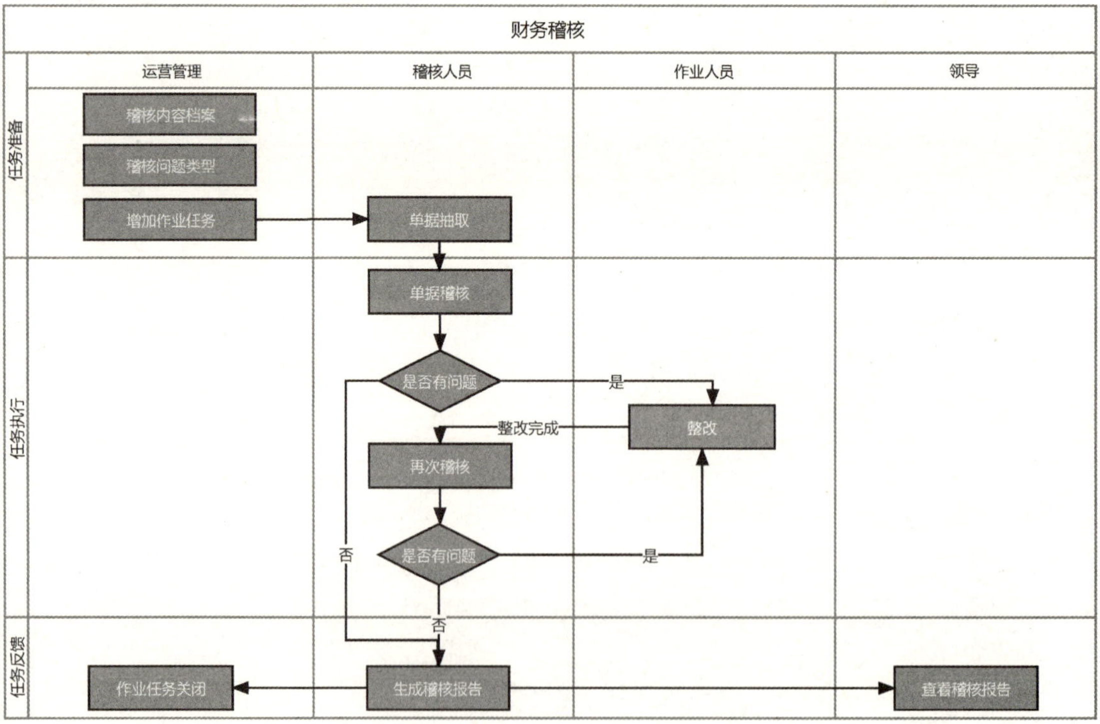

图 8-11 财务共享稽核业务流程

（二）NCC 相关功能节点清单

NCC 相关功能节点清单如表 8-4 所示。

表 8-4　NCC 相关功能节点清单

领域	产品模块	应用点\功能节点
共享服务	共享稽核	稽核内容
		稽核问题类型
		稽核任务
		单据抽取
		单据稽核
		稽核报告

（三）功能点详细描述

1. 稽核内容

随着业务复杂度的提高，需要检查稽核的内容也越来越多，会导致在稽核时漏掉关键内容未检查，所以要先定义稽核的检查内容，然后在稽核时给以提醒，确保稽核的有效性。

（1）定义稽核内容时，可以设置多级档案，保存后自动启用。

（2）已启用的稽核内容档案可以停用，已停用的稽核内容档案不可以被稽核任务引用。

（3）已停用的稽核内容末级档案可以删除，即使该档案已被稽核任务引用。

（4）已停用的稽核内容档案非末级档案不可以删除。

（5）停用非末级档案，会使所有下级档案停用，但启用时，只启用本级档案。

已删除的稽核内容档案不会再显示在单据稽核页面，即使它已经被分配给当前任务。这是一个全局型的档案，可以被所有的财务共享服务中心使用。

“稽核内容”的定义页面如图 8-12 所示。

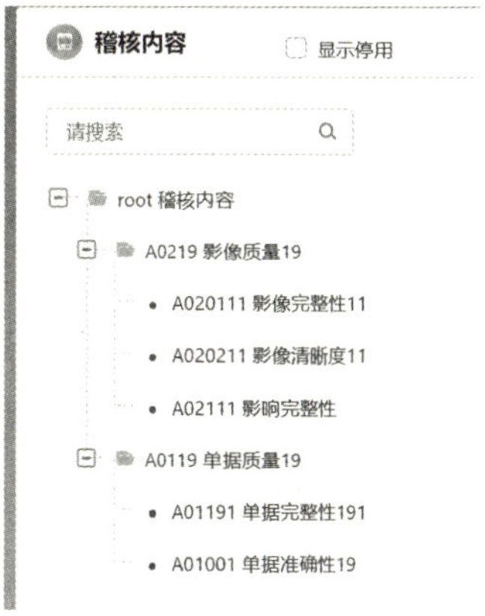

图 8-12　“稽核内容”的定义页面

2. 稽核问题类型

稽核问题类型，用于在稽核时发现了问题以后，标记出该问题的类型，自动显示当前问题的严重程度，进而计算出因该问题的出现应扣的分值，统一标准，减少稽核人员的主观性，使评价更为客观。

（1）在启用稽核任务时，应先尽量列举出可能会出现的问题，统一规划，并对这些问题进行归类，确定其严重程度和应扣分值。

（2）对于稽核问题的严重程度，系统默认为 5 类：非常严重/严重/一般/轻微/很轻微，不可以修改。

（3）定义稽核问题时，可以设置多级档案，保存后自动启用。

（4）已启用的稽核问题档案可以停用，已停用的稽核问题档案在稽核时不可以被选择和计算。

（5）已停用的稽核问题末级档案可以删除，但如果该档案已被稽核时选择引用，则不可以删除。

（6）已停用的稽核问题非末级档案不可以删除。

（7）已被使用的稽核问题档案不可以修改扣分标准和严重程度等内容。

（8）稽核问题非末级档案的停用，会把所有下级档案均停用，但启用时，只启用本级档案。

因已被使用的稽核问题档案不可以被修改，所以应谨慎并事先规划好各类稽核问题档案；这是一个全局型的档案，可以被所有的财务共享服务中心使用。

“稽核问题类型”的定义页面如图 8-13 所示。

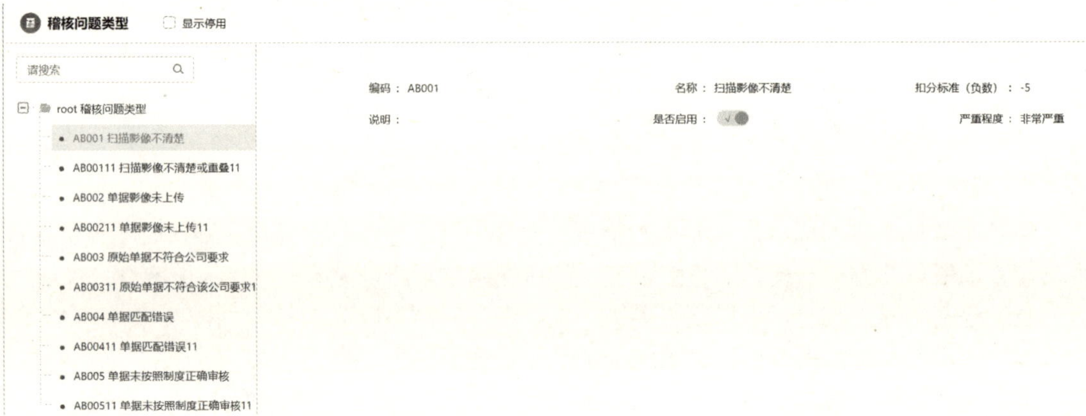

图 8-13 “稽核问题类型”的定义页面

3. 稽核任务

每一次稽核，需要由管理人员发起一个稽核事项，明确本次稽核包含的单据范围。比如，时间区间、哪些作业组、本次稽核要关注的重点内容，以及稽核以后的阶段性评价和成果汇报，这些事项的表现形式就是稽核任务。

（1）稽核任务是在每一个财务共享服务中心下定义的，不同的财务共享服务中心不可以共用同一个稽核任务。

（2）对稽核任务进行定义以后，还需要给这些任务分配稽核内容，以便稽核人员在稽核时清楚自己需要关注哪些方面。

（3）稽核内容在稽核任务保存以后可以随时分配和取消分配，只要该任务未关闭。

（4）稽核时按照最新的分配内容显示。

“稽核任务”有多个状态，如表 8-5 所示。

表 8-5 稽核任务状态

序号	状态	解释
1	保存	任务保存或启用后的取消
2	已启用	任务已启用
3	已抽取	单据按照抽样范围进行了抽取

续表

序号	状态	解释
4	已确认	对单据抽取的结果进行了确认
5	已稽核	只要有一张单据的稽核状态为已稽核
6	已报告	生成了稽核报告
7	已关闭	报告审核通过后自动关闭

定义稽核任务时，必须要确定抽样范围及抽样比例。抽样范围有日期范围、组织范围、金额范围、单据范围、作业组等维度，其中日期范围是必须指定的，其他的维度可指定也可不指定。定义稽核任务时，如果对稽核的单据有较高的要求，希望能尽可能地抽出有代表性的单据，则可定义分层规则。

所谓分层规则，就是在总体样本中划分出若干区域，然后对这些区域分别对待，根据每个区域的重要程度和风险程度制定不同的抽样比例。分层规则最多只能定义 5 个，也可以不定义。分层规则的说明如下。

（1）分层比例（抽取的样本数占所有样本的比例）要在指定的比例之上，除非按照分层比例的所有单据合计数达不到分层比例。

（2）所有的分层比例之和应小于或等于 100%（如果所有的分层比例之和小于 100%，则剩余的抽取就可以随机了）。

（3）如果不同的分层规则条件圈定的范围相互之间有交叉，则按照各自的规则抽取，即一张单据可同时满足两个或两个以上的分层规则。

（4）分层规则的分层条件不能全部为空，至少应限定一个条件。

财务共享“稽核任务”创建页面，如图 8-14 所示。

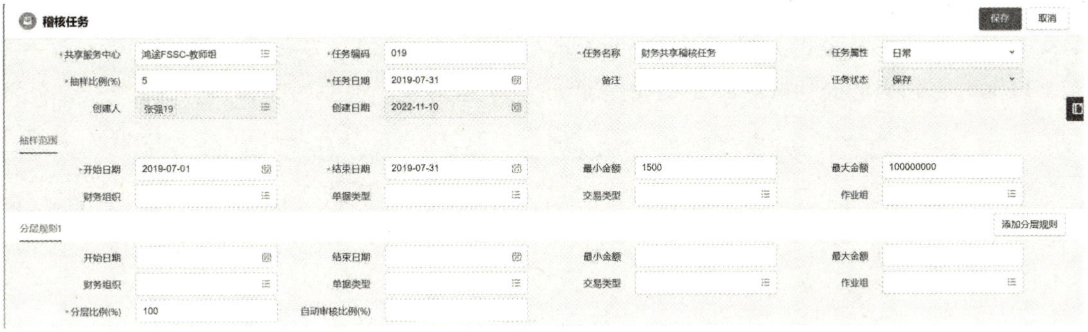

图 8-14 财务共享“稽核任务”创建页面

【例 8-3】财务共享单据库里共有 10 万多张单据。本次指定的抽样如下。

（1）总体范围：财务组织为 A、B、C，日期为 2019 年 7 月 1—31 日，总体单据数为 1000 张，指定的抽样比例为 10%，抽样样本数为 1000×10%＝100（张）。

（2）因为指定了财务组织的范围，所以分层规则只能在 A、B、C3 个组织内定义；因为指定了日期范围，所以分层规则只能是 8 月份的单据；其他不限。

（3）定义分层规则：财务组织为 A、金额范围为 1000～10 000，分层比例为 20%，则抽取满足这个要求的单据数至少为 100×20%＝20（张）。如果在这个范围内的单据不足 20 张，也算符合要求。由于已经在抽样的总体范围里指定了要抽取 2018 年 8 月的单据，如果分层规则没有指定日期范围，则仍然隐含着要抽取 2018 年 8 月的单据条件，如此次抽取了 10 张。

指定分层时，不应超过抽样范围，否则会导致不能正确地抽取样本单据。

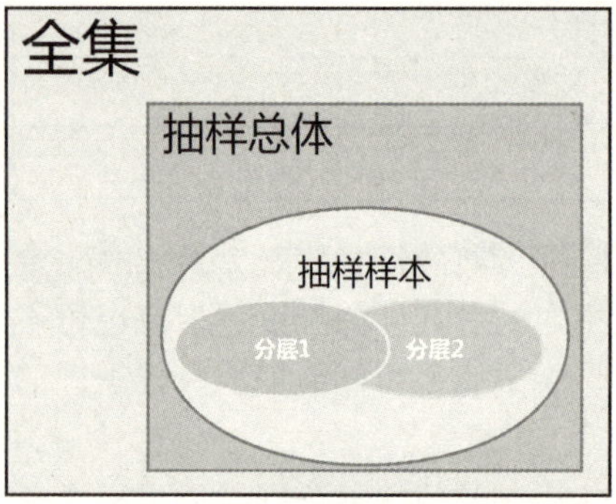

图 8-15 规则分层图示

（4）如果又定义了一条规则，财务组织为 A、B，日期为 2018 年 8 月 5—31 日的单据，分层比例为 15%，则在上一个条件抽取完单据后，按照这个条件接着抽取，只要满足这个条件，即使这条规则与上一条规则的集合有部分交叉也可以。此次足额抽取了 15 张单据。

（5）则还应继续抽取“100-10-15＝75（张）”单据，这些单据应该在剩余的“1000-10-15＝975（张）”单据里随机抽取，这些单据有的符合上面两个分层条件，有的不符合，均属正常。

规则分层的集合关系如图 8-15 所示。

4．单据抽取

任务启用以后，就可以进行单据抽取了。单据抽取就是按照当前稽核任务所定义的抽样范围和分层规则从样本总体里随机抽取单据，供稽核使用。

（1）在当前抽取的结果未确认前，可以无限次抽取单据，下一次抽取的结果覆盖上一次的结果。

（2）抽取结果未确认前，任务还可以取消启用；抽取结果确认后，任务就不可以取消启用了。

（3）抽取结果确认后，不可以再抽取单据。

（4）未进行稽核的任务可以取消单据抽取的确认。

（5）稽核结果同时会反馈到已抽取的单据列表中，如果想实时查看当前任务的每张单据稽核明细情况，可以在此查看。

待稽核的共享单据抽取后，需要进行确认。“单据抽取”页面如图 8-16 所示。

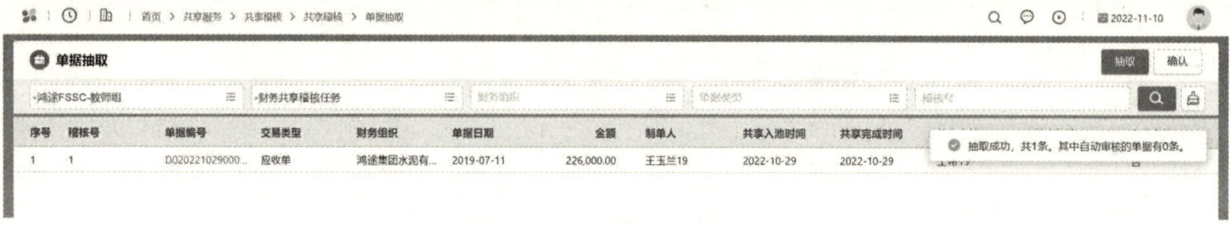

图 8-16 “单据抽取”页面

5．单据稽核

单据抽取的结果确认以后，则开始单据稽核。

一旦开始稽核操作，则单据抽取的结果不可以取消确认。如果已稽核了多张单据，发现还需要重新抽取单据，则需要把每张已稽核的单据恢复为未稽核的状态。这样才可以取消确认，重新抽取单据。

（1）多张单据可以同时稽核，只需要有当前任务的权限。

（2）稽核时，应参照稽核内容的提示进行稽核，可以标注稽核说明以备忘，支持根据单据列表上下翻页依次稽核；针对无问题的单据，可以直接单击“通过”按钮，当前单据自动更新为已稽核的状态；如果发现了当前单据的一个或多个问题，则需要选择发现的问题类型，系统自动带出所选问题的严重程度和扣分标准，对当前单据严重程度的评价自动选择最严重的问题的严重程度；发现了稽核问题，如果需要整改，则应线下通知共享作业人员进行整改，并对整改的结果进行检查，符合要求后，记录整改过程并完成稽核，如果不符合要求，则可以要求作业人员重新整改。

（3）稽核时，可以查看当前单据的卡片页面，如联查凭证、联查影像、联查附件、联查电子发票、联查工作流、联查上下游单据等与当前单据有关的所有信息，但不可做任何修改。“单据稽核”作业查询及处理页面，分别如图 8-17、图 8-18 所示。

图 8-17　“单据稽核”作业查询页面

图 8-18　“单据稽核”作业处理页面

6. 稽核报告

当前稽核任务的所有单据均已稽核后，便生成稽核报告。

生成报告时，系统会自动计算出当前稽核任务的单据抽取情况、稽核结果情况，并根据稽核的结果自动给出一个评分（满分为 100 分），以及该评分对应的此次整个稽核任务的评价。系统默认给出的评分可以根据对稽核情况的评价进行人工修正。

稽核评分与评价等级对应表如表 8-6 所示。

表 8-6　稽核评分与评价等级对应表

序号	评分区间	稽核评价等级
1	90～100	优
2	80～89	良
3	60～79	中
4	59 以下	差

生成的报告已经同时统计出各种稽核的问题，并可以按这些问题联查单据的明细情况。

生成稽核报告时，还通过图形展示出抽样情况统计、稽核情况统计、稽核结果统计，一目了然，清清楚楚。

生成的稽核报告需要审核后才能生效，审核通过后，此次的稽核任务工作就算全部完成了，系统会自动关闭当前的稽核任务，此后不能再对当前的稽核任务做任何处理和修改。如果取消审核当前的稽核报告，系统会自动打开当前的稽核任务。

生成稽核报告以后，就可以截图或打印送财务共享服务中心的领导审阅了。

三、案例实操

看视频完成实操训练：完成鸿途集团财务共享作业稽核。

1. 稽核内容配置

2021 年 12 月，鸿途集团财务共享服务中心根据 2021 年上半年的运营经验和所发现的问题，结合 2021 年《鸿途集团财务共享服务中心业务质量评价指标表》的要求，确定的共享稽核内容如表 8-7 所示。

表 8-7　鸿途集团共享稽核内容

内容编码	内容名称
A01	单据质量
A0101	单据完整性
A0102	单据准确性
A02	影像质量
A0201	影像完整性
A0202	影像清晰性

2. 稽核问题类型设置

2021 年 12 月 1 日，鸿途集团财务共享服务中心根据《鸿途集团财务共享服务中心业务质量评价指标表》中的扣分项目及扣分分值，抽取了共享稽核的问题类型，如表 8-8 所示。

表 8-8　鸿途集团共享稽核的问题类型

编码	问题类型	扣分标准	严重程度
AB001	扫描影像不清楚	-5	非常严重
AB002	单据影像未上传	-5	严重

续表

编码	问题类型	扣分标准	严重程度
AB003	原始单据不符合公司要求	-5	一般
AB004	单据匹配错误	-5	严重
AB005	单据未按照制度正确审核	-5	非常严重

3. 创建稽核任务

2021 年 7 月 5 日，鸿途集团财务共享服务中心拟对 2021 年 6 月的单据进行共享质量稽核。鸿途集团财务共享服务中心于 2021 年 6 月总共处理了 17 家服务对象的约 1550 张单据（假设），本次指定的抽样规则如下。

（1）总体范围：对 17 家服务对象（财务组织）进行平等抽样，总的抽样样本数为 78 张，即抽样比例为 5%。

（2）样本金额的范围为 15 000 元（含）以上。

4. 进行单据抽样并稽核

2021 年 7 月 6 日，鸿途集团财务共享服务中心抽调资深作业组成员组成质量稽核小组，启用上文中所创建的稽核任务并进行质量稽核。

5. 生成稽核报告

2021 年 7 月 10 日，鸿途集团财务共享服务中心质量稽核小组完成了全部抽样单据的稽核工作。小组负责人拟生成稽核报告向鸿途集团财务共享服务中心总经理进行汇报。

四、拓展练习

根据“鸿途集团财务共享绩效稽核需求”，参照“鸿途集团财务共享服务中心绩效考评方案”，设计并创建鸿途集团财务共享服务中心稽核任务，抽查并稽核单据，最终能够查看到鸿途集团财务共享服务中心稽核报告。

8.3　财务共享作业绩效管理

一、财务共享作业绩效管理概述

（一）财务共享作业绩效管理的概念

财务共享作业绩效管理，就是利用技术手段自动提取财务共享服务中心作业处理的数据并进行加工处理，然后将这些数据以可视化的形式展现出来，以便用于日常绩效显示、监控，以及为员工评价提供参考依据等。

（二）财务共享作业绩效看板

1. 财务共享作业绩效看板的定义

财务共享作业绩效评价通常通过财务共享作业绩效看板实现。财务共享作业绩效看板是集中以可视化的形式展示财务共享服务中心作业处理数据的载体。图 8-19 所示为财务共享作业绩效看板示例图。

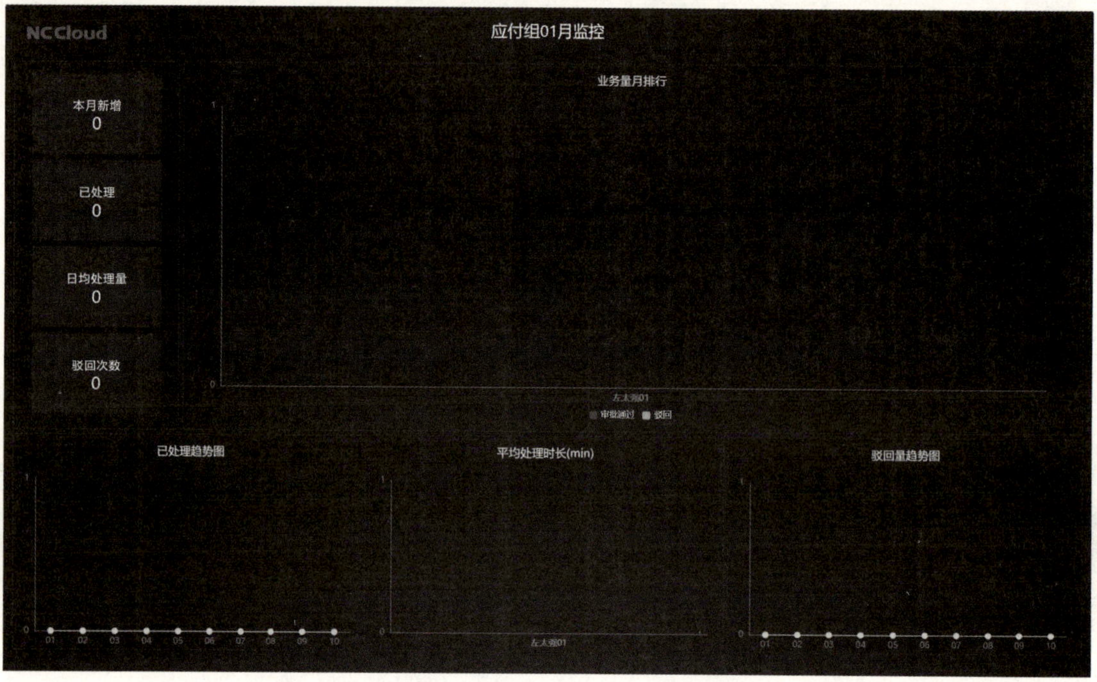

图 8-19　财务共享作业绩效看板示例图

2. 财务共享作业绩效看板的价值

满足财务共享服务中心管理层对共享整体业务管理、监管需要，实现对共享业务数字化跟踪管理，方便时时查看相关业务数据；关注、对比、分析共享流程中每个环节的工作量、工作效率、工作质量；帮助企业集团了解财务共享服务中心任务执行情况、运行效率；有效提高企业集团在内部管理决策方面的有效性、可靠性、准确性。

（三）衡量财务共享作业绩效的数据

可以用来衡量财务共享作业绩效的指标有很多，NCC 能够跟踪每一张业务单据在处理时的许多指标数据，如表 8-9 所示。

表 8-9　NCC 支持的财务共享作业绩效指标

序号	指标名称
1	单据号
2	交易类型
3	单据日期
4	单据金额
5	单据提交时间
6	报账人
7	专岗扫描开始时间

续表

序号	指标名称
8	专岗扫描完成时间
9	专岗扫描时长
10	专岗扫描人
11	入池时间
12	共享初核处理时间
13	初核处理时长
14	共享初核人
15	共享复核处理时间
16	复核处理时长
17	共享复核人
18	签字处理时间
19	签字处理时长
20	签字处理人
21	结算处理时长
22	共享审批流程时长
23	共享付款流程时长
24	本地流程时长
25	共享流程时长
26	全流程时长

二、规划设计

（一）财务共享作业绩效评价应用点清单

财务共享作业绩效评价应用点清单如表 8-10 所示。

表 8-10 财务共享作业绩效评价应用点清单

领域	产品模块	应用点\功能节点	应用类型	职责类型
共享服务	绩效看板	综合主题定义	小应用	管理类
		中心主题定义	小应用	管理类
		作业人员主题定义	小应用	管理类
		作业组主题定义	小应用	管理类
		看板管理	小应用	业务类
		绩效数据提取	小部件	管理+业务类
		看板监控	小部件	管理+业务类

（二）财务共享作业绩效看板的操作流程

NCC 新一代共享作业绩效看板采用了最新的技术，可以定义多组绩效看板，同时在多个大屏上展示不同的内容。每组绩效看板可以定义多块展板，每块展板可以设置不同的停留时间。每块展板按照 16 宫格细分，可以自由合并或拆分，并定义展示内容。

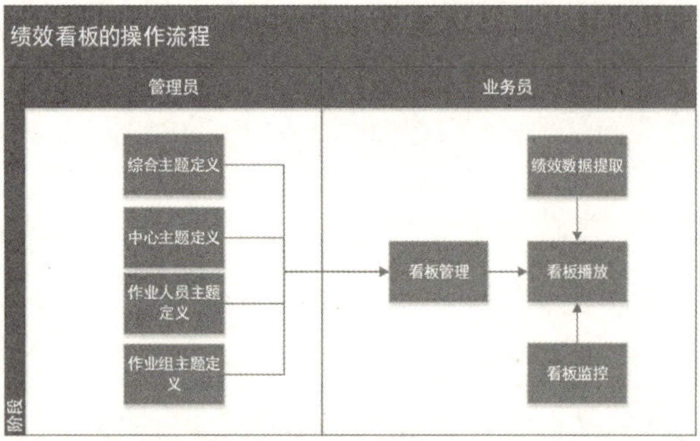

图 8-20　财务共享作业绩效看板的操作流程

财务共享作业绩效看板支持多个共享服务中心定义看板，其操作流程如图 8-20 所示。

1. 中心主题定义

首先确定一个财务共享服务中心，系统会自动根据这个财务共享服务中心找到已定义的作业组，然后选择一个作业组，也可多选。选定了当前的作业组后，可以定义该中心的月监控主题。定义以后，还需要进行保存图表操作，把当前图表保存起来，这样才可以在进行看板定义时被引用。

作业人员可通过“图表清单”功能查看当前主题下定义的图表，并进行删除操作。

中心月监控主题包含的内容有当月关键数据统计（本月总业务量、本月日均业务量、本年月均业务量等）、月业务量分布（按人）柱形图（大图）、月业务量占比、分组业务量趋势、总业务量趋势图，如图 8-21 所示。

中心当日分组统计主题包含的内容有本月累计单数、当日单据量、已初审（签字）单数、已复审（结算）单数、已退单数、待初审（签字）单数、待复审（结算）单数，如图 8-22 所示。

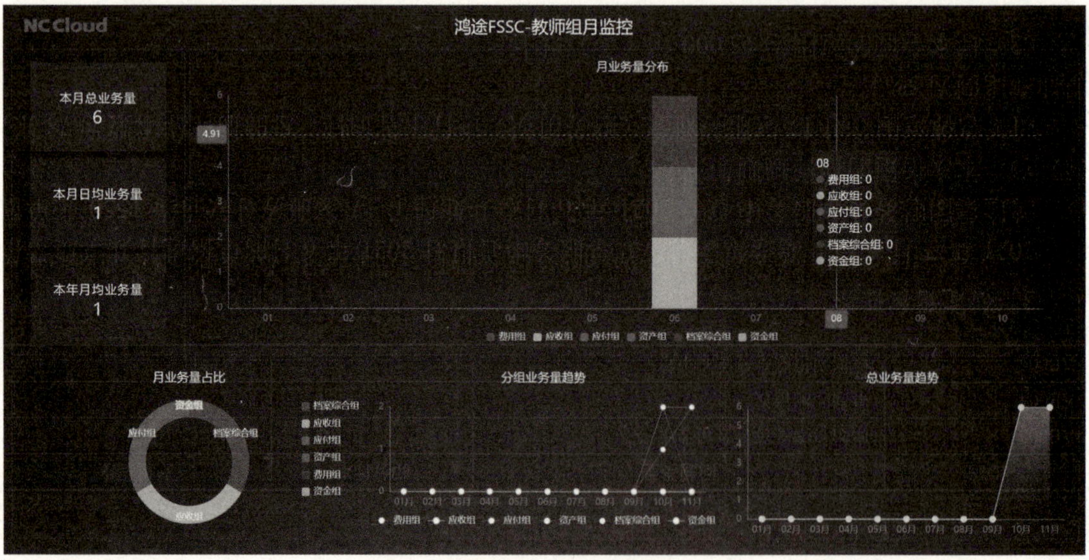

图 8-21　中心月监控主题

	资金组
本月累计单数	0
当日单据量	0
已初审(签字)单数	0
已复审(结算)单数	0
已退单数	0
待初审(签字)单数	0
待复审(结算)单数	0

图 8-22　中心当日分组统计主题

2. 综合主题定义

首先确定一个财务共享服务中心，系统会自动根据这个财务共享服务中心找到已定义的作业组。然后选择一个作业组，且只能单选。可以定义这个作业组下的日监控主题和月监控主题。定义以后，还需要进行保存图表操作，把当前图表保存起来，这样才可以在进行看板定义时被引用。

作业人员可通过图表清单清单功能查看当前主题下定义的图表，并进行删除操作。

综合日监控主题包含的内容有当日关键数据统计（待处理、已处理、当日新增、上日留存、驳回次数等），业务量日排行（按人）柱形图（大图），分时已处理趋势图，平均处理时长（按人）柱形图，分时待处理趋势图。

综合月监控主题包含的内容有当月关键数据统计（本月新增、已处理、日均处理量、驳回次数等）、业务量月排行（按人）柱形图（大图）、已处理趋势图、平均处理时长（按人）柱形图、驳回量趋势图，如图 8-23 所示。

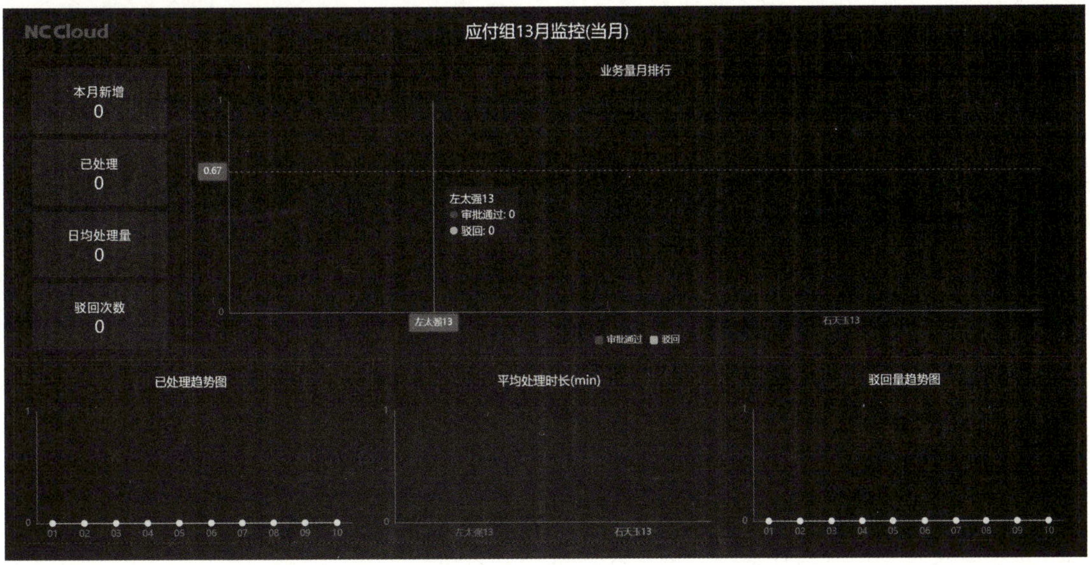

图 8-23　综合月监控主题

3. 作业组主题定义

首先确定一个财务共享服务中心，系统会自动根据这个财务共享服务中心找到已定义的作业组，然后选择一个作业组，可多选。选定了当前的作业组后，可以定义所选作业组的各种业务量统计表。

定义这些统计表时，还需要确定时间维度，分别是按天、按周、按月。按天是指以天为单位进行统计和展示，按周是指以周为单位进行统计和展示（不足一周的按整周对待），按月是指以月为单位进行统计和展示（不足一月的按整月对待）。

时间范围是指统计的时间区间，既可选择本周或本月，也可以指定近几个月的，或者自由指定查询统计的时间区间。

选择主题，即确定展示的风格与色调，系统默认了 3 种风格，还可以自定义主题风格，分别选择文字颜色、图形颜色，并上传背景图片。定义以后，还需要进行保存图表操作，把当前图表保存起来，这样才可以在进行看板定义时被引用。

作业人员可通过图表清单功能查看当前主题下定义的图表，并进行删除操作。

作业组主题包含的内容有作业组业务量统计表（按指定的时间维度和作业岗位展现的二维表）、作业组业务量趋势图（以折线图展示作业组或岗位的业务量趋势）、作业组业务量面积堆积图、作业组业务量对比图、作业组单据量分布图，以及以作业组为集合进行统计和展现的各个形式的图或表，如图 8-24 所示。

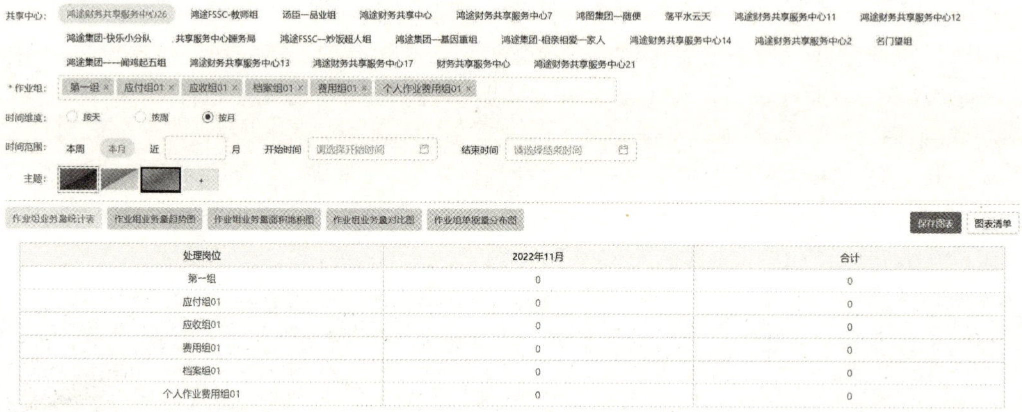

图 8-24　作业组主题

4. 作业人员主题定义

首先确定一个财务共享服务中心，系统会自动根据这个财务共享服务中心找到已定义的作业组，然后选择一个或多个末级作业组（代表岗位），所选作业组必须同属于一个上级作业组。选定了当前，可以定义所选作业组下各个人员的业务量统计。

定义这些统计表时，还需要确定时间维度，分别是按天、按周、按月（同“作业组主题定义”）。

时间范围既可选择本周或本月，也可以指定近几个月的，或者自由指定查询统计的时间区间。

选择主题时既可以选择系统默认的 3 种风格，也可以自定义主题风格，分别选择文字颜色、图形颜色，并上传背景图片。定义以后，还需要进行保存图表操作，把当前图表保存起来，这样才可以在进行看板定义时被引用。

作业人员可通过图表清单功能查看当前主题下定义的图表，并进行删除操作。

作业人员主题包含的内容有人员作业量统计表（按指定的时间维度和作业人员展现的二维表，包含的指标：通过数量、驳回数量、被驳回的数量、总处理时长、平均处理时长、驳回率）、人员驳回率统计图（以柱形图展示作业人员的审批通过业务量、驳回业务量和驳回率情况）、人员作业量统计图（以柱形图展示指定区间内每个作业人员的作业量）、作业组业务量统计图，以及以所选作业组下的作业人员为单元进行统计和展现的各个形式的图或表，如图 8-25 所示。

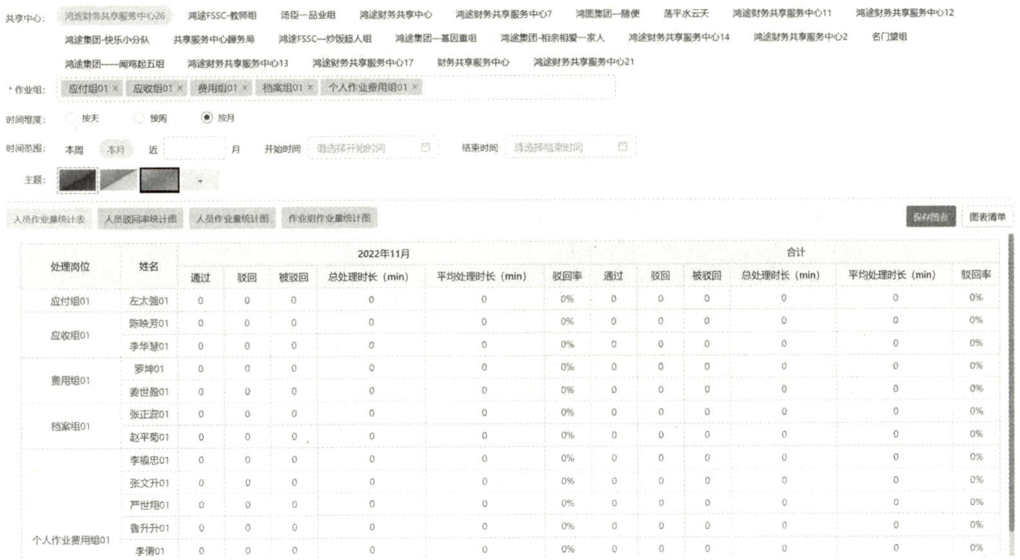

处理岗位	姓名	2022年11月						合计					
		通过	驳回	被驳回	总处理时长（min）	平均处理时长（min）	驳回率	通过	驳回	被驳回	总处理时长（min）	平均处理时长（min）	驳回率
应付组01	左太强01	0	0	0	0	0	0%	0	0	0	0	0	0%
应收组01	陈映芳01	0	0	0	0	0	0%	0	0	0	0	0	0%
	李华慧01	0	0	0	0	0	0%	0	0	0	0	0	0%
费用组01	罗坤01	0	0	0	0	0	0%	0	0	0	0	0	0%
	姜世盈01	0	0	0	0	0	0%	0	0	0	0	0	0%
档案组01	张正淼01	0	0	0	0	0	0%	0	0	0	0	0	0%
	赵平菊01	0	0	0	0	0	0%	0	0	0	0	0	0%
个人作业费用组01	李福忠01	0	0	0	0	0	0%	0	0	0	0	0	0%
	张文升01	0	0	0	0	0	0%	0	0	0	0	0	0%
	严世翔01	0	0	0	0	0	0%	0	0	0	0	0	0%
	鲁升升01	0	0	0	0	0	0%	0	0	0	0	0	0%
	李倩01	0	0	0	0	0	0%	0	0	0	0	0	0%

图 8-25　作业人员主题

5. 资金签字与结算

绩效看板支持同时统计资金签字和结算环节的工作量。由于资金签字和结算环节没有定义在流程中，并且不能像财务共享服务中心那样定义作业组和作业岗位，所以在实现过程中就把资金签字和结算固化成两个固定的岗位。如果要获取这两个环节的绩效数据，则不能按照实际客户定义的作业组进行选择统计，只能选择系统固化的资金签字和结算这两个作业组进行统计，否则不能得到正确的统计结果。统计签字和结算环节的工作量等数据与共享初审、复审环节的数据统计思路是一致的，如待处理单据数、已处理单据数等。

6. 绩效看板管理

打开“看板管理”页面后，可通过“新增”录入看板名称和序号增加一组看板，对该组看板进行设置，进入设置页面。

设置页面的左侧为已增加的每一块看板及排列顺序，中间为当前看板的预览效果图，右侧为待选的资源（之前在各个主题定义时保存的各类图表）。

首先在左侧的屏幕列表里增加一块看板，录入每一块看板的名称、显示时间、排列序号，单击“确定”按钮，即增加一块空的看板；空的看板默认以 16 宫格形式展现，16 宫格是最细的颗粒度，不能再细分了。一张图表只能在同一个宫格展现，不可以跨宫格展现。

可以拖选相邻的四方格进行“合并”宫格的操作，合并后的区域可以完整地定义和展现图表。还可以对已合并的宫格进行拆分操作，通过对宫格的合并拆分确定好当前展板的布局，就可以把右边的各种图表资源拖曳到相应的区域了。把要展现的图表定义好后，还可以选择左侧的图片确定当前展板的背景图。

做完上述工作以后，可以通过预览当前展板查看实际效果，如果不满意还可以继续调整。确定好后，可将当前定义的结果保存下来，继续按上述方法定义下一块展板。当整组看板定义好后，可通过预览全部查看实际滚动效果，不满意也重新编辑、修改。

实际展示的时候，先切换到预览的效果，然后利用 Windows 的“连接到投影仪”功能，把当前浏览器视窗拖曳到另一个页面上。可通过按 F11 键进行全屏展示，按 F11 键退出全屏展示。实际展示时，按照看板定义的情况循环滚动播出，如图 8-26 所示。

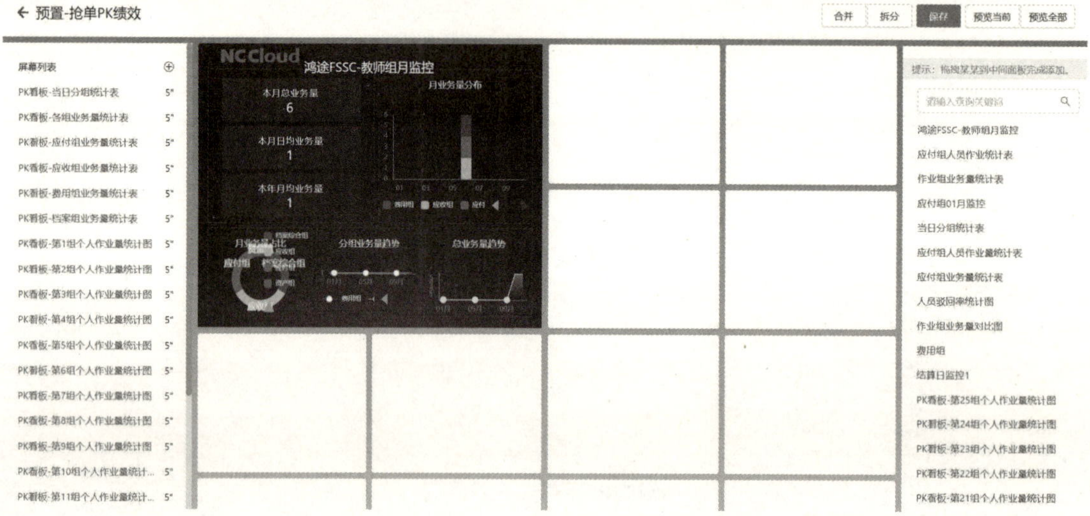

图 8-26　绩效看板管理

7. 绩效数据提取

绩效看板所使用的数据，需要先进行提取，才能被绩效看板统计并展现。绩效看板会显示当前的数据提取状态。第一次使用绩效看板时，需要手工触发提取动作，后续则由系统按照每 5 分钟一次的频率自动提取数据，同时在小部件上显示最近一次提取的时间。看板实际展示时，将自动根据提取的最新数据实时刷新。

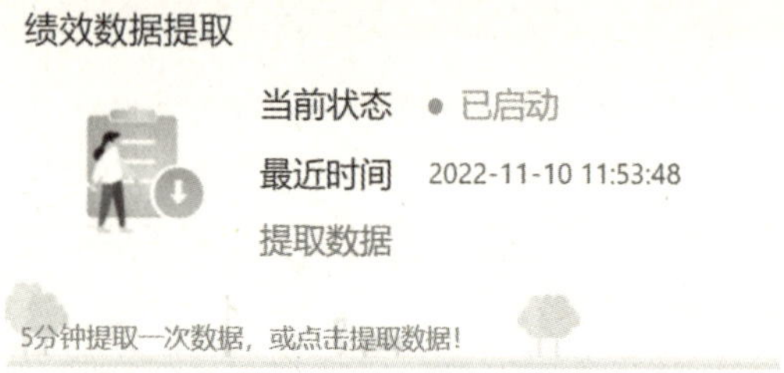

图 8-27 “绩效数据提取”页面

绩效数据提取自动执行是通过预置了一个后台任务实现的，当数据提取失败时，可以重新定义后台任务的通知方式。例如，用邮件通知提醒客户，具体配置方法：打开“动态建模平台—客户化配置—后台任务中心—后台任务部署”，找到“共享服务绩效取数”的任务，修改“消息接收配置”页签，增加用户即可，可以增加多个用户。“绩效数据提取”页面示意如图 8-27 所示。

注意：指定的用户发邮件，需要在定义用户时，指定该用户的电子邮件地址。

8. 看板监控

该小部件的功能主要供管理员使用。在有多组看板的情况下，可以在该小部件上轮流展示每一组看板。当看板监控上显示有异常情况时，实际大屏上该组的看板展示也是异常的，可提醒管理员及时处理，如图 8-28 所示。

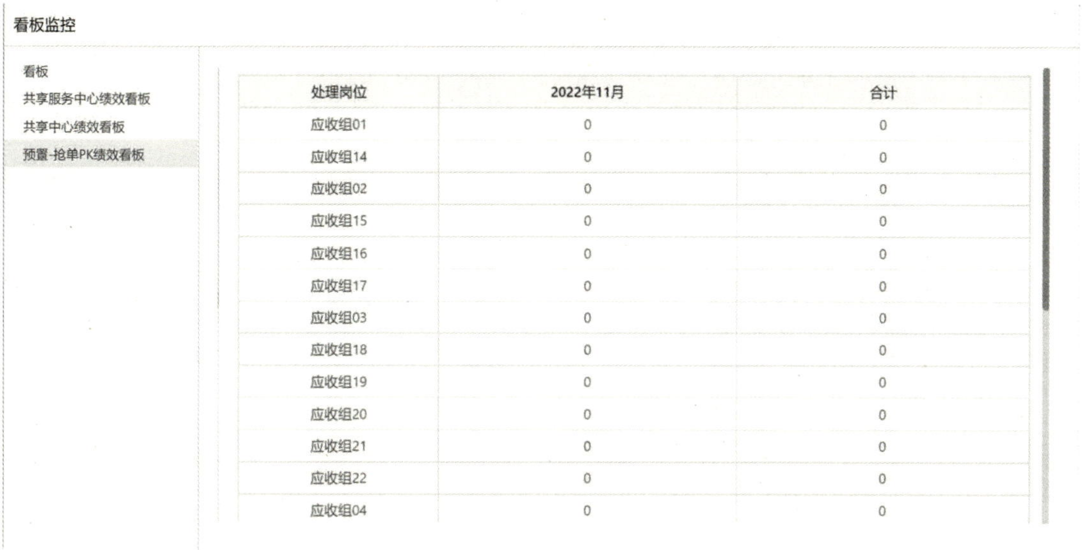

处理岗位	2022年11月	合计
应收组01	0	0
应收组14	0	0
应收组02	0	0
应收组15	0	0
应收组16	0	0
应收组17	0	0
应收组03	0	0
应收组18	0	0
应收组19	0	0
应收组20	0	0
应收组21	0	0
应收组22	0	0
应收组04	0	0

图 8-28　看板监控

三、案例实操

看视频完成实操训练：构建鸿途集团财务共享服务中心绩效看板。

鸿途集团财务共享服务中心各个岗位的财务人员进行单据的提取审核工作，经财务共享服务中心作业组长巡查，无法了解全部财务人员的工作成果、工作效率和工作质量，财务共享服务中心运营管理部决定设计绩效看板，以清晰地展现各财务人员及各岗位的工作成效。鸿途集团财务共享服务中心绩效看板的配置表如表 8-11 所示。

表 8-11　鸿途集团财务共享服务中心绩效看板的配置表

序号	内容	对应菜单	要求
1	当月分组统计表	中心主题定义	
2	应付组 01 月监控	综合主题定义	
3	应付组业务量统计表	作业组主题定义	时间维度：按月；时间范围：本月
4	应付组人员作业统计表	作业人员主题定义	时间维度：按月；时间范围：本月
…	…	…	…

绩效系统配置完成后，将绩效看板命名为“财务共享服务中心绩效看板”，并对配置内容进行排版。

四、拓展练习

（1）学习 NCC 绩效看板设置操作手册（见平台）。

（2）根据鸿途集团财务共享服务中心绩效看板的需求，制定鸿途集团财务共享作业绩效看板设计方案，并分配角色。

（3）小组完成 NCC 中的系统配置。

（4）按照角色进行分工协作，处理绩效看板设置与展示工作。

（5）小组将 NCC 中的系统配置与测试过程视频或截图汇集，以 Word 格式上传分享。教师发起互评后，小组间测评。

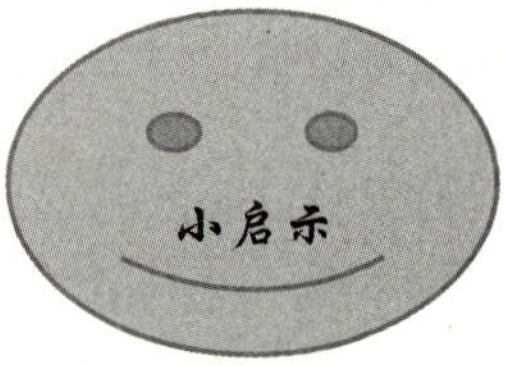

分享是一种美德！
共享是一种快乐！

8.4 战略财务与业务财务

一、企业诉求

鸿途集团参照同行业、类似规模的标杆企业的经验，拟建立结算中心来进行资金的集中管理。

（1）建立资金集中监控系统：采用先进的技术手段，通过对集团内部的资金集中管理，做到上级机构对下级机构的资金运行数据的即时查询、及时审计，使资金的运转得到有效监管与控制。搭建起一个跨银行的资金集中监控平台，集中反映整个集团的资金动态情况，使集团掌控资金管理的主动权。

（2）建立一套完整的集团资金操作、管理、分析和决策体系，全面整合集团内结算、融资、票据、预算、投资等业务和相关系统资源，结合外部商业银行的产品和服务支持，加强企业集团对集团资金的整体调控能力，降低集团资金的运作成本，有效控制财务风险。

（3）成立资金结算中心管理集团资金，资金计划、资金调拨、资金集中、对外结算、内部结算等业务均通过结算中心统筹完成。

（4）建设符合资金结算中心制度要求和管理规范的系统平台，将集团的战略思想和管理思路融合到系统流程中，规范资金业务，规避风险，提高效率。

二、规划设计

（一）权责划分

1. 战略财务、业务财务、财务共享服务中心权责划分

（1）战略财务专注于企业集团全面预算管理、资金集中管理、资本运作、税费筹划和会计政策等集团层面的管理职能。

（2）业务财务专注于本企业预算管理、成本管理、资金管理、经济活动分析等管理职能。共享财务专注于会计核算服务、共享平台规则制定和功能完善、平台运营等财务共享层面业务。

（3）财务共享服务中心应规范财务会计与管理会计标准，制定财务制度与政策，进行财务稽查；提供标准财务报表、数据查询服务、电子档案查询服务，提供初核结果；负责本单位的业务财务沟通、纳税申报、审计工作；提出战略管控与运营管控所需的分析报告/报表要求，提供战略财务要求的分析报告/报表，基于业务现状提出制度更新建议。

2. 财务共享服务中心的职能定位及各部门单位的权责划分——政策制度

（1）战略财务：收集会计政策、制度的修订意见或建议，制定会计政策、制度，检查会计政策、制度的执行情况。

（2）业务财务所属单位业务：配合执行战略财务及本单位财务的会计政策、制度，向本单位财务回馈会计政策、制度的修订意见或建议。

（3）业务财务：确保战略财务的会计政策制度在本单位落地，向战略财务提交会计政策、制度的修订意见或建议，向战略财务回馈本单位会计政策、制度的执行情况及问题。

（4）共享财务：执行集团会计政策、制度，制定财务共享服务中心操作细则，推进并监督财务共享。

3. 财务共享服务中心的职能定位及各部门单位的权责划分——会计核算

（1）战略财务：抽查、监督共享财务、业务财务会计核算工作，指导共享财务、业务财务会计核算工作。

（2）业务财务所属单位业务：提交报账申请和报账单据，负责业务真实性、合理性。

（3）业务财务：审核报账申请是否符合本单位的内控和管理要求。

（4）共享财务：审核纳入财务共享的报账业务的合规性，审核纳入财务共享的账务核算，出具纳入财务共享的各单位报表。

4. 财务共享服务中心职能定位及各部门单位的权责划分——资金结算

（1）战略财务：负责共享对外支付大额资金时的审批；负责共享对内调拨大额资金时的；提高资金保值增值率/运转效率、控制融资成本、控制风险。

（2）业务财务所属单位业务：提报资金付款报账申请（含大额）、负责资金付款业务真实合理。

（3）业务财务：提报和审批本单位资金调拨申请（含大额）、审批本单位付款报账申请。

（4）共享财务：负责纳入财务共享单位的资金收付、负责纳入财务共享单位的银企对账及银行余额表编制。

5. 财务共享服务中心职能定位与其他部门单位责权划分———财务报表

（1）战略财务：审核各单位报表、出具集团合并报表、报表对外披露和解释、组织和配合集团的外部审计。

（2）业务财务所属单位业务：向业务财务提出管理报表需求，向业务财务提出标准化的数据或报表需求及报表逻辑建议。

（3）业务财务：出具本层级的合并报表，向上级提交合并报表，负责本单位财务报表的披露和解释，组织和配合本单位外部审计，向共享财务提出标准的数据或报表需求及报表逻辑建议。

（4）共享财务：出具纳入财务共享的各单位报表，评审回馈各单位提出的数据或报表需求，向各单位提供标准化的数据及报表查询服务，组织评估并提交 IT 报表开发需求。

（二）业务财务共享

1. 合规性

付款符合财务制度的要及合同付款条件；发票真实，发票内容完整、清晰；发票无损坏、无污渍，字迹、版面工整，内容打印无错位；发票专用公章完整、清晰，密码区为被刮开、正常显示状态；发票抬头与公司营业执照名称一致；发票日期符合规定；发票金额大小写一致，发票足额；发票内容与业务内容相符；事由不得出现替票、代用、补贴等敏感字眼；发票金额、真伪、付款单位全称、发票号码等信息齐全；费用承担公司无误；摘要事由无敏感信息或税务风险；收支项目准确且与付款业务一致；结算方式正确；收款账户无空格且与账号证明资料一致（对公）；收款银行名称细化到分行或支行；审批流程完整；影像清晰，粘贴符合规范。

2. 完整性

计量确认单完整，收款方信息证明材料完整，第三方监理报告完整，其他支持性附件完整。

3. 粘贴质量

粘贴质量符合粘贴规范，粘贴完整，已核对付款进度、累计付款与合同约定，合同付款页中的付款信息与发票信息一致，发票上的收款人和合同单位一致，计量确认单完整且合规，第三方监理报告完整且合规，收款方信息、证明材料完整且合规，其他重要合同条款完整。

4. 其他

载明是否进行了超付检查，以及部分预算或资金计划项。

财务管理框架如图 8-29 所示。

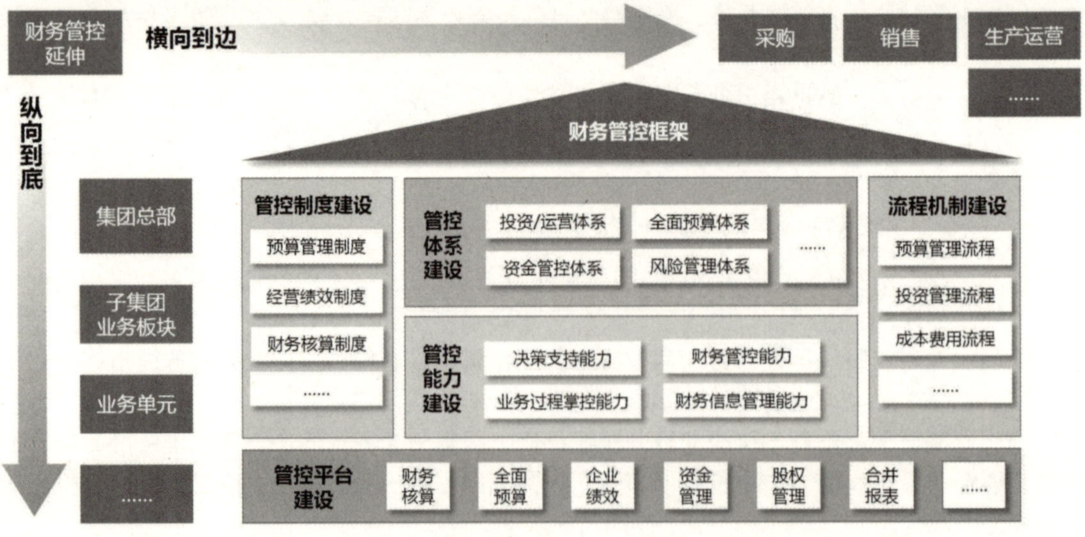

图 8-29　财务管控框架

（三）全面预算

全面预算管理是指利用预算对企业内各部门、各单位的各种财务及非财务资源进行分配、考核、控制，以便有效地组织和协调企业的生产经营活动，完成既定的经营目标。

全面预算管理是企业全过程，全方位及全员参与的预算管理。预算是一种系统的方法，用来分配企业的财务、实物及人力等资源，以实现企业既定的战略目标。企业可以通过预算来监控战略目标的实际进度，有助于控制开支，并预测企业的现金流量与利润。

全面预算管理是综合集团实现集团管控的重要手段，是有效监控下级集团及其所属分/子公司的年度预算制定过程和执行情况，以及落实集团化管理的重要工作。

全面预算管理如图 8-30 所示。

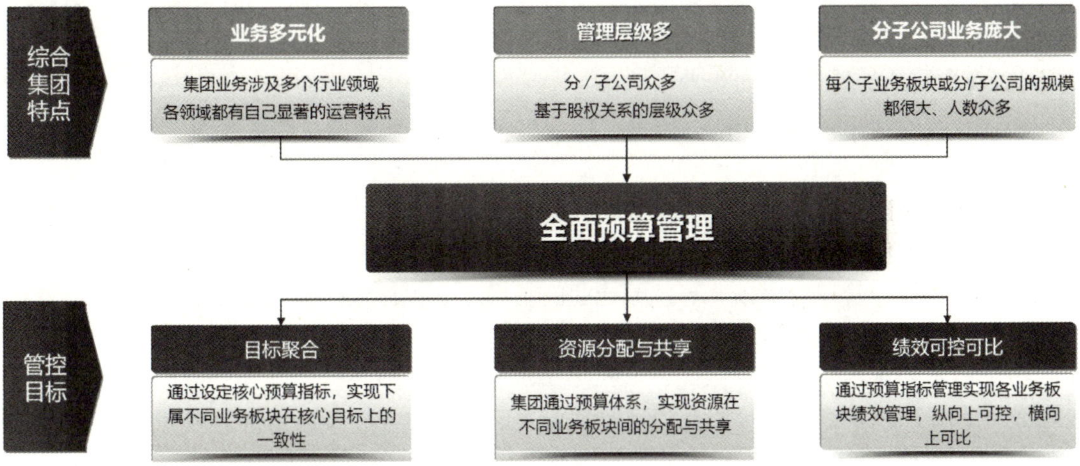

图 8-30　全面预算管理

1. 集团全面预算管理的需求分析

（1）综合集团全面预算管理：依据“战略—计划—预算绩效”的执行链条，为集团提供衡量实际业绩的基准点，实现战略落地。

（2）综合集团预算管理的重点：建立统一、规范的预算管理体系并保障其贯彻执行；强化预算过程的执行与控制；定期分析预算执行情况，及时监督各级成员单位的业务活动。

建设集中、统一的全面预算管理信息系统，实现数据的共享及实时传递，提高预算管理工作的成效，加强预算执行对标、执行过程监控和业务预警，加强风险防范。

2. 全面预算编制方式

（1）战略规划（中长期目标设定）。

企业层面的综合业务规划，包括企业战略规划、经营目标、市场规划、营销策略、采购策略、投融资战略和人力资源规划等。这些规划指导业务部门的工作重点及方向。

（2）目标分解（年度目标设定）。

整个企业各级管理层给其下级单位设定分解后的业务目标，各层级业务单位根据目标制定业务计划，提出投资需求。

（3）预算编制（围绕目标及业务计划进行资源配置）。

根据设定的目标及详细的工作计划预测完成这些目标、计划所需的资源（物流、财流、人力、信息）编制，审定，下半年度预算。

（4）预算控制（过程监控）。

根据年度预算、滚动预算对企业运营过程中实际发生的业务活动及费用进行控制。

（5）分析/改进（目标完成情况跟踪分析）。

客观、准确、及时地记录企业发生的运营业务活动及消费的来源。同时将记录的结果汇报给相应的管理层。将实际发生的核算与预算进行差异分析，洞察原因，改进管理。

（6）绩效考评、战略调整。

根据目标完成情况和企业的激励制度，进行业绩评估并奖励那些完成或超额完成目标的业务单元人员和管理层。

3. 全面预算管理内容

全面预算管理内容由三大部分组成，即业务预算、资本预算、财务预算。

（1）业务预算。

业务预算是反映企业基本业务活动的预算，因不同业务类型而异。比如，制造业的基本业务预算包括销售预算、生产预算、直接材料采购预算、直接人工预算、制造费用预算、期末产成品存货预算、管理费用预算等；流通业的基本业务预算包括销售预算、采购预算、经营费用预算、管理费用预算等。

（2）资本预算。

资本预算用以规划长期投资业务及与其相关的筹资业务，具体包括资本支出预算和一次性专门业务预算等，它是根据特定的投资与筹资项目编制而成的。

（3）财务预算。

财务预算综合反映各项业务对企业现金流量和经营成果的影响，有助于企业规划现金流量和经营成果,财务预算实际上是业务预算和资本预算的综合体现，落脚点就是现金流量预算，最后形成预计损益表、资产负债表和现金流量表。

财务管理流程和预算编制流程分别如图 8-31、图 8-32 所示。

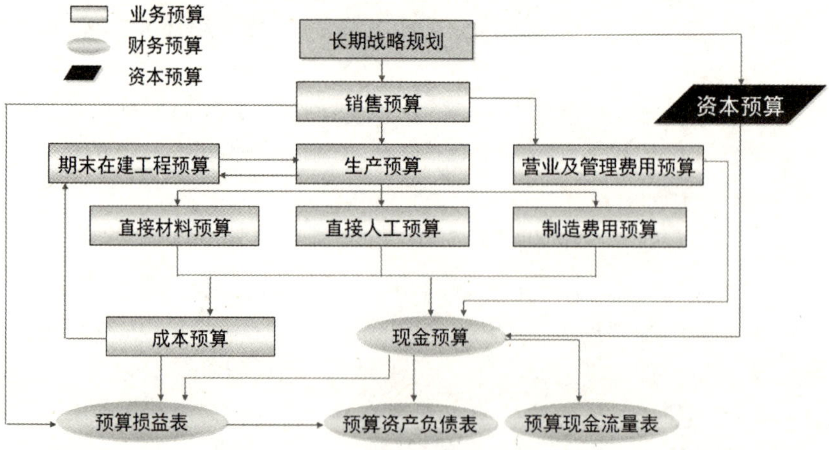

图 8-31 财务管理流程

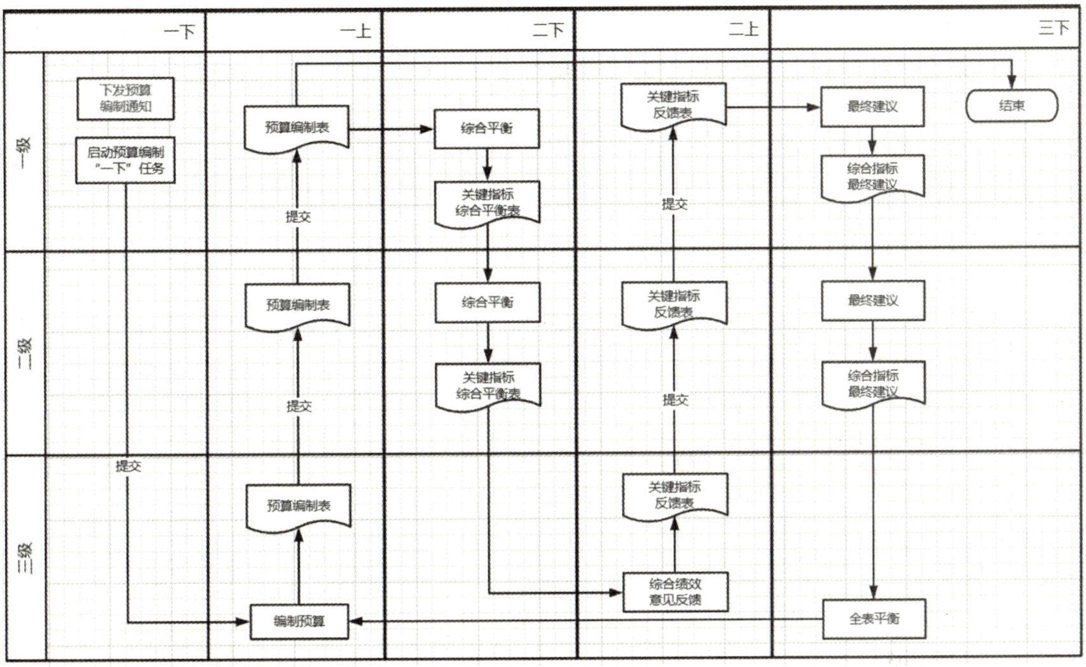

图 8-32　预算编制流程

（4）预算执行。

各部门按照各自的管控需要对经济活动进行预算执行控制。

① 事前：各部门根据预算指导开展工作。

② 事中：根据预算进行日常业务的审核。

③ 事后：通过差异分析反映预算执行情况、指标完成情况，提供考核依据和决策信息、指导下期计划。

④ 业务活动——各部门根据月度工作计划、月度预算，以及实际情况开展业务活动。

⑤ 预算执行信息提供——预算管理办公室及时向各责任中心和高管层提供预算执行进度，为审批者提供决策信息支持。

⑥ 业务审批——有效的业务审批是预算有效执行的重要保障。业务审批要素包括审批权限、审批依据和审批责任。

⑦ 财务审核——各级财务部门对各级业务部门的日常业务进行财务监督和审核。财务审核的重点是财务支出。

⑧ 统计记录——预算管理办公室对预算的执行情况进行及时、准确的记录，为预算执行实施信息的提供和定期预算信息的反馈提供基础。

（四）财资管理

在企业生产经营过程中，企业管理者利用各种管理工具与方法实现对“人、财、物” 的有效控制与管理。其中，“财”即“资金”，既是企业生存所需的资源，也是企业的经营成果，贯穿于企业整个生产经营过程，是企业管理活动的核心。

资金管理是企业（财务）管理的重要组成部分，是通过精确的组织、计划、控制、信息和考核等管理手段，对企业资金运动的全过程进行有效的管理，包括合理地筹集资金、高效率地运用资金、有效地控制资金和降低资金成本，进而帮助企业获得竞争优势、实现企业价值最大化。

企业资金管理的职能框架、企业财务职能体系分别如图 8-33、图 8-34 所示。

财资管理职能框架				
报告分析	预警报告	统计报告	流量分析	存量分析
资金平衡	资金计划	融资管理	付款排程	头寸管理
日常结算	付款管理	收款管理	票据管理	现金管理
基础管理	账户管理	数据设置	银企直联	档案管理

图 8-33　资金管理的职能框架

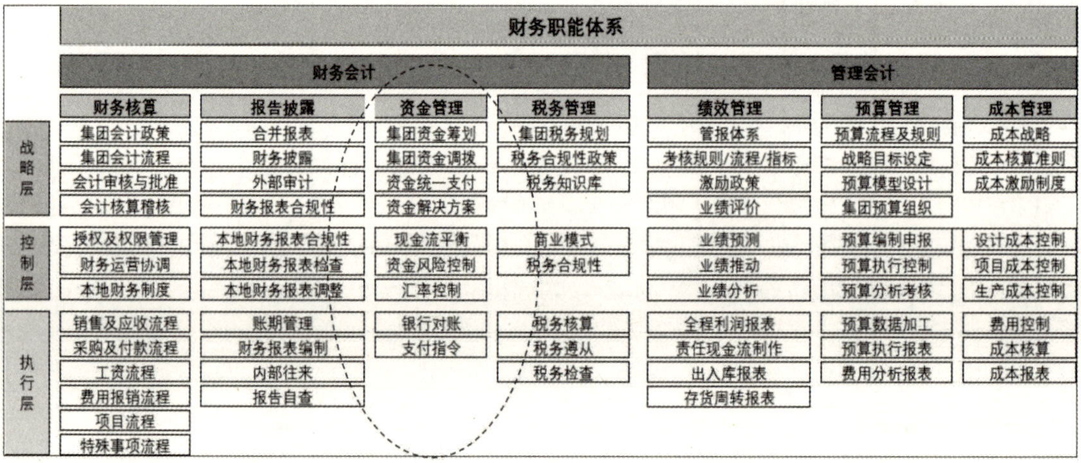

图 8-34　企业财务职能体系

常见的资金集中管理模式如下所述。

（1）统收统支模式：企业的现金收付活动集中在集团或某一主体的财务部和统一的银行账户，各分支机构或子公司不单独设立账户，所有的收款全部归入统一的银行账户， 所有的现金支出都通过财务部指定的账户付出，现金收支完全集中在集团总部。

（2）收支两条线模式：企业的资金收入和资金支出分别使用互相分离的流程、组织或资金流动路径，以达到保证资金安全、有效监控现金流动的目的。收支两条线模式要求收到的资金直接进入回款账户，支付时需要经过审批才能对外支出，不得“坐收坐支”。

（3）备用金模式：企业按照一定的期限或金额，拨给所属分支机构或子公司一定数额的资金，备其使用，各分支机构或子公司发生实际资金支出后，持相关凭证到企业财务部报销以补足备用金。

（4）结算中心模式：通常在集团财务部门设立结算中心，专门办理集团内部各成员公司的资金收付及往来结算业务。各成员公司根据结算中心预核定的资金存量限额，必须将高于限额的资金转入结算中心的银行账户，结算中心集中管理集团和各成员公司的资金。结算中心核定各成员公司日常所需资金后，统一拨付至各成员公司，监控货币资金的使用。为获得更好的银行服务与融资，结算中心需要统一对外协调银行关系和筹措资金，办理各成员公司之间的往来结算，以减少资金沉淀，提高资金利用效率和效益。另外，各成员公司都有自己的财务部门，有独立的账号（通常是二级账号）进行独立核算，因此，结算中心模式并不意味着将各成员公司的全部资金完全集中到集团总部，而是将资金流动、投资和融资、关联结算等事项的决策集中化，各成员公司依然拥有较大的资金经营权和决策权。

（5）内部银行模式：这是企业集团下属分/子公司常用的资金集中管理模式。内部银行是较结算中心更为完善的内部资金管理机构。内部银行引进商业银行的信贷、结算、监督、调控、信息反馈职能，发挥计划、组织、协调作用，成为企业和下属单位的经济往来结算中心、信贷管理中心、货币资金的信息反馈中心。各分/子公司与集团实行相对独立的核算制度、自负盈亏。另外，各分/子公司无权对外融资，必须由内部银行统一对外筹措资金，并根据企业集团为各分/子公司核定的资金和费用定额，结合其实际需要发放贷款，进行统一运作，合理调度资金。

（6）财务公司模式：集团财务公司是专门从事企业集团内部资金融通业务的非银行性金融机构，必须由政府监管机构批准，是由大型企业集团或跨国企业投资设立的一个独立的子公司法人实体。财务公司经营的金融业务，大体上可以分为融资、投资和中介 3 部分。融资业务包括经批准发行财务公司债券、从事同业拆借等；投资业务包括承销成员单位的企业债券、对金融机构的股权投资，以及成员单位的消费信贷、买方信贷、融资租赁、贷款等；中介业务包括对成员单位交易款项的收付，为成员单位提供担保，办理票据承兑与贴现，办理成员单位之间的内部转账结算等。

（7）资金池（Cash Pooling）模式：或称现金池模式，是由跨国企业的财务部门与国际银行合作开发的资金管理模式，统一调拨企业的全部资金，以最大限度地降低集团持有的净头寸。资金池管理模式根据是否实际划拨资金分为两种:“实体资金池”和“名义或虚拟资金池”。在“实体资金池”结构中，企业在同一家银行设立一个母账户和若干个子账户。银行每日定时将子账户的资金余额上划到母账户中，资金上划后，子账户保持零余额（ZBA）或目标余额（TBA）。这个限额的设定，通常由企业根据自身资金管理的需求和现金存量的额度与银行协商确定。

常见的资金集中管理模式比较如表 8-12 所示。

表 8-12　常见的资金集中管理模式比较

管理模式	模式特点	优点	缺点	适用场景
统收统支	结算活动在某一主体设置统一账户；分支机构不设账户	有助于实现资金平衡；提升资金使用效率；减少资金沉淀；防范控制风险	管理方式不够灵活；影响分支机构的业务运作	分支机构少，业务简单，资金流向规律
收支两条线	收入和支出使用不同的账户，收入户只收不付，支出户只付不收，不得坐支	收支分离，便于资金监控，保证资金安全	账户开立数量增多，账户管理成本增加	业务相对复杂，收付业务量较大
拨付备用	按照一定期限或金额拨付给分支机构定额资金供其使用；资金使用后持凭证进行报销补充备用金；分支机构一般不独立设置财务部门	方便支取、使用；管理相对规范	资金使用存在上限；容易产生较大沉淀	个人、部门、办事处、简单的分/子公司（复杂的分/子公司不适用）
结算中心	在企业集团内部建立；统一进行账户管理；统一资金调度（根据情况本地可保留必要的收付职能）；统一协调银行关系，筹集资金；各成员公司保留财务部门；成员公司拥有较大决策权和自主权	统一支付结算，提高结算效率；集中资金监控，确保资金安全；资金集中管理，降低资金沉淀	组建和管理成本相对较高；账户体系和资金运转复杂；复杂资金业务难以处理；作为成本中心不易评价结算中心效益	适用于拥有大量分/子公司、账户数量多、结算量大、复杂投融资业务较少的企业集团；不适用于投融资活动频繁、业务特殊的大型企业集团

续表

管理模式	模式特点	优点	缺点	适用场景
内部银行	引入商业银行职能和管理方式；具备结算、信贷、外汇管理等职能（统一结算、统一信贷、统一融通）；独立考核内部银行的效益	统一信贷管理，降低融资成本；引入商业银行模式，管理更为科学、高效；独立核算，自负盈亏，便于考核	目前无相关法律法规进行明确，存在政策和法律风险；引入商业银行运作模式，运行成本较高	一般而言，企业内部银行适用于具有较多责任中心的企/事业单位，特别是无法建立财务公司而且通过结算中心无法满足企业管理需要的企/事业单位
财务公司	依法成立非银行金融机构，具备独立法人资格；可以从事融资、投资、金融中介等服务内容；将资金管理、金融服务市场化，机制更加健康	可以进行资金整合控制，加强资金监管；承担集团资金理财职责，丰富理财手段；加速内部资金结算和周转速度；提供担保、资信、咨询等更全面的金融服务	成立难度大，成本高；管理难度大，专业性强；需要接受金融监管机构的监管	大型企业集团，有大量分/子公司的责任主体；公司业务复杂，投融资事务较多具备成立的资质和条件
资金池	基于委托贷款模式；最大限度地归集资金，降低资金头寸；满足设定账户余额，并及时补充，使其维持在设定的余额水平	最大限度地降低资金头寸，高效利用资金；通过自动归集，补充（归还）余额，降低资金管理成本和资金沉淀成本	账户体系要求较高；较多地依赖大型商业银行的服务	大型跨国企业集团：资金管理需要跨国（区域）进行集中管理

算中心模式下的内外部账户如下所述。

（1）结算中心外部账户：是在集团外部商业银行开立的、结算中心用来统收成员单位资金的总账户，初始金额为 0。

（2）成员单位外部账户：是成员单位在集团外部商业银行开立的、用以对外部进行资金收付的账户。

（3）成员单位内部账户：是成员单位在结算中心开立的、用以记录成员单位存放于结算中心的资金变动的账户，初始金额为 0。

恒等式：

成员单位的银行存款余额 = 其外部账户和内部账户余额之和

结算中心外部账户资金余额 = 各成员单位的内部账户资金余额之和

成员单位委托结算中心进行的外部收支 = 二者等额增加或等额减少

上收下拨 = 二者等额增加或等额减少

成员单位间通过内部账户进行的结算或调拨：结算中心外部账户资金余额不变，不同成员单位的内部账户等额增减。

资金上收下拨业务如下所述。

（1）需求假设。

① 建立财务共享服务中心后，应尽量保持当前业务流程的稳定性。

- 根据传递到财务共享服务中心的业务单据，确定流程中业务单位与财务共享服务中心的边界，所有业务单据都需要经过财务共享服务中心的审核或初审。
- 财务共享服务中心接收业务单据所随附的原始凭证，均由制单人在制单后立即扫描上传；此后需要审核该业务单据的环节均同时审核该业务单据的原始单据影像。

- 保留在业务单位的工作流程和职责不变，但原业务单位财务部的工作除财务经理职责外均由业务财务承担。

② 鸿途集团的所有收/付款，均以网银（银企直联）方式完成。

③ 鸿途集团最终选择的是单中心模式。

④ 为了让财务共享服务中心审核有据，所有进入财务共享服务中心审核的业务单据都必须随附外部原始凭证的影像。走作业组的业务单据，用影像上传的方法随附影像；不走作业组而走重量端的业务单据，用拍照后添加附件的方法随附影像。

为了简化学生的构建测试工作，共享后资金上收下拨流程中审批环节最高只设计到分/子公司总经理。

（2）共享后资金上收下拨流程所需业务单据如表 8-13 所示。

表 8-13　共享后资金上收下拨流程所需业务单据

序号	名称	是否进入了财务共享服务中心	是否属于作业组工作	流程设计工具
1	上缴单	N	—	审批流
2	上收单	N	—	审批流
3	上收回单	N	—	审批流
4	下拨申请单	N	—	审批流
5	下拨申请核准单	N	—	审批流
6	下拨单	N	—	审批流
7	下拨回单	N	—	审批流

（3）共享后资金上收下拨流程设计。

以下是可供参考的一种共享后资金上收下拨业务流程设计，该流程已经经过测试、可以在 NCC 中成功构建和运行。

共享后鸿途集团资金上收流程如图 8-35 所示。

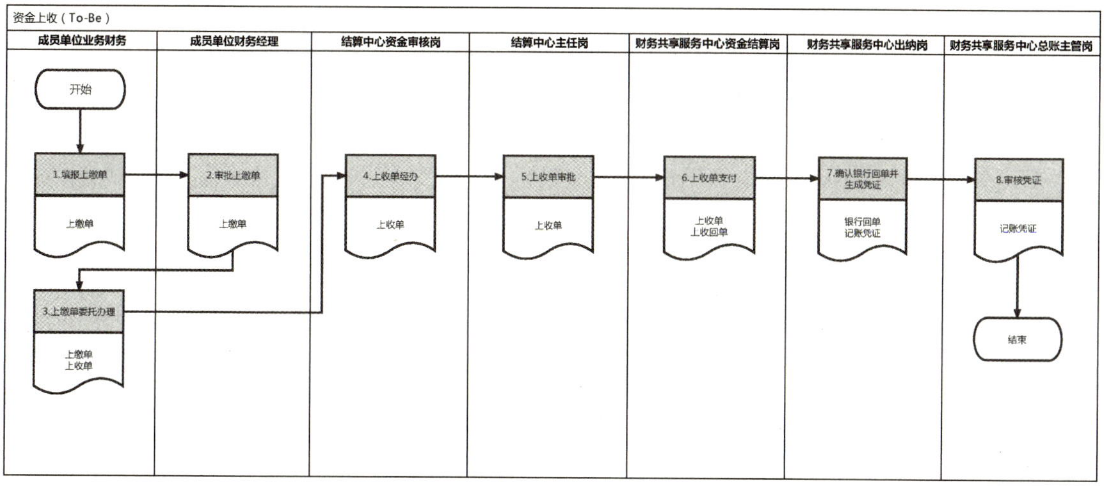

图 8-35　共享后鸿途集团资金上收流程

共享后鸿途集团资金下拨流程如图 8-36 所示。

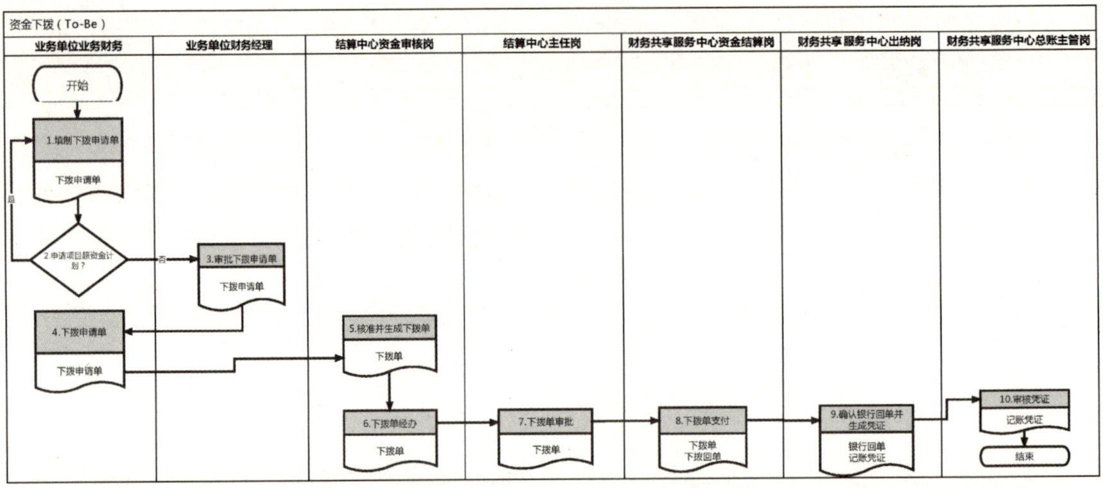

图 8-36　共享后鸿途集团资金下拨业务流程

外部委托付款业务如下所述。

（1）需求假设。

① 构建财务共享服务中心后，尽量保持当前业务流程的稳定性。

- 根据传递到财务共享服务中心的业务单据，确定流程中业务单位与财务共享服务中心的边界，所有业务单据都需要经过财务共享服务中心的审核或初审。
- 财务共享服务中心接收业务单据所随附的原始凭证，均由制单人在制单后立即扫描上传，此后需要审核该业务单据的环节均同时审核该业务单据的原始单据影像。
- 保留在业务单位的工作流程和职责不变，但原业务单位财务部的工作除财务经理职责外均由业务财务承担。

② 鸿途集团的所有收/付款均以网银（银企直联）方式完成。

③ 鸿途集团最终选择的是单中心模式。

④ 为了让财务共享服务中心审核有据，所有进入财务共享服务中心审核的业务单据都必须随附外部原始凭证的影像。走作业组的业务单据，用影像上传的方法随附影像；不走作业组而走重量端的业务单据，用拍照后添加附件的方法随附影像。

⑤ 行政性费用（如办公楼水电费）归口于“综合办公室”。

⑥ 财务共享服务中心系统中采用“管理费用”下面的详细收支项目（如“管理费用—水费”）。

（2）共享后外部委托付款流程所用到的业务单据如表 8-14 所示。

表 8-14　共享后外部委托付款流程所用到的业务单据

序号	名称	是否进入了财务共享服务中心	是否属于作业组工作	流程设计工具
1	付款结算单	Y	Y	工作流
2	委托付款书	Y	N	工作流+审批流

（3）共享后外部委托付款流程设计。

以下是可供参考的一种共享后外部委托付款流程设计，该流程已经经过测试、可以在 NCC

中成功构建和运行。

共享后鸿途集团外部委托付款流程如图 8-37 所示。

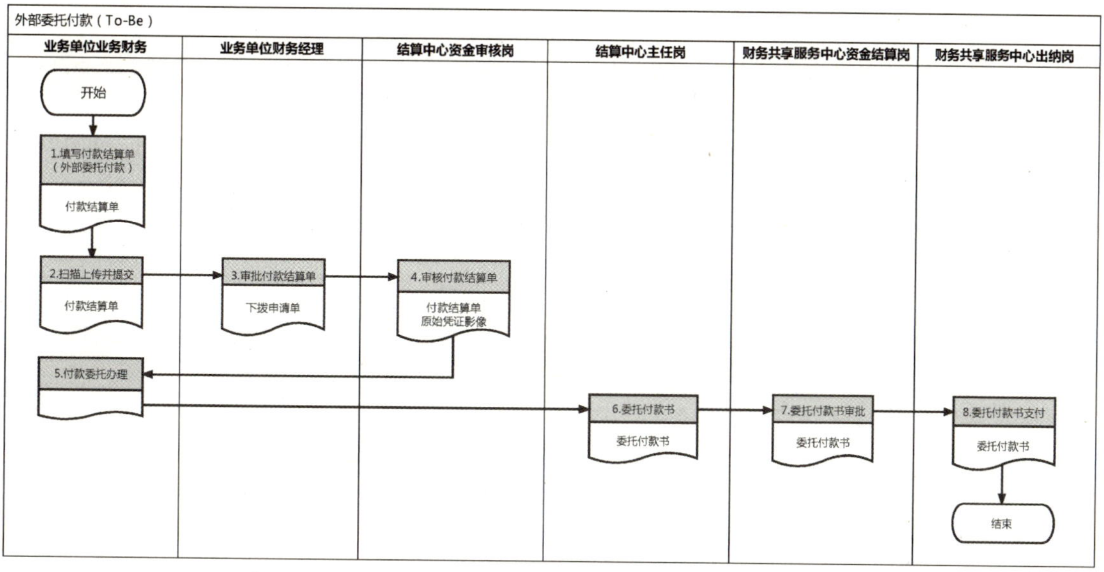

图 8-37　共享后鸿途集团外部委托付款流程

共享后鸿途集团外部委托付款流程如下所述。

① 业务单位业务财务根据原始凭证填制付款结算单，付款类单据选择“外部委托付款”交易类型，付款单位账户选择成员单位的内部账户。

② 业务单位业务财务上传付款原始凭证（如发票等）。

③ 业务单位财务经理审批付款结算单。

④ 财务共享服务中心应付初审岗审核付款结算单。

⑤ 业务单位业务财务对“结算”下的付款结算单执行“委托办理”命令，提交结算中心并自动生成付款委托书。

⑥ 结算中心资金审核岗对委托付款书填写支付银行信息等并执行“经办”命令。

⑦ 结算中心主任岗对委托付款书执行“审批”命令。

⑧ 财务共享服务中心出纳岗对委托付款书执行“支付”命令，提交银行付款指令。

三、拓展练习

（一）资金上收下拨业务的相关理论知识

1. 资金计划的含义

资金计划是对未来一定时期内的资金结存、流入、流出、盈缺、筹措进行统筹安排。编制资金计划可以形成资金的事前控制。

在计划执行过程中，可以根据事先核准的支出对资金流出进行提示或控制形成事中控制。计划执行后，将执行情况与计划进行对比分析，找出差异和原因，可以做到事后分析。

2. 资金上收下拨的含义

（1）资金上收也称资金归集，指资金组织或上级组织，将成员单位或下级组织外部银行账户的资金，归集到本组织外部银行账户的业务处理。

（2）资金下拨指资金组织或上级组织，将本组织外部银行账户的资金，划拨到成员单位或下级组织外部银行账户的业务处理。

资金上收和下拨是集团资金管理中进行资金调度的重要手段。资金下拨时，可以按照资金计划的金额下拨，也可以由业务单位在资金计划范围内申请下拨。

3. 资金上收下拨的不同业务场景

（1）按资金计划下拨业务：结算中心根据资金计划下拨资金到成员单位。

（2）按付款排程下拨业务：结算中心根据成员单位已批准的付款排程进行资金下拨。

（3）自动下拨资金业务：结算中心设置自动下拨规则，系统定时自动下拨资金到成员单位，保证成员单位的资金需求。

（4）单位申请下拨资金业务：成员单位需要资金时，可将下拨申请提交到结算中心，结算中心核准、审批后将资金下拨到成员单位，这样可解决成员单位的临时资金需要。

（5）委托付款回拨支付下拨资金业务：结算中心先将中心账户的款项下拨到单位账户，同时将下拨到单位账户的资金再支付给单位的客商，这样既解决了客商款项及时支付问题，又避免了资金在成员单位长期停留甚至被挪用的问题。

（二）外部委托付款业务的相关理论知识

1. 外部委托付款的含义

外部委托付款简称委托付款，是指由成员单位在内部账户上发起的、经审批后由结算中心外部账户实际对外支付的支付方式。

外部委托付款需要从内部账户发起，发起后内部账户暂时冻结相应金额。当结算中心外部账户实际付款成功时，扣减委托方内部账户相应金额。

2. 外部委托付款的业务场景

（1）从发起方角度划分，外部委托付款业务主要包括业务单位发起委托付款、结算中心发起委托付款、多结算中心下的委托付款。

（2）从付款结算方式角度划分，外部委托付款业务主要包括转账支付、票据支付、现金支付、代发工资等等。

3. 委托付款与银企直联集成后能够支持的业务

（1）在支付信息确认单审核后再支付。

（2）合并支付处理，即单张委托付款书可以存在多条支付记录、合并向银行发送一笔网银支付指令。

（3）在确认支付失败后，通过支付信息变更单进行变更，变更后再次支付。

反侵权盗版声明

举报电话：（010）88254396；（010）88258888

传　　真：（010）88254397

E-mail：dbqq@phei.com.cn

通信地址：北京市万寿路 173 信箱

电子工业出版社总编办公室

邮　　编：100036